KB042366

5G ERA AND CRIME

5G 시대와 범죄

전대양 | 박동균 | 김종오

박영사

『현대사회와 범죄』를 펴낸 지도 벌써 20년이 흘렀다. 그동안 독자들로부터 과분한 사랑을 받았다. 고맙고 감사한 일이다. 이 책이 발간될 즈음 미국에서는 스티브 잡스(Steve Jobs)가 휴대폰을 선보이면서 이 기기가 세상을 바꾸게 될 것이라 예언하였다. 대부분의 사람들은 이 말을 그저 흘려들었다. 하지만 지금 많은 사람들은 스마트폰과 한 몸이 된 듯하다. 바뀐 세상을 길거리에서 지하철에서 사무실에서 매일 보며 살고 있다.

"최고의 시절이자 최악의 시절, 지혜의 시대이자 어리석음의 시대였다. 믿음의 세기이자 의심의 세기였으며, 빛의 계절이자 어둠의 계절이었다. 희망의 봄이면서 곧 절망의 겨울이었다. 우리 앞에는 모든 것이 있었지만 한편으로는 아무것도 없었다. 우리는 모두 천국을 향해 가고자 했지만 우리는 엉뚱한 방향으로 걸었다." 1859년에 발간된 영국의 소설가 찰스 디킨스(Charles Dickens)의 『두 도시 이야기(Tale of Two Cities)』에 등장하는 유명한 구절이다. 급변하는 오늘날의 사회상을 그대로 반영하는 듯하다.

'4차 산업혁명 시대'이자 '5G시대'이다. 새로운 사회는 인공지능(AI)과 첨단 과학기술들의 연결성이 극대화되는 산업 환경이다. '5G시대'는 현재 쓰이는 4G보다 데이터 전송속도가 1,000배 이상 빠르다. 곧 상용화될 인터넷이다. 이에 따라 범죄 환경도 급격히 변화할 것이다. 사회상의 변화에 따라 어떻게 범죄를 통제해야 할 것인가가 화두이다. 이에 교제의 제목을 『5G시대와 범죄』로 하였다.

범죄가 시간과 공간을 초월하여 발생할 수 있기에 수사기관도 첨단 과학수사 장비와 기법을 동원해 범인을 추적하고 있다. 새로운 기술 환경에서도 온고이지신(溫故而知新)은 필요할 수밖에 없다. 과거의 경험들을 이해해야 현실의 문제들을 해결하고 미래를 예측할 수 있기 때문이다.

새롭게 출간하면서 범죄 현상의 변화와 이에 대한 통제방안을 고민해 볼 필요가 있었다. 멀지 않은 시대에 인공지능이 탑재된 무인자동차와 로봇이 순찰을 하고 범인을 검거하게 될 것이다. 이에 대한 준비가 필요한 시기라고 판단된다. 그동안 변화한 실태와 통계자료 그리고 법령 등은 가능한 한 새로운 내용들로 업데이트 하였다.

최근에는 대학의 환경도 빠른 속도로 변화하고 있다. 저 출산으로 인한 학령인구의 감소와 대학입학 정원의 감축 등은 상당 수 대학교가 문을 닫아야 하는 상황이다. 많은 대학들은 교양과 인문학적인 상식과 인성을 제공하는 대신 취업 위주의 특성화된 교육 프로그램을 운영하고 있다. 강의 양상이 『현대사회와 범죄』를 집필할 때만 해도 칠판에 분필로 강의를 했다. 지금은 첨단강의실에서 전자교탁 등의 스마트 시스템을 이용한 다양한 강의기법이 활용되고 있다.

저자들은 처음 범죄학을 접하는 이들의 눈높이에 맞추어 기존의 책을 새롭게 편집하였다. 기본에 충실하면서도 새로운 시대상황을 반영하려고 하였다. 이를 바탕으로 독자들이 매일 발생하는 사건사고를 조금이라도 제대로 파악하고 이해할 수 있다면 더 없는 영광이다.

이 책을 펴냄에도 많은 분들의 도움을 받았다. 개정에 많은 도움을 준 동의대 김종오 교수님과 대구한의대 박동균 교수님께 고마움을 표한다. 박영사의 이영조 팀장님에게도 머리 숙인다. 그 외에도 기존의 『새 현대사회와 범죄』로 공부하면서 참신한 아이디어를 제공해준 많은 학생들에게도 이 지면을 빌려 다시 한 번 감사의 말을 전한다.

2018년 8월, 유난히 더운 여름날에
대표저자 전 대 양

차 례

제1편 범죄학에의 초대 / 1

제**1**편

범죄학에의 초대

제**1**장

범죄학과 그 연구방법

1. 범죄

1) 범죄개념의 다의성

　범죄문제를 과학적으로 연구하기 위해서는 범죄의 개념을 명확히 할 필요가 있다. 왜냐하면 범죄의 개념으로부터 범죄학의 연구범위와 방법이 결정되기 때문이다. 그러나 단순하게 보이는 범죄의 개념은 매우 상대적이고 다의적인 개념이라 한마디로 정의하기는 실로 어렵다.

　같은 행위라 할지라도 시대와 상황에 따라 범죄로 규정되어 처벌받기도 하고 그렇지 않기도 한다. 예를 들면, 술을 마시는 행위가 오늘날은 대부분의 국가에서 매우 자유롭지만 이슬람 문화권인 중동의 여러 나라는 엄벌에 처하고 있다. 금주법시대에는 술의 제조·유통·판매에 엄격한 제재가 있었다. 화투나 카드놀이의 경우에 가족이나 친구들이 오락삼아 즐기는 것은 범죄로 보기 어렵지만 많은 돈을 걸고 '하우스(도박장의 은어)'를 차려 전문적으로 할 때에는 처벌을 면하기 어렵다. 매춘의 경우도 프랑스나 이탈리아처럼 공창제도를 가지고 있고, 매춘이 엄연한 직업으로 인정되어 매춘부가 국회의원이[1] 된 나라도 있지만 대부분의 국가는 불법으로 규정하고 있다.

또 범죄라는 개념과 비슷한 뜻으로 이해되고 있는 말들도 많다. 일탈행동이나 반사회적 행위가 그것이고, 법규나 명령을 위반한 행위, 윤리도덕에 반하는 행위, 공서양속을[2] 해치는 행위 등도 함께 쓰이고 있다.

2) 범죄의 개념

범죄문제를 연구하는 범죄학자나 법률가들은 범죄의 개념을 명확하게 정의하려고 노력하고 있다. 일반적으로 법학자나 형사사법기관에 종사하는 이들은 그 개념을 매우 엄격하게 규정하려는 성향이 있는 반면에, 범죄학자들은 더욱 폭넓게 잡으려는 경향이 강하다. 이는 규범학인 법학과 사실학인 범죄학의 학문적 성격의 차이에 연유하고 있다.

법학자들은 범죄를 형벌법규에 의하여 형벌을 과하는 행위라고 정의한다. 그들은 형벌을 과하기 위하여 행위가 법률상 어떤 조건을 갖추어야 하는가를 문제 삼는다. 그런데 범죄가 성립하기 위해서는 구성요건해당성과 위법성 및 책임이 있어야 한다. 예를 들면, 사람을 살해한 경우라 할지라도 정당방위일 때는 구성요건에는 해당하지만 위법성이 조각되어 범죄가 성립되지 않는다. 형사미성년자나 심신상실자가 사람을 살해하였다면 구성요건에 해당하고 위법성은 있지만 책임이 없기 때문에 범죄로 처벌할 수 없다. 따라서 이 세 가지 성립조건 가운데 어느 하나라도 갖추지 못할 때에는 범죄가 성립되지 않는다고 하는 엄격한 입장을 취하는 경우가 많다. 결국 범죄란 형사법규의 위반행위를 의미하는 규범적 개념인 것이다.

이에 비하여 범죄학자들은 일반적으로 범죄란 형벌을 과할 필요가 있는 불법적인 행위를 뜻하며, 그것은 사회적 유해성 내지 법익을 침해하는 반사회적 행위임을 의미한다고 해석하고 있다. 여기서 사회적 유해성이나 반사회적 행위는 사회공동생활의 존립과 기능을 현저히 침해하는 것을 말한다. 따라서 어떠한 행동을 금지하고 그 위반자를 어떻게 다룰 것인지는 그 사회의 다수 시민들이 합의하여 입법을 통해 결정된다. 이 범죄개념은 국민적 합의를 대변하는 입법자에게 어떤 행위를 범죄로 할 것이며 범죄의 한계가 무엇

---

1) 엘레나 안나 스톨러(Elena Anna Staller): 1951년 생, 이탈리아의 포르노 배우, 가수, 예술계의 유명인, 전직 국회의원, 예명인 치치올리나(Cicciolina)로 더 유명하며, 일로나 스톨러(Ilona Staller)라고도 불린다.
2) 공서양속(公序良俗): 공공의 질서와 선량한 풍속.

인가에 대한 기준을 제시해 주고 있다.

그러나 형법의 해석에는 직접적으로 효용이 없는 경우가 많고, 그 경우에 어떤 행위가 범죄인지 아닌지는 다수 시민들의 합의결과에 따른다고 보고 있다. 예를 들어, 매춘이 범죄인지 아닌지 여부는 다수 시민이 그 행위를 반사회적 행위로 보아 입법에 반영하면 범죄이고, 그와 반대로 성의 매매를 당연하거나 개인적 자유로 보아 입법에 반영하지 않는다면 범죄가 되지 않는다. 따라서 어떤 행위의 도덕성 여부는 범죄개념과는 별개의 것이다. 이는 범죄사회학의 범죄개념과 일맥상통한 것으로서 본서는 이 개념에 따라 범죄, 반사회적 행위, 일탈행동 등을 엄격히 구분하지 않고 사용하기로 한다.

2. 범죄자

1) 범죄자와 형사처분

범죄자란 범죄행위를 한 사람이다. 사람에는 자연인과 법인이 있지만, 범죄학에서 관심을 기울이고 있는 것은 단연 자연인이다. 자연인이란 사람을 의미하고, 법인이란 자연인 이외에 법률에 의하여 권리능력이 인정된 재산이나 단체를 말한다. 예를 들어, 절도와 같이 피해가 상대적으로 크지 않은 범죄를 저지른 사람에 대해서는 사회적 관심이 높고 강력한 처벌을 하지만, 피해액이 매우 큰 기업범죄에 대해서는 사람들이 관심을 보이지 않거나 오히려 가벼운 처벌에 머무는 경우를 종종 본다.

형사처분 시에는 "열 사람의 범인을 놓치는 한이 있더라도 한 사람의 억울한 사람이 생기면 안 된다"는 말이 있는 것과 같이 신중해야 한다. 그러나 범죄를 저질렀음이 명백하고, 증거도 충분하고, 책임 조각사유나 위법성 조각사유가 없으면 일반적으로 기소되어 형사처분을 받는다. 형사처분을 하는 이유는 지은 죄에 상응한 고통과 불이익을 주기 위함이며 이를 통하여 국민의 생명·신체·재산을 보호하고 사회질서를 유지하며 나아가 피해자의 억울함과 서글픔을 달래 주기 위해서이다. 형벌의 종류는 사형·징역·금고·자격상실·자격정지·벌금[3]·구류·과료[4]·몰수 등의 아홉 가지이다. 과태료

---

3) 벌금(罰金): 일정 금액의 지불의무를 강제적으로 부담하게 하는 형벌로 5만원 이상임.
4) 과료(科料): 벌금형과 동일 목적이지만 금액이 2천원 이상 5만원 미만임.

나 부과금 등은 행정벌로서 형벌과는 다르다. 형벌을 받으면 전과자가 되지만 행정벌은 의무나 책임을 다하지 못한 데 따른 제재의 성격을 가지고 있어 이를 이행하면 '전과자'로 불리지는 않는다. 전과자라는 말은 법률용어가 아니라 실무상 흔히 사용하는 말로 형사처분을 받은 전력이 있는 자를 말한다.

범죄자라 하더라도 헌법과 법률에 보장된 기본적 권리는 최대한 보장된다. 과거에는 '네 죄를 네가 알겠느냐!' 식의 혹독한 고문과 심문으로 범죄자의 인권이 무시되고 적법한 절차 없이 무자비한 처벌을 한 적도 많았다. 하지만 오늘날은 인권의식이 발달하고 죄형법정주의나 증거재판주의 그리고 적법절차의 존중 등으로 합리적이고 인도적인 측면을 강조한 형사사법제도가 정착되고 있다.

2) 법에도 눈물이 있다.

범죄자가 저지른 죄는 밉지만 그를 둘러싼 환경이나 전후사정을 고려해 보면 이들에게 관용을 베풀어야 할 때가 많다. 주정뱅이에다가 의처증으로 어머니와 가족에게 수년 동안 폭력을 행사한 아버지를 살해한 아들, 어린 시절부터 이웃집 아저씨로부터 수차례 성폭행을 당해 질협착증으로 결혼에 실패하고 여기저기를 전전하던 여성이 그 아저씨를 칼로 찔러 살해한 사건, 의붓아버지의 계속되는 성폭행 때문에 괴로워하다가 남자친구와 공모하여 살해한 사건 등이 그 본보기이다. 이와 같은 사안은 인간적인 고뇌와 괴로움, 억누를 수 없는 분노에 기해 범행을 했다할지라도 명백한 범죄행위이기에 처벌을 피할 수는 없지만 형사처분 시 형을 감경할 수 있는 사유가 많아 실제로 가벼운 처벌을 받는다.

또 지은 죄가 경미하거나 죄질이 나쁘지 않고, 범죄자를 둘러싼 주변 환경 상 범죄자가 징역을 살면 그 가족들이 많은 고통을 감수해야 하는 경우, 형벌을 감당하기에는 나이가 너무 많거나 어린 경우 등에는 집행유예나 선고유예, 보호관찰, 사회봉사명령, 수강명령 등을 통해 일정한 기간 동안 죄를 짓지 않고 자숙하면 전과자가 되지 않도록 배려하고 있다.

다음으로 명백한 범죄행위임에는 틀림없지만 여러 가지 사정상 처벌을 면제해야 하는 경우가 있다. 형사미성년자(14세 미만), 심신상실자 등과 같이 정상적인 일반인들에게 기대할 수 있는 정신능력을 갖고 있지 못하고 사리

판단을 제대로 할 수 없는 경우에는 책임이 조각되어 처벌이 면제된다. 정당방위, 긴급피난, 자구행위, 피해자 승낙, 정당행위 등과 같은 경우는 위법성이 조각되어 처벌받지 않는다. 모욕죄나 비밀침해죄처럼 피해자의 고소가 없으면 가해자를 처벌할 수 없는 친고죄가 있고, 피해를 당한 사람이 상대방의 처벌을 원치 않으면 형사처분을 할 수 없는 반의사불벌죄(폭행, 존속폭행, 명예훼손죄 등)도 있다. 자신이나 가족의 생명을 지키기 위해 불가피한 상황에서 죄를 지은 경우는 강요된 행위로 간주되어 형사처분이 면제된다. 또 공소시효만료로 형사처분이 면제되는 죄도 많다. 예를 들면, 사형에 해당하는 죄는 25년이고,[5] 무기징역 또는 무기금고에 해당하는 범죄는 15년, 장기 10년 이상의 징역 또는 금고에 해당하는 범죄는 10년 등이다.

끝으로 아예 처벌을 할 수 없는 경우도 있다. 범죄사실이 인지되거나 고소고발이 있었지만 범인검거에 실패하여 영구 미제로 남아 있는 사건, 또는 범죄혐의로 수배를 받은 사람이 자살하거나 피의자나 피고인이 스스로 목숨을 끊은 경우는 처벌할 대상이 없다.

쉼터

정당방위 어디까지인가?

〈사례 1〉

타인이 보는 자리에서 자식으로부터 용납할 수 없는 폭언과 함께 폭행을 가하려는 피해자(자식)를 1회 구타한 것이 지면에 넘어져서 머리 부분에 상처를 입은 결과로 사망에 이르렀다 하여도 이는 아버지의 신체와 신분에 대한 현재의 부당한 침해를 방어하기 위한 행위로서 아버지로서는 아들에게 일격을 가하지 아니할 수 없는 상당한 이유가 있는 경우에 해당한다.

<대법원 1974. 5. 14, 73도2401>

〈사례 2〉

싸움을 함에 있어서 격투자의 행위는 서로 상대방에 대하여 공격을 함과 동시에 방어를 하는 것이므로 그 중 일방 당사자의 행위만을 부당한 침해라고 하고, 다른 당사자의 행위만을 정당방위에 해당하는 행위라고 할 수는 없을 것이나, 격투를 하는 자 중의 한 사람의 공격이 그 격투에서 당연히 예상할 수 있는 정도를 초과하여 살인의 흉기 등을 사용하여 온 경우에는 이는 역시 부당한 침해라고 아니할 수 없으므로 이에 대하여도 정당방위를 허용하여야 한다고 해석하여야 할 것이다.

---

5) 태완이법: 공소시효를 배제하는 법률 개정으로 이에 해당하는 범죄는 내란죄, 외환죄, 집단살인죄, 살인죄로 사형에 해당하는 범죄, 13세 미만의 아동 및 장애인 대상 성폭력 범죄다. '태완이법(형사소송법 개정안)'은 1999. 5. 대구에서 발생한 황산테러로 당시 6세인 태완군이 숨진 사건으로 범인을 잡지 못한 상태에서 2014년 공소시효 만료가 임박하자(당시 15년) 공소시효 만료에 대한 사회적 논의가 있고, 개정법안이 2015. 7. 24. 국회를 통과했다.

＜대법원, 1968. 5. 7, 68도370＞

〈사례 3〉
　　의붓아버지의 강간행위에 의하여 정조를 유린당한 후 계속적으로 성관계를 강요받아 온 피고인이 그의 남자친구와 공모하여 범행을 준비하고 의붓아버지가 반항할 수 없는 상태에서 식칼로 심장을 찔러 살해한 행위는 사회통념상 상당성을 결여하여 정당방위가 성립하지 아니한다. 그리고 이 경우에는 현재의 부당한 침해가 있다고 볼 수도 없다.

＜대법원 1992. 12. 22, 92도2540＞

3) 범죄자와 그 일생

　범죄자의 일생도 일반인처럼 흥망성쇠가 있지만 대체로 인생을 꽃피우기보다는 질곡과 나락의 숲으로 떨어져 비참하게 생을 마감하는 경우가 많다. 범죄자가 되어 교도소를 들락거리다 보면 사회로부터 냉대를 당하는 것이 보통이다. 취업을 하려 해도 전과자를 좋아하는 사람이 있을 리 만무하고, 결혼을 하거나 사회생활을 함에 있어서도 큰 타격을 받는다. '한 번 전과자면 영원한 전과자'란 말이 생길 정도로 전과자에 대한 사회적 냉대와 편견에서 자유롭기는 매우 어렵다. 그로 인해 또다시 범죄를 저지르거나 알코올이나 마약에 탐닉해 몸과 마음을 망치거나 부랑자로 세상을 떠도는 자들이 많다.

　하지만 전과가 사회생활을 하는 데 있어서 꼭 불리하게만 작용하는 것은 아니다. 전과자라는 낙인에 연연하지 않고 굳은 마음으로 개인사업을 일으켜 성공한 이들도 찾아보기 어렵지 않다. 한 번 지은 죄를 뉘우치고 많은 사람들을 위해 일신을 희생하며 위대한 생을 살아가는 사람도 많다. 특히 목사나 스님 같은 성직자들 중에 이런 예를 찾아볼 수 있고, 남들이 싫어하는 요양원이나 경로당 그리고 사회복지시설 등에서 일생 동안 봉사활동을 하는 이들도 있다. 반독재투쟁이나 민주화에 앞장서다 투옥된 사람들 중에는 대통령이나 국회의원이 된 사람도 있다. 교도소에서 배운 권투실력을 바탕으로 훗날 세계챔피언이 되어 국민적 영웅이 된 사람도 있고, 야쿠자의 아내로 매춘부 생활을 하다가 국가고시에 합격하고 수기를 출간하여 세간에 화제가 된 사람도 있다.

　그런데 개과천선해서 꿋꿋하게 살아가던 사람이 어느 날 또다시 범죄의 세계로 빠져드는 경우를 많이 볼 수 있다. 세간에서 대도로 불리던 조○○은 부유층 인사들의 가정집만 골라 털어 '물방울 다이아몬드 신드롬'을 낳았다. 그를 통해서 많은 시민들이 고위층의 부정부패를 확인하고 그렇게 어마어마한 보석들을 잃고도 신고조차 하지 않은 이들을 범죄자보다 오히려 더 가증스럽게 여겼다. 감호소를 나온 그는 기독교에 귀의하여 활발한 목회활동을 하였다. 전문털이범으로서의 기술과 능력을 인정받아 국내 굴지의 민간경비업체에 고문으로 특채되었으며 결혼도 하여 단란한 가정을 꾸린 것처럼 보였다. 그러나 일본까지 원정 가서 절도를 하다가 총상을 입고 또다시 교도소 생활을 하였다. 마음잡고 잘 살아보려고 아등바등 애를 쓰다가 교도소 동기의 '딱 한탕만 하자'라는 유혹에 넘어간 사람도 많다.

그림 1-1   아저씨인가, 생쥐인가?   천사인가, 마녀인가?

전과가 거듭될수록 예우를 받는 경우도 있다. 폭력조직에서는 범죄경력이 화려할수록 지위가 높아지고 동생(조직원)들의 극진한 대접을 받는다. 폭력활동을 통해 번 돈을 정치자금으로 제공하여 많은 이권을 챙기기도 하고 판사나 검사를 매수하여 동료들의 불법 활동을 묵인하거나 수감 중인 동료들의 옥바라지를 하기도 한다. 위장 관변단체를 만들기도 하고 애국청년활동을 벌이기도 하며 합법적인 사업에 투자해 많은 빌딩과 현금을 가진 이들도 있다. 전과가 화려한 이들은 교도소에 가서도 동료나 교도관으로부터 특별대접을 받는다. 또 그들의 경험을 바탕으로 조직폭력세계를 미화한 영화를 만들기도 했다.[6]

---

6) 영화 '보스': 1996년 개봉, '양은이파' 두목 조양은이 제작하고 주연을 맡았다. 당시 영화에는 아내 김소영, 조용기 목사, 배우 독고영재, 박근형, 김수미, 김형일, 박준규 등 유명 배우들이 출연했다.

쉼터 **잔인한 그 무엇!**

죄로 인한 처벌은 재판을 받고 교도소에 수감되어 죗값을 치루는 것만으로는 끝나지 않는 잔인한 그 무엇이다. 전과는 일생 동안 핸디캡으로 작용하며, 전과자는 우리사회에서 버림받은 자들이다. 아무리 교정활동이 진지하고 법을 지키며 살려는 개인의 노력이 눈물겹다 할지라도 전과자는 죗값을 치루고 난 이후에도 과거의 형사기록과 함께 영원한 죄수로 남는다.

<Aron Nussbaum>

전형적인 범죄자들, 특히 누범자들은 정상적인 삶을 위해 고용주들에게 팔아야할 어떤 능력도 거의 없다. 출소하여도 새로운 직장을 구하기는 더욱더 어려워 그들은 그들만이 알고 있는 사업(business). 즉 범죄에 다시 탐닉한다.

<Gerald M. Caplan>

3. 범죄학

1) 범죄학이란?

범죄학은 약 1세기의 역사를 가지고 있는 학문이다. 1885년에 이탈리아의 법학자 가로팔로(Raffaele Garofalo)가 최초로 범죄학(criminology)이란 용어를 사용하고, 2년 뒤에 프랑스의 인류학자 토피나드(Paul Topinard)가 범죄학을 소개하자 이 용어는 전 세계로 알려지게 되었다. 이후 범죄학이란 용어는 범죄현상에 관한 과학적 관심을 불러일으키게 한 동기가 되었고, 대학에서 앞다투어 학과를 개설하고 이를 가르치게 되었다. 이미 국내만 보더라도 120여 개 대학에서 가르치고 있는 낯설지 않은 학문이 되고 있다.

범죄학은 과학이며, 경험과학의 하나이다. 보다 정확히 말하면 사회과학 혹은 행동과학의 하나이다. 범죄학이 무엇이냐에 관해서는 많은 학자들이 나름대로 정의하고 있으나 서덜랜드(Edwin H. Sutherland)의 정의가 널리 수용되고 있다.

미국 범죄학을 중흥시킨 뛰어난 범죄학자인 그는 범죄학을 "사회현상으로서의 범죄에 관한 지식의 집합체"로 정의하고 있다. 범죄학의 범위는 입법과정, 법규위반과정, 법규위반에 대한 반응의 과정 등이 포함된다. 범죄학의 목적은 법규와 범죄, 범죄의 예방과 진압, 범죄자의 처우 등에 관한 일반적이고 입증된 원리를 개발하는 것이다. 이 정의가 의미하는 바는 범죄학은 범죄와 범죄자에 초점을 둔 매우 좁은 것이지만 그 연구범위는 매우 광범위하다는 것이다.

위의 정의를 바탕으로 필자는 범죄학이란 "범죄와 범죄자에 대한 과학적 연구이며, 이를 통하여 범죄의 예방과 진압 그리고 범죄자의 처우에 기여하는 학문"이라고 정의하고자 한다.

2) 범죄학의 종합과학성

범죄학의 연구대상인 범죄와 범죄자는 매우 다양하고 이질적인 특성을 갖고 있다. 만약 범죄의 원인이 개인에게 있다면, 범죄행동은 범죄자의 정신병이나 유전소인이 좋지 않다는 결론을 내리기 쉽다. 여기에는 생물학자, 정신의학자, 심리학자 등이 중요한 역할을 할 소지가 있다. 1920년대 이후에 미국으로 수많은 이민이 있었다. 이민을 온 사람들은 미국사회의 문화를 이해하지 못하고 그들의 고유한 행동방식대로 살았는데, 이것이 범죄의 원인으로 지목되었다. 그 후 범죄의 원인은 범죄자 개인의 문제를 떠나 사회적·정치적·경제적·문화적 문제의 관점에서 다루어져야 했다. 이 과정에서 사회학자·정치학자·경제학자·문화인류학자 등이 범죄학 분야에 지식을 전수했다. 주거침입절도로부터 보다 안전한 집을 설계하기 위하여 건축가가 합세했고, 자동차절도를 막고자 엔지니어들도 힘을 모았다. 마약거래 현장을 잡고자 인공위성을 쏘아 올린 천체물리학자들이 가세했고, 약물중독의 폐해를 밝히고자 약학자도 등장했다. 형사사법기관의 운용성과를 높이기 위해 행정학자가 들어왔고, 청소년의 비행을 막고자 교육학자도 힘을 보탰다. 내분비계 이상이 공격성과 관계가 있다는 것이 밝혀지자 내분비학자의 조언이 중요하게 되었고, 컴퓨터범죄가 횡행하자 정보공학자들이 중요한 역할을 맡게 되었다.

분명히 범죄학은 여러 가지 학문의 도움을 많이 받아야 하고 인접과학자들과 함께 연구를 수행할 필요가 있는 학문이다. 그래서 범죄학을 종합과학이라고 부른다. 혹자는 범죄학의 이러한 특성 때문에 범죄학은 독립된 학문 분야가 아니며, 다양한 학문으로부터 다양한 생각과 정보들을 모은 합성물에 지나지 않는다고 주장하고 있다.

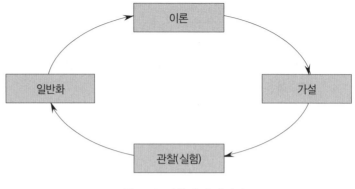

그림 1-2 과학의 수레바퀴

그러나 울프강(Marvin Wolfgang)과 페라구찌(Francis Ferracuti)는 범죄학은 연구에 있어서 과학적인 방법, 이해를 위한 과학적인 접근, 그리고 과학적인 태도를 활용하는 이론적 개념화와 일련의 조직적 자료를 집합해왔다는 점에서 여러 분야로부터 지식을 통합한 하나의 독립된 학문분야라고 반박하고 있다. 이들의 반박에 의존하지 않더라도 오늘날 범죄학은 엄연히 하나의 독립된 학문분야로 자리 잡고 있다.

제2절 범죄학 연구의 필요성

1. 범죄현상 파악

범죄문제가 주요 사회문제 중의 하나로 인식되고 있는 지금, 과연 범죄는 어느 정도 발생하고 있고, 어떤 종류의 범죄가 시민의 불안감을 가중시키고 있을까? 이를 알기 위해서는 범죄현상을 객관적으로 파악할 필요가 있다. 형사사법기관이 발행하는 공식범죄통계가 범죄현상의 파악에 널리 이용된다. 경찰청에서 발간하는 『경찰백서』나 대검찰청에서 발간하는 『범죄분석』이 바로 그것인데 이 통계들은 형사사법기관이 인지한 사건만을 수록한 것으로 전체적인 범죄현상을 대충 짐작할 수 있을 뿐이다. 범죄 및 범죄자에 대한 개괄적이고 일반적인 추세를 이해하는 데에는 큰 도움을 주지만 완전한 현상파악과는 거리가 있다. 이러한 문제점을 조금이라도 보완하기 위하여 학자들은 범죄피해자를 대상으로 조사(범죄피해자 조사: crime victimization survey)를 하거나, 시민 스스로가 경험한 사건들을 조사(범죄의 자기보고식 조사: self-report survey)하여 가능한 한 범죄현상을 보다 정확히 파악하려 하고 있다. 범죄피해자 조사는 실제로 범죄피해자가 공식적으로 보고되고 기록된 것보다는 많을 것이라는 가정 하에 피해자를 조사하여 범죄의 전모를 파악하려는 방법이다. 이 방법은 주로 적정수의 가구를 임의로 추출하여 조사원이 직접 방문하여 가족들의 범죄피해에 관해서 면접조사 하는 것이다. 자기보고식 조사는 범죄자에게 직접 자신의 범법에 관한 정보를 밝히도록 호소하는 것으로 이 두 가지는 모두 숨은 범죄(hidden crime, dark figure)를 보다 정확히 파악하여 공식통계의 약점을 보완하려는 시도이다.

이런 일련의 노력을 통하여 범죄가 계층별·연령별·성별·지역별로 어떻게 분포되고 있는가를 분석한다. 예를 들어, 어느 지역에서 강도나 절도 등의 생계형 범죄가 빈발한다고 하면 그 지역 주민들의 불안감을 없애기 위해서 경찰이 순찰활동을 강화하여 강도범이나 절도범들이 마음대로 범죄를 저지르지 않도록 대책을 세워야 할 것이다. 또한 특정범죄에 대해서는 시급한 대처가 필요하고 예방과 진압을 위해 선결되어야 하는 과제가 무엇인지를 파악하기도 한다. 예를 들어, 사이버범죄가 횡행한다고 하자. 특히 국가 중요시설을 중심으로 해킹이 이루어진다고 한다면 예방과 진압을 위해서는 이에 대처할 수 있는 해커를 양성해야 할 것이다. 이와 같은 범죄현상의 파악과 분석이 바로 범죄학의 주요 연구 분야이면서 범죄학을 연구할 필요성을 강조하고 있다.

2. 범죄의 원인분석과 통제방안 수립

늘 목이 뻐근하고 어깨가 묵직하여 피로에 시달리던 중년남성이 의사를 찾아갔다면 의사는 증상만 보고도 치료하여 환자를 완치시킬 수 있을까? 그럴 수도 있지만 그 반대일 수도 있을 것이다. 하지만 보다 나은 치료를 위해서는 평소 환자의 생활습관과 스트레스 정도를 묻고, 과학적인 검사를 시행하여 그 질환의 원인을 찾아야 할 것이다. 이와 마찬가지로 범죄문제의 해결이나 호전을 위해서도 먼저 원인을 규명할 필요가 있다는 것은 자명하다.

원인의 규명방법은 크게 두 가지이다.

하나는 일반적인 범죄이론을 적용하여 원인을 찾는 방법이다. 범죄의 원인을 개인이 갖고 있는 속성에서 찾으려는 시도가 있었다. 범죄생물학이나 범죄심리학적 시도가 그것이다. 또 범죄의 원인을 사회의 구조나 사회생활의 과정에서 찾으려는 시도도 있는데, 즉 범죄사회학의 주요 이론들인 사회학습과 사회통제 그리고 사회화 과정과 관련된 이론들이 바로 그것이다. 또 다른 일부에서는 갈등적이거나 비판적인 관점에서 범죄를 설명하려는 새로운 범죄관도 있었다. 그러나 현재로서는 범죄의 원인에 관한 많은 범죄이론들 중 그 어느 것도 범죄의 원인을 완전하게 규명하지 못한 부분적인 이론에 머물고 있다. 이것은 범죄가 다양한 개인적 속성과 사회적 상호작용의 과정 속에서 많은 요인이 작용하여 발생하기 때문이다. 따라서 범죄의 원인을 완전하게 규명하는 이론은 없는 것이다. 이러한 이론들의 약점을 보완하고자 최근에는 여러 가지 이론들을 하나의 패러다임으로 묶는 이론의 통합들이 시도되고 있다.

다른 하나는 특정 범죄자의 특정 범행을 규명하려는 시도이다. 예를 들면, 소년비행자와 그들의 지위비행, 성인지능범과 그들의 범행, 민주투사와 그들의 소행 등은 범행의 동기·성격·수법·속성·여파 등에서 전통적이고 관습적인 범죄들과는 다르기 때문에 위와 같은 일반론으로 원인을 규명하기는 매우 어렵다.

이처럼 원인을 규명하는 작업은 매우 어렵지만 원인을 규명하지 않은 범죄통제방안은 매우 위험할 수도 있다. 예를 들어, 노사분규가 일어난다고 하자. 분규현장만 보고 최루탄과 물대포를 쏘아 무작정 해산을 시도한다면 사건을 더 악화시킬지도 모른다. 원인에 상응한 범죄통제방안이라야 비로소 효과를 볼 수 있을 것이다.

범죄통제방안도 크게 두 가지로 나눌 수 있다.

하나는 범죄를 예측하거나 과거의 경험에 비추어 앞으로 발생할 범죄를 미연에 막는 것이다. 범죄의 예방은 범죄자 개개인의 행동특성들로 비추어 보아 장래에 범죄를 범할 가능성이 있음을 예측하는 시도이다. 범죄피해와 그 여파, 원상회복의 불가능, 범죄자의 처리와 교정에 투입되는 비용 등을 생각하면 범죄예방대책의 중요성을 절감할 수 있다.

다른 하나는 범죄발생 후의 진압대책이다. 범죄예방을 위해 심혈을 기울인다 할지라도 범죄는 항상 일어나기 마련이므로 발생한 범죄를 조기에 진압하는 일은 매우 중요한 사안이다. 사법적 대응이 적절하지 못하면 사법정의를 구현할 수 없고, 비슷한 범죄의 빈발을 예상할 수 있으므로 범죄자의 조기검거와 피해회복 나아가 가해자의 처벌과 피해자의 부조에 이르기까지 세심한 주의를 기울여야 할 것이다.

3. 범죄자 교정과 피해자 부조

우리 주위에 정상적인 생활을 하는 사람들이 범죄자들보다 훨씬 더 많다. 실제로 범죄자들을 주위에서 발견하기란 쉬운 일이 아닐 수도 있다. 이러한 범죄자들 중에 극소수의 범죄자들이 많은 범죄를 저지르고 있는 것이다. 소수의 범죄자들이 다수의 범죄를 행하게 되는 원인은 범죄를 반복해서 행한다는 것이다. 특히 강력범죄인 살인·강도·강간·방화 등의 재범률이 다른 범죄보다 비교적 높게 나타나고 있다. 이것은 교정의 실패이고 동시에 가정·학교교육의 중요성을 일깨워 주는 결과라고 판단된다. 어떤 범죄자가 범죄행위를 한 번 하게 되면, 범죄순환의 궤도를 벗어나기 어려워 계속 형사사법기관에 연루되기 쉽다는 것을 보여 주는 것이다.

이 순환궤도를 벗어나기 위해서는 범죄자 자신의 각오와 노력, 경찰에서의 검거율의 증진, 검찰의 적정한 기소권의 행사, 재판단계에서 양형의 합리화, 교정단계의 철저한 교정교화활동 및 사회의 따뜻한 포용력이 필요할 것이다. 이러한 여러 단계 중에서 범죄자의 갱생과 훌륭한 사회복귀를 위해 중요한 것은 범죄자에 대한 교정활동이다. 범죄자 중에는 사회 내에서 사회생활을 하면서 교정되어야 할 사람이 있고, 중간처우를 받아야 할 사람도 있으며, 혹독한 수감생활을 통하여 비틀어진 심성을 바로 잡아야 할 사람도 있다. 뿐만 아니라 교정교육을 통하여 장차 사회에 복귀하였을 때를 대비하여 사회생활에 필요한 기본적 지식과 기술을 배울 필요가 있으며, 교도작업을 통하여 근로습관을 형성하게 하여 부지런한 사람을 만들 필요가 있다. '교도소가 제2의 범죄학교'라는 말처럼 교도소 동기들이 함께 범죄를 저지른 경우를 자주 볼 수 있으므로 분류수용을 철저히 하여 악풍에 감염되는 것을 막아야 한다. 그리고 여성이나 소년범죄자, 정신질환자나 약물사범, 직업범죄자나 성범죄자는 특별관리를 통하여 교정해야 한다. 이와 같은 범죄자의 다양한 교정활동도 범죄학 연구의 중요한 목적이다.

아울러 피해자의 부조(扶助)까지도 고려해야 한다는 소리가 높다. 전통적인 범죄학은 대부분 가해자인 범죄자를 연구한 것으로서, 범죄현상의 본질을 제대로 파악하지 못하고 있다는 지적이 있다. 최근에는 범죄행위를 가해자와 피해자가 상호작용하여 만들어 낸 것이라고 보아 피해자 측면을 강조하는 연구가 붐을 이루고 있다(피해자학의 발전). 일방적인 가해자학에 지나지 않는다는 비판에서 벗어나 범죄의 한 축을 형성하고 있는 피해자를 적극적으로 고려할 때 비로소 보다 완전한 범죄학이 될 수 있을 것이다.

뿐만 아니라 시민의 권리와 자유의 보장을 최고 이념으로 하고 있는 현대사회에서, 바람직한 형사사법은 범죄피해자의 고통을 최대한 경감시켜 주는 것이다. 그 동안 범죄자의 인권보장은 신장되었지만, 피해자의 권리와 이익은 등한시되었다. 예를 들면, 형사소송은 피해자에게 이중(二重)의 고통으로 다가올 수 있다. 가령, 피해자는 처음에는 고소인으로서, 그리고 법정에서는 증인으로서 다시 생각하고 싶지도 않은 범죄사실에 대하여 여러 번에 걸쳐 진술해야 하는가 하면, 법률전문가의 도움을 받기도 어려워 형사소송이 어떻게 진행되고 있는지도 잘 모르는 경우가 허다하다. 특히 성범죄 피해자의 심정은 어떠하겠는가? 불가피하게 형사소송에 참여하여 자신의 은밀한 사생활의 영역이 노출되는 상황은 그야말로 이중의 고통이 아닐 수 없다.

나아가 피해자에 대한 고려는 범죄예방과 범죄척결에도 도움이 된다. 수사 및 검거의 단서는 대부분 피해자나 목격한 시민의 신고이다. 상당수의 범죄는 시민의 신고에 의해 착수하고 있으며, 피해자의 고소나 고발도 중요한 수사의 단서가 되기에 피해자가 마음 놓고 형사사법기관에 호소할 수 있는 환경을 만들 필요가 있다. 강간이나 폭력 등 중요 강력범죄에 대해서는 여전히 피해자나 목격자의 신고율이 저조한데, 이는 형사사법기관이 피해자를 잘 배려하고 있지 않기 때문이며, 동시에 경찰과 검찰을 비롯한 수사기관들을 불신하기 때문이다. 이러한 사실을 볼 때 범죄학과 피해자학에서 피해자를 도울 수 있는 적극적인 방안들을 연구할 필요가 있다.

제3절 ◦ 범죄학의 연구방법

1. 범죄통계 분석

1) 의의

공식범죄통계(official crime statistics)는 특정 국가나 사회에서 발간하는 범죄와 관련된 각종 통계를 말한다.

이 공식통계를 분석함으로써 각종 범죄의 발생추이, 당해 연도의 죄종별 범죄발생상황, 지역별 범죄특징, 범인검거상황, 범죄의 발생원인, 범죄자의 환경 및 형사처분 결과 등을 알 수 있다. 특히, 범죄통계는 범죄의 발생과 검거 및 처리상황 등을 다각도로 집계하고 있으므로 범죄에 대한 대량관찰이 가능하다.

2) 공식통계의 종류

(1) 우리나라

우리나라는 경찰청이 발간하는 『경찰백서』, 대검찰청이 발간하는 『범죄분석』, 법무연수원에서 발간하는 『범죄백서』 등의 공식통계 자료가 있다.

(2) 외국

미국의 경우, 연방수사국(FBI)이 발간하는 『종합범죄보고서(Uniform Crime Report: UCR)』와 형사사법통계국(Bureau of Justice Statistics)이 발간하는 『형사사법자료집(Sourcebook of Criminal Justice Statistics)』 등이 있다.

연방수사국은 범죄정보의 관리주체이자 운영기관으로 테러나 조직범죄정보 및 중요 범죄정보들을 과학적으로 관리하기 위해 산하에 형사사법정보서비스국(Criminal Justice Information Service Division: CJIS)을 두고 있다. 이 부서에서는 범죄정보를 수집·평가·분석하는 프로그램을 운영하면서 보고서를 발간하고 관련 자료들을 법집행기관에 제공함으로써 기관 상호간에 범죄정보를 공유하는데 크게 기여하고 있다.

대부분의 국가들이 자국의 범죄통계집을 발간하고 있는데, 독일은 독일연방수사국이 『경찰범죄통계(Polizeiliche Kriminalstatistik)』를 발간하고 있고,

일본은 법무총합연구소가 『범죄백서』를 내고 있다.

3) 범죄율과 범죄시계

(1) 범죄율

  범죄율(crime rate)이란 범죄통계와 관련하여 인구 십만 명당 범죄발생건수를 계산한 것이다. 미국의 경우에는 지표범죄(index crime - 중요범죄)만을 중심으로 범죄율을 계산하고 있다. 범죄율은 인구대비 범죄발생건수를 비교할 수 있다는 점에서 유용한 자료이다. 하지만 중요범죄와 상대적으로 가벼운 범죄가 동등한 범죄로 취급되는 문제가 있다. 몇 개월간 병원에 입원치료를 해야 할만큼 상해를 입힌 경우와 가벼운 찰과상의 경우에도 똑같이 '상해 1건'으로 취급될 수 있다.

(2) 범죄시계

  범죄시계(crime clock)란 중요범죄의 발생상황을 시계로 표시한 것을 말한다. 예를 들면, 살인은 25분마다 1건, 절도는 15초마다 1건, 강간은 11분마다 1건 등과 같이 중요범죄의 발생상황을 시계 위에 도식화한 것이다. 이 범죄시계는 범죄통계에 대해 문외한인 일반인들에게 범죄발생상황을 실감나게 표현함으로써 범죄경보 기능을 하고 있다.

  또 민간경비회사들은 이런 범죄시계를 활용하여 범죄의 심각성을 광고하기도 한다. 그러나 범죄시계는 인구성장률을 반영하지 않고 있으며, 시간을 고정적인 비교단위로 사용하는 문제점이 있기 때문에 통계적 가치는 별로 없다.

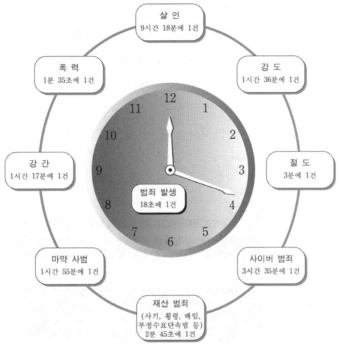

그림 1-3 범죄시계 예시

4) 실시간 집계

뉴욕시는 뉴욕경찰의 개혁을 위해 범죄통계를 실시간으로 집계하는 컴스
텟(COMSTAT: Computerized Statistics)을 개발했다. 이 프로그램은 과거의
범죄통계가 범죄발생 후 수개월이 지나 이루어지던 것을 실시간으로 집계함
으로써 즉각적인 범죄통제전략을 수립하고자 한 것이었다. 1994년부터 살인
· 강도· 강간· 상해· 절도(주거침입절도· 중한 절도· 자동차절도 포함)와 같은
지표범죄를 발생과 동시에 컴퓨터에 입력하였다. 또한 총기류범죄· 음주· 소
란행위· 매매춘 등과 같은 사소한 범죄들도 함께 입력하였다. 입력된 범죄들
은 관할구역 전자지도에 바로 표기되기 때문에 관내의 범죄발생상황을 훤히
들여다 볼 수 있게 되었다. 뉴욕경찰의 지휘부가 범죄발생상황을 즉각적으로
분석하여 경찰력과 가용 방범인력을 보다 탄력적으로 운용할 수 있는 계기
가 마련된 셈이다.

우리나라 경찰은 2004년도에 컴스텟의 제한된 효용성을 보완하여 범죄정
보관리시스템(CIMS: Crime Information Management System)을 개발하였
다. 이 시스템은 사건관리, 범죄통계, 수사지식정보, 전자지도 분석, 형사사

법정보망이 연계·통합된 전산시스템이다. 이 시스템의 특징은 경찰이 관리하는 다른 프로그램들과 연계 또는 통합되어 있다는 점이다. 각종 법령과 판례, 문헌, 수사 매뉴얼, 특정범죄 수사전문가 등에 대한 검색기능으로 많은 수사지식정보를 제공한다. 전국 경찰서 전자지도를 구축하고, 기본통계 이외에 300여종의 응용통계를 다양한 조합으로 가능케 하며, 수사서식을 전산화하여 송치서·의견서·당직대장 등 수사서식 등도 출력이 가능하게 꾸며져 있다.

그림 1- 4 범죄정보관리시스템

5) 장단점

(1) 장점

공식범죄통계의 분석은 다음과 같은 두 가지 장점이 있다. 하나는, 범죄학 연구의 중요한 기초자료가 된다는 점이다. 범죄학자 개개인이 범죄발생이나 그 특징 등을 집계하기가 현실적으로 불가능한 상황에서 국가기관이 발간하는 공식통계는 범죄나 범죄자의 일반적인 경향을 파악하는데 매우 유용하다.

다른 하나는, 범죄통계의 분석을 통하여 치안수요를 예측할 수 있다는 점이다. 즉, 범죄가 많이 발생하는 계절이나 시각에 따라 치안인력을 탄력적으로 운용할 수 있는 정책을 개발하는데도 매우 유용하다.

(2) 단점

범죄통계가 가지고 있는 단점도 있다.

첫째로, 범죄통계는 수사기관이 인지한 사건을 산술적으로 집계한데 지나지 않는다. 따라서 범죄는 발생했으나, 고소·고발이 없었거나 수사기관이 인지하지 못한 범죄들(암수범죄)은 통계만으로는 알 길이 없어 그 사회에서 일어나고 있는 전체적인 범죄현상을 파악하기는 어렵다.

둘째로, 범죄의 질적인 특성을 알 수 없다. 예를 들면, 똑같은 살인이라 할지라도 생활고에 시달려 동반자살을 꾀하다 자녀만 죽게 한 경우와 범행을 숨기기 위해 목격자를 살해한 경우는 죄질이 판이하게 다르다. 그러나 통계상으로는 똑같이 '살인 1건'으로 집계될 따름이다.

셋째로, 범죄통계의 신뢰성 문제이다. 수사기관이 실적을 올리기 위해 범인검거 건수를 늘릴 수 있고, 다른 기관과의 비교우위에 서고자 인지한 범죄를 은폐하거나 축소할 수도 있다. 또 특별단속기간이나 특정범죄에 대한 중점 대응으로 전년도와 대비하여 급격한 증감이 있을 수도 있다.

마지막으로, 국가 간의 범죄통계를 단순히 비교할 수 없는 경우가 많다. 국가마다 법체계가 다르고 통계집계방법에도 차이가 있기 때문이다.

2. 설문조사

1) 의의와 장단점

설문조사(survey)란 다수의 응답자들을 대상으로 표준화된 설문지를 이용하여 모든 응답자들에게 동일한 방법으로 질문을 하고 답변을 획득하는 구조적인 자료수집방법이다. 이 방법은 사회현상의 연구에 있어 가장 자주 사용되는 방법이며, 공개적 혹은 비공개적인 방법 모두가 가능하지만 대부분은 조사대상자가 연구의 목적에 대해 알 수 있도록 하는 공개적인 방법을 사용하고 있다.

설문조사가 사회현상의 연구에 널리 쓰이는 이유는 ① 직접관찰이 불가능한 사회현상에 대한 자료수집이 가능하고, ② 큰 규모의 표본을 이용한 조사가 가능하며, ③ 자료수집이 상대적으로 용이하고, ④ 다양한 통계분석이 가능하며, ⑤ 이에 따라 연구결과의 일반화 가능성이 높다는 점이다.

그러나 설문조사에도 단점은 있다. ① 설문지의 개발에 적지 않은 시간과 노력 및 비용이 필요하고, ② 특정 사회현상에 대한 깊이 있는 질문이 어렵다는 등의 일반적인 결함도 있다.

2) 종류

(1) 대인면접법

대인면접법(personal interview)은 적절한 자료수집 훈련을 받은 면접자(interviewer)가 응답자(interviewee)를 직접 대면한 상태에서 설문을 시행하고 자료를 수집하는 방법이다. 면접자는 먼저 조사의 취지나 문제 등에 대해 설명을 하고, 면접과정을 통해 설문주제나 문항에 대한 의혹을 풀어주면서 응답자가 질문에 반응하게 하는 방식으로 자료를 수집하게 된다. 설문에 대한 응답은 응답자가 할 수도 있고, 면접자가 대신 기록할 수도 있다.

이 방법은 가정이나 거리 등 장소에 큰 구애를 받지 않고서도 할 수 있으며, 설문지를 들고 다니기 곤란할 경우에는 노트북에 설문지를 내장하여 응답자가 그 설문을 보고 응답하게 할 수도 있다.

(2) 전화설문법

전화설문법(telephone interview)은 면접자가 응답자를 직접 만나는 대신에 전화로 응답자에게 설문을 시행하고 자료를 수집하는 방법이다. 이 방법은 전화번호부라는 표본 프레임을 이용하여 비교적 손쉽게 표본을 추출할 수 있고, 상대적으로 저렴한 비용으로 신속한 조사를 할 수 있다는 장점이 있다. 그러나 질문내용이 어려울 때는 대인면접법처럼 면접자가 옆에서 도와줄 수 없기 때문에 설문의 길이가 제한되어 조사할 수 있는 양이 제한을 받는다.

한편, 컴퓨터를 이용한 전화면접법(computer assisted telephone interview)도 많이 사용되고 있다. 미국의 경우에는 전화설문의 90% 이상이 이 방식으로 이루어지고 있다고 한다. 이 방법은 자료의 수집과 입력을 동시에 할 수 있는 매우 효율적인 방법이다. 미국의 피자 전문점인 피자헛(Pizza Hut)은 이 방법을 자주 활용하여 유용한 마케팅정보를 수집하고 있는 것으로 알려져 있다.

(3) 우편설문법

우편설문법(mail survey)은 연구자가 설문지를 우편을 이용하여 응답자에게 우송하고 응답자가 편리한 시간이나 장소에서 설문에 응답한 후, 반송용 봉투를 이용하여 연구자에게 설문지를 우송하는 자료수집방법이다.

이 방법은 큰 비용이 들지 않고, 비교적 어려운 내용도 조사할 수 있는 장점이 있다. 그러나 응답률이 매우 저조할 수 있고, 전화나 전자설문에 비해 상대적으로 자료수집기간이 길어지고, 저조한 응답률 때문에 연구결과의 일반화에도 약간의 문제가 내포되어 있는 단점이 있다.

(4) 전자설문법

전자설문법(electronic survey)은 일명 '인터넷조사(internet survey)'이다. 인터넷의 발달과 더불어 개발된 설문방법으로 인터넷 상에서 설문조사를 실시하여 단시간 내에 많은 응답을 매우 적은 비용으로 얻을 수 있는 방법 이다. 전자설문법은 구체적으로 이메일을 이용하는 방법, 홈페이지를 이용하 는 방법, 온라인 전문조사기업에 의뢰하는 방법 등이 있다.

이 방법은 상당수의 기업들이 활용하고 있는 방법이다. 그 이유는 인터넷 이라는 수단을 사용하기 때문에 응답자에 대한 접근이 용이하고, 자료의 수 집과 입력 등의 과정이 통합되어 있기 때문에 상대적으로 시간과 비용을 절 약할 수 있는 장점이 있다. 또 응답자에 따라 질문의 난이도나 구조를 변형 시킬 수 있고, 상호작용할 수 있는 설문도 가능하면서, 실시간 분석과 연속 적인 조사가 가능하다는 장점도 아울러 갖고 있다. 그러나 응답을 한 표본 집단이 모집단을 대표하는지, 또 응답자가 중복해서 응답했는지의 여부를 통 제하기 어려운 면들이 있다.

3) 범죄학과 설문조사

(1) 설문조사에 적합한 주제들

범죄학에서 설문조사는 주로 기술적 연구(descriptive study)나 추론적 연 구(inferential study) 및 인과관계 연구(causality study)를 하는데 많이 활 용된다. 기술적 조사는 현상이나 집단의 특성에 대한 분포나 발생빈도 등을 파악하기 위해서 행하는 조사로 이와 같은 특성이 어떠한가를 나타낼 수 있 다. 추론적 연구는 표본 집단에 대한 조사를 통해 전체 집단의 특성이나 통 계적 값을 가정하는 것이다. 인과관계 연구는 원인변수가 결과변수에 미치는 영향을 찾아보는 연구방법이다.

이러한 방법을 활용하여 총기류의 규제, 경찰의 업무수행능력, 약물남용에 대한 시민들의 견해 등의 여론조사를 할 수 있다. 범죄에 대한 두려움의 요인, 유해환경에 접촉경험과 비행, 약물사용에 따른 품성의 변화 등과 같이 인과관계를 밝히거나 추론을 위한 연구에 활용될 수도 있다.

범죄학에서 설문조사는 위와 같이 매우 다각도로 활용되지만, 이 방법을 활용하는 대표적인 주제들로 범죄피해자조사와 범죄의 자기보고식조사가 거론될 수 있다.

(2) 범죄피해자 조사

범죄피해자조사(crime victimization survey)란 범죄의 피해자를 대상으로 피해실태를 파악하기 위해 설문조사를 행하는 방법이다. 피해자조사는 주로 면접자가 대상자를 직접 방문하여 행하는 경우가 많지만 전화설문법도 병행하고 있다. 이 조사는 공식적 범죄통계의 문제점을 보완하는 방법으로 특히 후술하는 암수범죄(dark figure)의 실태를 파악하는 데 매우 효과적이다.

범죄피해자조사로 유명한 것은 미국의 전국범죄피해자조사(National Crime Victimization Survey: NCVS)이다. NCVS는 미국 전역에 살고 있는 사람들을 대표할 수 있도록 층화된 다단계 표집방법으로 설계되어 있다. NCVS에 포함되는 범죄유형은 강간(rape), 성폭행(sexual assault), 강도(robbery), 폭행(assault), 폭행치상(assault resulting in personal injury), 대인절도(personal theft), 노상절도(burglary), 주거침입절도(household larceny) 그리고 자동차 절도(motor vehicle theft) 등이다.

범죄피해자조사는 범죄학의 연구영역을 범죄자 중심에서 피해자에게까지 확대하는 데 크게 기여하였다. 이 조사를 통하여 암수범죄가 많다는 것이 입증되고 있으며, 특히 절도나 강간 등에 대해서는 신고조차 하지 않은 경우가 많다는 것을 밝혀주고 있다. 또, 범죄피해자의 인구·사회학적 특성에 따라 그 피해자가 범죄피해에 노출될 수 있는 일정한 특징을 가지고 있음을 밝혀낸 바도 있다. 즉, 이 조사가 연령·성별·학력·직업·생활패턴 등에 따라 강도나 강간 및 절도 등에 어떻게 노출되어 있는가를 규명하는데도 크게 기여하고 있다.

그러나 이 조사는 전국 규모로 행해지기 때문에 시간과 비용이 많이 소요되며, 피해자가 매우 주관적으로 조사에 응할 수 있는 단점이 있다. 또 피해사실을 알리기를 꺼려하는 경우도 있기 때문에 조사결과의 객관성에 의문이 생길 여지가 있고, 지역 거주민이 아닌 노숙자나 불법체류자의 범죄피해를 알 수 없는 경우도 있다. 피해사실이 오래되어 기억이 부정확할 수도 있고,

단순 성추행을 강간당했다고 오히려 부풀려 응답할 수도 있다. 그래서 이런 조사의 정확성은 응답자의 기억, 교육수준 그리고 정직성 등에 의해서 영향을 받을 수밖에 없다.

전국범죄피해자조사는 전통적으로 암수범죄건수를 집계하는데 관심을 기울였다. 그러나 최근에는 범위를 확대하는 쪽으로 설문조사를 재설계하고 있다. 예를 들면, 범죄피해와 관련된 질문들 외에 경찰과 일반 대중의 접촉에 관한 일련의 질문들을 추가하고 있다. 즉, 경찰관이 교통단속을 위해 차를 정지시킨 경우(응답자가 교통법규를 위반한 상황)에 경찰과 접촉한 응답자의 경험을 묻는 것과 같은 것이다. 이런 조사는 인종에 기초한 경찰관의 법집행 행태나 차이를 밝혀내는 새로운 자료가 되고 있다.

이런 대규모 피해자조사 이외에도 특정도시나 지역민들을 대상으로 범죄피해를 조사하여 지역정책의 개선에 반영하거나 새로운 지역사회경찰활동 프로그램을 만들 수도 있으므로 개별 범죄학자들이 자신들의 연구목적에 따라 개인적으로 범죄피해자를 조사하기도 한다.

(3) 자기보고식 조사

자기보고식조사(self-report survey)는 사람들에게 자신들의 과거 범죄행위에 대해 물어보는 방법이다. 즉, 면접자가 응답자에게 질문을 하여 응답자의 과거 일정기간 동안의 법규위반사실을 밝혀내는 방법이다. 이 방법은 경찰통계에 잘 잡히지 않는 범죄의 발생과 그 특성을 알아보기에 적합한 방법이며, 피해자조사의 단점도 보완할 수 있는 방법이다.

자기보고식조사는 주로 청소년들의 비행을 알아보기 위해 많이 활용된다. 예를 들면, 청소년들의 흡연이나 음주 및 성추행 등과 같은 비행들의 실태를 파악하는데 유용하고 약물남용이나 청소년성매매 등과 같이 두 사람이나 친구들 사이에서 은밀하게 이루어지는 범죄나 비행의 실태를 파악하는데도 유용하며 수감된 중범죄자나 정신병자들의 폭력행위 등을 연구하는데도 활용된다.

왜 사람들이 범죄나 비행, 또는 일탈행동을 저지르는가를 탐색하고 연구하는데 유용한 이 방법에 대해 손베리(Terence P. Thornberry)와 크론(Marvin D. Krohn)은 "자기보고식조사야말로 범죄나 비행을 연구하는데 있어 필수불가결한 연구방법"이라고 극찬하고 있다.

자기보고식조사는 위와 같은 장점이 있음에도 불구하고 다음과 같은 몇 가지 단점들이다.

① 이 연구방법은 주로 청소년들을 대상으로 하고 성인들을 대상으로 한 것은 많지 않다.

② 질문하는 기간에 한정이 있다. 이 방법은 주로 지난 1년 동안의 비행에 대해서 답변하도록 하고 있기 때문이다.

③ 응답자(청소년)가 자신의 비행을 과장해서 응답하는 경향이 있다는 점도 지적되고 있다.

④ 표본을 추출하는 지역이나 계층이 한정되는 경우가 많다.

⑤ 응답의 정확성에 문제가 있을 수 있어 그 연구결과를 일반화하는데 문제가 있을 수 있다.

4) 암수범죄와 설문조사

(1) 암수범죄의 의의

암수범죄(hidden crime, dark figure)란 실제로 범죄가 발생하였으나 수사기관에 아예 인지되지 않았거나 해결되지 않아 공식적인 범죄통계에 나타나지 않은 범죄행위의 총체를 말한다. 이 중에서 실제로 범하여졌지만 어느 누구도 인지하지 못하였거나 기억조차도 못하는 것을 '절대적 암수범죄'라고 하고, 수사기관이 인지는 하였으나 해결되지 않아 통계에 잡히지 않은 것을 '상대적 암수범죄'라고 한다.

(2) 암수범죄의 발생원인

① 절대적 암수범죄의 발생원인

절대적 암수범죄는 매춘·낙태·도박·마약 등과 같이 피해자가 없거나 피해자와 가해자의 구별이 어려운 범죄(피해자 없는 범죄)들에 많이 발생한다. 그 이유는 이런 범죄에 대해서는 고소나 고발을 기대하기가 어렵기 때문이다. 그리고 강간·강제추행과 같은 성범죄의 경우에는 피해자가 수치심 때문에 역시 고소나 고발을 감행하지 아니하므로 암수범죄가 되기 쉽다. 또 고소·고발을 하거나 범죄 신고를 할 의향이 있었던 자도 경우에 따라서는 범죄 신고에 따른 불편이나 수사기관에 자주 출두하여야 한다는 부담감 때문에 신고를 아예 하지 않는 경우도 많다. 이러한 것들이 바로 절대적 암수범죄의 주된 발생원인이다.

② 상대적 암수범죄의 발생원인

상대적 암수범죄의 발생원인은 수사기관의 검거율과 채증(採證)능력의 정도와 밀접한 관련을 맺고 있다. 검거율이 매우 낮거나 증거수집능력이 낮아 범죄가 해결되지 않은 채 통계에 잡히지 않는 경우가 이에 해당한다. 또 수사기관에 의한 차별적인 법집행으로 여성범죄나 화이트칼라 범죄들이 묻혀버리는 경우도 종종 발생하게 된다. 더욱이 소수민족이나 유색인종에 대해서는 엄격한 법집행을 하는 경찰이 백색인종에 대해서는 관대한 처우를 하는 것들도 일부 지적되고 있다.

(3) 암수범죄의 조사방법

암수범죄의 조사방법은 크게 두 가지로 나눌 수 있다. 하나는 연구자가 직접 관찰을 통하여 암수범죄의 실태를 파악하는 방법이다. 여기에는 직접 참여하거나 간접적으로 관찰하는 방법과 실험을 통하여 암수범죄를 밝혀내는 방법이 있다. 다른 하나는 설문조사로 위에서 본 범죄피해자조사와 자기보고식조사가 있다. 또 수사기관들은 정보제공자에게 탐문하거나 설문조사를 하여 범죄정보를 건네받는 방법(정보제공자조사)도 활용하고 있다.

위처럼 암수범죄의 조사방법은 매우 다양하지만 역시 범죄피해자조사와 자기보고식조사가 암수범죄를 연구하는데 가장 유용한 수단이라고 봐도 무방할 것이다. 따라서 암수범죄의 연구와 설문조사는 밀접한 관련을 맺고 있는 셈이다.

3. 사례연구

1) 의의

사례연구(case study)란 특정 범죄자에 대하여 그의 인격·성장과정·사회생활·범죄경력 등과 같은 여러 가지 측면들을 종합적으로 분석하여 범죄와 범죄자에 대해 보다 정확한 정보를 얻으려는 연구방법이다. 이 방법은 한 가지 사례 혹은 몇 가지 사례에 대한 깊이 있는 정밀조사를 목표로 한다.

만약 탈주범으로 유명한 신○○을 연구한다면, 그의 성장과정·친구관계·범죄경력·탈주방법·은신방법·자금조달방법 등을 다각도로 살펴보는 것이다. 따라서 신○○이 태어나서 오늘에 이르기까지의 모든 것들이 연구의 대상이 되므로 생애사연구(life history study)가 된다. 생애사연구를 위해서는 일기·편지·자서전·전기 등이 분석대상이 될 때도 있다.

2) 장단점

사례연구나 생애사연구의 주요 장점은 깊이 있는 질적 자료의 수집이 가능하다는 것이다. 이를 바탕으로 후일 비슷한 사례들이 일어날 때 수사상의 참고자료로도 활용할 수 있다. 그러나 단점으로는 분석을 위해 선택된 사례의 부적절성이나 연구자의 편견이 개입될 소지가 있다는 것이다. 이를 방지하기 위해서 연구자는 사전에 범죄 및 범죄자에 대한 지식을 충분히 습득하여 객관적인 분석결과를 도출할 수 있도록 하여야 한다. 또 연구결과의 일반화가 어렵다는 점이다. 예를 들어, 한사람의 유명한 연쇄강간범을 연구한 결과들을 다른 연쇄강간범들에게 일률적으로 적용할 수 없다는 것이다. 그 이유는 인간의 행위는 자연현상과 달라 개인별로 차이가 많기 때문이다.

3) 주요사례

사례연구나 생애사연구의 대표적인 예로는 서덜랜드(Sutherland)의 "직업절도범 연구(The Professional Thief)"와 테레사와 렌너(Teresa & Renner)의 "마피아에서의 내 인생(My Life in the Mafia)" 등이 있다.

4. 현장조사

1) 의의

현장조사(field study) 혹은 현장연구(field research)란 현장에서 사회과학현상들 간의 관계를 조사하는 비실험적 연구방법이다. 지역사회·병원·공장·공공기관 등의 현실적 환경 내에서 진행되는 비실험적 연구는 모두 현장조사라고 할 수 있다.

현장조사는 일반적으로 참여관찰(participant observation)이라는 용어보다 넓고 다양한 의미를 내포하고 있다. 연구자들이 그들이 연구하고자 하는 것에 항상 참여할 필요는 없기 때문이다. 하지만, 범죄학에서는 현장조사를 참여관찰과 거의 동일시하고 있다. 참여관찰은 연구자가 직접 범죄자의 세계에 뛰어들어 그들과 같이 생활하면서 범죄자의 생태·심리·태도·가치관 등을 살펴 범죄의 원인을 해명하는 방법이다. 이 방법은 원래 인류학자들이 원시사회를 연구하는 방법으로 개발되었는데, 미국의 사회학자들이 범죄자·마약중독자·부랑자·흑인·빈민가·갱단 등 특수집단을 연구하기 위하여 활용하기 시작한 것이다.

2) 필요인력과 장비들

단순한 참여관찰은 사진기나 메모쪽지만 있으면 가능하다. 하지만 참여관찰을 보다 심도 있게 하기 위해서는 많은 비용과 인력 및 다양한 장비들을 필요로 하는 경우가 많다. 만약 마약중독자나 전직 마약상을 데리고 다양한 마약거래현장을 관찰해 보기로 했다고 상상해보라. 우선 이들 정보원들이 그들의 임무를 수행할 수 있도록 먼저 비용을 지불해야 하지 않겠는가? 연구자가 직접 관찰하기 어려운 경우에는 이들을 현장조사자로 고용해서 추가 비용을 들여야 하지 않겠는가? '마약거래'라고 하는 하위문화에 접근하는데도 많은 시간과 노력이 필요할 것이다. 이 하위문화에 관련된 사회구조 속에는 또 얼마나 많은 사람들이 있겠는가? 마약중독자나 소매상 및 도매상은 말할 필요도 없고, 마약과 관련된 경찰관·보호관찰관·마약관련심리상담사·청소년보호업무종사자·검사·판사·변호사·기자 등을 만나야 할 필요도 얼마든지 있다. 또 직접 현장을 목격하기 위해서는 마약중독자나 거래상들이 많은 시간을 보내는 곳을 찾아 자주 드나들 필요가 있다. 그렇게 하기 위해서는 마약중독자로 보이도록 변장할 필요도 있고, 말과 행동도 그들이 의심할 여지가 없도록 해야 할 것이다. 이런 가운데서 관찰결과를 기록해야 하니 얼마나 좋은 사진기와 녹음기가 필요할 것인가? 때로는 신변에 위협을 느낄 수 있으므로 총기도 필요하지 않겠는가? 참여연구를 하는 과정 속에서 예견하지 못한 문제가 증가 또는 누적되는 소위 '스노우볼 효과(snowball effect)'를 고려해야 하는 경우도 얼마든지 있다.

3) 적합한 연구주제들

참여관찰은 어떠한 상황이나 행동이 자연적 상황 속에서 연구되어야 할 경우 최상의 접근방법이 된다. 설문조사나 실험연구는 어떤 만들어진 조건 속에서의 행동과 태도를 관찰할 수 있게 하지만 모든 행동이 이러한 방법을 통해 관찰될 수 있는 것은 아니기 때문이다. 특히 현장관찰은 '백문이 불여일견(百聞不如一見)'이라는 말과 같이 '자연스럽게 보이는 것' 자체가 인간사의 본질에 대한 통찰력을 얻는 데 있어 가장 강력한 방법이기 때문이다.

따라서 범죄현장을 직접 보는 것이 다른 어떤 연구방법들보다 좋은 점들이 있는 경우에는 모두 연구주제에 포함된다고 봐도 무방하다. 그러므로 참여관찰에 적합한 주제들은 매우 많은 셈이다.

이 관찰방법의 개발에 힘입어 범죄학 분야에서도 많은 연구결과들이 발표되었다. 뉴먼(Oscar Newman), 제프리(Ray Jeffery), 패트리샤와 브란팅햄(Patricia & Paul Brantingham)의 범죄와 환경설계와의 관계는 대부분 현장조사연구를 통해 이루어졌다.

존슨과 그의 동료들(Bruce D. Johnson & Associates)은 뉴욕의 헤로인 중독 치료소를 통해 과거의 중독자들을 확보하고 이들을 정보원으로 고용하여 헤로인 중독자들의 슬럼지역 네트워크를 밝혀낸 바 있다.

그 외에도 캠프벨(Campbell)의 "여자 갱 연구(The Girls in the Gang)," 클락카스(Carl B. Klockars)의 "전문 장물아비(Professional Fences)," 이아니(Francis A. Ianni)의 "조직범죄 연구(Study of Organized Crimes)" 등이 있다.

위와 같은 논문들의 연구 성과를 활용하여 영화를 만든 적도 많다. 예를 들면, '페이스 오프(Face-Off)'라던가, '도니브레스코(Donnie Brasco)' 등과 같은 것이다. 일본의 마사끼 아끼라(正本亮)가 자원하여 수형자생활을 하면서 수형자 세계를 관찰한 것이 있고, 우리나라에서는 사창가에 직접 들어가 매춘부들의 매춘행위로의 유입과정을 밝힌 논문도 있다.

4) 장단점

(1) 장점

우선, 참여관찰은 그 연구결과가 직접 범죄자 세계를 보고 들은 것들이기에 범죄현장의 실제상황을 가장 생생하게 전달할 수 있다는 장점이 있다. 다른 연구방법들은 상당한 시간이 경과한 이후를 조사하던가, 여러 가지 변화를 겪고 난 후의 범죄자들을 관찰하는 경우가 많으므로 범죄자의 범행에 관한 직접적인 자료의 수집이 어렵다.

둘째로, 연구를 함에 유연성을 가질 수 있다. 연구자들은 현장의 상황에 따라 언제든지 그들의 관찰계획을 수정할 수 있다. 다른 연구방법들이 연구 도중에 그 계획을 쉽게 바꿀 수 없는 것과 대비되는 점이다.

마지막으로, 참여관찰은 상대적으로 비용이 적게 드는 경우도 얼마든지 있다. 술집에서 일어나는 폭력을 관찰한다든가, 안전띠를 어느 정도 매고 있는 지를 특정 거리에서 관찰한다든가, CCTV로 교통위반 상황을 관찰한다든가 등과 같은 단순 참여관찰은 비용과 시간을 절감하면서 연구자들이 범죄학도들을 교육시키는데도 활용할 수 있다.

(2) 단점

하지만 참여관찰도 몇 가지 약점이 있다. 먼저, 연구자 자신이 범죄행위를 실제로 행하는 경우가 있을 수 있다. 만약 그렇다면 연구의 윤리성이 문제로 대두될 수 있고, 당해 범죄행위에의 가담에 대한 처벌의 문제도 간과할 수 없다. 또 특정집단의 구성원들에게 이들을 연구하러 온 것이 발각되었을 경우 신변의 위협도 문제이다.

둘째로, 관찰대상자들의 인격 상태에 관한 객관적이고 전문적인 관찰이 불가능하다. 관찰도구나 실험 등을 할 수 없는 즉, 성격검사와 같은 객관적인 연구방법의 적용이 어려워 주관적인 편견이 개입될 여지가 많으며, 사실이 왜곡될 소지도 있다.

마지막으로, 조사대상자들과 인간적인 교감 즉, 래포(rapport)를 형성하면서 연구를 진행해야 하므로 많은 시간이 소요된다.

5. 실험연구

1) 의의

(1) 개념

실험(experiment)이란 한 요인(독립변수)의 변이가 다른 요인(종속변수)의 변이에 미치는 효과에 대해 만들어진 인과적 가설을 검증하고자 하는 체계적인 시도를 말한다. 실험의 결정적 특성은 실험자가 독립변수를 통제하는 것에 있다. 좁은 의미의 실험이란 보통 고전적 실험(classical experiment)이라 부르는 구조화된 조사연구의 한 방법이다. 자연과학이나 사회과학을 불문하고 실험연구의 가장 보편적인 형태는 다음과 같은 세 쌍의 주된 구성요소, 즉 ① 독립변수와 종속변수, ② 사전검사와 사후검사, ③ 실험집단과 통제집단을 갖는다.

그러나 사회과학의 연구는 자연과학과는 달리 실험환경을 완벽하게 구성하기가 어렵기 때문에 고전적 실험방법을 변형하거나 의사실험(quasi-experiment)을 하는 경우가 많다. 그 이유는 변수를 통제하기가 어렵고, 실험집단과 통제집단을 위한 연구대상자를 무작위로 뽑거나 관련된 요구사항들을 모두 만족시키는 것이 불가능할 때가 많기 때문이다. 고전적 실험의 핵심적 특성은 무작위화(randomization)이다. 무작위화에서 가장 중요한 것은 통계적으로 등가적인(statistically equivalent) 실험집단과 통제집단을 만드는 것이다. 다시 말하면, 무작위화는 연구대상자들을 집단으로 할당하는데 있어 편견(bias)을 일으킬 수 있는 가능한 원인들을 감소시키는 것이다.

(2) 독립변수와 종속변수

변수는 여러 가지 방법으로 분류될 수 있으나, 독립변수(independent variable)와 종속변수(dependent variable)로 구분하는 것이 일반적이다. 이 구분은 수학 분야에서 유래하였는데, 독립변수는 원인변수라고 지칭하기도 하고, 종속변수는 결과변수라고 부르기도 한다. 그리고 독립변수를 영어문자 X로 하고 종속변수를 Y로 표현하는 것이 일반적인 관습이다.

독립변수는 결과인 종속변수의 원인이라고 할 수 있다. 즉, 독립변수는 연구자에 의해 조작되는(manipulated) 실험변수를 의미하고 종속변수는 결과변수 혹은 측정변수라고 하기도 한다. 다시 말하면, 독립변수인 X는 어떠한 값도 독립적으로 취할 수 있는데 반해 종속변수 Y는 독립변수인 X의 값에 의존하게 되는 것이다.

(3) 사전검사와 사후검사

사전검사(pretesting)는 변수를 조작하기 전에 하는 것이고, 사후검사(posttesting)는 변수 조작 이후에 다시 검사하는 것을 말한다. 예를 들어, 대학생들을 대상으로 과음과 장기간의 음주가 건강에 미치는 효과를 측정하려고 한다면, 실험대상자들 간의 음주정도를 사전에 검사함으로써 실험을 시작할 수 있다(사전검사). 설문지를 이용하여 개개인의 자기보고식 음주정도를 측정하고 전체 집단에 대한 평균 음주정도를 측정한다. 연구대상자들에게 만성적 음주와 과음이 갖는 다양한 생리적 효과를 보여주는 비디오를 보여준 후(변수의 조작), 같은 질문을 다시 한다(사후검사). 사후검사에 대한 응답으로 연구대상자 각각의 음주수준과 연구대상자 전체의 평균 음주 수준도 측정할 수 있게 된다. 만약 사후검사에서 음주의 수준이 낮아졌음을 발견한다면, 비디오 시청이 실제로 연구대상자들의 음주를 줄였다고 결론지을 수 있다.

(4) 실험집단과 통제집단

전형적이고 고전적인 실험은 실험집단(experimental group)과 통제집단(control group)으로 구분한다. 실험집단은 자극(stimulus)을 가하는 집단이다. 반면에 통제집단은 그런 자극을 가하지 않은 집단을 말한다. 위의 음주와 관련된 예에서 먼저 각 집단에게 그들의 평상시 알코올남용을 측정하기 위해 설계된 설문지로 조사를 한다. 그 후 실험집단에게만 비디오를 보여주고, 통제집단에는 보여주지 않는다. 이런 자극을 가한 후에 실험자는 두 집단 모두에게 알코올 사용에 관한 사후검사를 실시한다. 검사결과 만약 음주가 실험집단에서만 감소하였다면, 실험자는 음주의 감소가 비디오 시청의 결과라고 말할 수 있다. 왜냐하면 비디오 시청이 두 집단 간의 유일한 차이이기 때문이다.

CONTROL GROUP   OUT OF CONTROL GROUP

그림 1-5 통제집단과 실험집단

2) 종류

(1) 실험실 실험

실험실 실험(laboratory experiment)이란 연구대상 변수를 거의 완벽하게 통제할 수 있는 실험실 환경에서 수행하는 실험을 지칭한다. 실험실 실험은 대부분 자연과학 분야에서 많이 수행하는 연구방법이다. 예를 들면, 의학분야에서 신약의 약효를 조사할 때와 같은 것이다. 그러나 사회과학 분야에서도 이러한 방법을 사용하여 연구를 할 수 있다. 예를 들면, 광고효과 연구에서 실험실 내에서 유명 영화배우의 광고를 본 연구대상자들의 주의(attention)정도를 특수한 기계장치(동공의 확장 정도를 측정하는 기계)를 사용해서 조사할 수도 있다.

실험실 실험은 외생 독립변수의 제거와 종속변수 측정 면에서 거의 완벽한 통제가 가능하다는 점, 연구대상자의 무작위화가 가능하다는 점 그리고 정확한 측정이 가능하다는 점이 있어 내적 타당성(internal validity)을 확보할 수 있다.

그러나 인위적으로 조작되는 독립변수의 크기가 제한될 수 있다는 점, 실험환경의 인위성으로 인해 현실과는 다른 환경에서 독립변수와 종속변수간의 관계가 관찰되기 때문에 외적 타당성(external validity)이 낮아지는 단점이 있다.

(2) 현장실험

현장실험(field experiment)은 현실적인 환경에서 독립변수를 조작하는 연구방법을 지칭한다. 그러나 실험실 실험과 현장실험 간의 차이가 그리 명확한 것은 아니고, 독립변수의 통제 정도 상의 차이가 존재한다고 보면 이해하기 편할 것이다. 이러한 현장실험은 사회학·심리학·교육학·사회심리학·범죄학 등의 관련연구에서 주로 사용한다. 예를 들어, 외적 보상(extrinsic reward)이 학생들의 학습동기에 미치는 효과를 실제 학교 현장에서 연구하는 경우가 현장실험에 해당한다고 할 수 있다. 이 연구방법의 장단점은 대체로 실험실 실험의 장단점과 대비된다.

(3) 적합한 주제들

실험연구는 주로 범죄심리학에서 많이 행해진다. 어떤 자극에 대한 공격성의 변화라든가, 일반인과 강간범 사이의 비디오 자극에 대한 성적 흥분의 차이, 정상인과 성도착자의 호르몬 수준이나 쾌락중추의 차이 등과 같은 것들이다.

범죄학에서도 아동학대의 효과(학대아동들이 정상아동들보다 청소년비행 또는 범죄행위로 인해 기소될 가능성이 더 높은지의 여부), CCTV의 설치와 범죄예방효과 등과 같은 것들이 있다.

(4) 장단점

실험연구는 연구에 영향을 미치는 요인들을 통제하는데 가장 유리한 방법으로 비교적 빨리 그리고 적은 비용으로 쉽게 계량화할 수 있는 자료들을 확보할 수 있다. 즉, 연구자 자신이 자극·환경·처우시간 등을 통제할 수 있다. 반면에 단순한 자연적인 사실이 아닌 범죄자, 즉, 인간에 관한 연구에서 실험쥐와 같이 인위적인 환경을 설정하고 연구를 수행하기가 쉽지 않다는 약점이 있다. 즉 실험여건이나 실험대상을 확보하기가 쉽지 않고, 연구결과에 대한 외적 타당성이 확보되지 않기에 일반화할 수 있는 가능성을 저해한다.

쉼터

공부 잘하는 방법

자기나 부모의 이름처럼 평생 동안 잊히지 않는 기억이 있고, 사고 당시는 충격 때문에 전혀 기억할 수 없는 사실들도 시간이 지남에 따라 더욱 생생해지는 것도 있다. 그러나 대체로 기억은 시간의 경과 속에서 쇠퇴하고 급기야는 완전히 잊힌다. 왜 망각이 일어날까? 심리학자들은 주로 시간이 지남에 따라 발생하는 소멸, 여러 정보들 간의 상호 방해 때문에 일어나는 간섭, 기억해 내는 과정상의 장애인 인출실패 그리고 기억하고 싶지 않은 것을 잊으려는 동기화된 망각 등이 있다고 한다. 그렇다면 어떻게 하면 망각하지 않고 오랫동안 기억할 수 있을까? 그 답은 망각의 요인들을 최소화하는 것이다. SQ3R식으로 공부를 하자. 먼저 전체를 보고(survey), 질문(question)을 던지며, 읽고(read), 암송(recite)하며, 복습(review)하자. 그러면 여러분의 기억은 분명 향상이 있을 것이다. 영어속담에 "연습은 완전하게 한다(Practice makes perfect)"라는 말이 있듯이 계속된 연습은 그 정보에 대한 친숙함과 더불어 내용에 대한 이해를 증가시킨다. 주입식 공부나 벼락치기식의 공부보다는 적절한 시간적 간격을 두고 공부하는 것이 더 효과가 크다고 한다. 물론 당일치기 공부는 당일치기에는 효과가 있지만, 시간이 지나면 망각의 속도가 분산연습의 경우보다 빠르다고 한다. 간섭을 최소화하는 것도 좋은 방법이다. 시험 전날 이것저것 공부하는 것보다 다음날 보는 과목만 공부하는 것이 좋다. 시험에 나올 문제유형과 비슷한 것을 풀어보는 것도 좋다. '빨주노초파남보'처럼 두문자를 따서 외우는 것도 시간을 절약한다. 전혀 관련 없는 사실이라 할지라도 이야기를 만들면 외우기 쉽다. 잘 외울 수 없는 것은 자기가 흥미 있는 것이나 사진 등에 연결시키면 좋고, 핵심단어를 완벽하게 이해하는 것도 괜찮다. 정보를 내용이나 주제별로 분류하여 기억하는 것도 좋다.

CONNECTIONS

1. 범죄가 우리 사회에서 사라진다면 어떻게 될까? 범죄가 없어진다면 보다 아름다운 세상이 될 수 있을까?

2. 과학기술의 발전은 범죄학에 어떠한 영향을 미치겠는가? 긍정적인 면과 부정적인 면이 있다면 어떤 것이 있겠는가?

3. 범죄행위를 하고도 경찰에 알려지지 않은 경우는 없는가? 또는 경찰에 알려졌지만 훈방조치를 받고 귀가한 적은 없는가?

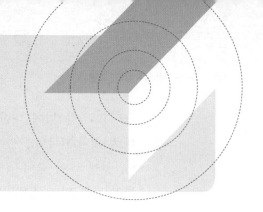

제2장

범죄학의 발전과정

1. 전체보기

18C에 태동한 고전주의 범죄학(classical criminology)은 당시 유럽사회의 시대상을 잘 반영하고 있다. 이 시기에 유럽은 인류역사상 가장 큰 변화의 시기를 경험하였다. 먼저, 절대왕권이나 귀족들의 지배가 더 이상 수용되지 않았다. 대신에 중상주의와 산업혁명의 시작으로 중산계층이 사회의 새로운 중심세력이 되었다.

둘째, 도시로의 인구이동이 가속화되어 인구의 도시집중현상이 나타났다.

셋째, 프로테스탄트 윤리가 대두하여 이제는 누구든지 근면과 절제 그리고 노동을 통하여 현세에서도 성공할 수 있다는 신념이 싹텄다.

넷째, 계몽주의, 쾌락주의, 사회계약설 등 사상적인 측면에서도 일대변혁이 일어났다.

마지막으로, 천부인권설에 근거한 인간의 존엄성에 대한 강조가 있었다.

이러한 시대적 조류는 사회의 질서유지나 안전을 위한 형벌의 집행에도 영향을 미쳤다. 프랑스혁명(1789) 이전까지는 무자비한 처벌과 혹독한 고문 그리고 죄와 벌에 대한 자의적인 판단으로 형벌의 암흑기였다. 불에 달군 쇠로 지지기(낙인), 불에 태워 죽이기(화형), 가죽채찍으로 때리기, 사지절단, 물에 넣어 죽이기(익사 혹은 수장), 국외 추방, 참수형 등 야만적인 형벌이 가차 없이 집행되었고, 국왕이나 교회에 대항하는 자에게는 더할 나위 없는 형벌을 가하였다. 일례로, 다미엥(Robert F. Damiens)은 루이 14세(Louis XIV)를 죽이려 했다는 이유로 체포되어 팔다리가 하나씩 절단되는 극형에 처해졌다.

그림 2-1 사지를 찢어 죽이는 모습(16C 서구에서 유행)

산업혁명의 결과 빈부격차가 극심하였고, 많은 실업자들이 나왔다. 이들은 부랑자가 되어 낮에는 구걸하고 밤에는 다리 밑에서 잠을 청했다. 빵 하나를 사기 위해 온종일 일을 해야 했으므로 이곳저곳에서 폭동이 일어났다. 가진 자들은 무자비한 억압으로 일관하였는데 이것이 더 큰 사회문제를 불러일으켰다. 사회적 동요는 보다 조직적이고 대규모가 되어 시민혁명이 일어나게 된 원동력이 되었다.

이에 지식인층들은 당시의 법과 형벌 그리고 형사사법의 야만적인 운용에 의문을 제기하고 불합리한 관행들을 고치려 하였다. 사회개혁가들은 범죄와 처벌에 대한 보다 이성적이고 합리적인 접근을 제안하기 시작하였다. 베카리아(C. Beccaria, 1738~1794)나 하워드(John Howard, 1726~1790) 및 벤담(J. Bentham, 1748~1832) 같은 학자들이 바로 그들이다.

2. 베카리아

Cesare Beccaria

'현대범죄학의 아버지(father of modern criminology)'로 불리는 베카리아(Cesare Beccaria)는 1738년 3월 15일 이탈리아의 밀라노에서 태어났다. 파비아대학(University of Pavia) 시절에는 별로 두각을 나타내지 못하였으나, 졸업 후 그는 고향으로 내려와 급진적인 지식인 모임에 가담하였다. 여기서 그는 당시 유럽 사회의 폐해를 보게 되었고, 프랑스와 영국의 유명한 철학자들의 걸작들을 두루 섭렵하였다. 즉, 흄(David Hume, 1711~1776), 존 로크(John Locke, 1715~1771), 볼테르(Voltaire, 1694~1778), 몽테스키외(Montesquieu, 1685~1755), 루소(J. J. Rousseau, 1712~1778) 등의 사상과 만나게 되었다. 이런 지적인 방황을 하고 있을 때인 1763년 3월에 감옥제도 개선에 관한 집필의뢰를 받았다. 그의 나이 26살인 1764년에 그 유명한 『범죄와 형벌(The Crimes and Punishment)』이 완성되었다. 이 논문은 당시로서는 혁명적인 사상을 담고 있는 것이어서 처벌을 피해 익명으로 발표되었으며, 서두에 자신은 무신론자나 혁명가가 아니라고 변명까지 하고 있다. 그러나 이 논문에 대해 당대의 사상가들이 격찬을 아끼지 않았고, 이어 프랑스어로 번역·출판(1766년)되었다. 번역판에 직접 평론을 쓴 볼테르는 베카리아를 형제로 부를 정도였다. 영어판은 1767년에 출간되었고, 이탈리아어로 6판, 프랑스어로 8판이 나올 정도로 베스트셀러가 되었다. 이 책은 프랑스 형벌체계의 원형이 되었을 뿐만 아니라 러시아, 프러시아, 오스트리아, 헝가리 등은 물론이고, 미국의 제1차 수정헌법 10개 조항에도 영향을 미쳤다.

베카리아는 도대체 어떤 가정에서 어떤 개혁안을 제시하고 있는가? 그는 사람들은 자유의지를 가지고 자신들이 원하는 바를 선택하며 그 행위의 결과에 대해 책임을 진다는 가정 아래 다음과 같은 원칙들을 제안하였다.

① 법은 사회계약을 유지하기 위해서 사용되어야 한다. 법은 사회를 형성하기 위한 조건이고 이를 위반하면 처벌받아야 한다.

② 국회의원만이 법을 만들 수 있다. 형법을 입법할 수 있는 권한은 시민의 대표자인 국회의원에게 있다.

③ 판사는 법률에 따라 형벌을 부과해야 한다. 입법가들은 판사들의 자의적인 권한을 줄여 법의 범위 안에서 범죄자들에게 형벌을 부과하도록 해야 한다.

④ 판사는 법을 해석해서는 안 된다. 형사사건에서 판사는 법을 해석할 권한이 없다. 그들은 입법자가 아니기 때문이다. …… 사람들은 각자의 관점에서 보는 시각이 있고, 시간이 지나면 같은 사건이라도 다른 각도에서 보는 경향이 있다. 특히 판사가 어떤 좋은 의도가 있고, 공중을 위한다는 어떤 논리가 있다 할지라도 이미 설정되어 있는 범위를 넘지 못하게 해야 한다.

⑤ 처벌은 쾌락과 고통의 원리에 근거하여야 한다. 형벌이 그 목적을 달성하기 위해서는 형벌로 인한 고통이 범죄로부터 얻은 이익을 약간 넘어서는 정도가 되어야 한다.

⑥ 형벌은 행위자(범죄자)에게 근거하는 것이 아니라 행위(범죄행위)에 근거하여야 한다. 범죄의 속성은 범죄행위가 사회에 미친 해악에 따라 판단되어야 하고, 범죄자의 의도에 의해 결정되어서는 안 된다.

⑦ 형벌은 범죄에 따라 결정되어야 한다. 범죄와 형벌 간에는 적절한 비례관계가 성립하여야 한다. 즉, 가벼운 처벌에서 극형까지 범죄행위에 따라 형벌이 부과되어야 한다.

⑧ 처벌은 신속하고 효과적이어야 한다. 신속한 처벌은 매우 유용하다. 범죄와 처벌간의 시차가 적으면 적을수록 범죄와 처벌이라는 두 개념의 관계가 보다 강하고 오래 지속된다.

⑨ 모든 사람은 평등하게 대접받아야 한다. 귀족이나 노예 등 신분에 따라 달리 취급해서는 안 된다.

⑩ 사형은 폐지되어야 한다. 어떠한 권리로도 사형을 집행할 수 없고, 이 세상에는 사형을 시킬 수 있는 권리도 존재하지 않는다.

⑪ 자백을 얻기 위한 고문은 금지되어야 한다. 고문을 견딜 수 있는 거친 자들은 빠져 나올 수 있지만, 마음이 약한 자들은 고문에 못 이겨 허위자백하므로 비난을 받게 된다.

⑫ 범죄를 처벌하는 것보다 범죄를 예방하는 것이 더욱 좋은 방안이다. 법은 명료하고 간단해야 하며, 국가의 권력은 사회방위를 위해 쓰여야 하고, 모든 사람들에게 골고루 혜택이 돌아가야 한다. 범죄예방의 최선의 방법은 교육시스템을 완벽하게 하는 것이다.

위와 같은 원칙들은 오늘날 시각으로 보면 당연한 것들이지만 당시의 비인도적이고 야만적인 형사사법 제도가 운영되고 있던 상황에서는 매우 혁명적인 내용이었고 선구자적인 안목을 나타낸 것으로 전 세계적으로 많은 나라들에게 영향을 주었던 것이다.

3. 하워드

John Howard

감옥개량운동의 선구자인 하워드(John Howard)는 당시 영국의 감옥에 구금된 죄수들의 참상과 어두운 운명을 보며 울분을 느껴 직접 유럽 전역의 300여 감옥을 둘러보았다. 다섯 번에 걸친 여행을 통하여 정권을 연장하기 위한 잔인한 폭정의 희생이 된 죄수들의 실상을 두루 살펴보았으며, 수형자들의 비참함을 비교분석하였다. 여행 동안에 항상 노트를 들고 다니며 메모함으로써 감옥의 상태를 정확히 기술하려 노력했으며, 여행비를 스스로 조달함으로써 국가기관의 압력을 받지 않으려 했다. 그 결과 그의 나이 51세인 1777년에 『감옥상태론(The State of Prisons)』이 출간되었다. 출판비용까지도 스스로 부담하였으며 직접 이 책을 영국의 하원의원들에게 배포하면서, "감옥은 징벌의 장소가 아니라 개선의 장소이어야 한다."고 강조하였다.

로마의 산미케레 감화원이나 네덜란드의 감옥제도에는 칭찬을 아끼지 않았으나, 다른 나라들의 감옥상태는 신랄하게 고발하였다. "죄수도 사람이다. 사람인 이상 사람답게 대접받아야 한다."고 강조한 그는 ① 수형자의 인권을 보장하고 건강을 유지시켜야 하고, ② 수형자를 연령과 성별에 따라 분리수용 하여야 하며, ③ 통풍과 채광이 잘되는 구금시설을 확보하고 감옥 내의 노동조건을 개선할 것 등을 역설하였다.

4. 벤담

벤담(Jeremy Bentham)은 그의 생애를 바쳐 법을 제정하고 폐지하는 데 있어 과학적인 접근을 시도하고 있다. 베카리아와 마찬가지로 그도 '최대 다수의 최대 행복'이라는 공리주의(utilitarianism)를 사상적 기반으로 하고 있다. 공리주의에서는 인간의 모든 행동은 그 행동이 가져올 기쁨과 고통을 계산한 결과라는 것이다. 만약 한 사람이 범죄를 저지른다면 범죄로부터의 기쁨이나 이득이 범죄로 인한 처벌의 고통을 능가할 때라는 것이다.

그는 '행복지수계산법(felicific calculus)'을 제안하고 있는데, 이는 인간은 특정 범죄를 저지를 가치가 있는지 없는지를 결정하기 위해서 그 행위가 가져올 여러 가지 요인들을 계산하는 '인간계산기(human calculators)'라는 것이다. 따라서 그는 범죄로부터 오는 이득·고통·완화상황 등을 다각도로 계산하여 형벌이 부과되도록 하여야 하고, 범죄를 저질러 얻을 수 있는 기쁨이나 이익들의 합을 약간 초과할 정도의 형벌을 부과하여야 한다고 주장했다. 이 주장은 이론적 혹은 산술적으로는 가능하지만 실제로 고전주의 범죄학자들이 해결하지 못하였다. 이 문제는 오늘날도 해결하지 못한 상태인데, 최근에는 판사나 법학자 또는 범죄학자들이 범죄와 관련된 다양한 요인들을 고려하여 적정한 형벌을 부과하려는 양형지침을 만드는 데 많은 노력을 기울이고 있다.

5. 고전주의 범죄학의 평가

고전주의 범죄학은 전술한 베카리아나 벤담 등의 주장에 힘입어 약 100여년간 범죄현상을 이해하는 데 가장 지배적인 견해를 이루었다. 후술하는 실증주의 범죄학이 19C에 대두되면서 20C 초엽까지 빛을 잃은 시기가 있었지만, 고전주의 범죄학자들의 주장, 즉 자의적이고 혹독한 형사사법의 운용실태에 대한 고발, 이를 지양하기 위한 장치로 법률에 따른 형벌의 집행, 효율적인 범죄방지를 위한 형벌 부과방법 등은 현대적인 형사사법제도로의 발전에 매우 큰 족적을 남겼다. 뿐만 아니라 고전주의는 인간의 존엄성, 합리성, 공리주의 등을 추구함으로써 당시의 야만적인 형사사법제도를 개편하는 데 주도적인 역할을 했으며, 형벌집행의 합리화와 형벌제도의 객관화에도 크나큰 기여를 하였다.

그러나 고전주의에 대한 비판론도 만만치 않다.

첫째, 과연 법률이 공정하고 정의로운지에 대해 의문을 제기하지 않고 단지 법의 획일적인 집행만을 주장하였다는 것이다.

둘째, 범죄의 예방을 위해서는 적정한 처벌이 중요하다고 하였으나, 처벌보다는 범죄자에 맞는 처우와 교화개선이 필요하다는 주장에는 해답을 줄 수 없다.

셋째, 인간의 본성을 너무 단순하게 보았다는 것이다. 인간은 선악을 이성적으로 판단하고 자유로이 선택할 수 있는 존재라고 보았으나, 실제로 그런 존재인지를 논증하지는 못하였다.

　마지막으로, 고전주의는 재량권 남용의 제거에 지나치게 매달리게 되어 형벌의 부과에 융통성을 결여하고 있다는 점이다.

　고전주의 범죄학에 대한 위와 같은 비판들은 사람들의 행위가 개인의 자유의지보다는 외부적인 여러 가지 요인들에 의해 영향을 받는다는 실증주의 범죄학을 발흥시키는 계기가 되었다. 이로써 실증주의 범죄학이 세상을 풍미하게 되었다.

　그러나 실증주의에 입각한 재활과 교육이념, 부정기형 등과 같은 주장들로 범죄예방을 도모했으나, 그 성과가 기대에 미치지 못하고 범죄문제가 점점 더 악화되자 종래 고전주의 범죄학이 추구하였던 범죄억제에 관한 관심이 새롭게 제기되었다. 따라서 1960년대 후반기에 들어 고전주의는 새롭게 부활하여 억제이론과 범죄경제학으로 발전하며 오늘에 이르고 있다.

제2절 　실증주의 범죄학

1. 전체보기

　19～20C는 눈부신 과학의 발달이 있었다. 생물학·물리학·화학·의학 등에 엄밀한 관찰과 실험이 동원됨으로써 새로운 발명과 발견이 줄을 이었다. 비행기·자동차·전구의 발명으로 일상생활에 엄청난 변화가 일어났고, 교통과 통신수단이 발달하여 인구이동이 활발하였다. 자연과학적 사고는 인간의 사회생활·종교·관습·경제·범죄 등을 다루는 인문분야에도 영향을 미쳤다. 인문분야의 연구도 새로운 시각, 즉 실험과 관찰이라는 과학적 시각을 요구하게 되었다. 자연과학의 발달과 인문과학의 연구 분위기 변화 속에서 특히 범죄원인의 해명에 큰 영향을 준 것은 콩트(Auguste Comte, 1798～1857)와 다윈(Charles Darwin, 1809～1882)의 연구결과였다.

　프랑스의 사회학자 콩트는 그의 저서『실증철학의 과정(Course in Positive

Philosophy, 1830~1842년에 출판된 것으로 추정)』제6판에서 사회과학에도 물리학의 현대적 방법론을 도입해야 한다고 주장하였다. 그는 실증적 또는 과학적 접근이 없는 사회현상에 관한 지식은 진정한 의미의 지식이 아니라고 주장하였다. 그러나 콩트가 주장할 당시만 하더라도 실증주의만으로는 범죄학 연구에 근본적인 변화를 불러일으킬 수는 없었다.

1859년에 출간된 다윈의 저서 『종의 기원(Origin of Species)』은 범죄학 연구에 전환점이 된 책이었다. 이 책에서 그는 신이 이 세상의 모든 생명체를 창조한 것이 아니라, 돌연변이와 자연선택의 과정을 통하여 진화해 왔으며, 오늘날 살아남은 것들은 생존을 위한 투쟁에서(적자생존의 원칙) 이긴 것들이라고 주장했다. 이 주장은 당시로서는 상상도 할 수 없을 정도로 혁신적인 것이었다. 왜냐하면 이 시기는 사람의 창조는 엿새 동안의 창조사역의 절정으로써, 가장 오묘하고 아름답고 신비로운 역사라는 신학적 세계관에 머물고 있었기 때문이다. 1871년에 다윈은 사람도 하느님이 하느님의 뜻대로 창조한 것이 아니라 원숭이의 조상인 유인원 집단에서 진화한 것이라고 주장함으로써 종교적인 믿음에 보다 더 심각한 도전장을 던졌다. 다윈의 주장이 과학자들 사이에 폭넓게 받아들여짐으로써 인간에게 부여되었던 종교적인 의미는 퇴색되었으며, 사회과학계는 과거와는 사뭇 다른 연구 분위기에 휩싸였다. 인간관의 변화는 인간이 저지른 범죄에도 새로운 시각을 요구하게 되었다.

다윈의 주장 이래로 고전주의자들의 주장, 즉 선험적 자유의지가 더 이상 인정되지 않았으며, 인간도 생존하기 위해서는 주위환경에 적응해야 하므로 인간 외부에 존재하는 경제적·사회적·물리적·심리적 영향들에 의해 통제되고 결정된다는 결정론적 시각이 등장하게 되었다. 이것이 바로 실증주의 범죄학(positivist criminology)의 탄생이다. 즉, 범죄에 대한 연구도 직관에서 증거로, 철학적 논의에서 과학적 인과관계의 해명(관찰과 실험을 통한 검증)으로 바뀌게 되었다. 물론 다윈의 주장 이전인 1850년대에도 과학적 연구를 통한 범죄학의 발흥 조짐이 없었던 것은 아니지만, 과학적 연구방법과 결정론적 시각이 범죄의 원인해명에 크게 부각되었다. 즉, 생물학적 결정론, 심리학적 결정론, 사회학적 결정론에 관한 연구 성과들이 줄을 이어 현대 범죄학의 탄생에 초석을 다지게 된 것이다.

2. 생물학적 결정론

1) 롬브로즈와 그 추종자들

(1) 롬브로즈

Cesare Lombroso

　초기 실증주의 범죄학은 대부분 생물학적 결정론(biological determinism)에 입각한 연구들이다. 초기 연구들의 대부분은 인간의 행위와 신체구조 사이의 관계를 탐구한 생물학자와 해부학자가 주류를 이루었다. 19세기 초에는 골상학자들이 뇌와 행태 사이의 인과관계를 알아보기 위하여 두개골의 형태를 측정하고 연구하였다.

　골상학을 개발한 라버터(Johann Kaspar Lavater, 1741∼1801)에 이어 겔(Franz Joseph Gall, 1758∼1828)과 스퍼하임(Johann Kaspar Spurzheim, 1776∼1832)은 두개골의 함몰과 인간의 비정상적인 행위간의 관계에 대하여 연구하였다.

　이 분야의 본격적인 연구는 롬브로즈(Cesare Lombroso, 1835∼1909)와 그의 추종자들에 의해 이루어졌다.

　이탈리아의 베로나(Verona)에서 태어난 롬브로즈는 의과대학을 졸업하고 군의관, 정신의학과 교수, 범죄인류학 교수 등을 거치면서 군인·범죄자·정신이상자·일반인 등 다양한 부류의 사람들을 만나고 이들을 체계적으로 관찰할 수 있었다. 그는 특히 당시에 유행하던 골상학에 관심을 가지고 많은 사람들의 두개골을 수집하여 비교·분석하였다.

　예를 들면, 좌우가 불균등한 두개골, 거대한 턱, 튀어나온 광대뼈, 큰 눈과 눈썹, 술잔 손잡이 모양의 귀, 매부리코, 듬성듬성 난 턱수염, 깎아낸 듯한 이마, 관골의 발달, 치열의 부정과 견치의 발달, 곱슬머리나 빨간 머리 등을 범죄자의 특징으로 꼽았다.

　또 신체적 특징으로는 왼손잡이, 기형지(奇形指), 체모부족, 주름살의 조기생성 등을 들며 전체적인 모습은 전형적인 몽고계통과 흑인계통을 닮은 형이라고 주장했다.

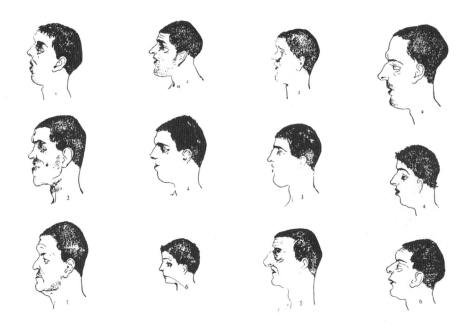

그림 2-2 Cesare Lombroso가 자신의 이론을 설명하기 위해 그린 범죄자의 옆얼굴들

이와 같은 롬브로즈의 연구는 크게 두 가지로 요약할 수 있다. 하나는 격세유전설(atavistic heredity)인데,[7] 인간의 진화과정에서 이미 없어진 고대인간의 원시성이나 야만성과 관련된 유전적 특성이 알 수 없는 이유로 많은 세대를 뛰어 넘어 나타난다는 것이다.

다른 하나는 생래적 범죄인설(born criminal)이다. 그는 범죄자들 중 일부는 신체적 특징과 성향에 있어 격세유전적인 징후를 비범죄자들보다 더 많이 갖고 있어 범죄자로 운명 지워진 존재로 태어난다고 하였다. 즉, 생래적 범죄자들은 위에서 열거한 바와 같은 두개골과 신체적 특징들을 5가지 이상 가지고 있다고 하였다. 특히, 이들 범죄자는 생고기를 찢어먹는 육식동물의 일반적인 특징인 큰 턱과 강한 송곳니를 가지고 있으며, 땅에서 일어나기 위해 팔뚝을 사용하는 유인원과 같이 키에 비해 긴 팔을 갖고 있다고 한다. 따라서 유인원의 조상에 더 가까운 생물학적 퇴행성을 갖고 태어난 사람들인데, 이 부류는 모든 범죄자들의 약 1/3을 차지하고 있다고 한다.

---

7) 격세유전: 세대를 뛰어 넘어 유전이 이루어지는 것, 자식이 부모를 닮지 않고 할아버지나 할머니 또는 그 윗대 조상의 성질을 닮는 것.

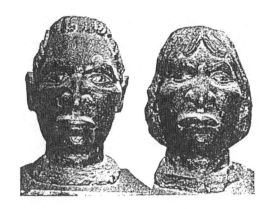

그림 2-3 생래적 범죄인 남녀 조각상(작자 미상)

자유의지, 형벌의 두려움 등과 같이 검증되지 않은 철학적 배경에서 범죄문제를 다루었던 당시에 처음으로 관찰과 검증이란 과학적 방법을 동원하여 범죄유발요인을 규명하려 했다는 점은 대단히 파격적인 것이었다. 그의 연구방법과 주장은 이후 범죄원인을 연구하는 데 있어 새로운 지평을 연 것이었다. 따라서 추종자들이 나와 범죄학 연구에 붐을 이루었고, 롬브로즈의 탁월함과 함께 비판론도 제기되었다. 롬브로즈 자신도 그의 제자들의 영향을 받아들여 본인이 초기에 가졌던 생각에 많은 수정을 가하였다. 즉, 생물학적 원인보다는 환경적인 영향에 더욱 관심을 두었다. 이리하여 기후, 강수량, 농사, 혼인관계, 형법과 관습, 교회의 종파, 국가체제 등이 범죄원인으로 작용할 수 있다고 주장했다.

(2) 페리

롬브로즈의 제자 중 가장 널리 알려진 인물은 페리(Enrico Ferri, 1856~1929)이다. 이탈리아의 하원의원, 대중강연가, 대학교수, 변호사를 역임한 그는 21세 때 "책임귀속이론과 자유의지의 부정"이란 논문을 통해 고전범죄학의 자유의지론을 비판하고, 인간행위는 환경에 의해 영향을 받을 수밖에 없다는 환경결정론적 시각을 제기하였다. 즉, 범죄자들은 범죄를 저지르기 전에 손익을 계산하여 이익이 클 때 범죄를 저지르는 것이 틀림없기 때문에 비난받아 마땅하고 도덕적으로 책임을 져야 한다는 고전주의 범죄학의 기본 가정은 잘못되었다는 것이다. 범죄자들이 범죄를 저지르는 것은 자유의지를 갖고 선택한 이성적인 행동이 아니라(자유의지의 부정), 범죄자 주변 환경이 그들로 하여금 범죄를 저지르도록 유도하기 때문이라는 것이다. 따라서 도덕적으로 책임질 수 없다고 믿었으며, 사회는 범죄행동을 막아야 하고, 형법과 형사정책의 목적은 범죄예방에 있다고 하였다.

　1884년에 발표한 『범죄사회학(Criminal Sociology)』에서는 여러 가지 환경적 요인이 범죄의 원인이 될 수 있음을 지적하면서 물리적 요인, 인류학적 요인, 사회학적 요인으로 나누어 설명하고 있다. 물리적 요인으로 인종, 기후, 지리적 위치, 계절적 효과, 기온 등을 들고, 인류학적 요인으로 나이, 성별, 신체적 혹은 심리적 상태 등을 거론하며, 사회적 요인으로 인구밀도, 관습, 종교, 정부조직, 경제조직, 산업조직 등을 제시하고 있다. 그리고 이들 세 가지 요인들이 얽혀있는 사회에는 이에 상응하는 일정량의 범죄가 반드시 발생한다는 '범죄포화의 법칙(law of criminal saturation)'을 제기하였다. 이것은 일정량·일정온도의 물속에는 일정량의 화학물질이 용해되고 그 이상도 그 이하도 용해되지 않는다는 화학상의 포화법칙을 원용한 것이다. 화학상의 포화법칙에서 보는 바와 같이 온도를 높이면 더 많은 화학물질이 용해되는 것과 마찬가지로, 한 사회에서도 급격한 사회변동, 예를 들면, 도시화의 진전과 같은 사회적 요인들이 변할 때는 범죄발생도 증가할 수 있다는 '과포화 법칙'도 아울러 주장하고 있다.

　페리는 범죄통제와 관련하여 관습적인 처벌은 물론이고 때에 따라서는 범죄자를 사형시키는 편이 나을 수도 있지만, 보다 중요한 것은 범죄예방대책(예, 무기생산 국가의 통제, 보다 안전하고 값싼 주택설계, 보다 밝은 거리조명 등)이라고 하였다. 페리는 마르크스의 유물론, 스펜서의 사회이론, 다윈의 진화론 등의 영향을 받은 사회주의자였으므로 범죄통제에도 이상주의적 주장(자유무역, 독점의 폐지, 공공 은행제도, 성직자의 결혼 허용, 복지시설의 설립, 대중 오락시설의 설치 등의 범죄예방대책)을 많이 하였으나, 범죄예방의 중요성을 역설하고 과학적인 범죄예방대책만이 범죄를 줄일 수 있으며, 시민들로 하여금 형사사법제도에 덜 의존하게 하는 것이 보다 안전한 사회라고 주장하였다.

　범죄자의 처벌과 관련하여 그는 롬브로즈의 견해에 어느 정도 동조하면서 범죄자를 다섯 가지로 나누어 설명하고 있다. ① 생래적 범죄자는 무기한 격리, ② 정신병적 범죄자는 정신병원 수용, ③ 상습 범죄자 중 개선가능한 자는 훈육과 치료, 개선불가능한 자는 무기한 격리, ④ 우발성 범죄자 중 중범에게는 부정기형, 경범죄는 손해배상, ⑤ 격정성 범죄자는 엄격한 손해배상과 강제이주 등의 대책을 제시하고 있다. 범죄의 예방과 범죄자의 처벌 등에 대한 그의 견해는 현대 범죄학의 발전에 기여한 바가 적지 않다. 1929년 4월 12일 페리가 죽자, 셀린(Thorsten Sellin)은 "범죄학의 역사상 가장 화려하고 영향력 있는 인물 중의 한 사람"이라고 하며 그의 서거를 아쉬워했다.

(3) 가로팔로

롬브로즈의 또 다른 추종자는 이탈리아의 귀족이며 대상인이자 상원의원 그리고 법학교수인 가로팔로(Raffaele Garofalo, 1852~1934)이다. 롬브로즈, 페리와 같이 가로팔로는 고전범죄학의 자유의지를 부정하고, 과학적 연구방법에 의해 범죄와 범죄자를 연구하는 것이 범죄를 이해하는 유일한 방법이라고 하였다. 롬브로즈의 주장을 연구한 그는 격세유전이나 생래적 범죄인설의 단점을 발견하고, 범죄행위의 근원을 '도덕적 변종(moral anomalies)'에서 찾았다. 모든 사회는 자연범(natural crimes)이 발생하는데, 이것은 타인의 재산을 존중하거나 타인에게 고통을 가하지 않으려는 기본적 도덕의식을 위반한 것이라고 하였다. 즉, 범죄자는 정상인에 비해 남을 고려하는 이타적인 정서가 부족한 자로서 아무런 생각 없이 자기 자신만을 위해 행동하는 자라고 하였다. 이와 같은 심리상태는 일반적인 정신이상이나 정신질환과는 다른 것이며 대체로 열등한 인종이나 민족들에게서 더욱 많이 나타난다고 하였다. 도덕적 변종 속에서 생물학적 열등성을 갖고 있는 사람이 저지른 범죄에 대해서는 도덕적인 제한을 가할 수 없으며, 사회방위를 확보하기 위해 형벌정책은 범죄자들이 타인에게 위해를 가할 수 없도록 고안되어야 한다고 했다.

다윈의 진화론에 영향을 받은 가로팔로는 자연선택의 과정을 통하여 부적응한 유기체가 제거되듯이 사회에 큰 위해를 가한 범죄자는 사형을 시켜야 한다고 했다. 몇 가지의 적절한 대책으로 사회에 적응할 수 있는 범죄자에게는 죄에 따라 국외추방, 특권의 박탈, 식민지 농장에의 수용과 노동 등의 처벌을 제시하였다. 가로팔로는 실무에 많은 경험을 갖고 있었던 사람이므로 사회방위에 더 많은 관심을 갖고 보다 안전한 사회를 위해 적자생존이나 자연선택의 과정과 같이 범죄자의 격리와 제거를 범죄대책의 철학으로 삼았다.

(4) 고링

롬브로즈, 페리 그리고 가로팔로의 연구는 범죄학 연구에 일대 전환점이 되었지만, 후속 연구자들이 이들의 연구에 많은 비판을 제기하였다. 이 중

대표적인 것이 고링(Charles Buckman Goring, 1870～1919)의 연구이다. 영국 파크허스트(Parkhurst) 교도소의 의사로 근무하고 있었던 고링은 3,000명 이상의 범죄자와 옥스퍼드와 캠브리지에 재학 중인 대학생, 입원환자 그리고 군인들로 구성된 정상인 집단을 상호비교 하는 방법으로 신체적 특징을 점검하였다. 그 결과는 롬브로즈의 견해를 반박하는 것이었다. 롬브로즈의 주장에 의하면 범죄자는 격세유전에 의해 원시선조의 야만성이 후대에 나타난 것으로 범죄자의 신체적 특징은 원시선조와 유사하다는 것이었는데, 고링이 범죄자들을 정상인의 신체적 특징과 비교했을 때 이들의 이마가 돌출했다든지, 머리가 비대칭적이라든지 등의 신체적 변이징후는 나타나지 않았던 것이다. 이 외에도 고링은 코의 윤곽, 눈의 색깔, 머리카락의 색깔, 왼손잡이 등 다른 신체적 특징도 비교하여 보았지만 여전히 두 집단 간에 주목할 만한 차이를 발견하지 못하였다. 이를 바탕으로 고링은 롬브로즈의 연구결과를 부정했으며, 범죄행위란 신체적인 변이형태와 관련된 것이 아니라 유전학적 열등성에 의한 것이라고 주장하였다. 아울러 그와 연구를 같이한 사람들은 간수, 감옥의사, 통계학자 등 많은 전문가들로 구성되어 있었으며, 특히 유명한 통계학자인 피어슨(Karl Pearson)이 그의 연구조교로 함께 연구하였다. 범죄자 집단과 정상인 집단의 신체적 특징을 96가지로 나누어 측정함으로써 롬브로즈 이론을 반박할 충분한 자료를 갖추었던 것이다. 이것은 바로 통계학을 많이 활용한 사회학적 결정론과 관련된 연구에도 영향을 미친 것이었다.

2) 유전적 열등성과 범죄

(1) 덕데일

인간의 체질과 성격 등이 유전된다는 것은 주지의 사실로서 멘델의 유전법칙이 발표된 후 실증주의의 한 부류는 범죄성의 유전 문제를 다루었다. 범죄가 유전적 열등성에 기인한다는 견해를 밝힌 가장 유명한 사람은 덕데일(Richard L. Dugdale, 1841～1883)이다. 그는 1877년에 쥬크가(The Jukes)에 관한 연구를 발표했다. 그가 '범죄자의 어머니(mother of criminals)'로 부른 아다 쥬크(Ada Juke)의 후손 1,000여 명을 조사한바, 그 중 280명이 거지거나 극빈자, 60명이 절도범, 7명이 살인범, 140명이 잡범, 50명이 창녀, 40명이 성병환자라는 사실을 발견하였다. 75년간에 걸쳐 쥬크가에서 이렇게 많은 범죄자가 나온 것은 바로 유전의 작용으로 해석할 수 있다고 했다.

(2) 곳다드

이와 비슷한 연구결과가 곳다드(Henry Goddard, 1866~1957)에 의해 발표되었다. 그는 남북전쟁 당시의 민병대원이었던 칼리카크가(家)(The Martin Kallikaks)의 후손을 대상으로 연구하였다. 칼리카크는 전쟁 중에 정신박약자인 창녀를 만나 아들을 두었고, 전쟁 후에 독실한 가톨릭 신자인 여성과 정식 결혼하여 많은 자녀를 두었다. 창녀와의 사이에서 태어난 아들의 후손 488명 중에는 정신박약자, 사생아, 알코올중독자, 간질병자, 포주, 범죄자 등이 다수 나타난 반면에, 가톨릭신자와의 사이에 태어난 자손들 중에 일부를 제외하고는 모두 교육자, 의사, 변호사 등 훌륭한 시민으로 성장하였다는 사실을 밝혀냈다.

(3) 후톤

롬브로즈의 견해에 어느 정도 동조하면서 고링의 주장을 반박한 사람은 후톤(Ernest Hooton, 1887~1954)이다. 그는 13,873명의 남자 재소자와 일반인 3,203명(대학생과 소방수 등)을 대상으로 신체적 특징들을 상호비교 하였다. 그 결과 ① 범죄자와 일반인은 상당한 신체적 차이가 있다. ② 범죄자는 일반인보다 신체적 열등성이 더 많다. ③ 이것은 아마도 유전적일 것이며 상황이나 환경과는 관계가 없다. ④ 범죄자들은 푸른 갈색이나 색깔이 혼합된 눈, 얇은 입술, 귀의 돌출, 좁고 경사진 이마, 가는 목을 가지고 있는 자가 많았다.

(4) 쌍생아와 입양아 연구

다른 한편, 유전과 범죄성과의 관계를 알아보기 위해 쌍생아 연구(twins study)나 입양아 연구(adoption study)가 활발히 진행되었다. 1930년대 이후에 쌍생아의 범인성에 관한 연구가 세계적으로 이루어졌으며, 대부분의 연구결과는 일란성 쌍생아의 범죄행위 일치율이 이란성 쌍생아나 일반 형제들보다 더 높은 것으로 나타났다. 즉, 일란성 쌍생아 중 한 명이 범죄를 저지르면, 다른 한 명이 범죄를 저지를 가능성이 이란성 쌍생아나 형제들보다 훨씬 더 높다는 것이다.

입양아 연구는 입양아의 행동이 양부모보다 생부모의 그것과 더 유사하다면 범인성에 대한 유전적 기초가 지지받을 수 있을 것이고, 반대로 입양아의 행동이 생부모보다는 양부모의 행동에 더 유사하다면 그것은 범죄에 대한 환경의 영향을 뒷받침해 주는 것으로 볼 수 있다는 논리이다. 많은 연구결과들은 대부분의 입양아가 어린 시절에 입양되어 자신의 생부모를 알지 못함에도 불구하고 양부모보다 생부모의 행동과 더 유사한 행동을 하고 있다고 한다. 따라서 범죄성에 대한 유전적 요인을 무시할 수 없다는 주장들이 많았다.

3) 체격형과 범죄

(1) 크레취머

독일의 정신의학자 크레취머(Ernst Kretschmer, 1888~1964)는 인간의 체격형을 3가지로 구분하고 범죄와의 관계를 설명하였다. 야위고 약간 키가 크고 좁은 어깨를 가지고 있는 '세장형(the asthenic)'은 절도 또는 사기범이 많으나 때로는 살인을 하기도 하며 조심성이 많고 지성이 부족하다고 한다.

보통 키에 강한 근육과 튼튼한 뼈를 갖고 있는 '운동형(the athletic)'은 폭력범이 많은데 이는 잔인한 공격성과 격렬한 폭발성과 관련이 있어 대인범죄를 저지르기 쉽다고 한다.

보통 키에 둥근 외모, 큰 얼굴과 살찐 목을 가지고 있는 '비만형(the pyknic)'은 대체로 사기를 많이 치며 그 다음으로 폭력범죄를 저지른다고 한다. 또한 혼합형의 체형을 가진 사람들은 주로 풍속범이나 질서위반범이 많다고 한다.

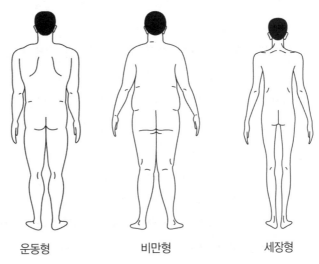

운동형   비만형   세장형

그림 2-4 크레취머의 체격형

(2) 셀돈

이와 같은 크레취머의 체격형 이론을 한층 더 발전시킨 사람은 미국의 내과의사인 셀돈(William Sheldon, 1898~1977)이다. 그의 아버지는 투견장에서 개를 판명하는 개 사육업자였는데, 아버지의 영향을 받아 사람의 신체유형을 판단하는 데도 1~7까지의 척도를 사용하여 지배적인 특징적 요소(소화기관, 뼈와 근육, 신경과 피부조직 등)에 따라 3가지의 체격형으로 구분하고 각각을 범죄성과 관련하여 설명하고 있다. 내배엽형(endoderm), 중배엽형(mesoderm), 외배엽형(ectoderm)이 바로 그것이다. 이러한 구분은 태아가 형성될 때의 기본적인 세포막의 이름으로 내배엽은 이후 성장하여 소화기관이 되고, 중배엽은 뼈나 근육이 되며, 외배엽은 신경과 피부조직으로 분화 발전한다는 것이다. 대부분의 사람들은 이 세 가지 배엽이 어느 정도 섞여 나타나므로 각 특징이 어느 정도인지를 고려할 필요가 있다는 것이다. 각 체격형은 다음과 같은 특징을 가지고 있다고 한다.

첫째, 내배엽형은 소화기관이 크게 발달하여 살찌고 부드럽고 둥글며, 행동이 느리고 태평스럽고 관대하며 낙천적이다.

둘째, 중배엽형은 근육, 골격, 운동조직이 탁월하여 몸통이나 가슴이 크고, 활동적이며 역동적인 성격이다. 언어구사나 제스처가 단호하며 행동이 공격적이다.

셋째, 외배엽형은 피부나 신경계 기관의 발달이 탁월하므로 여위고 가냘픈 체격이며, 얼굴이 작고 코가 뾰족하다. 소음이나 외부자극에 민감하고 비사교적이며 신경질적이다.

셀돈은 보스턴에 있는 소년교정원에 수용된 200명의 비행소년을 대상으로 자신이 개발한 신체적 특징을 조사하였다. 그 결과 비행소년들은 일반 대학생에 비해 중배엽이 우월하고 외배엽은 낮은 수치를 기록하고 있다고 하여 중배엽 우월형의 사람이 범죄를 저지를 가능성이 높다고 분석했다. 그러나 중배엽의 구조를 가진 사람이 필연적으로 범죄자가 되는 것은 아니라고 한다. 왜냐하면 지능이 높고 환경이 좋아지면 그들은 건전한 사회인으로 성장하여 군에 가면 훌륭한 장군이 되고 정치나 사업을 하면 정열적이고 능동적인 성향이 십분 발휘되어 위대한 지도자나 대기업 경영자가 되어 범죄적인 성향을 좋게 바꾸어 놓을 수 있다는 것이다.

중배엽형, 즉 근육이나 골격이 강한 사람들이 범죄를 저지를 경향이 높다는 것은 이후 글룩 부부(Sheldon Glueck: 1896〜1980, Eleanor Glueck: 1898〜1972)의 연구에서도 찾아볼 수 있다. 이들은 나이, 지능지수, 인종, 거주지역 등이 유사한 범죄소년 500명과 일반소년 500명을 연구대상으로 삼았다. 체형의 구분은 소년들의 사진을 무작위로 섞은 후에 사진에 나타난 신체유형을 평가하였다. 그 결과 범죄소년의 60.1%는 중배엽형이었고, 일반소년의 경우는 단지 30.7%만이 중배엽형으로 앞서 셀돈에서와 같이 신체특징이 중배엽형일수록 범죄를 저지르는 경향이 높다는 것을 알 수 있었다.

3. 심리학적 결정론

19〜20C 초엽에 범죄의 원인을 연구한 학자들은 대부분 범죄의 원인을 인간의 마음보다 육체에서 찾고자 노력하였다. 이리하여 생물학적 결정론에 관한 연구들이 주류를 이루었고, 심리학적 결정론에 입각한 연구는 미미하였다. 이 분야의 초기 연구는 주로 의사들이 행하였으며 정신박약이나 정신이상에 기인한 범죄행동, 이들의 법적 책임과 관련된 문제들을 다루었다.

미국 최초의 법의정신의학자로 알려진 레이(Isaac Ray, 1807〜1881)는 일생동안 정신의학적 원리를 법률에 적용하는 데 관심을 가졌다. 그는 "정신이상의 법의학(The Medical Jurisprudence of Insanity)"이라는 논문에서 '도덕적 정신이상(moral insanity)'이란 개념을 주장하였다. 이 용어는 애정적 반응을 규율하는 뇌의 특정부분에 무엇인가 문제가 있는 경우를 제외하고는 모든 면에서 정상적인 사람을 지칭하는 것이다. 이러한 도덕적 정신이상에 기인한 자가 범죄를 저질렀을 경우에 그들에게 행위책임을 물어야 하는지에 강한 의문을 제기하였다. 왜냐하면 이들은 고의로 범죄를 저지른 것이 아니라 도덕적 정신이상 때문에 범죄를 저질렀기 때문이다.

Alfred Binet

영국의 의과대학 교수인 머드슬레이(Maudsley, 1835~1918)는 범죄자의 책임성에 관해 레이와 같은 견해를 표명하였다. 그에 의하면, "어떤 사람들은 언뜻 보아 미쳤거나 범죄자로 판명된다. 범죄는 이들이 갖고 있는 불건전한 성향이 표출된 것으로서 만일 그들이 범죄를 저지르지 않으면 미칠 수밖에 없을 것이다."라고 하였다.

20세기에 들어서자 심리학자들은 범죄자 연구를 위해 새로운 측정기법을 동원하였다. 이것이 바로 비네(Alfred Binet)가 1905년에 개발한 지능검사법이다. 곳다드는 비네의 지능검사법을 활용하여 앞서 기술한 바와 같은 칼리카크가 연구(1912년)를 수행하면서 정신박약과 범죄와의 관계를 강조하였다. 이어서 그는 뉴저지 주의 소년원 수용자를 대상으로 지능 상태를 테스트하였다. 그 조사(1914년)에 의하면 수용소년은 최소 28%, 최대 89%가 정신박약이라고 하여 범죄의 주요한 원인을 낮은 지능에 있다고 설명하였다.

이후 비행소년에 대한 일반 지능검사는 미국, 일본 등지에서 계속되었는데, 범죄자 중 정신박약자의 비율이 계속 줄어들고, 지능검사의 신뢰성이 문제되자 지능검사와 정신박약은 더 이상 범죄행동을 설명하는 중요한 요인이 될 수 없었다. 정신병질과 범죄, 정신병과 범죄와의 관련성 등에 관한 후속 연구들이 계속되다가 프로이드가 정신분석학을 창시하면서 심리학적 결정론은 새로운 전기를 맞게 된다(자세한 설명은 제3장 제3절 참조).

4. 사회학적 결정론

1) 케틀레와 게리

고전주의 범죄학의 자유의지론을 처음으로 반박한 학자들은 벨기에의 수학자 케틀레(Adolphe Quetelet, 1796~1874)와 프랑스의 법률가 게리(Andre

Michel Guerry, 1802~1866)이다. 이들은 빈곤·령·성·종교·기후 등과 같은 요인들이 범죄통계와 어떤 연관을 갖고 있는가를 연구한 결과, 범죄행동은 개인의 자유의지에 의한 것이 아니라 사회에 책임이 있는 것이라고 주장했다. 1827년에 최초의 현대적인 범죄통계가 프랑스에서 발간되었다. 게리는 이 통계의 분석으로 사회적인 요인에 따라 범죄율이 상이함을 증명하였다. 예를 들면, 프랑스에서 최고 부유층이 사는 지역이 재산범죄 발생률에서 가장 높고, 폭력범죄 발생률은 나라 전체의 절반 수준이라는 사실을 발견하였다. 부자들이 사는 지역에는 훔칠 것이 많기 때문에 재산범죄의 주요 요인은 기회라고 주장하였다.

케틀레는 각국에서 발간된 여러 통계수치를 분석하여 기후·연령·성·계절·교육수준 등의 사회환경적 요인들이 범죄발생과 함수관계에 있다는 것을 밝혔다. 프랑스, 벨기에, 네덜란드 등의 범죄통계를 분석하면서 만약 전체 사회에서 집단들의 전반적인 행위패턴을 살펴보면 여러 가지 행동비율이 매우 규칙성을 가지고 발생함을 입증하였다. 특히 그는 개인보다는 집단에 초점을 맞추어 사람들의 행동이 예측가능하고, 규칙적이며, 이해할 수 있는 것이라고 주장하였다. 마치 자연계가 자연의 법칙에 따라 규율되듯이 인간의 행동도 인간 외부의 여러 가지 힘들을 통하여 규율된다고 하였다. 1835년에 발표한 "사회물리학에 관한 논문"에서 '사회는 범죄를 예비(豫備)하고 범죄자는 그것을 실천하는 도구에 불과하다'고 하였다.

2) 타르드

타르드(Gabriel Tarde, 1843~1904)는 15년 동안의 지방판사 시절에 프랑스의 범죄통계를 작성하는 책임자였다. 그는 자기가 작성한 통계들을 다양한 각도에서 분석하여 다음과 같은 결론을 내렸다.

"살인범과 유명한 도둑들의 대부분은 어린 시절에 버려진 아이들로서 범죄의 온상은 시내의 광장이나 교차로이다. 이곳에 모인 부류들은 부모들의 가정교육이 소홀하거나 집에 먹을 것이 없는 아이들로서 삼삼오오 무리를 지어 다니며 서로 교제하거나, 물건을 훔치거나, 들치기를 하거나, 싸움을 한다."

타르드는 롬브로즈의 견해를 반박하면서 범죄자들은 범죄를 배우고 익힌 정상인이라고 주장했다. 그는 모방의 법칙(laws of imitation)으로 사람들이 범죄자가 되는 과정을 설명했다. 모방이 생기는 것도 일정한 패턴이 있는

데 ① 한 개인은 그가 접촉하는 사람들의 영향력(접촉빈도와 강도)에 따라 다른 사람들을 모방한다(거리의 법칙). ② 사회적 지위가 열등한 사람들은 우월한 사람들을 모방한다. 이것은 도시의 유행이 시골로 퍼지고 상류계층의 패턴이 하류계층으로 모방되는 것과 같은 이치이다(방향의 법칙). ③ 살인자의 흉기가 칼에서 총으로 바뀐 것처럼 두 가지의 행위패턴이 상충될 때, 하나가 다른 하나를 대체한다(삽입의 법칙). 이와 같은 타르드의 주장은 현대 범죄학의 가장 영향력 있는 이론 중의 하나인 서덜랜드의 차별적 접촉이론에 많은 영향을 미쳤다.

3) 뒤르껭

Emile Durkheim

뒤르껭(Emile Durkheim, 1858~1917)이 12살이던 1870년에 독일군이 프랑스를 침략하여 그의 고향이 점령당했다. 어린 나이에 전쟁과 사회적 혼란을 겪었으므로 이 영향과 충격이 그의 전 생애에 걸쳐 그가 남긴 많은 글의 주제로 등장하고 있다. 그의 저서 『자살론(Suicide, 1951)』은 자살의 원인을 급격한 정치·경제·사회의 변동이라고 기술하고 있다. 뒤르껭은 심각한 불경기, 큰 정치적 위기, 급격한 사회변동 및 불안정한 사회환경이 아노미(Anomie)를 유발하고 동시에 높은 자살률을 나타낸다고 주장하였다. 즉, 아노미란 사회의 기본규범이 크게 흔들리고 혼돈된 상태로 '무규범상태(normlessness)'를 의미한다. 따라서 그는 사회환경을 주의 깊게 연구하면 자살률을 예견할 수 있다고 했다. 예를 들면, 기혼자와 미혼자 두 사람이 자살을 마음속으로 생각하고 있다고 할 때, 기혼자는 걱정해야 할 그리고 부양해야 할 사람이 없는 미혼자보다 한층 더 높은 사회적 책임의식을 갖게 되어 이러한 책임의식이 자살을 제지하게 한다는 것이다(이기적 자살).

그는 또 경제주기에 따라 자살률이 다름을 관찰했다. 즉, 자살률은 불경기와 호경기 때 가장 높다는 것이다. 불경기 동안 사람들은 그들의 경제적 수단들을 상실하게 된다. 즉, 실업자가 증가하며 임금은 인하된다. 사람들은 목표(goals)와 수단(means) 간의 괴리(discrepancy)를 더 많이 경험함으로써 스트레스가 증가하게 되고 이러한 스트레스는 높은 자살률로 나타나게 된다. 경기가 팽창할 동안에도 과정은 다르나 이와 유사한 현상이 일어난다. 급격한 호경기는 사람들에게 그들의 목표를 성취할 수 있도록 해준다. 그러나 사람들은 계속 더 열망하고 더 노력한다. 사람들은 사회적으로 고취되어진 목표들을 실현함으로써 그들은 끝없는 열망을 갖게 된다. 경기가 정상적일 때 사회는 사람들의 목표를 규제하게 되지만, 기대가 상승되는 시기 동안에는 어떠한 것도 가능하게 된다. 그래서 뒤르껭은 불경기와 유사하게 호경기에도 목적과 수단 간의 괴리가 증가하며, 이와 같은 괴리는 스트레스를 증가시키고, 스트레스는 자살을 증가시키게 된다고 주장하였다(아노미적 자살).

이기적 자살과 아노미적 자살 간의 유사성을 주의해서 살펴볼 필요가 있다. 양자 모두 비규제(deregulation)를 강조하고 있다. 전자는 사회적 지위와 비규제 간의 관계를 분석하는 것이고, 후자는 사회변동과 비규제 간의 관계를 분석하는 것이다.

뒤르껭의 『자살론』에서 논의된 주제는 그의 저서 『분업론(The Division of Labor)』에도 그대로 나타나고 있다. 즉, 사람들은 일을 하고 싶고 생산적인 사회구성원이 되고 싶으나 분업으로 인하여 직업기술을 개발할 기회가 주어지지 않거나, 취업의 기회가 주어지지 않아서 좌절감 또는 경제적인 필요성으로 인하여 범죄에 호소하게 된다는 것이다. 역사적으로 볼 때 뒤르껭이 옳은지 그른지 혹은 그가 명백한지 아닌지가 중요한 것은 아니다. 어떤 경우든지 간에 그의 연구가 범죄학의 방향을 바꾸어 놓았다는 데 의의가 있다. 그는 자살에 대한 개인적·심리적 차원의 원인연구로부터 지속적인 사회관계들을 반영하는 사회 혹은 소집단들의 특성연구로 범죄학의 방향을 전환시켜 놓았다. 사회적 비규제와 자살 간의 관계에 대한 뒤르껭의 연구는 자살에 대한 사회학적 연구를 고무시키는 계기가 되었을 뿐만 아니라 가장 영향력 있는 범죄이론 중의 하나인 머튼(Merton)의 아노미이론으로 연결되어 꽃피우게 된다.

5. 실증주의 범죄학의 평가

실증주의 범죄학은 생물학·심리학·사회학의 발달에 힘입어 크게 세 가지 조류로 발전해 왔다. 먼저 생물학적 결정론은 롬브로즈를 중심으로 한 일단의 이탈리아 학자들의 연구와 이에 대한 후속연구 및 비판들이 주류를 형성한 가운데, 가계연구나 쌍생아 연구 등으로 유전적 열등성과 범죄와의 관계를 규명하려는 움직임이 있었고, 보다 발달한 의학적 지식을 원용하여 사람의 체격형과 범죄와의 관계를 설정하고자 한 학자들도 있었다.

다음으로, 심리학적 결정론에 입각한 연구는 생물학적 연구에 비하여 매우 미미한 수준이었고, 주로 정신박약이나 정신이상이 범죄의 원인임을 지적하고 있다. 당시에 개발된 지능검사방법이 활용되었는데 이는 광범한 지지를 얻는 데 실패했다. 프로이드(Sigmund Freud)의 정신분석학이 나오기 전까지는 활발한 연구가 진행될 수 있는 여건이 아니었다.

마지막으로, 사회학적 결정론은 당시 유럽 각국에서 범죄통계 분야에 종사하던 사람들이 자국의 통계를 분석하거나 주변 몇 개국의 통계를 통하여 사회학적 요소들이 범죄와 어떤 관계를 갖고 있는가를 설명하고자 하였다. 특히 뒤르껭의 연구는 탁월한 것으로 미국 범죄사회학의 발달에 많은 기여를 하였다.

이와 같은 실증주의적 연구들은 인간의 행태를 과학적인 연구 방법론을 도입하여 경험적인 증거를 제시하며 설명하려고 노력하였다는 점에서 매우 중요한 가치를 지닌 학문적 시도였다. 하지만 그러한 개개의 연구들을 살펴보면 매우 중요한 방법론상의 결함이 있다. 즉, 실증주의 연구들은 너무 소수의 연구 대상 집단을 선정하여 관찰한 결과를 가지고 일반화하려는 무리함을 보이고 있는 경우가 많으며, 때로는 특수한 조사대상을 중심으로 연구하여 이에 대한 객관성을 확보할 수 없는 경우도 있었다.

또한 복잡다단한 요인들이 결합하여 일어나는 범죄문제의 원인을 분석함에 있어서 범죄자에게 직간접으로 영향을 미치는 환경의 고려가 미미하였다. 인간의 체질, 성격적인 측면은 유전성이 강하다. 그러나 후천적으로 습득한 형질, 즉 식생활·의식주·교육·사회화로 인하여 변화된 체질과 성격 등은 유전되지 않는 것이다. 따라서 실증주의 연구에 있어서 후천적으로 한 개인이 사회화되어 가는 과정에서 얻어진 범죄현상은 전혀 고려하지 않은 것이다.

이러한 문제에도 불구하고 특히 생물학적 연구가 범죄학에서 매우 중요한 가치를 지니는 것은 관념적이고 추상적인 연구방식에서 탈피하여 구체적이고 과학적인 연구방법을 사용했다는 점에서 높이 평가되어야 한다. 또 범죄통계를 분석하거나 사회의 현상과 체제를 관찰하여 범죄의 사회적 원인을 밝히려 한 시도도 그 후에 미국의 많은 범죄학자들에게 영향을 미쳐 범죄사회학의 발전에 초기 발판을 마련하였다는 점에서 매우 중요하다고 볼 수 있다.

제3절 ✎ 고전주의와 실증주의의 비교

1. 고전주의

고전주의 범죄학은 한 인간이 자신들의 자유로운 의사 또는 의지에 의하여 범죄행위를 저지른다고 한다. 인간의 소질이나 환경은 사람의 범죄행동과는 무관한 것이며 자신들의 의지에 따라 합리적으로 범죄행위의 실행 여부를 결정한다는 것이다.

고전주의 범죄학자들의 주장을 요약하면 다음과 같다.

① 사람들은 자유의지를 갖고 있다. 인간은 매우 합리적인 존재로 모든 행동을 자신이 결정하고 실행에 옮길 수 있는 존재이다.

② 인간의 본성은 항상 쾌락을 추구하기에 사람들은 이를 좇아 범죄행위에 이끌린다. 범죄행위는 매우 매력적인 것이며 범죄로 인한 이익은 사람들을 범죄행동으로 유혹한다.

③ 범죄행동을 통제하고 사회를 평안하게 하기 위해서는 개인의 범죄행위에 대해 사회 전체가 대응하여 보복할 필요가 있다.

④ 이러한 사회 전체의 보복이 형벌이며, 형벌의 부과로 잠재적으로 범죄행위를 저지르고자 하는 사람들로 하여금 욕망을 억제하도록 하여야 한다. 형벌이 효과적이기 위해서는 형벌의 부과가 정확하고, 확실하며, 신속해야 한다.

⑤ 따라서 가장 효과적인 범죄예방은 범죄를 사람들이 선택하지 못하게 하는 형벌이다.

2. 실증주의

실증주의자들은 범죄행위를 개인의 소질과 그를 둘러싸고 있는 환경이 복합적으로 작용하여 표출된 것이라고 한다. 이들은 앞서 언급한 고전주의와는 달리 한 인간은 자신의 의지에 따라 범죄행위의 실행여부를 결정할 수 있는 능력을 가진 존재는 아니고, 범죄자 자신이 출생시부터 가지고 있던 생물학적, 심리학적 특성이나 소질이 범죄자를 둘러싸고 있는 환경과 결합하여 그로 하여금 범죄행위를 하도록 작용한다는 것이다.

실증주의자들의 주장을 요약하면 다음과 같다.

① 인간의 행위는 개인이 통제할 수 없는 생물학적·심리학적·사회학적 특성의 작용이다.

② 따라서 범죄의 원인은 범죄자가 갖고 있는 신체적·심리적·사회적 열등성이나 요인이다.

③ 개인이 저지른 범죄행위에 중점을 두기보다는 범죄자에게 중점을 둔다.

④ 범죄문제의 원인 규명과 해결에는 과학적인 방법을 적용해야 한다.

⑤ 범죄자에게 중점을 두고 있으므로 개개 범죄자가 갖고 있는 범죄요인을 제거하는 것이 범죄통제에 효과적이다.

이와 같은 고전주의와 실증주의의 핵심적인 내용들을 정리해 보면 <표 2-1>과 같다.

표 2-1 고전주의와 실증주의 비교

구분 　　　　학파	고전주의	실증주의
시대	18~19C	19~20C
학자	철학자·작가·법률가	생물학자·수학자·의사·통계학자·사회학자 등
전제	비결정론	결정론
범죄원인	자유의사	사회적·심리적·신체적 요인
관점	범죄행위	범죄자
수단	사법제도	과학적인 방법
목적	일반예방	특별예방

제4절   신고전주의와 신실증주의: 오늘날의 범죄학

1. 전체보기

18C 이후 시작된 근대적인 범죄학은 다양한 연구대상과 방법을 동원하여 범죄원인을 규명하고 이를 통하여 효과적인 범죄대책을 수립하려 노력하였다. 이러한 시도는 후일 많은 범죄학도들에게 영향을 미쳐 오늘날의 범죄학이 탄생하게 된 배경이 되었다. 고전주의 범죄학은 19C에 실증주의 범죄학이 대두하기 전인 약 100여 년간 범죄현상을 이해하는 데 있어서 가장 지배적인 이론이었다. 하지만 실증주의 범죄학의 대두로 고전주의 범죄학은 빛을 잃었다가 20C 후반에 다시 억제이론과 범죄경제학으로 부활하게 되었다. 이것은 실증주의에 입각한 재활이념과 부정기형이라는 범죄대책이 그 성과가 기대에 미치지 못한 데 따른 자연스런 결과였다.

한편, 실증주의 범죄학은 인체의 신비에 대한 의학과 생물학의 발달, 프로이트의 정신분석학과 학습이론의 등장, 미국을 중심으로 한 자본주의의 융성과 이로 인한 사회학의 발달 등에 힘입어 오늘날의 범죄생물학, 범죄심리학, 범죄사회학으로 각각 발전하였다. 실증주의의 중요한 관점은 범죄자의 생물학적·심리학적 그리고 사회학적 특성을 연구하기 위한 과학적 연구방법의 적용이다. 예를 들면, 실증주의는 범죄행위의 원인을 탐구함에 있어서 인간의 행위는 인간이 통제할 수 없는 영향력에 의해서 결정되고, 범죄의 원인은 비범죄의 원인과 구별되는 것으로 가정하고 있다. 이러한 기본가정에 입각하여 범죄자와 비범죄자의 차이는 물론이고 범죄자의 개별적 또는 집단적 특성을 탐색하는 것이 바로 현대의 실증주의로 오늘날 범죄학의 주류를 형성하고 있다.

따라서 현대의 범죄학은 범죄학을 법학이나 사회철학 혹은 신학에서 벗어나게 하였으며 사회과학 또는 행동과학으로서의 일대 인식의 전환을 불러일으켰다. 뿐만 아니라 학계는 물론이고 일반 대중에게도 범죄란 체계적이고 객관적으로 연구되어야 하고 또 연구될 수 있는 대상이라는 사실을 확신시켜 주었다.

2. 억제이론과 범죄경제학

1) 억제이론

억제이론(deterrence theory)이란 인간은 사고능력이 있고, 원천적으로 자기 이익에 의해서 동기를 부여받으며, 선택의 자유가 있기 때문에 범죄행위도 합리적 계산의 결과 선택된 것이라고 보는 주장이다. 따라서 범죄행동을 억제하기 위해서는 형벌을 확실하게 집행하고(확실성), 형벌의 정도가 엄격하여야 하며(엄격성), 형벌이 신속하게 부과되어야(신속성) 사람들이 형벌에 대한 두려움을 느껴 범죄를 자제한다는 것이다.

깁스(J. Gibbs)는 1968년도에 살인범죄에 대해 미국 50개 주를 대상으로 범죄발생률·범인검거율·균형량 등의 관계를 분석하였다. 그 결과 형벌의 집행이 확실하고 형벌의 정도가 엄격한 주일수록 그 지역에서 살인사건 발생률은 낮은 것으로 조사되었다. 이듬해 티틀(C. Tittle)은 살인사건뿐만 아니라 다른 범죄를 포함하여 형벌이 갖는 범죄억제효과를 검증하였다. 그 결과 살인사건의 경우에는 형벌의 엄격성이 높을수록 그 지역에서 살인사건 발생률은 감소하는 경향을 보였다. 그러나 살인사건을 제외한 다른 사건은 이러한 관계를 찾아볼 수 없었다. 반면에 처벌의 확실성은 모든 범죄에 매우 중요한 영향을 미치는 것이었다. 범죄유형에 관계없이 특정범죄에 관한 검거율이 높을수록 그러한 범죄의 발생률은 대체로 낮은 것이었다.

2) 범죄경제학

범죄경제학(econometrics)은 주로 경제학자들이 고전학파 견해를 발전시킨 것이다. 범죄경제학자들은 인간의 범죄행위를 인간의 경제행위와 본질적으로 같은 것으로 파악하였다. 즉, 우리가 물건을 사고 팔 때 비용과 이익을 계산하듯이 범죄행위도 결국은 범죄를 저질렀을 때의 이익과 손실을 계량한 후에 저지른다는 것이다. 이 과정에서 고려하는 요인들은 단순히 금전적 사항 뿐만 아니라 개인의 취향·정서·위신·편리함 등을 포함하고 있다.

경제학적 논리로 범죄행위의 발생을 설명하고자 한 대표적인 학자는 베커(Gary G. Becker)였다. 그는 인간은 합법적인 소득을 획득할 실질적인 기회, 이들 기회에 의해서 제공되는 소득의 정도를 불법적인 방법에 의해서 얻어질 수 있는 소득의 정도, 즉 범죄의 이익과 검거될 확률 그리고 체포되었을 때의 가능한 처벌을 계산하여 범행을 결정한다는 것이다. 예를 들어, 설리반 (R. Sullivan)은 절도범이 ① 자신의 힘으로 합법적으로 돈을 벌 수 있는 기회, ② 이 기회를 통하여 벌 수 있는 수입, ③ 범죄를 통해 벌 수 있는 수입, ④ 범행 도중이나 이후에 검거될 가능성, ⑤ 검거 이후에 받게 될 형벌 등을 계산해 본다고 한다. 그 결과 범죄로 인한 소득이 합법적인 생활을 했을 때의 소득보다 더 클 때 범죄가 일어난다고 한다.

코헨(L. Cohen)과 펠손(M. Felson)은 범죄는 일상생활에서 볼 수 있는 기회의 분포에 따라 영향을 받는다고 한다(일상생활이론). 그들에 의하면 실업자와 같은 잠재적인 범죄자의 수, 범행 대상의 수, 범죄를 감시할 수 있는 사람의 수 등에 따라 범죄발생이 영향을 받는다고 한다. 이들은 미국사회에 범죄가 급증하는 이유를 ① 여성의 취업률이 높아지면서 낮 동안에 집을 감독할 수 있는 사람의 수가 줄어들었고, ② TV와 같이 이동이 용이하고 쉽게 처분할 수 있는 범행대상이 늘었으며, ③ 제2차 세계대전 후의 세대가 성인이 되면서 범행을 동기화한 사람이 늘었기 때문이라고 하였다.

또 클라크(R. Clarke)와 코니쉬(D. Cornish)는 행위자 개인의 금전욕구·가치관·학습경험 등과 같은 개인적 요인과 범행대상의 관리상태, 감독자의 수, 주위 환경 등과 같은 상황적 요인을 고려하여 범죄를 저지르는 것이 그렇지 않는 것보다 이득이 된다고 판단했을 때 범행을 하게 된다는 것이다.

이와 같은 신고전주의는 범죄를 막기 위해 억제·무능화·응보 등의 필요성을 주장하고 있다. 오늘날 이런 신고전주의의 사고는 형사사법정책에 많은 영향을 미치고 있다. 우선 법률에 대한 영향으로 정책입안자들은 강력한 처벌이 범죄억제에 효과가 클 것이라 확신하여 입법시에 무거운 형량을 규정하는 경향으로 흐르게 되었다. 경찰을 운용함에 있어서도 경찰의 가시성과 현장성에 의한 순찰을 강화하는 추세이다. 즉, 화려하고 위엄 있는 제복과 고성능의 무기를 휴대하고 거리를 활보하게 함으로써 잠재적인 범죄자에 대한 범죄억제 효과를 노리고 있다. 또 이 사고는 교정에도 영향을 미쳐 가급적 조기석방이나 가석방이 배제되고, 교도소가 교화개선의 장이 아니라 처벌의 장소가 되어야 한다고 하며, 사회적 위험성이 큰 범죄자에 대해서는 종신형이나 격리 또는 보안처분 등 무능화(incapacitation) 전략이 성행하기도 한다.

3. 범죄생물학과 범죄심리학

1) 범죄생물학

범죄자들과 정상인은 신체·생리적인 차원에서 근본적으로 서로 다르다는 가정 아래 그 차이를 개인의 신체적 특징이나 유기체의 구성 측면에서 찾으려는 시도가 다각도로 전개되었다. 초기 생물학적 견해들에 대한 검증은 물론이거니와 전혀 다른 측면에서 연구가 진행되기도 하였다. 예를 들면, 여성의 생리와 범죄와의 관계, 남성의 성염색체 이상(XYY)과 범죄, 호르몬의 불균형과 범죄, 뇌파의 이상과 범죄, 비타민의 결핍과 범죄, 대뇌의 기능장애(학습무능력증)와 범죄, 자율신경조직의 이상과 범죄 등과 같은 것들이 바로 그것이다. 이런 연구들과 관련된 학자들의 주장과 이론들에 대한 세부적인 사항은 제3장 제2절에서 다루기로 한다.

2) 범죄심리학

지능이나 성격검사법의 개발, 정신분석학의 대두, 인성이론과 인지발달이론의 개발 그리고 학습 및 행동이론의 발달에 힘입어 범죄자의 범인성을 규명하려는 시도도 여러 가지 방법으로 진행되었다. 예를 들면 정신병과 범죄, 신경증과 범죄, 성격장애와 범죄, 지능이나 양육과 범죄 등이 바로 그것이다. 이런 연구들과 관련된 학자들의 주장과 이론들에 대한 세부적인 사항은 제3장 제3절을 참고하기 바란다.

4. 범죄사회학

범죄사회학의 형성과 발전에 크게 기여한 것은 사회학이었다. 미국사회를 중심으로 눈부신 발전을 거듭한 사회학은 범죄나 일탈의 원인을 보다 포괄적이고 진보적인 방식으로 설명할 수 있게 하였다. 이전의 실증주의자들은 범죄와 비행의 원인을 생물학적 결정론이나 심리적 부적응 등을 통하여 설명하려고 하였으나, 범죄나 비행이 본질적으로 사회적 행동이라는 사실을 간과하였다. 즉, 범죄나 비행을 사회적 맥락에서 원인을 찾아야 하고 이에 기해 대책이 제시되어야 한다는 것이다.

범죄의 원인을 사회적 맥락에서 탐구하는 범죄사회학은 크게 긴장이론(social strain theories), 문화전달이론(cultural transmission theories), 사회학습이론(social learning theories), 사회통제이론(social control theories), 낙인이론(labeling theories), 비판범죄이론(critical criminology) 등의 여섯 가지 범주로 분류할 수 있다.

CONNECTIONS

1. 형량을 늘이면 범죄는 감소할까? 최근에 범죄에 대한 형량이 높아지고 있는데 범죄가 줄어들지 않는 이유는 무엇일까?

2. 범죄자들이 가장 두려워하는 것은 무엇일까? 만약 그것이 존재한다면 가장 효율적인 범죄대책을 세울 수 있지 않을까?

3. 외모를 보고 사람을 판단할 수 있겠는가? 만약 '범죄형'의 사람이 있다면 범죄를 예방할 가능성도 있는 것은 아닐까?

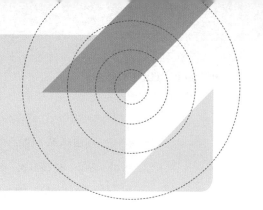

제**3**장

범죄원인의 해명

　　범죄라는 것은 범행을 하는 개인 내면의 준법의식의 흔들림, 범죄에의 욕구·유혹 등과 사회사조 및 구조적 모순점들로 인해 범죄형성공간을 통제하는 지역사회나 국가의 제지력이 제대로 기능을 다하지 못할 때 발생하는 것이다. 그러므로 개별 또는 집단적으로 일어나는 범죄현상이 매우 복잡다단한 것은 자명하다. 범죄로 나오게 된 원인 역시 셀 수 없을 만큼 많다. 이러한 범죄에 대해 많은 범죄학도들이 그 원인을 해명하고자 다각도로 연구해 왔다. 혹자는 개인이 갖고 있는 범죄소질이나 특성에서 범죄의 원인을 찾고자 했고, 다른 이들은 사회구조나 사회화 과정에서의 문제점이 범죄의 원인으로 작용하고 있음을 밝히려 했다. 이와 같은 흐름은 크게 세 가지 방향으로 발전하였다. 첫째는 개인의 신체·생리적 이상에서 원인을 탐구하고자 하는 범죄생물학으로 발전하였고, 둘째는 개인이나 집단의 심리적 이상이나 특성에서 범인성을 찾으려는 범죄심리학으로 발전하였으며, 마지막으로 사회의 구조나 체제 그리고 사회화 과정에서 범죄발생 이유를 설명하려는 범죄사회학으로 발전하였다.

　　범죄생물학은 모든 범죄자는 각자가 신체적 또는 생리적으로 다양한 특성을 갖고 있기 때문에 그에 상응한 다양한 설명을 꾀하고 있다. 즉, 염색체 이상, 생리증후, 내분비 이상, 신경조직 이상 등을 범죄와 연결시키려 하고 있다. 초기 생물학적 주장과는 달리 현대의 생물학적 이론은 다양한 생물학적 요소 이외에도 환경적 요소들과의 상호작용까지도 고려하고 있다. 즉, 생물학적 요소나 조건이 직접적으로 범죄를 야기할 수도 있으나, 생물학적 요소가 환경적 요소에 영향을 미칠 수도 있고, 그 반대로 환경적 요소가 생물학적 조건에 영향을 미쳐 범죄를 유발시킬 수도 있다고 보게 되었다.

범죄심리학은 범인성의 기본적인 원인을 개인의 심리상태에서 찾으려 하므로 범죄를 개인이 갖고 있는 여러 가지 내적 장애의 표출로 이해한다. 이러한 내적 장애는 초기 아동기부터 형성되기 시작하므로 개개인은 매우 독특한 심리적인 특징을 갖고 있다고 가정한다. 물론 개인의 행위가 외적·환경적 요인으로 수정될 수 있는 것도 무시할 수 없지만 문제를 안고 있는 것은 역시 그 개인이라는 것이다. 따라서 문제의 해결을 위해서는 당연히 그 개인에게 초점이 맞추어져야 한다고 보고 있다. 그러나 오늘날은 심리학적 관점만으로는 부족하기 때문에 심리생물학적 접근이나 심리사회학적 접근으로 나아가고 있는 실정이다.

범죄사회학은 범죄의 원인을 개인적 자질과 속성에서 찾으려는 시도에서 벗어나 범죄자를 둘러싼 사회적 환경에서 찾고자 하였다. 지역과 계층에 따라 범죄행위의 유형이 다양한 것을 경험하면서 개인적 요인을 강조하는 이론들로서는 이런 범죄발생율의 차이를 설명할 수 없었다. 예를 들어, 만일 범죄의 원인이 내분비 이상에 있다면 왜 범죄발생률이 지역에 따라 상이한가를 설명할 수 없는 것이다. 또 인간행위의 역동적 관점에 초점을 두고 사회변동이 개인이나 집단의 행위에 미치는 영향을 규명하고자 하였다. 이리하여 사회학이 범죄학 연구의 근원이 되었고, 범죄를 개인 또는 집단 간의 상호작용의 산물로 보았다. 즉, 범죄행위의 참여자인 가해자, 피해자, 사회, 형사사법기관 등의 상호작용을 고려하지 않고는 범죄의 원인을 설명할 수 없다고 보았다. 따라서 개인·가족·학교·동료·직장 등과의 대인적 상호작용의 역동성이 범죄의 원인을 설명하는 데 중요하지 않을 수 없는 것이다. 이리하여 범죄사회학은 범인성의 원천을 설명하기 위해 그 사회의 구조, 체제 그리고 사회화 과정의 역할을 강조하고 있다.

제2절 범죄생물학

1. 성염색체 이상과 범죄

일반적으로 사람은 23쌍 46개의 염색체를 가지고 있다. 이 중 한 쌍의 염색체가 남녀를 결정하는 성염색체인데, 정상적인 여성은 23번째 염색체가 XX이고, 정상적인 남성의 그것은 XY이다. 그런데 이 세포 내 염색체들의 기본상태가 잘못되어 있는 사람들이 발견되고 있다. 이것은 정자나 난자의 이상에 기인하는 것으로 남성의 경우에는 XXY, XYY, XXYY 등 여러 가지 특이한 염색체를 갖고 있는 경우가 있고, 여성의 경우에도 XXX, XXXX 등의 이상염색체들로 구성된 사람이 있다. 이러한 이상염색체를 가진 사람들 중 문제가 되는 것으로 알려진 것은 XYY이다. '초남성(supermale)'으로 불리는 XYY는 남성의 여러 가지 특징을 나타내는 Y염색체가 하나 더 있기 때문에 키가 크고, 근육이 발달하며, 털이 많은 신체적 특징과 더불어 가학성, 공격성 등 남성적 기질이 보통 남성보다 더 강한 것으로 알려져 있다. 이 때문에 이들은 살인이나 성범죄를 되풀이하고 자제할 수 없으며 도발범이어서 수형자 중에는 대략 일반인의 6배나 많다고 하는 보고가 있다. 다른 조사결과에 의하면 XYY 염색체 구조를 가진 자가 미국 전 인구 중에는 550명에 1명꼴로 분포되어 있는 데에 반해 재소자 중에는 140명에 1명꼴로 그 빈도가 매우 높다고 한다. 또 XYY는 절도·방화·노출증 등의 경향이 있다는 보고도 있으며 가학증을 보이는 성욕이상자가 많다는 주장도 있다.

1966년 8월 시카고 병원에서 9명의 간호사를 가두어 놓고 하루에 한 명씩 8명이나 살해한 스펙(R. Speck, 25세)이 조사결과 XYY로 밝혀져 화제가 된 적이 있었지만 후일 정밀조사를 한 결과 정상인으로 판명되었다. 또 1967년에는 호주의 멜버른 시에서 한 노파의 살해범으로 검거된 테이트(Tait)는 멜버른대학의 연구진에 의해 XYY형에 가학증을 가진 이상성욕자로 밝혀져 화제가 된 적도 있다.

그러나 XYY남성의 범죄성에 대한 부정적인 연구결과들도 많기 때문에 지금으로서는 XYY남성이 범죄와 어떤 관계가 있다는 결론은 내릴 수 없는 상태이다. 학자들은 한 개인이 유전적으로 폭력적인 성향을 갖고 태어났다 할지라도 만약 그가 부유하고, 사랑이 충만한 가정에서 자라고, 잘 교육받았다면 공격성을 발현하지 않는다고 하며, 반대로 유전적으로는 전혀 문제가 되지 않을지라도 그가 가난하고, 부모의 사랑을 받지 못하였으며, 교육받지 못했다면 폭력을 휘두를 수도 있다는 것이다.

인간 게놈 프로젝트(human genome project)는 유전정보를 가진 유전자(genome)를 해독하여 유전자 지도를 작성하고 유전자 배열을 분석하는 작업이다. 미국·영국·일본·독일·프랑스·중국 등 6개국의 공동 노력과 셀레라 게노믹스(Celera Genomics) 사(社)의 후원으로 이후 18개국이 참여한 세계에서 가장 큰 협동 생물학 프로젝트였다. 1990년에 시작되어 2003년에 완료되었다고 선언하였다. 이 프로젝트는 생명현상에 대한 보다 확실한 접근이 이루어지고 많은 질병의 치료가 가능하다는 기대와 신의 영역에 도전한다는 종교적인 문제 및 유전정보의 오남용으로 인한 윤리적 문제가 제기되고 있다.

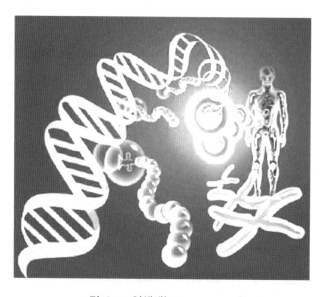

그림 3-1 염색체(Chromosome)

2. 여성의 생리와 범죄

전통적으로 여성범죄는 남성범죄에 비해 그 증가율이 월등히 낮은 것으로 알려져 있다. 즉, 여성범죄가 증가한다고 해도 미미한 것으로 그것은 주로 절도와 같은 재산범죄이며, 강력범죄는 대부분 남성이 저지른다. 여성은 가사와 육아에 소비하는 시간이 많고 비활동적이며 범죄성과 깊은 관련이 있는 20대에 주로 결혼하기 때문이다.

그러나 최근에는 여성해방운동, 여성상위시대, 육아와 가사에서의 해방, 사회진출 기회의 확대, 여성의 역할 변화 등에 힘입어 여성범죄가 급증하는 경향이 있고, 강력범죄도 서슴지 않고 저지르는 경향이 있어 남성범죄와 별 차이가 없다는 지적도 나오고 있는 실정이다.

학자들은 이 현상을 '신여성범죄자(new female criminal)'라고 부르고 있고 이것은 최근에 여성범죄의 증가와 폭력화로 설득력을 얻고 있지만, 여성범죄 중 매춘과 같은 풍속범죄를 제외하고 단연 관심을 끄는 것은 절도이다. 여성들이 주로 저지르는 절도는 백화점이나 상점에서 물건을 슬쩍하는 들치기(shoplifting)가 많다. 들치기는 매우 일상적인 범죄로서 남성도 많이 저지르는 범죄이지만, 유독 여성의 들치기가 관심을 끄는 것은 여성의 이 행위가 생리전기증후군(PMS: premenstrual syndrome)에 따른 속칭 '생리도벽' 때문이다. 이 PMS는 여성에 따라 상당한 차이가 있는 것으로 알려져 있다. PMS가 심각한 상태는 정신적으로는 우울증, 신경과민, 충동·공격적 성향, 주의집중 결여, 기억력 장애, 자살충동, 피로감, 분노 등이며, 육체적으로는 불면증과 과식증, 하복부·유방·관절의 통증, 몸이 붓는 증상, 구토·오심·발한 등이 나타난다고 한다. 대개 월경 전 1주일 전부터 시작되었다가 월경과 동시에 없어지는 경우가 많다고 하며 원인은 분명치 않으나 월경 전 여성호르몬의 변화 때문으로 추정되고 있다. 대부분의 여성은 PMS가 어느 정도 있지만, 심한 경우는 가임여성의 5~10%라고 한다. 전문가들은 PMS로 고생하는 여성들이 '다른 여자도 다 겪는 일'이라며 치료를 기피하는 것이 오히려 더 문제를 악화시킬 수 있다고 경고하면서 대형병원이나 대학병원에 설치되어 있는 PMS클리닉을 찾아 상담과 치료를 병행할 것을 적극 권장하고 있다.

매우 흔한 사례인 생리도벽의 경우는 매우 지속적인 것으로 알려져 있다. 생리도벽으로 20여 년 동안이나 교도소를 전전하던 한 50대 여성이 폐경기가 되어 그 습벽이 없어졌으나, 우울증이 심해져 이 치료의 일환으로 여성호르몬을 복용한 후 다시 생리가 시작되어 들치기를 하다 붙잡힌 기막힌 사례도 있다. 또 부유한 가정에 대학교수인 남편과 살고 있는 한 인텔리 여성이 백화점에서 수차례 들치기를 하다 붙잡혀 조사를 해본 바, 생리 때가 되면 자신도 모르게 물건을 훔치고 싶은 충동을 자제할 수 없었다고 눈물로 호소하였다고 하며, 이 여성의 도벽으로 온 가족들이 생리가 가까워지면 안절부절 못해

가정불화가 계속된 사례도 있다. 뿐만 아니라 달튼(Katherina Dalton)의 연구
에 의하면 156명의 초범 여자 수형자가 저지른 범죄 중의 49%가 생리 직전이
나 생리 중에 일어난 것이라고 한다. 또 PMS로 가정불화, 부모나 자녀 구타,
자살, 살인 등을 일으킨 사례가 외국에서는 심심찮게 보고되고 있다.

그림 3-2 생리전기증후군의 증상

| 쉼터 | **여성범죄의 특징** |

여성들의 범죄는 어떤 특징을 갖고 있을까?

① 은폐된 범죄성(masked criminality)을 갖고 있다. 매춘·동성애·도박·기타 풍속범죄 등
   잘 드러나지 않거나, 쉽게 인지할 수 없거나, 피해자 없는 범죄를 많이 저지른다.

② 우발적으로 범죄를 한다. 여성들은 매우 감정적이어서 정에 이끌려 전후사정을 고려하지 않
   고 우발적으로 범죄를 저지르는 경향이 있다.

③ 교사범이나 종범이 많다. 본인은 배후에서 남성을 부추기거나 끌어들여 범행을 하고, 남성이
   범행을 할 때 망을 보거나 타인의 주의를 돌리려는 행동을 하거나 소리를 지르기도 한다.

④ 자신이 잘 아는 사람을 범행대상으로 삼는다. 살인·폭행·상해 등의 대인범죄는 주로 자신
   의 남편·애인·시부모·자녀·친척 등 매우 가까운 사람이다. 절도나 사기 등의 재산범죄도
   주로 잘 아는 사람들을 대상으로 한다.

⑤ 자신의 육체를 무기로 삼아 범행을 하는 경우가 많다. 매춘은 물론이고 속칭 '꽃뱀'이나 '결
   혼사기' 등에서 보는 바와 같이 남성을 유혹하여 몸을 주고 이를 미끼로 돈을 요구한다.

⑥ 독살·유기·미신 활용 등 비신체적 범행수법을 택하는 경우가 많다. 살인의 경우는 주로 술
   이나 음료수에 독약을 타서 마시게 하며, 영아를 고아원이나 경찰서 앞에 두고 가는 경우도
   있다.

⑦ 경미한 범행을 반복하는 특징이 있다. 아이들의 분유나 옷, 화장품, 액세서리, 생활필수품, 음식물 등을 반복해서 훔치는 경우가 많다.

⑧ 범행동기는 주로 성적 위기감이나 모성애의 발로인 경우가 많다. 남편이나 애인의 변심으로 인한 질투나 성적 위기감이 범행의 동기로 작용하는 경우가 많고, 자녀양육을 위해 절도를 하거나 몸을 팔기도 한다. 처지가 딱한 남성범죄자를 숨겨주는 경우도 흔하다.

⑨ 큰 사기꾼 중에는 의외로 여성이 많다. 금융이나 계사기는 물론이고, 사기도박, 이권이나 취직 혹은 기타의 주선, 조사, 운동 등을 핑계로 대형사기를 치는 경우가 종종 발견된다. 종교인, 점쟁이 또는 역술인 행세를 하며 점이나 굿, 산중기도 등을 유도하고 이를 통하여 거액을 받아내는 경우도 많다.

3. 생화학적 요인과 범죄

1) 남성호르몬

테스토스테론 수준이 높은
남성상(람보)

동물행동학자들이 많은 동물들을 상대로 실험을 해본 바 수놈들이 암놈보다 매우 공격적이라는 사실이 밝혀졌다. 수놈들의 공격성은 주로 남성호르몬과 관련되어 있는데, 쥐를 대상으로 실험을 한 결과 매우 공격적인 쥐에게 여성호르몬을 주입하였더니 곧 싸움을 멈추었다고 한다. 또 다른 실험은 새끼를 밴 원숭이에게 남성호르몬을 주입했더니 태어난 새끼는 그렇지 않은 새끼들보다 매우 공격적이었다고 한다.

이러한 사실들이 사람에게도 그대로 적용될 수 있을까? 주요한 남성호르몬의 하나인 테스토스테론(testosterone)은 남성의 2차 성징을 통제하는데, 이 호르몬의 수준이 남성의 폭력범죄와 관계가 있다고 한다. 수용 중인 재소자 가운데 폭력범죄자가 기타 범죄자에 비해서 테스토스테론 수준이 매우 높은 것으로 알려진 경우도 있고, 상습 성범죄자는 일반인에 비해서 월등히 높은 남성호르몬의 수준을 보이고 있다는 연구결과도 있다. 하지만 다른 많은 연구들에서는 그 관계가 명확한 것이 아니어서 남성호르몬의 수준과 범죄와의 관계를 연관 짓기에는 무리가 있다. 하지만 군대나 교도소 등 남성들이 집단생활을 하는 곳이나 위험한 성범죄자들에게는 실제로 약물을 투입하여 테스토스테론의 수준을 낮추고 있음을 볼 때 남성호르몬과 범죄가 전혀 무관한 것은 아니라는 사실을 알 수 있다.

2) 다이어트

범죄학자들은 설탕과 공격행동과는 꽤 밀접한 관계가 있다고 한다. 쇼엔탈러(Stephen Schoenthaler)는 재소자를 중심으로 설탕과 공격행동 간의 관계에 대한 일련의 연구를 수행하였다. 이 조사에서는 재소자에게 매우 적은 설탕이 첨가된 음식을 제공하였는데, 소다수 대신에 과일주스를, 과자 대신에 야채를 섭취하게 하였다. 그 결과 재소자들은 육체운동을 싫어하고 공격행동을 좀처럼 보이지 않게 되었다고 한다. 범죄로 재판을 받고 있는 범법자들이 자신을 방어하기 위한 자료로 위 조사결과를 활용하였다.

예를 들면, 1979년에 샌프란시스코시 감독관인 화이트(Dan White)는 시장과 동료 감독관을 살해한 혐의로 재판에 회부되었다. 그는 자신을 방어하기 위해 위의 연구결과를 활용하였다. 즉, 자신은 우울증이 생겨 종래에 해 오던 정상적이고 건강한 식생활 대신에 설탕이 많이 첨가된 음식인 정크푸드(junk food - 포테이토칩처럼 칼로리는 높지만 영양가는 낮은 식품)나 초콜릿, 코카콜라 등을 많이 섭취하였다고 증언하였다. 이러한 식생활 때문에 그는 그의 행동이 통제할 수 없을 만큼 난폭해졌다고 하였다. 배심원들은 이러한 그의 증언을 받아들여 살인의 고의를 인정하지 않았다. 5년간 복역 후 출소하자마자 그는 자살했지만 그의 방어나 변론은 후에 '정크푸드 방어' 또는 'Dan White의 방어'로 불리게 되었다.

이후에 많은 범법자와 변호사들이 정크푸드 효과를 강조했지만 법원에서 받아들여진 경우는 매우 드물었다.

3) 음식 알레르기

음식 알레르기와 범죄와의 관계에 관한 연구도 진행되었다. 사실상 1908년 이래로 여러 가지 음식들이 이상행동반응의 원인이라는 연구보고서들이 줄을 이었다. 즉, 음식물의 특정요소가 분노, 안절부절, 과잉활동증, 발작, 감정동요, 정신나간 행동 등과 깊은 관계가 있다고 한다. 거듭된 연구를 통하여 학자들은 음식물의 주요성분 중 다음과 같은 것들이 심각한 알레르기반응을 초래한다고 한다. 초콜릿에서 발견되는 페닐에틸아민(Phenylethylamine), 오래된 치즈나 와인에서 발견되는 티라민(Tyramine), 음식물의 향료로 사용되는 글루탄산나트륨(Monosodium glutamate, MSG), 인공감미료로 사용되는 아스

파탐(Aspartame), 카페인에서 발견되는 크산틴(Xanthines) 등이 심각한 알레르기 반응을 초래하는 성분들이다. 이러한 음식물의 각 성분들은 행동장애는 물론 범죄성과도 깊은 관련을 맺고 있다고 한다.

4) 비타민 이상

비타민과 범죄와의 관계는 주로 비타민 결핍(vitamin deficiency)과 비타민 의존(vitamin dependency)이 문제가 되고 있다. 어린 시절에 육체나 두뇌의 성장과 발달을 촉진하기 위해서는 어느 정도 수준의 비타민과 미네랄이 반드시 필요한 것으로 알려져 있다. 주로 비타민 B와 C가 반사회적 행동과 연관이 있다고 하는데, 학습장애나 행동장애가 있는 아동들은 대개 비타민 B3와 B6에 지나치게 의존한다고 한다. 또 과잉활동증의 주요 원인도 B3 의존이라고 한다. 또 다른 연구들은 범죄의 원인을 비타민 결핍에서 찾고 있다. 한 연구에 의하면, 캐나다에서 중범으로 피소된 범죄자들의 70%가 정상인보다 더 많은 비타민을 필요로 한다고 한다. 특히 B6가 많이 필요한 것으로 밝혀져 비타민의 결핍이 중요 범죄원인 중의 하나로 간주되고 있다.

5) 저혈당증

피 속의 당분 수준이 정상 이하로 떨어지는 저혈당증은 뇌의 기능에 상당한 영향을 미치는 것으로 알려져 있다. 저혈당증은 불안·두통·혼돈·피로·공격행동 등과 관계가 있다고 한다. 1943년경부터 저혈당증과 폭력범죄 즉, 살인·강간·폭행 등이 연관되어 있다는 보고가 있었으며, 후속연구들은 남성들의 폭력과 충동범죄들이 정상인보다 저혈당증을 갖고 있는 사람들에게서 더 많이 나타난다고 한다.

4. 신경생리학적 요인과 범죄

뇌파검사기(EEG: electro encephalo graph)에 기록된 비정상적인 뇌파는 여러 가지 이상행동과 밀접한 관계가 있다고 한다. 1940년대 이래로 많은 연구들이 비정상적인 뇌파와 범죄는 어떤 관계가 있는지를 연구해왔다. 이러한 연구들에 의하면 일반적으로 범죄자의 25~50% 정도가 뇌파에 비정상성

을 보이고 있는데 반해, 일반인은 5~20% 정도만 뇌파에 이상이 발견된다
고 한다. 상습 폭력범들만을 대상으로 하였을 경우에는 비정상적인 뇌파를
갖고 있는 범죄자의 비율이 더 높았다고 한다.

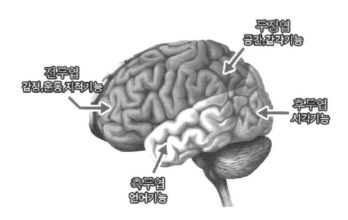

그림 3-3 뇌의 구조와 기능

메드닉(Sarnoff A. Mednick)과 그의 동료들은 보다 구체적으로 반사회적
행동의 주요인자인 뇌파를 연구하였다. 그들은 어떠한 비행도 하지 않은 10살
부터 13살까지의 소년들의 EEG를 기록하여 6년 후에 이들을 대상으로 지난
6년 동안에 범죄를 저지른 사람들과 그렇지 않은 사람들을 구분하여 상호비
교 하였다. 그 결과 6년 전에 뇌파의 활동성이 낮았던 사람들 중에서 범죄
를 저지른 비율이 높았으며, 반면에 뇌파의 활동성이 높았던 사람들이나 정
상범위의 사람들은 비교적 범죄를 덜 저지른 것으로 밝혀졌다.

범죄행동과 관련하여 중추신경계의 이상으로 지적되는 또 다른 것은 간질
이다. 재소자 중에는 의외로 간질환자가 많다는 점에 힌트를 얻어 시작한
이 연구들은 간질이 폭력적이고 통제 불능의 상태를 초래한다고 한다. 그러
나 간질 발작 도중에는 폭력의 발생 가능성이 거의 희박하다는 최근의 연구
결과도 있어 간질이 범죄와 어떤 관련이 있는지는 아직 해명되지 않고 있는
실정이다.

또 다른 연구들은 뇌손상이나 뇌기능의 장애와 범죄와의 관계에 관한 것
이다. 주로 X선 검사나 뇌단층촬영(CT: computer tomography) 등을 통하
여 이상이 있는 경우를 범죄와 연관시켜 보는 것인데, 실제로 재소자나 폭력
범들은 뇌의 정면부와 관자놀이에 장애가 있는 경우가 많다는 것이다. 뿐만

아니라 두뇌손상이나 질병은 인성의 변화에 깊은 관련이 있는 것으로 뇌종양을 갖고 있는 경우는 우울증·신경과민·두통·분노·살인적인 공격 등과 관계가 있다고 한다.

위와 같은 범죄생물학적 시도는 범죄자들과 정상인은 근본적으로 다르며 그 차이를 개인의 신체적 특징이나 유기체의 구성측면에서 찾으려고 하였다. 이러한 사회생물학 분야는 나름대로의 타당한 논리와 근거를 갖고 있지만 이를 경험적으로 검증하였을 경우 대부분 만족할 만한 연구결과를 얻을 수 없어 일반화하기에는 어려움이 있다. 비록 일부의 연구에서 경험적으로 이론과 일치하는 것으로 나타난 것도 있으나, 여러 가지 연구방법론의 측면에서 비판을 받고 있는 실정이다. 따라서 범죄생물학에서 주장하는 내용들은 생물학적 소질이나 소인이 잠재되어 있다는 것을 강조하는 것으로 이 소인만으로는 범죄행동으로 나아가기 어렵다는 것이다. 그러나 이런 소인들이 다른 심리적 또는 사회적 요인들과 결부되었을 때 범죄를 유발할 가능성은 더 높다고 하지 않을 수 없다. 이러한 차원에서 메드닉(Mednick)의 말을 음미해 볼 필요가 있다. "반사회적 소인을 갖고 있는 사람의 사회적 환경에 큰 문제가 없는 경우에 생물학적 요인은 중요하게 작용할 것이며, 반면에 사회적 환경 자체가 매우 열악한 상태라면 생물학적 요인의 영향력은 사회적 환경에 묻혀 매우 감소할 것이다."

제3절 · 범죄심리학

1. 사이코패스와 범죄

사이코패스(psychopath)은 그 동안 히스테리 정신병질자, 분열증적 정신병질자, 사회병질자 등으로 불릴 만큼 정교한 개념이 없었다. 단지 성격의 이상정도가 정상성을 크게 벗어나 거의 병적으로 불릴 정도의 성격을 소지한 사람들을 널리 사이코패스라 지칭하였다. 정신과 의사들은 이러한 개념의 혼란을 막기 위하여 많은 노력을 하였는데, 미국의 정신의학계는 정신병의 진단과 분류기준(DSM: diagnostic and statistical manual)을 만들어 계속 개정을 해오고 있는 실정이다. 이 DSM-Ⅳ에 의하면, 사이코패스는 반사회적 성격장애(antisocial personality disorder)로 다양한 성격장애와 품행장애를 보인다.[8] 예를 들면, 규칙위반, 남을 속임, 충동성, 공격적인 행동, 무분별, 책임의식 결여 등의 성격측면의 장애와 이에 따른 행동장애를 보이는 사람들이다. 따라서 사이코패스가 범죄를 저지르는 까닭은 자명하다. 이들은 성격상의 장애로 조그만 자극에도 격렬한 감정의 폭발을 보이기도 하고, 여러 가지 욕망을 적절히 통제할 수 있는 능력이 결여되어 범죄나 반사회적 행동에 그만큼 쉽게 노출되는 셈이다.

사이코패스의 과거 명칭인 정신병질과 범죄와의 관계는 주로 슈나이더(Kurt Schneider)의 분류법이 자주 인용된다. 그는 정신병질자를 10개 유형으로 분류하고 각각에 대해 범죄관련성을 설명하고 있다.

1) 발양성 정신병질자

이 유형은 매우 생기발랄한 겉모습을 보이는 자로 지나친 낙천가, 침착성이 없는 과대 선전적 인간, 사기꾼 등이 포함된다. 이들은 다혈질이고 활동적이어서 어디서나 떠들고 야단법석이며 실현가능성이 없는 약속을 남발하는 경향이 있다. 따라서 무전 취식자·절도범·사기범·상습 누범자 등에게서 상당수 발견된다.

2) 우울성 정신병질자

항상 우울하고 비관적인 생각에 빠져 후회하거나 쓸데없는 걱정에 매달리며 사는 사람들이다. 그들은 항상 최악의 사태를 생각하고 살아가기에 상황이 여의치 않을 경우 자살을 자주 시도하며, 실제로 자살로 생을 마감하는 경우도 있다. 또 어떤 강박 증상으로 살상과 강간을 자행하는 경우가 간혹 있다.

3) 의지박약성 정신병질자

이들은 목표추진력이 매우 약하고, 자신의 소신에 따라 행동하지 못 하며

---

8) DSM: 미국 정신의학협회가 주관하여 100여 개의 정신장애를 수록하여 1952년 DSM-Ⅰ이라는 이름으로 출판하였고, 1968년에 크게 바뀌지 않은 DSM-Ⅱ로 개정되었다. 1980년 DSM-Ⅲ에서 200여 가지의 정신장애를 수록하면서 진단을 체계화하였고, 1994년에는 아스퍼거 증후군, 성인양극성장애 등을 포함한 DSM-Ⅳ로 개정하였으며, 2013년 임상사례를 보충하고 진단체계와 진단기준을 대폭 개정한 DSM-5를 출간하였다. DSM-5에서는 이전에 로마숫자로 표기하던 것을 아라비아 숫자로 표기하기 시작했다.

주변의 상황에 따라 우왕좌왕하는 유형이다. 인내심이나 저항력이 빈약한 것이 특징이다. 대개 지능은 낮은 편으로 좋은 환경 아래서는 온순하고 모범적으로 행동하나 일단 나쁜 환경에 빠지면 범죄의 유혹을 뿌리치지 못한다. 그리하여 상습범이 되기도 하며, 창녀나 알코올 또는 약물중독자로 전전하는 경우가 많다.

4) 무정성 정신병질자

이 유형은 냉혹·냉담·무관심하고 따뜻한 감정이 부족하여 반도덕적 성향이 강한 자들이다. 인간의 고등감정인 타인에 대한 동정심이나 연민의 정이 빈약하고 수치심·명예심·공동의식·양심의 가책 등이 결핍되어 있어 범죄학상 가장 주목할 만한 유형이다. 또한 복수심도 매우 강하고 완고하며 죄책감을 느끼지 않고 잔인한 범죄를 자행하는 자들이기에 이들을 가르켜 도덕적 백치(moral imbecile)라고 부르기도 한다.

따라서 이들은 자신의 욕구대로 생활하기에 타인이 자신의 행위로 인하여 겪을 고통이나 피해를 고려하지 않고 무모하게 행동하므로 범죄현장이 매우 잔인한 것이 특징이다. 인간으로서는 못할 짐승 같은 짓을 하고도 전혀 죄책감을 느낄 줄도 모르며, 자신들의 범행과 무관한 사람들에게까지 잔인할 정도의 범행을 서슴지 않는다. 조직범죄자와 흉악범에서 이 유형의 사람들을 쉽게 발견할 수 있다.

5) 폭발성 정신병질자

이들은 사소한 자극에 대해 병적으로 과도하게 격렬한 반응을 보이므로 흔히 병적 흥분자로 불린다. 평소에는 조용하고 얌전한 사람들인데 일단 흥분하면 전후사정을 고려하지 않고 닥치는 대로 던지고 부수며 폭력을 행사한다. 따라서 이들은 살상·폭행·기물손괴 등의 범죄행위를 쉽게 저지른다. 더욱이 알코올 복용 시는 감정의 동요가 급변하여 분을 참지 못하고 순간적으로 폭발하는 경향이 짙은 격정범이 많다.

6) 기분이변성 정신병질자

이들은 기분이 너무 쉽게 변하는 자들로 감정의 동요가 변화무쌍하여 예측할 수 없는 것이 특징이다. 마음에 평정심이 없어 우울한 감정에서 상쾌한 기분으로 갑작스럽게 변하며 이것이 반복되므로 간질이나 조울증이 의심되는 유형이다. 우울한 기분에서 자살을 시도하거나 알코올에 호소기도 하며, 일정한 직업 없이 떠돌아다니는 자들이 있고 방화범과 상해범에도 이러한 성향이 많다.

7) 자기현시성 정신병질자

이 유형은 자기가 항상 모든 일의 중심에 있다는 태도를 보이고 자기를 실제보다 높게 보이려는 허영심이 강한 정신병질자이다. 다른 사람의 주목과 평판의 대상이 되고자 공상성 거짓말을 하고 자기가 고위층과 연결된다는 등으로 거짓말을 하기에 고급사기범이나 결혼사기범, 노숙자에게서 많이 발견된다. 자신도 타인의 사기에 걸려들기 쉬운 속성을 함께 갖고 있다.

8) 자기불확실성 정신병질자

이 유형은 자기가 부족하다는 생각이 강하며 매사에 자신이 없다. 어떤 일이든 망설이기를 잘하고 심적 갈등에 휩싸이는 경우가 많다. 주위의 사정에 과민반응 또는 강박신경증과 같은 성향을 갖고 있으므로 범죄와는 거리가 멀다. 그러나 그 강박 또는 과민증상으로 인하여 살인이나 성범죄를 저지르는 경우도 있다.

9) 광신성 정신병질자

다른 사람들이 보면 이상할 정도로 어떤 신념이나 사상 또는 종교에 매달린다. 이들은 일단 자신이 생각하는 것이 옳다고 여기면 그 일에 매우 열중하고 투쟁하며 과대선전하고 일생을 걸기도 한다. 종교적 광신자나 정치적 광신자가 이들이다. 또 지나치게 소송에 의존하는 경향이 강해 소송광이 되기도 한다.

10) 무력성 정신병질자

이들은 항상 힘이 없고 의기소침한 형이다. 자신의 심신의 부조화를 늘 호소하면서 타인의 관심을 끌려고 한다. 이 유형은 신경질적이며 범죄와는 거리가 멀다.

쉼터

반사회적 성격장애의 진단기준

1. 15세 이후 다른 사람의 권리를 무시하고 침해하는 광범위한 패턴이 지속될 것, 즉 아래의 사항 중 적어도 세 가지 이상 보일 것.
   ① 준법행동에 관한 사회적 규율을 따르지 않음. 즉 체포의 근거가 되는 행위를 반복함.
   ② 남을 속임. 거짓말을 되풀이하거나 가명을 사용하며, 개인적인 이익이나 쾌락을 위해 사기를 침.
   ③ 충동성이 강함. 미리 계획을 세워 행동하지 못함.
   ④ 쉽게 화를 내고 공격적인 행동을 함. 자주 싸우고 폭행을 함.
   ⑤ 분별없이 자신이나 타인의 안전을 무시함.
   ⑥ 책임의식의 결여. 직장생활에 건실하지 못하고 낭비를 일삼아 재정이 부실함.
   ⑦ 양심의 가책을 느끼지 못함. 남에게 피해를 입히거나 상대를 학대 혹은 혹사하거나 남의 물건을 훔치고도 무관심하거나 합리화하여 버팀.
2. 적어도 18세 이상일 것.
3. 15세 이전에 품행장애(conduct disorder)를 보였던 증거가 있을 것.
4. 반사회적 행동이 오직 조현병이나 조울증에 기인해서는 안 됨.

<DSM-Ⅳ에서>

이러한 슈나이더의 주장에 대해 많은 비판이 제기되고 있는데, 우선 사이코패스의 대다수가 범죄자가 아니라는 사실이다. 정상인이라고 보는 기업가·과학자·의사·정치가 등 일반적인 전문직 종사자들에게서도 정신병질적 특성은 많이 발견되므로 정신병질과 범죄행위를 직접 연결하는 데는 한계가 있다고 한다. 이것은 차라리 후술하는 성격상의 장애인 역할연기능력의 부족, 외향성과 내향성의 성격측면 또는 자극추구 경향과 관련이 있다는 것이다.

| 쉼터 | 품행장애의 진단기준 |

1. 주요 규범위반 행동을 지속적으로 반복해서 보일 것. 즉 아래의 사항 중 지난 6개월 동안 적어도 한 가지 이상 보이고, 지난 12개월 동안 세 가지 이상 보인 경우.

① 사람이나 동물에게 공격적 행동을 보임 : ㉠ 타인에게 위협을 종종 가함, ㉡ 자주 싸움을 걸어옴, ㉢ 상대에게 심각한 상해를 초래할 무기를 사용함, ㉣ 사람들에게 신체적으로 잔인한 행동을 보임, ㉤ 동물에게 신체적으로 잔인한 행동을 보임, ㉥ 피해자가 면전에 있는 동안에 물건을 훔침, ㉦ 강제로 성행위를 함.

② 재산을 손괴함 : ㉧ 심각한 피해를 입힐 목적으로 고의로 불을 지름, ㉨ 방화를 제외한 방법으로 타인의 재산을 고의로 파손시킴.

③ 남을 속이거나 혹은 도둑질을 함 : ㉩ 남의 집이나 건물, 혹은 차안으로 몰래 침입함, ㉪ 물건이나 호의를 받기 위해, 또는 책임을 면하기 위해 종종 거짓말을 함, ㉫ 피해자가 없는 데서 값비싼 물건을 훔침.

④ 중대한 규칙위반 : ㉬ 13세 이전에 시작된 것이며, 부모의 금지에도 불구하고 종종 밤에 외출함, ㉭ 부모 또는 양부모 집에 사는 동안 두 번 이상 밤새도록 가출함, 13세 이전에 시작된 무단 결석.

2. 상기와 같은 행동장애로 인해 사회적·교육적·직업적 기능이 임상적으로 중요하게 지장을 받음.

3. 18세 이상일 경우. 반사회적 성격장애의 진단기준을 만족시켜서는 안 됨.

<DSM - Ⅳ에서>

2. 정신병과 범죄

1) 조현병

조현병(schizophrenia)은 현실에서 이해할 수 없는 소리를 듣거나 어떤 보이지 않는 힘에 의하여 자기가 조종당한다는 생각을 사실로 믿는 정신병(psychosis)의 일종이다.[9] 이것은 정신병으로 알려진 심리장애 중 가장 대표적이며, 적응에 미치는 영향이나 치료적 측면에서도 가장 심각한 질환이다. 정신병이란 지각·사고·의식의 변화를 포함하는 장애로서 현실에 대해 이해할 수 없는 엉뚱한 추론을 하며, 자신을 비현실적으로 추론할 뿐만 아니라 이를 실제의 것으로 믿는다.

정신과 입원환자나 정신질환자 수용시설의 수용자 중 조현병 환자가 절반 이상을 차지할 정도로 가장 많은 빈도를 보이고 있는데, 한 번 조현병으로

---

9) 조현병(調絃病): 정신분열증이 사회적 이질감과 거부감을 불러일으킨다는 이유로 2011년 3월 대한의사협회에서 개명된 병명.

진단되어 치료받기 시작하면 장기간 시설의 도움을 받게 되는 경우가 많고, 청년기에 장애가 처음 발병하는 경우가 많아 가정은 물론이고 국가적으로도 막대한 부담을 갖는 정신장애 유형이다.

조현병은 단일한 진단명이지만 실제로 조현병이라고 진단된 사람들이 보이는 증상은 매우 다양하며, 그 원인에 대해서도 여러 가지 이론이 있다. 이 병은 인지·동기·정서 등 심리과정에 결함이 심각하고 비현실적 증상 때문에 사회적 기능의 손상을 드러낸다. 이 장애는 비현실적 사고내용을 표현하므로 조리에 맞지 않는 언어표현을 보이는 사고장애, 자신의 주의를 일정기간 동안 고정시키는 데 어려움을 겪는 주의장애 및 주위의 상황을 정상인과 다르게 지각하는 지각장애 등을 갖고 있다.

사고장애 속에서 일어나는 망상 가운데에는 ① 다른 사람들에 의해 자신의 생각과 행동이 지배받고 있다는 조종망상, ② 다른 사람이 나를 괴롭히거나 내가 피해를 입고 있다는 피해망상, ③ 자기가 세상 구원자이거나 주요한 임무를 띠고 있다고 생각하는 과대망상, ④ 자기의 생각을 다른 사람들이 다 알고 있다고 생각하는 사고전파, ⑤ 외계인이 자기에게 생각을 넣고 있다는 사고투입 등의 망상을 드러낸다. 이러한 망상은 때로는 다른 사람을 해치는 난폭한 행동을 야기할 수 있는데 예를 들면, 피해망상 때문에 아무런 관련이 없는 사람을 가해자로 생각하여 무차별 공격을 감행하는 경우를 볼 수 있다. 발병 초기에는 위의 여러 가지 망상에 시달리며 괴로워하기에 강한 공격성을 드러내는 경우를 흔히 볼 수 있다. 그러나 병이 진행되어 깊어지면 공격성은 현저히 줄어들 뿐만 아니라 대부분 시설에 수용된다.

또 조현병 환자 중에는 객관적 현실과 환상적 영상 간의 구분에 실패하는 경우가 흔히 있다. 이런 지각장애는 환각경험으로 드러나는 경우가 많다. 환각이란 외부에 대상 자극이 없는 데도 이를 지각하는 것이다. 이는 내적인 충동과 경험이 외부세계의 지각적 영상에 투사된 것으로 볼 수 있다. 이런 환각경험은 마약이나 알코올 혹은 기타 마약류를 통해서도 경험하는 것으로 조현병 환자의 경우 어떤 행동을 하도록 지시하는 말이나 비난하는 소리 등의 환청을 듣기도 한다. 냄새와 관련된 환각인 환후도 있는데, 예를 들어, 자신의 신체가 썩어 가는 냄새를 맡는 경우를 말하며, 헛것을 보는 환시도 있다. 이런 환각상태에서 대인범죄를 저지른 사례도 많다. 조현병 환자의 이상행동이나 범죄행동은 자신의 내적 고통과 긴장을 벗어나기 위한 몸부림으로 볼 수 있는데 피해망상이나 과대망상 또는 환각에 의한 범죄는 범행현장이 매우 독특한 모습을 보인다고 한다. 예를 들어, 자신과 무관한 사람을 무참히 살해하거나, 시체를 훼손하거나, 범행 중이나 후에 음식물을 먹거나, 대소변을 보거나, 피살자를 대상으로 성행위를 하거나, 이상한 그림을 그리는 등 종잡을 수 없는 현장 모습이 나타난다고 한다.

그림 3-4 조현병이 있는 아동이 그린 그림

쉼터

조현병 사례

중류층의 비교적 행복한 가정에서 자란 S양은 초등학교와 중고등학교를 비교적 우수한 성적으로 졸업하였다. 그녀의 가정은 부모 양쪽 모두 정신장애의 친척을 갖고 있지 않았다. 그녀는 고등학교 시절부터 많은 책에 심취하였는데 특히 텔레파시 등 초능력에 관심을 두었다. 대학생활도 비교적 잘 적응하다가 2학년 말 크리스마스 휴가기간 동안 집에 돌아와 레스토랑에 한두 번 갔었는데, 그 때 이상한 경험을 하기 시작하였다. 누군가 텔레파시로 자기에게 지시하고 괴롭히는 것을 경험하기 시작하였다. 그 후 레스토랑에 가서 그곳의 차림표에 있는 모든 음식을 시켜서 큰 접시에 차곡차곡 쌓아 놓았다. 그리고 계산대에 가서 미리 준비한 동전을 한 움큼 쥐어 마룻바닥에 쏟아 놓고 나왔다. 이런 사실을 가족이 알고 정신과로 입원시키게 되었는데 왜 그렇게 하였느냐고 물었더니 그 레스토랑에는 무당이 있는데 텔레파시로 그렇게 하라고 지시했다는 것이다.

S양은 대학에 들어오기까지는 비교적 적응을 잘했다. 대학 1년은 잘 적응하다가 2학년 1학기가 시작할 무렵 교회 청년들과 같이 수련회를 갔는데 거기서 영적인 경험을 하기 시작하였다. 영적 힘이 자기에게 임하면 다른 사람의 잘못된 것이 다 보이기 시작하고 책을 읽을 때에도 지금 읽은 것은 신의 뜻을 거스른 것이고 다른 사람 쳐다보는 것은 착한 일이라는 등 일일이 자기 행동을 평가하는 것을 경험하였다. 그리고 자기는 신의 뜻을 따를 수 없다는 생각을 하게 되고 결국은 신의 무서운 벌을 받을 것이라는 생각 때문에 두려움에 휩싸이고 옆의 친구들에게 용서해 달라고 울면서 호소하여 정신과 치료를 받게 되었다.

< 원호택의 『이상행동의 심리학』 중에서>

2) 편집증

편집증(paranoia)의 특징은 전반적으로 근거 없는 의심을 많이 하고 사람을 믿지 않으며 극도로 다른 사람을 경계하고 정서는 메말라 있는 것이다. 예를 들면, "사람들이 결국에는 나를 해치려 할 것이다.", "누가 나를 모욕한다면 별것 아니라 할지라도 꼭 복수를 하여야 한다.", "내 처는 틀림없이 부정을 저질렀으니 죽여야 한다." 등의 생각에서 벗어나지 못한다. 예에서 보는 바와 같이 타인의 성의나 진실 등을 그대로 받아들이지 못하고 숨은 동기를 찾는 데 몰두하는 성향을 보이며, 늘 경계하고 위협상황에 대해 대처할 준비가 어느 때나 되어 있는 것같이 보인다. 대인관계에서는 잘 적응하지 못하여 다른 사람의 분노를 불러일으키는 경향이 있다. 이것 때문에 폭행·상해·살인 등 대인범죄를 저지를 가능성이 매우 높다. 또한 많은 경우 조현병과 유사하게 위축된 정서나 메마른 정서를 드러낸다. 하지만 편집증은 강렬하고 만성적인 의심과 불신 그리고 냉소적인 태도를 보이는 점이 조현병과 다르다. 이들은 자기의 약점이나 잘못을 받아들이지 않으려는 성향이 강하고 모든 허물을 타인에게로 돌린다. 소위 '편집증적 신념'에 충실하여 범죄를 하는 경우가 많고 평소 적대감과 짜증을 잘 내고 불안해하기도 한다.

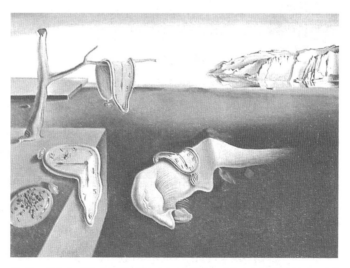

잠자는 시계나 더위에 땀을 흘리며 녹아내리는 시계, 지지대를 필요로 하리만치 무거운 졸음 등의 표현이 다분히 편집증과 관련이 있음.

그림 3-5 기억에의 집착, Salvador Dali(1931작)

쉼터

편집증 사례

박군은 어려서부터 말이 어눌하여 가족이나 친척들에게 바보로 여겨졌다. 박군이 초등학교에 입학한 후 공부를 잘하여 어머니만은 박군을 인정하였다. 그는 어렸을 때부터 말을 알아듣는 것이나 말하는 것이 몹시 느려서 다른 사람을 대하면 자기를 바보로 여기는 것 같아 예민하게 반응하였다. 대학에 들어와서도 다른 학생들이 자기와 함께 하지 않으면 자기를 무시하거나 바보취급 한다고 자주 싸우려 하고, 실제로 싸울 때도 많았다. 박군은 언제나 옳고 다른 사람을 위하려 하는데 주위의 사람은 언제나 자기를 해치려 하고 무시하려 한다고 화를 잘 낸다. 이런 성향 때문에 동료관계가 아주 빈약하고 더더욱 다른 사람을 의심하고 경계하여 대인관계를 갖지 못하였다.

<원호택의『이상행동의 심리학』중에서>

3. 신경증과 범죄

1) 불안신경증

Sigmund Freud

신경증(neurosis)이라는 용어는 프로이드가 즐겨 사용한 이후 정신의학분야에서 일반화된 용어이다. 일반인에게는 신경증보다 노이로제로 흔히 알려져 있다. 신경증은 다양한 증상에 대해 사용하고 있어서 전문가 사이에도 일치된 정의가 없을 정도이다. 최근에는 이것을 불안장애로 부르고 있는데, 불안상태·공포장애·강박장애·전환장애·신경성 우울증·건강염려증과 기타 신경증을 포함하는 광범위한 개념이다. 그런데 신경증 가운데 범죄와 관련이 있는 것은 주로 불안신경증과 강박신경증이다.

불안신경증(anxiety neurosis)은 여러 가지 공황장애나 일반화된 불안장애를 갖고 있는 불안장애의 일종이다. 공황장애(panic disorder)는 예기치 못한 갑작스러운 두려움이 몰려오고 그 두려움이 너무 극심해서 견디기 힘든 상황에까지 이르는 경험을 말하는 것으로 일회성이 아닌 반복경험이 특징이다. 일반화된 불안장애(generalized anxiety disorder)는 ① 실제로는 위협이 되지 않는 대상이나 상황에 대해서 심한 공포와 두려움을 보이는 것이고, ② 이런 공포자극을 비합리적인 줄 알면서도 회피하고자 하는 것이다. 따라서 불안신경증은 공황장애·광장공포증·대인공포증·특정공포증 그리고 일반화된 불안장애를 포함하는 것이다.

불안신경증이 범죄와 관련이 있는 점은 불안을 이기지 못해 또는 불안에서 벗어나고자 범죄를 범하고 이 때문에 체포되어 처벌받음으로써 해방감을 만끽하고자 한다는 것이다. 그러나 그들이 느끼는 해방감은 일시적인 것이고, 계속해서 불안이 엄습하므로 또 범법행위에 빠지게 된다. 범죄학자들은 이를 죄책감 콤플렉스에 의한 범죄라고도 한다. 처벌을 받기 위해 공격 (범죄)하는 경우로써 사소한 절도를 반복하거나, 심각한 대인범죄를 저지르거나, 범죄행위를 하고도 현장주변을 서성거리며 체포되기를 원하거나, 누구의 범죄인지를 알 수 있도록 표시를 하는 등 다양한 형태로 나타난다. 이상심리학의 시각에서 보면 범죄억제의 주요 수단인 형벌이 오히려 범죄를 유발하는 하나의 원인이라는 점에서 아이러니가 아닐 수 없다. 불안신경증에 의한 범죄로 판명될 경우는 처벌보다는 치료를 선행할 필요가 있다.

쉼터 **불안신경증 심화학습**

1. 공황장애(panic disorder) : 공황발작을 반복적으로 경험하는 장애로서 이 환자들은 공황발작 시 죽거나 통제력을 상실하게 될까봐 두려워하며, 한 번 공황발작이 나타나면 이후 또 다른 공황발작이 일어날까 봐 지속적으로 염려한다. 주요 증상은 심계항진, 땀 흘림, 떨림 또는 전율, 호흡곤란, 질식감, 흉부통증, 토할 것 같은 느낌, 현기증, 비현실감, 미칠 것 같은 두려움, 죽음에 대한 두려움, 감각이상, 열감 혹은 냉감의 증상이 나타난다.

2. 광장공포증(agoraphobia) : 즉각적으로 피하기 어려운 장소나 상황에 처하는 것에 대한 두려움을 보이는 장애를 말한다. 예를 들면, 혼자 외출한다든지, 군중 속에 있다든지, 다리 위에 있다든지 등에 대한 불안이 나타나고 그러한 상황을 회피하거나, 그 상황 속에서 현저한 불편감이나 불안을 갖고 있다.

3. 대인공포증(social phobia) : 다른 사람을 만나거나 다른 사람들 앞에서 무엇인가 하고자 할 때 심한 두려움을 경험하는 장애를 말한다. 대인 관계적 상황 또는 수행상황에 대한 뚜렷하고도 지속적인 두려움을 보이며, 본인 스스로 그러한 두려움이 과도하거나 불합리하다고 인식하고 있다. 대인관계 상황을 회피하려고 하며, 두려워하는 상황에 대한 예기 불안, 상황의 회피, 실제상황에서의 고통으로 말미암아 직업, 학업, 사회적 활동, 일상생활 등에서 상당한 지장이 초래된다.

4. 특정공포증(specific phobia) : 인식할 수 있는 명확한 대상이나 상황에 대한 현저하고도 지속적인 두려움이다. 두려운 자극에 노출되면 예외 없이 즉각적인 공포반응이 유발된다. 동물이나 곤충을 두려워하는 동물형, 천둥이나 번개 등 자연현상을 두려워하는 자연환경형, 피를 두려워하거나 주사를 싫어하거나 신체적 손상을 염려하는 혈액-주사-손상형, 폐쇄공포증이나 고소공포증처럼 특정상황을 두려워하는 상황형 등이 포함된다.

5. 일반화된 불안장애(generalized anxiety disorder) : 일상적인 삶 속에서 만성적이고 지속적으로 불안해하는 사람들의 병이다. 여러 가지 사건이나 활동에 대해 지나친 불안이나

걱정을 보인다. 생활전반에 대해 불안이 만연되어 있다. 안절부절, 피로감, 주의집중 곤란, 과민한 기분상태, 근육긴장, 수면장애, 불안, 걱정 등과 사회적, 직업적 또는 기타 중요한 기능영역에서 지장을 초래한다.

2) 강박신경증

강박신경증(obsessive compulsive disorder)이란 강박적 사고나 강박행동으로서 이들 증상은 개인으로 하여금 많은 시간을 소모하게 하거나 현저한 고통이나 지장을 초래할 만큼 심각한 것이 보통이다. 강박관념(obsession)이란 본인도 불합리하고 얼토당토 않은 줄 알지만 통제할 수 없는 어떤 생각이나 심상이 반복적이고 지속적으로 떠오르는 것을 말한다. 강박행동(compulsion)이란 어떤 의식적 행동(예, 손 씻기·정돈하기·확인하기)이나 정신적 활동(예, 기도하기·숫자세기)을 몇 번이고 되풀이하여 반복하려는 억제할 수 없는 충동에 따른 행동으로서, 보통 강박관념에 대한 반응으로서 나타난다. 강박행동은 고통을 예방하거나 감소하고 두려운 사건이나 상황을 방지하거나 완화하려는 시도로서 나타난다. 이 환자들은 그들의 강박관념이나 행동이 지나치거나 불합리하다는 것을 인식한다.

범죄학 상에서 강박신경증이 문제가 되는 것은 특정상황이나 대상에 대해 강박관념을 가지고 여기에 집착한 강박행동을 계속한다는 데 있다. 방화광(pyromania), 절도광(kleptomania), 음주광(dipsomania) 등에 강박신경증 환자가 많다고 한다. 의식적 또는 무의식적으로 불을 지르는 행동은 방화벽이 있는 사람이나 방화광에 의한 경우가 많은데 특히 방화광들은 성적인 장애에 기인하여 방화행동을 반복한다고 한다. 방화의 원인적 뿌리는 성적 장애와 소변 장애(urinary malfunction)라는 사람도 있고, 성적 흥분을 경험하기 위한 시도라는 주장도 있으며, 불의 파괴성이 가학성을 자극하므로 방화자의 성적 욕구의 반영이라는 학자들도 있다.

성적 흥분과 방화와의 관계는 매우 밀접한 것으로 알려져 있다. 왜냐하면 방화범들 중에는 과거 성범죄로 체포된 경력을 갖고 있는 사람이 다수를 차지하고 있고, 방화광들을 조사한바 처음 발화되어 불꽃이 점점 거세어질수록 스릴, 성적인 흥분과 자극 그리고 성적 충동에 휩싸인다고 하는 대답이 이를 뒷받침하고 있다.

방화범들이 불이 난 장면을 보고 성적 충동을 얻거나 수음 혹은 성적 이상행동을 한다고 알려져 있지만, 특정의 사례에 대한 연구결과를 일반화 하는 데는 실패하고 있고, 경험적으로 의미 있는 증거를 찾기는 어렵다. 아무튼 불이 많은 사람들의 관심을 집중시킨다는 것은 우리 모두가 잘 알고 있다. 젊은이들이 캠프파이어에 열광하고, 화염에 휩싸인 빌딩과 소방관의 화재진압 장면이 주위의 많은 사람들을 모은다는 사실 자체가 불이 주는 묘한 흥분과 스릴을 부정할 수는 없게 해준다.

절도광은 끊임없이 무엇인가를 훔쳐서 자신의 방이나 사무실에 진열하는 습성을 보인다고 한다. 아무 물건이나 훔치는 것이 아니라 자신의 성적 욕구를 충족시켜줄 수 있는 물건들만 골라서 훔쳐 가지고는 이를 보고 그 동안 해소할 수 없었던 자신의 성적 욕구를 해소한다. 대체로 이들은 남자 혹은 여자의 성기를 상징하는 물건들을 골라서 훔치거나, 여성이나 남성의 내의, 속옷가지 등을 훔쳐 잘 보관한다고 한다.

절도광이나 방화광 모두 절도나 방화 그 자체만을 위해서가 아니라 우회적이고 간접적인 방법으로 자신의 내면의 불만이나 긴장 또는 성적 욕구를 해소하기 위해서 절도나 방화행동을 계속한다는 점에서는 같은 성격을 보여주고 있다. 대체로 이들은 내성적인 성격을 갖고 있는 경우가 많고, 성적으로나 사회적으로 고립된 사람이 많다고 한다.

음주광은 술이 없어지지 않을까 심히 걱정하면서 술을 사 모으는 습성이 있으며, 알코올 기운이 어느 정도 일정한 수준을 유지할 수 있도록 계속 음주하는 습성을 갖고 있다.

강박신경증은 위와 같은 특수한 경우뿐만 아니라 살인충동을 이기지 못하여 살상을 저지르거나, 강박적으로 물건을 훔치거나, 변태적 성접촉에 집착하는 등 여러 가지 형태의 다른 범죄들과 관련이 있을 수 있다.

4. 성격장애와 범죄

1) 성격장애의 개념과 특성

사람은 누구나 고유한 생활양식이나 행동방식을 갖고 있다. 김양은 꼼꼼하고 빈틈없고 깔끔한 성격을 가지고 있는가 하면, 박군은 이기적이고 자기밖에 모르는 행동을 하여 주변사람들을 피곤하게 만드는 성격이라고 말하기도 한다. 이렇게 개인의 성격을 드러내는 행동방식을 성격특질이라고 한다. 성격특질이란 인간이 개인생활이나 사회생활 속에서 환경과 자기 자신에 대하여 지각하고 관계를 맺고 생각하는 비교적 지속적인 양식이라고 정의된다. 일반적으로 사람은 이런 지속적인 행동양식을 통해서 개성을 드러내며 사회생활에 적응한다.

그러나 때로는 이런 지속적인 행동양식 때문에 사회생활에 적응하지 못하고 심각한 문제를 야기할 수 있다. 이럴 경우 성격장애가 문제가 된다. 성격장애란 개인의 고유한 성격특질이 그가 속한 사회문화적 기대로부터 심하게 벗어나 있고, 이 특질이 경직되어 있어서 부적응적으로 아무 상황에서나 반복적으로 나타나며, 이 때문에 사회적으로나 직업적으로 심각한 기능장애를 야기하거나 주관적인 고통을 유발하는 경우이다. 다시 말하면 성격장애를 보이는 사람은 ① 스트레스를 경험할 때 융통성 없이 부적응적인 반응을 반복하고, ② 일이나 사랑하는 데 어려움을 드러내며 정신건강 수준이 아주 낮아져 있고, ③ 대인관계 갈등을 심하게 드러내며, ④ 다른 사람을 난처하게 만드는 성향을 지니고 있는 것이 특징이다. 이런 성격장애는 만성적인 행동양식으로서 적어도 사춘기에서 비롯되거나 성인초기에는 뚜렷하게 그 특성들이 드러난다.

성격장애의 하위유형 가운데 가장 많이 연구된 반사회적 성격장애는 사이코패스와 범죄와의 관계에서 이미 살펴본 바 있다. 이하에서는 역할연기능력의 부족, 외향성과 내향성, 자극추구 경향이라는 성격측면과 범죄와의 관계를 살펴보기로 한다.

2) 역할연기능력의 부족

성격장애는 미성숙한 성장의 결과이며, 그들의 행동은 어린 아이 같고 충동적이며 이기적이다. 따라서 이들은 역할연기능력(role-playing ability)이 결여되어 있는 경우가 많다. 거프(H. Gough)교수는 1956년 개발한 캘리포니아 성격검사를 통하여 사이코패스는 사회적 역할연기능력이 결여되었다고 보았다. 역할연기란 우리가 사회생활을 하려면 수행해야 할 여러 가지 역할이 있는데, 그 중에서 어떤 역할을 직접 수행하는 것을 말한다. 사람은 이런 역할수행을 통해서 자기이해와 자기통제를 습득한다는 것이다. 또한 역할연기란 다른 사람의 입장에 자기를 서게 하는 것으로 이런 능력이 결여되면 다른 사람의 행동을 예측하거나 이해하지 못 하게 된다. 사이코패스가 타인의 역할이나 정서 상태를 잘 이해하지 못 하는 것은 바로 이 역할연기능력이 부족하기 때문이다. 이런 자들은 다른 사람을 난처하게 만들 수 있고, 자신의 잘못이나 문제행위를 인식하지 못하기 때문에 죄의식을 갖지 않는다. 또 이들은 도덕적으로 무관심한 자들로 무감각한 방법으로 행동하는 공격적이고 위험하며 반사회적인 사람으로 간주된다. 반대로 이런 성향 때문에 피해자가 될 가능성도 많다.

3) 내향성과 외향성

아이젠크(Hans Jurgen Eysenck, 1916~1997)는 내향성과 외향성 성격을 구분하여, 내향성은 생리적으로 각성수준이 높은 데에 반해, 외향성은 각성수준이 낮아서 자극을 찾게 된다고 했으며, 외향성의 경우에 적은 양의 술로 중추신경계의 억제가 완화되면 범죄를 쉽게 일으킬 수 있다고 했다. 그 외에 다른 성격차원으로 신경증적 차원 및 강인성 차원을 들었다. 신경증적 경향이 높은 사람들은 일반적으로 자극에 대하여 지나치게 예민한 반응을 보이고, 고통스런 자극에 대해서는 지나친 공포반응을 나타낸다. 어떤 행동을 시작하면 반복적으로 하는 경향이 높고, 이런 신경증적인 성향이 높으면서 외향적인 성향이 높은 사람은 범죄행동을 유발할 가능성이 크다고 보았다. 또한 강인성 성향이 높은 사람들(이 경향이 높은 사람은 사회적으로 무감각하고, 감정표현이 없으며, 위험을 무시하고, 타인을 싫어하는 특징이 있음)은 반사회적 성격장애자와 유사한 특성을 나타내며, 재범률도 높다고 하였다. 그는 이런 세 차원의 성격을 연구하면서 반사회적 성격장애자는 강인성, 외향성 그리고 신경증적 차원의 점수가 모두 높은 것이 특징이라고 하였다.

4) 자극추구 경향

많은 범죄학자들은 성격장애를 보이는 범죄자들이 일상적인 일을 견디기 힘들어 하고 지속적인 자극을 추구하며, 성을 쾌락이나 범죄의 도구로 사용하면서도 죄의식을 느끼지 않는다고 한다. 그 외에도 강간범들은 다른 비행집단과는 달리 마음의 중심에 애정결핍이 자리 잡고 있으며, 관계형성과 애정에 대한 욕구를 충족하기 위해 방황을 한다고 한다.

퀘이(Quay)는 반사회적 성격장애자들이 행동을 함에 있어 극단적으로 자극을 추구하는 경향을 보인다고 한다. 생리학적으로 볼 때, 반사회적 성격장애자들은 환경으로부터 오는 자극의 영향을 별로 받지 않는다. 따라서 대뇌피질을 흥분시키기 위해서는 많은 양의 자극이 필요하게 된다. 그러므로 이들은 자극을 계속 추구하고, 흥분을 일으킬 수 있는 행동을 끊임없이 찾아야 한다. 이러한 퀘이(Quay)의 가설은 최근에 여러 연구들에서 지지되었다. 최근의 연구들은 반사회적 성격장애자들이 병적으로 흥분과 모험을 추구하는 것은 그들의 뇌 속에 망상체를 활성화시키는 체계에 어떤 결함이 있기 때문이라고 시사한다. 자극에 대한 각성수준을 연구한 바, 범죄자들은 일반적으로 정상인보다 자극이 결핍된 상황을 참지 못하는 것으로 드러났다. 이러한 연구가 시사 하는 바는 이들이 자극이 결핍되었을 때, 자극을 계속 찾는 행동이 범죄와 관련될 가능성이 매우 높다는 것이다. 따라서 앞으로 이런 특성을 가진 자들에게 범죄와 관련된 자극 이외의 자극을 찾을 수 있도록 하는 실험적 연구를 수행할 필요가 있겠다.

제4절 ◦ 범죄사회학

1. 전체보기

인간행동을 설명하고 해명함에 있어서 사회학자들은 "사회적 사실들은 다른 사회적 사실들에 의하여 설명되어야 한다."고 강조하고 있다. 즉, 범죄나 일탈행위는 우리사회에 존재하고 있는 사회집단·제도·인간관계의 복잡한 네트워크 속에서 발생되기에 그것이 발생하고 있는 사회적 맥락 속에서 원인을 해명하고 대책을 제시하여야 한다는 것이다.

범죄생물학과 범죄심리학이 일탈을 규범(법규)위반으로 설명하고 개별적인 차원에서 생물학적·심리학적 과정과 구조를 강조한다. 이에 반하여 범죄사회학은 일탈을 기존 사회법규의 위반이나 새로운 사회규범의 출현 때문에 생성되는 것으로 정의하고 있다.

대체로 사회학이론은 거시적·미시적 수준 모두에서 규범위반으로서의 일탈과 함께 사회화 과정으로서의 일탈에 대해서도 고찰하고 있으며 사회구조와 사회화 과정의 측면에서 일탈을 설명하기에 크게 사회구조이론과 사회과정이론으로 양분된다.

그러나 단순히 설명의 수준에 따라 양분하는 것은 쉬운 일이 아니다. 왜냐하면 생물학적·심리학적 조건 둘 다를 통하여 일탈을 설명하려는 생리심리학적(bio-psychological) 이론들도 많이 있고, 또 사회학적 그리고 심리학적 조건들을 포함하여 일탈을 설명하려는 사회심리학적(social-psychological) 이론들도 많기 때문이다. 따라서 범죄사회학은 매우 복잡한 이론구조를 갖고 있으며, 최근에는 이론들의 통합과 특수화 경향도 있기 때문에 본서에서는 이를 일일이 설명하기 어려운 측면이 있다.

이하에서는 크게 여섯 가지 카테고리로 나누어 대표적인 학자의 이론 하나만을 각각 소개하기로 한다.

2. 머튼의 아노미이론

Robert K. Merton

머튼(Robert K. Merton)은 범죄의 원인이 되는 무규제한 상태(Anomie)의 근원을 자본주의가 크게 발달한 미국사회의 병폐에서 찾았다. 부의 획득과 축적을 성공의 지표로 삼는 미국사회에서는 사회적 목표와 그 목표에 이르는 수단 간의 불일치를 겪는 사람들이 많다는 것이다. 범죄는 정상적이라는 뒤르껭의 사고와 그의 아노미이론을 토대로 한 머튼의 이론은 "아마도 현대사회학에서 가장 자주 인용되는 논문이다."라고 할 정도로 일탈행위 연구에 이정표가 되었다고 해도 과언이 아니다.

머튼의 문제에 대한 접근은 한 사회에 있어서 문화적으로 정의된 그 사회의 목표와 그 목표를 달성하는 수단을 분배·규제하는 규범간의 차이에서 출발한다. 목표란 한 사회가 그 사회의 모든 구성원을 위하여 수립한 합법적인 가치 있는 목적이며 관심사이니, 머튼에 의하면 미국의 문화가 정의한 사회적 목표는 모든 사회 성원에게 있어 '미국인의 꿈'이라 할 수 있는 부의 획득과 금전적 성공을 강조한다. 황금만능주의의 물질적 성공에 척도를 둔 개개인의 성공의 강조는 개인적 성공을 자극하는 사회풍토를 조성하게 된다.

머튼의 이론을 구성하는 제2의 요소는 사회적 목표를 달성하는 제도화된 수단으로, 사회규범은 사회목표를 달성하는 데 있어 받아들일 수 있는 방법들을 규정한다. 사회적으로 제도화된 수단에 의하여 사회적으로 승인된 목표에 접근할 수 있는 자에게 만족감을 줄 수 있을 때 사회적 균형(social equilibrium)은 이루어진다. 그러나 수단과 목표 간에 불일치(discrepancy)가 있을 때에는 아노미나 무규제 상태가 초래된다.

예를 들어, 미국사회에서 소수민족이나 하층계급에 속하는 사회성원도 사회가 승인한 목표를 달성하고자 하는 욕망은 여타 계층의 성원과 똑같이 공유하고 있으나, 교육·고용 및 거주 등을 통한 인종과 계급차별로 이들은 성공에 이르는 제도화된 수단을 입수하기가 어렵게 된다. 이와 같은 사회구조적 무능은 일반적인 사회문화에서 받아들인 높은 기대와는 대조적으로 개개 성원에게 그들의 무능을 경험하게 만든다. 이것이 종종 범죄의 원인이 되는 상대적 박탈감(relative deprivation)을 조성하게 된다.

문화적으로 규정한 사회의 목표와 이를 달성하는 수단이 단절되었을 때에는 그 사회의 구조적 여건에 따라 예측할 수 있는 특수한 적응을 할 것이 기대된다. 즉, 머튼은 또한 어느 특정한 지위를 차지한 자가 사회적 목표와 그 목표를 달성하는 제도화된 수단에 적응하는 여러 가지 방법에 주목하여 다음과 같은 다섯 가지의 적응방식의 도식(paradigm)을 제시하고 있다. 머튼의 도식은 문화적 목표와 그것을 달성하는 수단의 수용(＋) 또는 거부(－)에 초점을 두어 모든 사회구성원 중 상이한 사회적 지위를 가진 성원들에 의한 전형적인 적응형식을 <표 3－1>과 같이 상세히 기록하고 있다.

표 3－1 사회적응방식

적응의 형식	문화적 목표	제도화된 수단
동조(conformity)	＋	＋
개혁(innovation)	＋	－
의례주의(ritualism)	－	＋
퇴행(retreatism)	－	－
반역(rebellion)	±	±

동조는 대부분의 사회구성원이 보이는 행동패턴이다. 이 양식은 문화적으로 정립된 사회가치인 물질적 부귀와 이 목표를 달성하기 위한 제도화된 수단의 수용을 의미한다.

개혁이란 문화적 목표는 받아들이나 제도화된 수단을 거부하는 것이다. 이런 부류에 속하는 자들은 문화적 목표를 달성하기 위한 합법적인 수단을 준수하기가 매우 어렵기 때문에 불만을 갖거나, 좌절감을 느끼거나 아노미상태에 몰입하여 혁신적인, 즉 불법적인 수단(법규위반)을 통하여 문화적 목표를 달성하려 한다. 따라서 이들의 반응은 범죄나 비행으로 나타나기 쉽고, 일반적으로 금전획득을 위한 재산범죄가 많다.

의례주의는 범죄연구에 있어서는 별 의미가 없다고 본다. 의례주의자는 사회적 목표를 달성하는 수단을 규정한 규범을 거의 강박감을 가지고 수용하나, 근본적으로 그 자신들 스스로가 금전적 성공의 목표를 실현할 것을 포기하고 있다. 예를 들어, 의례주의자는 주로 하층·중류계층에 속하는 자들로서 고정적인 수입을 가졌으면서도 사회적 목표를 포기한다. 즉, 그들은 계속해서 부지런히 일하고 있지만 결코 사회적 목표인 물질적 성공을 이룰 수 없을 것이라는 점을 인정한다.

퇴행이란 본질적으로 현실도피적인 반응이다. 이 적응방식을 택하는 자는 문화적 목표와 그 목표를 달성하기 위한 제도화된 수단 양자를 포기한다. 이 반응은 술주정꾼·약물중독자 및 부랑자 등과 같은 사회계층의 밑바닥에 있는 자들의 적응양식으로, 그들이 사회의 목표를 내면화하였다고 할지라도, 그 목표를 달성할 기회나 동기가 결여됨으로써 경쟁에서 기권하는 경우이다(이중의 실패자: double failure). 비록 이들의 행위로 인하여 고통을 받는 희생자를 쉽게 가려 낼 수는 없지만, 이들의 행위는 매우 비도덕적이고 퇴폐적이다.

반역 또한 사회적 목표와 이를 달성하는 수단을 모두 포기하는 경우이다. 퇴행과는 달리 사회목표의 거부를 비밀리에 하지 않고 공공연하게 하는 것이다. 이 적응방식을 택한 자들이 적절한 목표라고 생각하는 것을 더 효과적으로 달성할 수 있도록 하여 주는 새 사회구조를 형성하려고 하는 적응형식이라는 점에서 혁명적이라고 할 수 있다. 반항자들은 지배계급의 가치체계를 공격하고 이를 이상적이고 보편적인 정의의 개념으로 대치하고자 한다. 반항자들의 목표란 어느 한 계층에 의한 다른 계층의 착취가 없는 모든 사회성원의 인도주의적인 취급을 의미한다. 이들은 또한 이기적이라기보다는 박애주의적이고 공동체 전체를 위한다는 동기에서 범죄를 행하고, 따라서 이들의 범죄는 개인적 목적달성을 지향하고 있지 않다. 반항자들은 그들의 범행을 공표하기를 원한다. 따라서 이 유형에 속하는 자들은 사회운동가나 정치적 확신범에서 찾을 수 있다.

머튼의 사회구조와 아노미에 관한 이론은 너무나 일반적이라는 평을 듣고 있지만 사회의 목표, 상이한 사회계층에 따른 가치관, 목적달성을 위한 합법적이고 또한 비합법적인 수단 등에 관한 이론적인 작업을 통하여 사회학적 범죄이론 발달에 지대한 공헌을 하였다고 볼 수 있다.

머튼의 이론은 다음과 같은 점에서 비판의 대상이 되고 있다.

첫째, 머튼의 이론은 사회의 모든 성원이 똑같은 사회목표를 공유하고 있다는 가설 위에서 출발하고 있으나, 많은 연구논문들은 이 가설에 대한 의문을 제기하고 있다.

둘째, 대부분의 사람들이 이 다섯 가지 적응방식을 몇 번쯤은 경험하게 되는데 왜 어떤 특정 개인이 어떤 이유에 의하여 여타의 적응방식을 배제하는가를 설명하지 못하고 있다.

셋째, 아노미이론은 사회적 목표의 달성이 아닌, 오직 개인적인 즐거움을 위하여 저질러지는 대부분의 소년비행의 동기가 되는 비영리적인 요소를 설명하지 못하고 있다.

넷째, 머튼의 이론은 또한 파괴적 성격을 띤 소년비행이나 성인범죄를 설명할 수 없으니, 그의 이론은 사회성원이 고유한 목표달성을 목적으로 하지 않는 범죄들에 대해서는 설명이 불가능하다는 점이다.

3. 밀러의 하류계층문화론

밀러(Walter Miller)는 광범위한 거리의 비행소년집단의 실태조사에 기초하여 노동계층의 소년들은 그들 계층의 가치관에 동조함으로써 비행소년이 되고 있다고 보고 있다. 행동의 양상은 주로 하류계층의 문화에서 연유하고 있다는 것이다. 하류계층문화에의 동조는 곧 중류계층의 규범의 위반을 의미하지만, 중류계층의 가치와 행동규범에 대한 악의적인 원한이나 울분을 표시하는 것은 아니라고 본다. 문화인류학자인 밀러는 추상적으로 '이상적'인 것을 의미하는 가치보다는 직접 현지에서 관찰할 수 있는 '관심의 초점(focal concern)'이 더욱 적절한 어휘라고 보고, 가치 대신에 관심의 초점이란 용어를 사용하고 있다.

밀러에 의하면 비행문화를 '조성하는 환경(generating millieu)'인 하류계층의 문화는 하류계층 핵심인구 15%와 하류계층의 가치관으로 직접 영향을 받는 25% 내지 45%의 인구층에 분포되어 있다고 보고 있다.

밀러가 말하는 관심의 초점이란 하류계층 성원들의 광범위하고 끊임없는 관심사인 동시에 이들이 감정적으로 몰입하고 있는 여섯 가지 분야를 망라하고 있다.

첫째, '말썽거리에 대한 관심(focal concern for trouble)'으로 기관원들과 환영할 수 없는 복잡 미묘한 관계를 갖게 만드는 상황을 의미한다. '말썽거리'가 되고 안 되고는 하류계층성원들의 일상생활에 있어서의 관심사이다. 밀러에 의하면, 하류계층사람들은 준법의식 때문이 아니라, 말썽을 일으키지 않으려고 범법행위를 삼가는 경향이 있다고 한다. 물론 하류계층 사람들은 범법행위를 피하려고 하지만 때때로 범법자들이 그 사회에 존경의 대상이 되기도 한다.

둘째, '억셈(toughness)'으로, 남성다움과 육체적 힘의 과시, 용감성 및 대담성에 관한 관심이다.

셋째, '영리함(smartness)'으로, 다른 사람을 잘 속이는 반면, 자신은 남에게 속아서는 안 된다는 것을 의미한다. 영리하게 언어를 구사함으로써, 하류계층의 소년들은 그의 정신적 능력을 최대로 과시하고 완력을 최소로 사용하여 그들 사회에서 인정받고자 한다.

넷째, 관심의 초점은 '흥분(excitement)'이다. 즉, 스릴·모험 및 권태감을 모면하는 데 관한 관심이다. 하류계층의 생활은 여가활동에 사용할 금전이 없기 때문에 자극이 없다고 볼 수 있다. 실제로 20세기 초에 실시한 한 연구에 의하면 '권태감'의 해소가 소년비행의 주원인이라는 것이다. 흥분을 추구함은 또한 도박이나 음주 및 마약사용 등의 다양한 비행의 원인이 되기도 한다.

다섯째, '운명주의(fatalism)'로 빈곤한 계층은 '행복'과 '악운'에 지대한 관심을 가지고 있다. 빈곤한 자들은 때때로 그들의 생활은 그들이 통제할 수 없는 외적 요소에 의하여 지배되고 있다고 믿음으로써 그들의 현실을 정당화한다.

여섯째, '외적 지배'와 관련된 '자율(autonomy)'에 관한 관심이다. 이것은 "어느 누구도 자신을 간섭할 수 없다."는 말로 표현되는 자기 자신이 마음대로 자신의 일을 처리하고 싶은 희망을 의미하나, 하류계층의 성원이 자신들의 사회계층상의 위치 때문에 항상 타인으로부터 명령과 간섭을 받고 있는 현실에 대한 잠재의식적인 반발로 보인다.

밀러가 기술하는 하류계층의 문화란 국외로부터의 이민과 국내이주 및 수직적인 사회이동의 과정에서 생성된 결과로서, 성공하지 못한 외국이민과 흑인들의 공통적인 적응양식이다.

법을 지키는 길거리의 소년집단, 지위향상을 희망하고 있으나 이를 이루지 못하는 집단 및 지위향상의 여망을 가지고 이를 성공적으로 달성하는 집단 등 세 개의 소년집단을 비교·관찰한 밀러는 비행소년은 지위향상의 여망을 가졌으나 그 여망의 실현이 봉쇄된 집단으로부터 나오고 있다고 보고 있다.

결론적으로 청소년의 비행행위는 중류계층 가치의 수용불능이기보다는 하류계층의 문화나 가치가 중요 동인(動因)으로 작용한다고 한다. 따라서 하류계층의 문화를 체득하여 나온 행동패턴은 지배적인 계층인 중류계급이 희망하는 행동패턴과는 상치하게 된다.

대체로 밀러는 어떻게 하여 하류계층의 관심의 초점이 비행소년의 규범으로 옮겨지는지, 어찌하여 일부 하류계층 소년들이 비행에 가담하지 않고 계속해서 준법시민으로 남아있을 수 있는지에 대하여 분명히 하지 않고 있다.

그 외에도 밀러의 이론은 다음과 같은 결함이 있는 것으로 알려지고 있다.

첫째, 밀러는 하류계층의 문화가 비행소년을 '조성하는 환경'이 되고 있다고 하나 다른 연구결과에 의하면 대부분의 하류계층 성원들이 준법자가 되며 또한 중류계층과 비교해서 차이는 있다고 하겠으나, 개인의 성공과 업적을 강조하는 가치관을 지지한다. 따라서 이러한 관점에서 볼 때 인습적인 수단에 의한 성공을 권장하지 않는 것은 가치관의 상이함보다는 성공의 목표를 달성하는데 장애가 되는 사회구조적인 요인에 기인하는 것처럼 보인다.

둘째, 따라서 인습적·사회적 가치의 지지에 있어서 계층 간의 차이는 미미하므로 하류계층의 문화라고 하는 것은 별도로 존재하지 않는 것처럼 보인다.

4. 서덜랜드와 크래시의 이질적 접촉이론

서덜랜드(Edwin H. Sutherland)의 이질적 접촉이론(differential association theory)은 쇼와 멕케이(Clifford R. Shaw & Henry D. McKay)의 연구결과(시카고와 다른 도시들의 지도 위에 범죄나 비행의 공간적 배치실태를 알아본 바, 버제스(Burgess)의 동심원 이론이 주장하는 퇴행변이지역이 범죄다발지역임을 지지)를 토대로 하여 "해체된 지역사회가 어떻게 하여 범죄의 온상이 되어 가는가?"라는 명제를 세우고 특정지역사회와 범죄발생을 연결하는 메커니즘을 규명한 이론이다. 즉, 서덜랜드는 쇼와 멕케이의 조사내용 중 특정한 지역사회에서는 구성인종이 바뀌더라도 비행

Edwin H.
Sutherland

과 범죄의 전통이 전승된다는 사실에 주목하여 그러한 행위양식과 전통의 전달과정을 해명하려 하였던 것이다. 그는 쇼와 멕케이가 말하는 사회해체란 사회가 무조직의 상태로 되었음을 뜻하는 것이 아니라 사회가 이질적 이익과 이질적 목표를 추구하는 각종의 잡다한 조직으로 분화되어 각기 나름대로의 문화를 형성하고 이를 계승하고 있는 상태를 의미한다. '사회해체(social disorganization)'라는 용어 대신 '사회의 이질적 조직화(differential social organization)'란 용어를 사용하였다. 그리하여 사회가 이처럼 이질적인 요소로 혼성된 상태에서는 전체적 사회조직을 ① 범죄적인 행동양식에 동의하고 이를 지지하는 집단, ② 범죄성을 전혀 띠지 않는 중립적 집단, ③ 반 범죄적 준법집단으로 크게 나눌 수 있다고 하고, 각 집단에 있어서의 행동양식은 집단의 구성원들로부터 배워 익혀지는 것이라고 하였다. 따라서 범죄행위란 범죄적인 행동양식에 동의하고 이를 지지하는 집단 내에서 정상적인 학습을 통하여 터득한 행동양식의 표현이며 이는 합당한 이유가 있고 이해할 수 있는 행위라고 하였다.

쇼트(James Short)는 서덜랜드의 이질적 접촉이론을 일컬어 '가장 사회학적인 비행이론'이라고 찬양하였다. 실제에 있어 이 이론은 머튼의 아노미이론과 더불어 오늘날 범죄사회학 분야에서 가장 자주 인용되는 범죄이론 중의 하나이다. 그러나 그의 이론이 극도의 찬양과 다수의 추종자를 확보하고 있으면서도 끊임없이 비판의 대상이 되고 있음은, 범죄의 원인론에 관한 한 아직 일반이론이 정립되어 있지 아니함을 대변해 주며, 기존의 연구업적에 대한 수정 또는 보완작업이 꾸준히 지속되어 왔음을 암시해 준다.

이질적 접촉이론은 학습을 통하여 이루어지는 범인성 인격형성의 과정을 사회심리학적 측면에서 분석한 것으로서, "어찌하여 지역사회 간에 범죄율의 차이가 있으며, 왜 하필이면 어느 특정개인이 범죄자가 되는가?"라는 명제에 대한 해답을 제시한 이론이라고 할 수 있다. 신진규 교수는 그 내용을 여섯 가지로 요약해서 설명하고 있으나, 이하에서는 비행적 사회화과정을 아홉 가지 정리(가설)로 설명한 『범죄학의 원리(Principles of Criminology)』 1974년도 수정판의 원문을 그대로 옮겨 관련내용을 살펴보기로 한다.

① 정리 Ⅰ: 범죄(비행)행위는 학습의 결과이다. 그것은 생물학적으로 결정된 것이 아니며, 심리적 결함에 기인하는 것도 아니며, 다른 사람들로부터 소외당한 데서 오는 것도 아니다. 그것은 배워서 습득된다.

② 정리 Ⅱ: 범죄(비행)행위는 다른 사람들과 상호작용(교제·접촉)을 수행하

는 과정에서 커뮤니케이션을 통해서 학습된다.

③ 정리 Ⅲ : 범죄행위 학습의 주요 부분은 가까운 사집단(가족·친지·동료 등) 내에서 이루어진다. 즉, 정리Ⅱ에 기술된 학습은 라디오·TV·영화· 신문·잡지 등과 같은 비인격적 매체는 범죄행위의 학습과 관련이 없다.

④ 정리 Ⅳ : 범죄(비행)행위가 학습의 결과라고 할 때, 학습의 내용은 ① 범행의 기술(고도의 숙련을 요하는 기술에서부터 지극히 단순한 기술에 이르기까지 다양함), ② 동기·욕구·합리화 및 태도의 구체적 관리법을 포함한다.

⑤ 정리 Ⅴ : 동기와 욕구의 구체적 관리법은 법규범에 대한 호의적 또는 거부적 정의(definition)들로부터 학습된다. 사람들이 부나 사회적 성공 등에 대한 일반적 동기를 표출하는 방식은 범죄에 대한 호의적 또는 거부적 정의에 접함으로써 영향을 받는다.

⑥ 정리 Ⅵ : 특정의 개인이 범죄자가 되는 것은 법(또는 사회윤리)의 위반을 호의적으로 해석하는 '정의'들과의 접촉이 법의 위반을 거부적으로 해석하는 '정의'들과의 접촉을 능가하기 때문이다.

⑦ 정리 Ⅶ : 이질적 접촉(교제)은 접촉의 빈도(frequency), 기간(duration), 우선순위(priority), 강도(intensity)에 있어 각양각색이다. 빈도란 특정 개인이 범죄호의적 혹은 범죄거부적 정의들과 접촉한 회수를 말하며, 기간이란 그러한 정의와 접촉한 시간적 길이를 말한다. 시기란 그러한 정의들과 접촉할 당시의 나이를 말하며 강도란 특정개인과 범죄호의적, 범죄거부적 정의를 제공하는 자간의 애착의 정도를 뜻한다. 범죄호의적 정의와의 접촉이 빈도·기간·우선순위·강도의 면에서 범죄거부적 정의와의 접촉보다 앞서면 준법행위보다 범죄행위를 할 가능성이 크다.

⑧ 정리 Ⅷ : 범죄적 행동양식 및 반 범죄적 행동양식과의 접촉을 통해서 이루어지는 범죄(비행)행위의 학습과정은 일상생활 속에서 이루어지는 여타 행위의 학습과정과 동일한 메커니즘을 이룬다. 범죄자와 준법자와의 차이는 접촉의 양상에 있을 뿐 학습이 진행되는 과정에는 아무런 차이가 없다.

⑨ 정리 Ⅸ : 범죄행위가 일반적 욕구와 가치관의 표현이기는 하지만 일반적 욕구와 가치관만으로는 범죄를 제대로 설명할 수 없다. 그 이유는 준법행위라는 것도 따지고 보면 동일한 욕구와 가치관의 표현이기 때문이다.

위에 열거한 아홉 가지 가설은 대략 다음과 같이 압축될 수 있다. 즉, 범죄행위자체는 유전되지 아니하며 학습의 과정을 통하여 습득함으로써 터득된다. 학습은 1차적 친근집단 구성원과의 접촉을 통하여 강하게 이루어지며, 학습의 내용에는 범행의 기술과 동기, 욕구, 합리화 및 태도의 구체적 관리법이 포함된다. 특정 개인이 범죄자가 되는 것은 법의 위반을 호의적으로 해석하는 정의들과의 접촉이 법의 위반을 거부적으로 해석하는 정의들과의 접촉을 빈도·기간·우선순위·강도 면에서 능가할 때이다.

서덜랜드는 위의 가설을 가지고 화이트칼라(white collar)범죄를 설명하였다. 그는 미국의 상류층에서 화이트칼라 범죄가 끊이지 않는 것은 미국 중상류사회(하나의 하위문화권)에서 그러한 범죄가 긍정적으로 받아들여지고 있고 그러한 양식이 다른 사람에 의하여 학습되기 때문이라는 가설을 세우고 실증적 자료를 제시함으로써 자신의 가설이 타당함을 주장하였다. 그는 미국 내의 70개 대형 법인체를 대상으로 자기보고식 조사(self-report) 및 기록조사법에 의한 연구를 수행하고 나서 다음과 같이 결론을 내렸다.

첫째, 법인의 범죄행위는 일상적이며 지속적으로 저질러지고 있다.

둘째, 법인에 대한 유죄판결은 일반적으로 범법자가 사업상의 동료들 사이에서 확보하고 있는 지위(status)에 아무런 영향을 미치지 아니한다.

셋째, 법인들 사이에는 정부의 단속기관이나 그 기관의 행정을 맡고 있는 요원들을 경멸하는 풍조가 만연되어 있다.

넷째, 화이트칼라 범죄는 내부적으로 조직화된 법인범죄이든지 아니면 수개 법인의 공모로 저질러진다는 점에서 조직범죄이다.

위와 같은 결론을 얻고 나서 서덜랜드는 "어떻게 해서 화이트칼라 범죄자들이 자신들의 불법행위를 용인할 수 있는 것으로 정의하게 되는가?"의 명제에 대한 해답을 제시하였다. 그의 설명에 의하면, 불법행위를 용인하는 일반적 이데올로기는 특정한 불법행위에 관여함으로써 생성되며, 그렇게 해서 확립된 이데올로기는 장차 자신이 관여한 불법행위를 정당화시키는 데 기여한다고 하였다.

서덜랜드가 범죄학에 큰 영향을 주었음에도 그 이론에서 보이는 몇 가지 비판론 때문에 수정이론이 나오고 있다. 비판론의 주요문제는 이질적 반응의 문제, 논리전개상의 오류, 제 변수 측정의 곤란성 및 적용범위의 제한성 등이다.

5. 허쉬의 사회결속이론

　허쉬(Travis Hirschi)는 그의 저서 『비행의 원인(causes of delinquency)』에서 "왜 특정 청소년들은 법을 어기는가?"를 규명하기보다는 "왜 많은 청소년들은 법을 준수하면서 살아가는가?"에 관한 해답을 찾으려고 노력했다. 그에 의하면 사회에는 사람들로 하여금 법을 준수하며 살아가게 하는 사회적 결속(social bond)이 있다는 것이다. 이러한 사회적 결속들은 하나 또는 여러 개가 합쳐서 일반인들을 관습적인 사회에 동조하도록 강제하고 범죄나 비행을 막아 준다고 한다. 그러나 규범위반은 관습적 사회와의 결속부족에 기인한다고 가정한다. 이 결속은 신념(belief), 전념(commitment), 집착(attachment), 참여(involvement)의 네 가지 요소들로 이루어져 있다. 신념은 관습적 규범이 어느 정도 내면화되었는가에 관한 것이다. 즉, 내적 통제를 다른 말로 표현한 것이다. 허쉬는 사람들이 관습적 규범을 내면화할수록 이 규범을 위반할 가능성은 더욱더 낮아진다고 주장한다. 전념은 규범준수에 대한 사회적 보상에 사람들이 어느 정도 관심을 가지고 있느냐에 관한 것이다. 허쉬는 규범위반자로 사회에 알려져 손해를 보면 볼수록, 사람들이 사회규범을 위반할 가능성은 낮아진다고 주장한다. 집착은 사람들이 다른 사람들의 의견에 어느 정도 민감한가에 관한 것이다. 다른 사람들로부터 받는 존경과 지위에 관심이 없는 사람들은 외적 통제의 지배를 받지 않는다. 왜냐하면 규범에 동조함으로써 받는 존경과 지위는 단지 사람들의 감정과 의견에 민감한 사람들에게만 효과적인 사회적 통제이기 때문이다. 따라서 허쉬는 사람들이 사회에 집착하면 할수록 규범을 위반할 가능성은 줄어든다고 주장한다. 참여는 사람들이 얼마나 많은 시간을 관습적 활동을 위해 보내는가에 관한 것이다. 관습적 활동에 참여하는 사람들은 일탈적인 활동을 할 시간이 거의 없다. 예를 들어, 학교활동·운동·건전한 여가활동 및 숙제들로 하루일과를 보내는 청소년들은 비행을 저지를 시간이 거의 없다. 따라서 허쉬는 사회적 참여수준이 높으면 높을수록 사람들이 규범을 위반할 가능성은 줄어든다고 주장한다.

　허쉬는 사람들과 사회 간의 연계성을 설명하고 있다. 결속은 내적 통제와 외적 통제에 관련되어 있다. 신념은 내적 통제에 관한 것이고, 집착·전념 및 참여는 외적 통제에 관한 것이다. 관습적 신념은 내적 통제(동조에 따른 개인적 만족과 규범위반에 따른 개인적 불만족)를 증가시킨다. 그리고 집착·전념 및 참여는 외적 통제(동조에 따른 사회적 보상과 규범위반에 따른 처벌)를 증대시킨다.

그에 의하면 사회적 결속의 정도에는 개인에 따라 다양한 변화가 있으며, 결속의 정도가 강할수록 범죄에 저항하는 힘이 크다고 한다. 따라서 그는 범법자들은 사회적 유대가 비교적 약하기 때문에 그들의 범죄행위에 대하여 크게 후회하지 않는다는 것이다.

6. 낙인이론의 가정과 렘머트의 사회적 낙인

사회학 이론 중 과정이론에 속하는 낙인이론은 1930년대에 발흥하여 1960년대에 꽃피운 이론으로서 1960년대의 많은 사회학자들은 대부분의 서구사회를 특징짓는 규범적 합의와 안정성(normative concensus and stability)에 의문을 제기하고, 기존의 이론들을 비판하였다. 따라서 그들은 1960년 이전의 학자들과는 달리 사회규범의 부상적·변동적·갈등적 특성(emerging, changing and conflicting characters)을 강조하였다. 이것은 일탈의 연구에 있어서 중요한 분기점이 되었다. 행위를 판단하기 위한 명확하고 안정된 준거점(reference points)이 없기 때문에 규범위반은 그 정의상 문제가 있었다. 그리하여 당시의 사회학자들은 특정집단과 사람들이 타인의 행태를 기술하기 위하여 사용하는 사회적 정의로 일탈을 규정하기 시작했고, 이에 따라 일탈론의 중요문제를 그러한 사회적 정의의 연구로 다시 규정하였다. 즉, 낙인이론은 어느 특정한 범법행위를 취급하는 것이 아닌 일탈행위 전반에 관한 이론으로서, 이를 계기로 일탈행위 연구의 초점은 개인이 일탈행위에 개입되는 원인의 규명으로부터 개인의 행위를 일탈이라고 규정하는 사회과정에 대한 연구로 전환하게 되었다.

이와 같은 연구방향의 변화는 새로운 정책대안(비시설적 치유, 전환프로그램, 지역사회 및 가정치료 프로그램 등)을 제시하기에 이르렀고, 현재의 교정프로그램에 많은 반영이 있었으며, 1980년 이후에도 낙인이론에 관한 각종 연구활동은 활발하다.

낙인이론은 두 가지 기본적인 의문(가정)에서 출발하고 있다. 하나는 "무엇이 일탈행동으로 규정되는가?(What is defined as deviance?)"이며, 다른 하나는 "누가 일탈자로 규정되는가?(Who is defined as deviant?)"에 관한 것이다.

전자에서는 사회규범의 실체와 생성과정, 규범위반에 대한 사회적 낙인의 실체와 생성과정이 검증되고, 후자의 의문에 대해서는 "누가 규범위반자로 사회적으로 낙인찍히는가?", "규범위반자로 낙인찍힌 결과는 무엇인가?"에 대한 해답을 규명하고자 노력하였다. 즉, 대부분의 전통적인 실증주의적 범죄이론들이 범죄 부분의 인구와 비범죄 부분의 인구사이에는 근본적인 차이가 있다는 전제 위에 주요 분석적 초점을 개인으로 제한하고, 법제도의 안정성과 이의 무회의적 수용을 바탕으로 하고 있음에 반하여, 낙인이론은 이러한 추세를 의문시하고 왜 어떤 행동이 일탈적인 것으로 규정되고 그 결과는 무엇인가를 규명하고자 하였다.

특히 낙인이론은 사회구조보다는 사회과정에, 그리고 사회의 거시적 차원보다는 미시적 차원(사회심리적 차원)에 관심을 집중시키고 있으므로 사회적 낙인으로 인한 결과에 주목하고 있다. 따라서 일탈에 대한 낙인이론가들의 접근방법은 특정형태의 규범위반이 공식적 낙인(official or primary labeling)을 야기 시키고, 이 결과로서 자아낙인(self-labeling)을 강화시켜 2차적 일탈행동(secondary deviance)으로 고착되는 과정을 설명한 것이다.

렘머트(Edwin M. Lemert)는 그의 저서 『사회병리학(Social Pathology)』과 『일탈·사회문제 및 통제(Human Deviance, Social Problems and Social Control)』에서 '1차적 일탈(primary deviance)'과 '2차적 일탈(secondary deviance)'이란 용어를 사용하여 일탈행위를 설명하고 있다.

1차적 일탈이란 다양한 사회적·문화적·심리적·생리적 요인으로부터 야기되는데 때로는 우발적으로 일어날 수도 있고, 이러한 요인들의 결합에 의해 일어날 수도 있다. 그러나 이것은 개인의 자아에 대한 태도와 사회적 역할에 변화를 초래할 만큼의 대단한 것은 아니다.

2차적 일탈이란 1차적 일탈에 대한 사회적 반응에 의해 생성된 문제들을 방어하고 공격하거나 또는 그러한 문제에 적응하기 위한 수단으로써 나타난 일탈행동이나 사회적 역할들이다.

렘머트는 특히 2차적 일탈에 관심을 두었으며, 1차적 일탈이 반드시 2차적 일탈을 일으키는 것이 아니라고 주장한다. 그러나 1차적 일탈에 대한 부정적 사회반응과 그 결과로 인한 경제적 기회의 상실, 관습적 사회관계의 강화 등은 개인으로 하여금 자신의 태도와 사회적인 역할에 대한 상징적 재조직화(symbolic reorganization)와 부정적 자아관념(negative self-image)에 의한 행위를 촉진시켜 직업적 범죄자가 된다고 주장하고 있다.

　여기서 부정적 자아관념과 행동의 형성과정을 도식화하면 <표 3-2>와 같다.

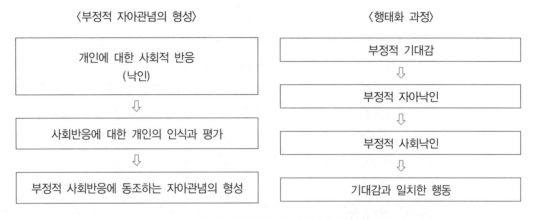

〈부정적 자아관념의 형성〉　　　　　　　　〈행태화 과정〉

개인에 대한 사회적 반응 (낙인)
⇩
사회반응에 대한 개인의 인식과 평가
⇩
부정적 사회반응에 동조하는 자아관념의 형성

부정적 기대감
⇩
부정적 자아낙인
⇩
부정적 사회낙인
⇩
기대감과 일치한 행동

표 3-2 부정적 자아관념의 형성과 행태화 과정

　이상에서 설명한 렘머트의 연구는 낙인이론의 형성을 촉진하였으며 이론적 지향점이 되고 있는바, 역할이론과 상징적 상호작용론(role theory and symbolic interactionism)을 수용하고 있다는 평가를 얻고 있다.

7. 퀴니의 비판범죄학

　퀴니(Richard Quinney)에 의하면 국가와 법 및 그에 의해 실행되는 범죄통제는 지배계급이 기존의 사회경제질서를 유지하기 위해 사용하는 강압의 수단이며, 공식적인 범죄율은 그러한 강압의 정도의 증거라고 한다. 퀴니는 국가와 법을 경쟁하는 사회집단들의 다양한 이해를 조정하고 일반의지를 실현하는 중립적인 기관으로 보는 주류 범죄학의 입장을 반박하기 위해 밀리밴드(R. Miliband)의 도구주의적 국가이론을 수용하고 있다. 퀴니는 초기저작에서 경제적 지배계급은 국가의 통치권력과 범죄통제 기관의 주요 지위들을 직접 장악함으로써 자신들의 이해를 실현할 수 있게 된다고 주장하였다.

　후기에 이르면 퀴니는 정통 마르크스주의에 기반을 두고 있는 초기의 국가이론에 일부 개념적인 수정을 가하고 범죄통제의 계급성을 밝히는 데 있어 초기에서와 같이 '누가 통제하는가'의 문제에 의해서가 아니라, 범죄통제에 소요되는 국가경비(state expenditure)를 축으로 형성된 독점자본과 통제기관과의 연합을 폭로함으로써 밝히려 한다. 이것은 국가개입주의(state interventionism)에 관한 마르크스주의 내부논쟁의 중요성을 새로운 범죄학의 안으로 끌어들이려는 시도로써, 후기 자본주의의 변화된 상황을 준거로 하여 범죄통제에 관한 분석을 좀 더 구체화시키려는 노력이라고 볼 수 있겠다. 퀴니에 따르면 형사사법체계(criminal justice system)란 자본주의국가가 지배계급의 자본축적을 보호하고 잉여인구와 계급투쟁을 억압하기 위해 출현한 제도라고 볼 수 있는데, 거기에 필요한 사회적 비용은 독점 자본부문에 의해 충당된다. 더욱이 형사사법체계의 기능이 확대되고 거기에 필요한 비용이 증대하게 됨에 따라, 형사사법체계에 대한 독점자본의 개입은 더욱 늘어나게 된다. 이렇게 하여 '형사사법 – 산업간의 복합체(criminal justice – industrial complex)'가 성립하게 되며 범죄통제 영역에서 국가와 독점산업 간에 연합이 이루어진다.

요컨대 독점자본은 자본을 축적하기 위해 점차 국가에 의존하게 되고 국가는 사회적 비용을 충당하기 위해 독점자본에 더욱 의존하게 되는데, 범죄통제는 이러한 공존관계(symbiotic relationship)를 기반으로 지배계급의 이해를 옹호할 수밖에 없게 된다는 것이다. 이와 같이 후기에 이르러 퀴니는 자신의 지배계급 모델의 한계를 극복하기 위해 비판이론이나 구조주의 국가이론의 개념을 빌려오고 있으나, 단순히 그것을 차용한 데 지나지 않으며 초기의 입장에서 별 진전이 없다. 이러한 한계로 말미암아 퀴니는 자본주의 국가에서 범죄통제가 지배계급의 이해 실현에 봉사한다는 것을 설명하는 데 있어서도 범죄통제에 소요되는 국가경비가 어떻게 충당되느냐의 수준으로밖에 다루지 못하며, 그것을 사법기구의 내적 작용, 법집행의 실제적 과정과 관련지우지 못하게 된다.

CONNECTIONS

1. 범죄자는 유전적인 영향을 많이 받을까? 아니면 환경적인 영향을 많이 받을까?
2. 예로부터 가정교육이 중요하다는 말을 하는데 현대사회에서 가정교육과 범죄는 어떠한 관계가 있을까?
3. 범죄학 이론은 주로 미국을 비롯한 서양의 상황에 적합한 이론들이다. 우리나라의 실정과 다른 측면들은 어떤 것들이 있겠는가?

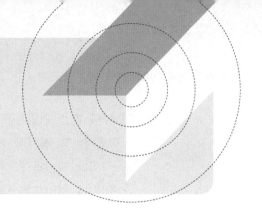

제**4**장

5G시대와 주요범죄

1. 화이트칼라 범죄의 개념

1) 화이트칼라 범죄의 의의

화이트칼라 범죄는 비교적 높은 지위에 있는 사람들이 일상적인 업무와 관련하여 저지르는 범죄 유형이다. 개인이 돈을 벌기 위해 저지르는 경우가 있고 여기에는 횡령·자금유용·뇌물수수·내부거래·컴퓨터범죄 등이 있다. 또한 기업과 같은 조직에서 저지르는 경우가 있으며 여기에는 거래제한·가격담합·허위광고·소득세 탈세·금융 조작 등이 있다. 이러한 화이트칼라 범죄는 발견하거나 처벌하기 곤란한 점들이 많다. 해당 업무와 관련된 전문가들이 겉으로 표시나지 않게 범죄가 이루어지고, 증거를 남기지 않거나 법망을 교묘하게 피해가는 경우가 많다.

화이트칼라 범죄라는 용어는 1939년 서덜랜드(Edwin H. Sutherland)에 의해 사용된 이래 전문가들뿐만 아니라 일반인들도 널리 사용하고 있다. 화이트칼라 범죄자는 살인·강도·강간 등의 전통적 범죄보다 사람들에게 덜 충격을 주는 것처럼 보이지만 실상은 더 많은 죽음과 경제적 손실을 끼치고 있어 더 많은 위험성을 내포하고 있다.

합법적이고 직업적인 활동 과정에서 직업적 신뢰를 위반한 범죄라는 점에서 사회적 책임과 도덕적 의무에 대한 논의가 이루어졌다. 화이트칼라 범죄는 범죄가 저소득층에서만 발생하는 것은 아니라는 인식을 갖게 되었고, 상류층 사람들의 범죄행위에 대한 연구가 시작되는 계기가 되었다.

화이트칼라 범죄는 일정한 직무상 권한과 영향력 등을 이용하여 저지르는 범죄 행위다.

2) 화이트칼라 범죄의 원인

심리학적 측면에서 화이트칼라 범죄자는 보통 사람들과는 다른 심리학적 기질을 갖고 있다고 본다. 그들은 기회가 주어진다면 남을 속이려 하고 규범위반을 쉽게 생각하는 소질 때문에 범죄를 행한다.

사회학적 측면에서 서덜랜드는 이질적 접촉이론을 적용하고자 했다. 화이트칼라 범죄자는 범죄적 가치관을 가신 사람들과 접촉을 통하여 태도와 기술을 습득하여 범행을 하는 것으로 보고 있다.

3) 화이트칼라 범죄의 유형

콜맨(James W. Coleman)은 화이트칼라 범죄를 크게 조직체 범죄(organizational crime)와 직업범죄(occupational crime)로 구분한다. 조직체 범죄는 조직의 목적 달성을 위하여 조직의 공식적인 지원 하에 이루어지며, 여기에는 범행 동기와 특성에 따라 사기·기만형(fraud and deception), 시장통제형(controlling the marketplace), 폭력형(violent white collar crime), 뇌물·매수형(bribery and corruption), 기본권 침해형(violations of civil liberties)으로 나누어진다. 직업범죄는 주로 사적인 이익을 위해 개인 또는 소수가 행하는 범죄를 말하고, 여기에는 범행 주체에 따라 기업 부문(the business world), 정부 부문(the government sector), 전문가 부문(crimes in the professions)으로 나눈다.

조직체적 범죄는 사기기만형·시장통제형·폭력형·뇌물매수형·기본권 침해형 등으로 나눌 수 있다.

사기기만형 범죄는 부당한 광고·사기·탈세와 같은 범죄를 의미한다. 백화점이나 대형할인점에서 대폭 할인세일을 하는 것처럼 속이고 실제로는 가격을 조작하는 행위가 업주의 묵인 또는 적극적 지지에 힘입어 행해지는 경우, 천연제품이 아니면서도 순수 천연제품이라고 허위 광고를 하여 소비자들을 현혹시키는 행위, 회계장부를 조작하여 세금을 포탈하도록 돕는 공인회계사의 행위 등이 예가 될 수 있다.

시장통제형 범죄는 시장지배적 지위의 남용, 전문가 집단의 공모 등으로 불공정 거래나 가격담합, 증권사의 내부자 거래행위, 은행의 대출금 조작 등이 포함된다. 또한 불안전한 생산 환경 및 생산물의 제조로 시민들에게 피해를 주는 것으로 식품·가구·의류 등의 제조 및 판매 행위로 이윤을 추구하는 경우가 있다.

폭력형 범죄는 상해·질병·사망을 야기하는 것으로 안전한 식품인 것처럼 가장하여 인체에 유해한 식품을 생산·유통하는 경우가 있고, 발암물질이 들어 있는 재료로 만든 침대를 음이온이 방출되는 건강침대라고 제작하여 판매한 경우가 있으며, 자동차의 치명적 결함을 은폐하여 운전자의 생명을 앗아가는 경우가 이에 해당된다. 또한 기업이 고용인의 작업조건에 대한 안전을 무시하여 수많은 노동자가 직업병으로 고생하거나 목숨을 잃기도 한다. 한 예로, 낙동강 페놀유출사건을 들 수 있다. 굴지의 대기업 전자회사에서 낙동강에 페놀을 흘려보내 낙동강을 오염시켰다. 경상도지역 주민들은 악취가 나는 수돗물을 마셨고, 원인이 밝혀진 후에야 취수가 중단되어 생활의 어려움을 겪었다. 임산부의 유산이 잇따르고 여러 사람들이 설사, 구토, 피부질환에 시달렸으며 환경오염의 공포를 실감하게 하였다.

2011년 가습기 살균제 사건도 이에 포함될 수 있다. 가습기의 분무액에 포함된 가습기 살균제에 의해 사람들이 사망하거나 폐질환에 걸린 사건으로 환경보건시민센터는 영유아 36명을 포함하여 78명이 사망했다고 집계하였다. 이러한 사건들은 일반 범죄의 폭력성보다 훨씬 더 크게 발현되었다.

뇌물매수형 범죄는 뇌물을 상납하는 유형으로 상업적 뇌물범죄와 정치적 뇌물범죄가 있다. 상업적 뇌물은 경제인에게 제공하고 정치적 뇌물은 정치인에게 제공하는데 모두 재산상 또는 정치적인 이익을 위하여 뇌물을 제공하는 것이다.

기본권침해형 범죄는 조직체의 권력을 이용하여 인간의 기본적 권리를 침해하는 행위로 국가권력에 의한 인권유린, 인종차별, 계급적 착취와 억압,

관권 부정선거 등이 있다. 서울의 한 사립대학교에서 발생한 입시부정사건을 한 예로 들 수 있다. 이 사건은 대학입시가 돈으로 거래되었다는 점에서 많은 비판을 받았고, 부정입시 과정에서 불합격한 수험생들과 학부모들이 피해를 입었으며 대학입시에서 평등하게 대우받아야 하는 수험생들의 기본권이 침해된 사건이었다.

직업범죄는 범죄자의 신분에 따라 기업부문, 정부부문, 전문가 부문으로 나눌 수 있다.

기업부문의 범죄는 기업의 소비자, 근로자 지역사회에 대한 범죄와 근로자의 고용주에 대한 범죄가 있다.

기업의 소비자를 대상으로 범죄에는 표준 함량이나 기준을 무시한 물건의 제조와 판매, 부당한 가격담합 행위 등이 있다.

기업의 근로자를 대상으로 한 범죄에는 예산절감을 이유로 근로자의 산업재해를 예방하지 않는 행위, 특수한 작업환경을 만들어 주지 않아 진폐증 등의 직업병에 시달리게 하는 행위, 교묘한 임금계산으로 근로자의 임금과 세금을 포탈하는 행위 등이 있다.

기업의 지역사회에 대한 범죄는 오폐수 무단방류나 유독가스 방출 등으로 주변지역을 오염시켜 주민들에게 피해를 입히거나 인근 자연환경을 무시한 골프장 건설 등이 있다.

근로자의 고용주에 대한 범죄는 근로자의 절도행위가 있다. 의류제조업체에서 완성된 의류를 절취하는 행위, 백화점에서 상품대금을 수령하는 직원이 정가보다 낮은 가격을 현금등록기에 입금하고 그 차액을 자신이 착복하는 행위, 상품에 정가표를 붙이지 않고 판매하여 전액을 착복하는 행위, 재고 창고 담당 직원이 창고 열쇠를 복제하여 일과 후 물건을 훔쳐내는 행위, 상품을 숨겨 퇴근 시 유출하는 행위, 상품을 운송하는 운전기사들이 허위 차량수리 영수증을 작성하여 착복하는 행위, 상품을 수령하는 회사의 직원과 결탁하여 인도해야 할 상품의 수량을 속여 나머지를 처분하여 착복하거나 배분하는 행위 등이 있다.

컴퓨터 전문가의 정보유출이나 예금횡령 행위, 상거래행위에서의 뇌물수수 등도 고용주를 상대로 한 범죄에 해당한다.

정부부분에서 발생하는 대표적인 범죄로는 공무원의 업무와 관련된 뇌물수수와 사기, 횡령 등이 있다.

전문가 부문의 범죄는 직무상의 전문성을 이용한 범죄로 주로 고객을 대상으로 하며 변호사·공인회계사·의사 등에 의해서 야기된다. 변호사의 수임료 편취 및 공인회계사의 허위 기업감사에 의한 뇌물수수, 의사의 허위의료 보험료 청구 등은 대표적인 전문가 집단의 사기형범죄다.

2. 화이트칼라 범죄의 특징

화이트칼라 범죄는 사회적 지위를 갖고 있는 사람들이 직무를 이용하여 범죄를 하는데 폭력 등의 방법을 사용하지 않기에 범죄가 아닌 것처럼 보이고, 해당 범죄로 인한 피해가 피해자가 모르는 사이에 간접적으로 나타나 범행을 알아차리기 힘들며, 범행이 발각되더라도 자신들이 가지고 있는 힘과 돈으로 방어하기 때문에 사회적으로 크게 부각되지 않는 특성들이 있다.

1) 전문직업범적 특성

서덜랜드는 화이트칼라 범죄의 특성으로 범죄가 기업 활동의 일환으로 계획적으로 기업의 이익을 위해 행해지고, 범행이 일회성에 그치지 않고 지속적으로 이어지며, 법을 위반하여도 기업 내부에서 지위를 상실하지 않고, 범죄자가 죄의식을 갖지 않는다고 하였다.

화이트칼라 범죄는 주로 전문적 지식이나 직업적 또는 사회적 지식을 가진 사람들에 의하여 일상적인 직업 활동 과정에서 합법성을 가장하여 야기된다는 특성이 있고, 실제 범행이 발각되어 처벌을 받아도 그를 필요로 하는 조직에 의해 구제되며, 다시 범행에 가담하는 악순환이 반복된다.

2) 엄격한 형사처벌의 한계

범죄가 주로 행위자의 직업 활동 과정에서 지위와 권한을 이용하여 이루어지기에 범행의 발각이 어렵고 발각이 되더라도 행위의 적법 또는 위법의 한계가 모호하여 단순히 행정처벌로 종결되는 경우가 많기에 대부분 형사처벌로 이어지지 못한다. 최근 화이트칼라 범죄에 대한 사법당국의 의지가 강하게 표출되고 있다. 벌금을 증액하고 징역형을 늘리며 기업의 부당이득을 환수하려고 한다. 금융권을 위주로 발생하는 화이트칼라 범죄는 처벌이나 대응책이 부실해 추가범죄가 지속적으로 발생한다는 지적이 이어지는데 대한 반응이다.

3) 피해자의 피해의식 부족

화이트칼라 범죄의 피해자는 국가·지방공공단체·기업·개인에 이르기까지 광범위하고 다양하나 피해가 간접적이고 피해의 결과가 장기간에 걸쳐 나타나기에 피해자의 피해의식이나 저항감이 낮아 오히려 관대한 이해를 받기도 한다.

화이트칼라 범죄자들이 사회에서 존경받는 기업인, 자선사업가, 유능한 전문직업인 등이기에 피해자들이 이들의 범죄행위를 불가피한 경우로 이해하며 직접적이고 공격적인 일반 범죄에 비해 화이트칼라 범죄는 간접적이고 덜 공격적으로 이해된다.

4) 범죄자의 죄의식 결여

화이트칼라 범죄자는 죄의식이 부족한데 이는 일반 범죄자들이 대부분 형사처벌을 받는 것과 달리 그들은 벌금·과태료 등의 행정벌의 대상이 되는 경우가 많으며 범죄가 기업주나 조직의 지원 하에 이루어지기 때문에 스스로 범죄자라고 생각하지 않는다.

또한 일반 형사범들은 상당수 범죄기록을 갖고 있는 데 비해, 화이트칼라 범죄자들은 이전에 범죄경력이 없는 경우가 많다. 이들이 갖는 직업들은 범죄경력자들을 배제하고 선발하더라도 우수한 인적자원을 유입할 수 있기에 이전에 범죄경력이 없고 업무 수행과정에서 법을 위반하기 보다는 적절하게 이용하면서 교묘하게 이익을 취득하기 때문에 불법이라는 생각을 하지 않게 된다.

5) 사회의 신뢰감 저하

화이트칼라 범죄는 범행의 위법성 및 사회적 해악성이 다른 전통적 범죄보다 심각하다. 화이트칼라 범죄는 경제적 피해나 육체적 피해보다 사회적 해악을 가져온다. 그것은 신의를 위반한 것으로 사회적 윤리를 피폐하게 만들고 사회적 해체를 가져온다. 사회에서 부와 권력을 가진 사람들은 사회적 책임감을 가지기를 기대하는데 화이트칼라 범죄는 사회적 냉소주의를 가져오고 지역공동체의 신뢰감을 저하시킨다.

제2절 민생침해범죄

1. 민생침해범죄

시민생활에 현저한 불안을 초래하는 범죄는 주로 살인·강도·강간·절도·폭력 등과 같은 범죄로서 통상 민생침해범죄라 부른다. 이들 범죄가 횡행하면 사회가 불안해지며 시민생활이 위축된다. 우리나라는 물론이고 외국에서도 민생침해범죄는 지표 범죄(index crime)로서 치안상태를 가늠할 수 있는 잣대로 보기 때문에 경찰을 비롯한 형사사법기관이 특별대책을 세워 범죄통제에 촉각을 곤두세우고 있다.

살인은 그 특성상 주로 아는 사람 간의 범행이 많다. 존속살인이나 치정살인, 채권자 또는 채무자의 청부살인 등이 그러하다. 때로는 교통사고를 위장하여 원한상대를 살해하거나 음료수나 식품에 독약을 타 불특정인을 살해하기도 한다. 최근에는 사채업자들이 채무자를 위협하거나 구금 후 집단폭행하는 과정에서 살인(폭행치사)에 이르기도 한다. 또 살해 후에도 현장상황을 변화시키거나 불을 지르기도 하고 피해자를 암매장하기도 하여 완전범죄를 꾀하는 경우가 많다. 살인사건은 시민들에게 주는 여파가 심각하고 범인을 조기에 검거하지 않으면 영구 미제사건이 될 수 있고, 동일범에 의한 연쇄살인도 발생할 수 있기에 수사력을 집중하지 않으면 안 된다.

강도범죄는 주로 유흥비마련을 목적으로 범인이 범행과정에서 부녀자의 정조를 유린하는 경우가 많고, 신고자에 대한 보복도 늘어나고 있다. 처음에는 주거침입절도를 목적으로 들어왔다가 발각될 시에는 강도로 돌변하며, 강도목적으로 침입한 후 신고저지 목적으로 부녀자에 대해 야만적인 행동(강간·나체사진 찍기·추행 등)을 저지르는 경우가 많다.

절도는 범죄 특성상 사건해결은 되지 않으면서 신고해보았자 귀찮기만

하고 신분이 노출되어 오히려 피해를 볼 수 있다는 인식이 사람들 사이에 널리 퍼져 있다. 일반적으로 절도가 빈발하면, 경찰을 불신하게 되고, 많은 사람들이 외출을 자제하거나 이웃 또는 아랫사람들을 불신하게 된다. 또 신고를 해보았자 범인을 체포하거나 피해품을 회수한다는 것이 거의 불가능하므로 강력범죄 못지않게 사회불안을 가중시킬 수 있는 범죄이다. 특히 초발형 비행(청소년 초범)이라 일컫는 절도·오토바이절도·차량털이·자전거절도·점유이탈물 횡령 등은 더더욱 경찰의 수사활동으로 효과(범인체포·피해품 회수)를 기대하기 곤란한 문제들이다.

폭력은 주로 청소년 사이에서 발생하는 경우가 많고, 학교폭력도 심각한 지경에 이르고 있다. 인근 불량배에게 금품을 빼앗기고 폭행을 당하면서도 보복이 두려워 피해사실을 숨기거나 신고할 엄두도 못내는 경우가 많다. 최근에는 폭력영화(친구·조폭마누라·신라의 달밤 등)의 영향으로 감수성이 예민한 청소년들이 조직폭력집단의 은어를 사용하거나 집단폭력이나 조직폭력을 미화하고 이에 휩쓸리는 경향이 있다.

2. 민생침해범죄 단속활동

경찰은 생계침해, 지역토착비리, 불법사금융 등과 관련된 범죄들을 중점적으로 단속하였는데 그 특징은 다음과 같다.

1) 서민경제 활성화를 위한 생계침해범죄 근절대책 추진

경기침체와 범죄 증가의 연관성, 범죄발생에 따른 사회비용 손실 등에 대한 전문가의 견해를 종합하여 경찰은 경기 불황에 따른 범죄 발생 억제와 안정적인 민생치안 확보를 위해 적극적인 대책을 강구하였으며, 서민생계를 위협하는 범죄의 강력한 단속과 생업을 보장하는 수사활동, 범죄예방활동, 교통활동 등을 전개하여 민생안전을 이루고자 하였다.

2) 지역토착비리 엄정 단속 실시

정부의 강력한 부패척결 의지 및 다각적인 노력에도 불구하고 국민들이 체감하는 공직 사회의 부패 수준은 크게 개선되지 않았으며 국가청렴도는 선진국 수준에 미치지 못하였다. 국가청렴도를 제고하여 투명하고 엄정한 공직 사회 분위기를 조성함으로써 선진 일류 국가로 진입하기 위해 각종 공직 부정과 지역토착 권력형 비리에 대한 엄정하고 강력한 단속이 이루어져야 한다는 필요성이 제기되었고, 이에 따라 국가기관, 지방자치단체의 기금, 국가보조금 등 횡령행위, 인사청탁, 공사수주 등 이권개입 행위, 국가와 지방자치단체 그리고 공공기관의 사업예산 집행과 관련된 불법행위 등을 중점 수사 대상으로 선정하여 강력한 단속 활동을 전개한 바 있다.

3) 보이스피싱과 불법사금융 등 단속

보이스피싱은 인터넷망을 이용한 해외 인터넷전화와 은행 간 이체 및 현금인출이 용이한 현금자동입출금기 등 사회적 여건이 갖추어졌을 때 행할 수 있는 선진국형 범죄이다. 초기의 보이스피싱은 국세청의 세금 환급을 빙자하는 등 비교적 단순한 형태였으나, 최근에는 가족관계 등 사전에 파악한 신상정보를 활용하여 자녀납치를 빙자하는 등으로 수법이 진화하고 있다.

보이스피싱의 피해는 대체로 사회적으로 부유한 계층보다는 범죄 정보에 취약한 서민·노인·가정주부에게 피해가 많이 나타나고 있다. 이로 인해 피해를 입은 사람들은 좌절감에 빠져 자살 등 극단적인 방법을 택하거나, 급전 마련을 위해 대부업체를 이용하는 등 2차적인 피해가 발생하고 있는 등 심각한 사회문제가 되고 있다.

또한 경기 불황에 따른 서민들의 사금융 수요 증가에 편승하여 불법사금융 범죄가 기승을 부렸다. 자금융통이 어려운 서민들을 상대로 고리사채 등 불법대부 행위는 서민생활을 더욱 악화시키는 요인으로 작용하였다. 이로 인해 불법 사금융에 대한 여론의 관심이 높아지고 사회적으로 문제가 됨에 따라 이의 근절을 위한 대책이 요구되었다. 이에 따라 경찰뿐만 아니라 금융위원회, 국세청 등 범정부적 대응이 필요하다는 인식하에 공동으로 단속활동을 전개하였으며 불법사금융 예방을 위한 법령과 제도개선을 추진하였다.

3. 최근의 범죄특징

1) 지속되는 금융위기로 경제범죄 발생 증가

계속되는 금융시장 불안으로 제도권 금융기관에서 돈을 빌리지 못한 서민들이 급전마련을 위해 대부업자들을 찾게 되고 이러한 현상들이 불법사금융의 증가로 이어지게 되어 서민생활을 더욱 악화시켰다.

2) 사이버범죄 증가

무선 인터넷과 스마트폰 보급 확대로 새로운 인터넷 문화가 대두되고 있으며 이에 따라 인터넷의 익명성을 이용한 해킹, 악성코드 유포, 명예훼손, 인터넷 도박 개장, 물품 거래 사기 등이 사회문제로 대두되고 있다.

3) 마약범죄 증가

국제택배·인터넷·해외여행객 등 다양한 경로를 통한 외국산 마약류 밀반입이 증가하고 있으며, 엑스터시·야바 등 신종 마약류의 유입이 증가함에 따라 청소년과 가정주부 등 사회 전 계층으로 마약류가 확산되는 추세에 있다.

4) 여성과 소년범죄의 심각성

여성범죄자 수는 증가하는 추세다. 여성의 사회진출 확대와 가사노동에서의 해방 등으로 지속적인 범죄증가율을 보여주고 있다. 또 여성범죄가 남성화하고 있다는 점에 주목할 필요가 있다. 현대사회에서 여성은 육체적·성적·감정적으로 해방되고 독립하려는 경향이 강하여 남성의존적인 기존의 태도에 변화를 초래하고 있기 때문에 여성의 고용과 교육기회의 확대, 사회적 역할 증대 등으로 사회생활의 활동영역이 넓어져 양적으로 여성범죄가 증가하고 있는 가운데 폭력성이 가미된 범죄들(살인·상해와 폭행·약취와 유인·도박 등)을 저지르는 경우도 늘어나 남성화 경향이 나타나고 있다.

학자들은 청소년범죄에 대해서도 많은 우려를 하고 있다. 그 이유는 청소년들이 성인들의 범죄행동을 그대로 모방해 범행을 한다는 점이다. 특히 살인·강도·강간 등의 강력범의 경우 그 수법이 성인범들 못지않게 잔인하고 지능적이다. 하룻밤 유흥비를 위해 강도를 저지르고 이유 없이 사람을 죽이는가 하면, 자신들의 영역을 침범했다 하여 다른 폭력서클에 대해 집단보복을 시도하기도 하고 성인폭력배들을 형님으로 깍듯이 모시면서 충성과 의리를 맹세하기도 한다. 여학생들이라고 예외는 아니다. 심지어는 여중생들까지도 폭력서클을 만들어 동료 여학생들을 괴롭히고 금품을 갈취한다. 가출한 여고생이 동료나 후배들을 모아 청소년성매매를 하게하고 그 비용(화대)의 대부분을 편취하며 말을 잘 듣지 않는다는 이유로 폭력배 오빠들을 동원해 폭행하는 소녀포주까지 등장하고 있다. 소년범죄가 증가하는 이유는 이혼과 가정폭력 등 가정불화, 가정·학교교육의 미흡으로 인한 우범 청소년의 양산, 퇴폐성 유흥업소의 증가 등 청소년을 둘러싼 환경들이 날로 악화되기 때문이다.

5) 검거된 범죄자의 절반 가량이 재범자

검거된 범죄자의 절반 정도가 재범자로 나타나고 있다. 재범률의 상승현상은 범죄경력자 가운데 적지 않은 인원이 형사사법절차에 대하여 심리적 부담을 느끼지 아니하고 있음을 시사하는 것이다. 즉, 형사사법절차를 다시는 거치고 싶지 않은 고통의 과정으로 인식하기보다는 거쳐야 하는 통과의례로 또는 범죄경력 추가를 위한 필수코스쯤으로 여기는 사람들이 적지 않음을 암시하는 것이어서 주목할 필요가 있다. 또한 전과자라는 낙인이 정상적인 삶을 위해 그들이 팔 수 있는 노동력을 사장시킨다고도 볼 수 있다. 정상인도 새로운 직장을 얻기가 쉽지 않은 세태 속에서 전과자라는 낙인이 주는 이중의 처벌은 너무 가혹하지 않은가 하는 점이다. 뿐만 아니라 범죄자의 재사회화를 위한 각급 형사사법기관의 노력이 제대로 성과를 거두지 못하고 있음을 반증하는 것이며 더 나아가서는 교정시설에서 행하는 분류처우나 직업훈련 등이 재범을 방지하는 데 그다지 효과가 없음을 나타내는 것이다.

6) 범행의 무차별화와 반인륜성

최근의 범죄들은 그 수법이나 양상이 종전과는 비교할 수 없을 정도로 무분별하고 대담한 경우가 많다. 강도나 강도강간 사건들을 통해서 볼 수 있는 범죄양상들은 강력범죄의 질적 변화를 잘 반영해 주는 측면이 아닌가 여겨진다. 생계를 목적으로 범행을 하는 것이 아니라 대개는 먹고 마시고 즐기는 데 필요한 비용을 마련하기 위해 범행을 한다. 또 순간적인 쾌락을 위해 어린 여아나 임신부까지 성폭행하는 경우가 빈발하고 있다. 범행대상의 선정에 있어서도 무차별의 원칙이 적용되고 있다. 부유층의 부녀자들만이 강도를 당하는 것이 아니라 귀갓길의 회사원, 등하굣길의 초등학생 그리고 데이트 중인 연인들도 강도의 표적이 되고 있다. 강간도 역시 그러하여 나이든 여성·미혼여성·초등학생·임산부 등 무차별적이다. 범행 장소나 시각도 무차별적이다. 시민들은 집에서도, 거리에서도, 쇼핑 길에서도 강도나 강간을 당한다. 심지어는 재물을 탈취하는 것으로 그치지 아니하고 집단 성폭행 하거나 피해자를 살해까지 하여 암매장하거나 아예 소각시켜버린 경우도 있다.

한 때 가족면전강도강간범(가정파괴범)이 빈발했으나 이들에 대한 형사사법기관의 강력한 대응(잡히면 대개는 사형)으로 반인륜적인 범죄는 많이 줄어들었다. 그런데 최근에 다시 변태적인 방법으로 강간하거나, 3명 이상에게 집단 윤간당하는 경우가 많아지고 있다. 또 부모나 형제, 처와 애인, 자녀들을 상습폭행하거나 살인하는 경우도 부쩍 많아지고 있다. 일례로 80노모가 평생 동안 자신과 가족들을 폭행하고 도박과 술로 가산을 탕진한 아들을 잠자는 틈을 타 야구방망이와 식칼로 찔러 죽이면서 자신이 뿌린 악의 씨를 스스로 거두고 생을 마감하겠다는 기막힌 사연도 있다. 또 다른 사건은 명문사립대생인 이모군의 부모토막살해사건이다. 그는 부모들의 멸시와 냉대 속에서 성장하여 결국에는 자신의 부모를 잔인하게 살해하였다. 이 사건의 범인에게는 이례적으로 사형이 아닌 무기징역이 선고되었는데, 피해를 당한 부모에게도 엄청난 잘못이 숨어 있음이 그의 일기와 형의 증언 등을 통해서 입증되었기 때문이다. 반인륜성 범죄의 이면도 한 번 생각해 볼 필요가 있다.

그림 4-1 범죄의 두려움(fear of crime)에 떨고 있는 미국 사람들

제3절 🔊 조직범죄

1. 조직범죄의 정의

　　조직범죄는 '범죄를 범할 목적으로 두 사람 이상의 범죄자가 서로 연합하여 저지른 범죄로, 그 목적은 정치적이거나 경제적인 이익을 위한 것이며, 정치적으로는 현존 질서 파괴에, 경제적으로는 합법적인 사업과 비합법적인 사업을 모두 이용하는 범죄'라고 정의할 수 있다. 또한 조직범죄는 조직적 위계질서의 지속, 범죄를 통한 이익추구, 이를 위한 무력의 사용이나 위협, 면책을 위한 매수, 용역에 대한 공공수요 등의 특성을 갖는다. 조직범죄에 대한 여러 견해들을 종합해 보면 조직범죄는 상당한 대중적 수요가 있는 용역에 대하여 범죄적 방법으로 이득을 얻는 위계질서가 있는 범죄 집단의 행동이고, 또한 무력 및 위협을 수단으로 하거나 공무원을 매수하는 등의 방법에 의해 그들의 범죄행위를 용이하게 하거나 지속하는 범죄로 정의할 수 있다.

2. 조직범죄의 성장과정

1) 약탈자로서의 조직범죄

약탈자로서의 조직범죄는 조직범죄의 초기 단계에 해당한다. 강도·절도·폭력에 의한 강탈 등과 같이 거리의 일상범죄와 구별하기 어려운 일련의 행위가 주된 활동이다. 이 단계의 범죄적 활동은 명백히 약탈자로서 외부에 노출되는 특성을 가지며 지속적인 사업은 아니기 때문에 조직의 생존을 위한 사회제도의 부패까지 요구하지는 않는다.

혹자는 사회를 향한 폭력을 조직범죄 활동의 중요한 특징으로 보기도 한다. 모든 조직범죄 집단들은 어떤 단계에 있든 그 구성원의 행태를 규제하고 경쟁관계에 있는 자들을 견제하기 위하여 폭력을 행사한다. 그러나 조직범죄가 강도·절도 등의 범죄를 저지르며 주된 수입원을 폭력적 범죄에 의존하는 것은 대부분 가장 원시적인 발전단계에서 나타나는 특징이다.

외부로 향한 폭력에 의존하는 이 단계의 조직범죄집단은 발각되어 처벌될 확률이 가장 높다. 이 단계는 조직범죄집단이 아직 합법적인 사회구조에 파고들지 못하고 사회의 주변에서 단지 불량배로 활동하게 된다. 또한 이들의 행위에 대한 피해는 확연히 드러나고 대부분의 경우 적극적인 피해자의 증언이 있기 때문에 사법당국의 수사망을 벗어나기 어렵다.

2) 기생자로서의 조직범죄

기생자(parasite)로서의 조직범죄집단은 다음과 같은 특징이 있다.

첫째, 경제적 이익을 위하여 조직범죄집단은 가능하면 약탈자적 폭력행사를 지양하고 나름대로의 사업을 전개하게 된다. 표면상 사업이라고는 하지만 이들은 주로 불법적인 재화와 용역을 조달하게 되며 도박·고리대금업·마약밀매·매춘 등의 사업을 주요 수입원으로 삼게 된다. 이와 같은 사업을 진행 혹은 확장하기 위해 뇌물을 뿌리거나 공직을 매수할 필요성을 느끼게 되며, 이러한 행위가 실행된다면 부패의 고리가 형성되는 셈이다.

둘째, 집단의 규모가 확대되면서 내부통제와 규율은 점점 더 복잡해지며 조직을 보다 체계적으로 관리하기 위해 전문화를 필요로 하게 된다. 합법적인 기업 활동의 외양을 갖추기 위해 법률가나 회계사를 필요로 하게 되며,

하부조직에 대한 통제방법으로 폭력보다는 확립된 행동강령이나 규칙에 따라 문제를 해결하려고 한다.

3) 공생자로서의 조직범죄

공생자(symbiont)단계에 이르면 많은 사람들이 조직범죄집단을 정의하고 특성지우기 위해 사용되는 전통적인 문구로 조직범죄를 묘사하기에는 어려움이 있다. 보스들은 정당하고 합법적으로 용인될 수 있는 사회의 구성원으로 변모하고, 이들의 활동은 약탈자 단계의 폭력행위나 기생자 단계의 불법적 재화나 용역을 제공하는 수준을 뛰어 넘는다. 이들은 합법적인 재화와 용역을 제공하면서 쟁쟁한 사업가들과 경쟁하게 된다.

이러한 단계에 이르면 일반 대중들은 이들의 과거 조직범죄 경력을 잘 알지 못하고, 이들이 더 이상 사회질서를 위협하지 않는다고 생각할 것이다.

공생자 단계에서는 조직범죄의 이미지가 외부적으로 쇄신되었을지 모르지만 바로 이 시점에서 조직범죄가 사회에 미치는 악영향은 지대하다. 이들은 합법적인 시장에 따라 사회의 정당한 수요를 만족시키지만 그 자체가 부패를 의미한다. 합법적인 사업을 불법적 활동과 수익을 은폐할 수 있는 기회로 이용하기 때문이다.

3. 한국의 조직범죄

1) 발생기

일제시대 폭력조직들은 일본인이나 친일파들을 습격하고 사회에서 발생하는 불의에 맞서 주먹을 휘둘렀다. 폭력조직을 이끄는 두목들의 행위는 조선인의 기개를 과시하는 의로운 행위로 여겨졌으며 폭력행위가 민족의식으로 포장되었기 때문에 정당화 되었다. 예컨대, 김두한 조직의 경우 관할구역 내의 조선 상인들에게 '보호비'라는 명목으로 각종 금품을 탈취하였지만 그들을 일본인으로부터 보호해 주는 은인으로 추앙받았다.

일제시대의 협객들은 조직보다는 개인기를 바탕으로 싸움을 하였다. 대결을 함에 있어서도 소위 '똘마니'들은 뒤에서 구경하고 두목들끼리 맞대결을 벌였다. 패한 보스의 조직들이 승리한 조직에 흡수되거나 그 지역을 떠나는 것이 상례였다. 조직의 두목은 싸움·실력·명분·의리를 갖추는 것이 기본사항이었고, 싸움에 있어서도 무기사용이나 기습은 자제하고 대결 후 다치게 했으면 치료를 해 주고, 패한 자는 사나이답게 고소를 하지 않는 것이 불문율이었다. 이런 행동특성 때문에 이들을 협객이라고 불렀다. 한국의 주먹사에서 나름대로의 조직을 갖춘 것은 1940년대 이후에 등장한 김두한 조직이었다. 하지만 이들은 현대적 의미의 위계질서 있는 조직이라기보다는 일종의 '무리'라고 볼 수 있다. 아마도 이익집단으로서의 체계적인 폭력조직은 자유당시대인 1950년대 이정재의 '동대문파'부터라고 볼 수 있을 것이다.

동대문파는 이승만 자유당 정권 동안 최대의 폭력조직으로서 경기도 이천 출신이며 씨름 선수였던 이정재를 중심으로 조직되었다. 이정재는 일제시대에는 반도의용정신대에서 서무계장을 지냈고, 해방 후 '대한독립촉성국민회청년단'에서 좌익에 대한 정치테러와 이승만의 단독정부 수립운동에 적극 개입하였다. 정부수립 후인 1948년 10월 이승만의 우익청년단체 통합령에 의해 결성된 '대한청년단'에서 약 1만여 명의 전국 최대조직인 동대문구 특별단부의 단장으로 활동하였다. 한국전쟁 중인 1951년 국군이 서울을 재탈환한 후 그는 동대문 시장의 상인들을 규합하여 '동대문시장 상인연합회'라는 단체를 조직하여 회장이 되고 동대문 일대에서 지배적인 인물로 부상하였다.

2) 과도기

1961년 5월 16일 새벽을 기해 혁명을 일으킨 군은 국가권력을 장악한 후 '군사혁명위원회'를 조직하여 민주당 정권을 인수하고 5월 19일 '국가재건최고회의'로 개칭하여 통치활동을 시작하였다. 1961년 6월에 '반국가적·반민족적 부정행위 및 반혁명적 행위'를 행한 자들을 처벌하기 위해 혁명재판소 및 혁명검찰부조직법을 제정하여 혁명재판소와 혁명검찰부를 발족시켰다. 한편 폭력척결을 주요 우선 사업으로 선정하여 집단적, 상습적 또는 야간에 폭력행위를 자행하는 자 등을 처벌하기 위하여 폭력행위 등 처벌에 관한 법률과 특수범죄 처벌에 관한 특별법을 제정, 시행하면서 각종 폭력사건에 대한 일제단속을 실시하였다

5·16직후 혁명 정부는 이승만 정권과 제2공화국 당시까지 독버섯처럼 발

호하던 거리의 깡패는 물론 걸인·넝마주이·소매치기 등에 대해서도 초강경
조치를 취했다. 주먹으로 생계를 유지하면서 백주대낮에 거리를 활보하며 시
민들을 폭행하고 금품을 강요하여 사회질서를 문란하게 하던 깡패들을 그냥
둘 수 없다는 강력한 의지로 대대적인 단속을 벌였다. 당시 분위기는 길가다
시비가 붙어 사람을 쳐도 즉시 깡패라며 군인들에게 잡혀갈 만큼 삼엄한 분
위기 속에 폭력조직들이 와해되고 조직원들은 뿔뿔이 흩어졌다. 요행히 적발
되지 않은 건달들도 집 밖으로 고개를 내밀지 못할 정도였다.

　당시 폭력배들에 대한 조치로 갱생의 길을 열어준다는 뜻에서 길거리의
깡패나 부화뇌동자들은 '국토건설단'을 설치하여 국토건설에 종사하게 하였
다. 이것은 이후 1980년 8월 '국가보위비상대책위원회' 당시 소위 '삼청교육'
이라 하여 사회악 일소차원에서 죄질이 무겁지 않은 자들을 군부대에 수용
하여 순화교육을 시킨 것과 유사하다.

　조직범죄의 생리가 그러하듯 혁명정부의 강경조치가 있을 때에는 지하로
잠적하여 그 뿌리가 뽑힌 것처럼 보였다. 하지만 국민의 화합이나 유화정책
이 필요하여 단속의 고삐를 늦추면 다시 고개를 든다. 1963년 12월 27일 민
정이양 후 제3공화국이 출범하면서 단속이 느슨해지는 듯하자 다시 움직임
을 보이기 시작하였다.

　이 무렵 육군상사 출신이어서 '신상사'라고 불리던 신상현이라는 자가 등
장하였다. 그는 제1공화국 당시 명동파의 이화룡 밑에서 중간보스로 활약하
였다. 그의 휘하에는 약 백여 명의 폭력배들이 있었고 명동뿐 아니라 충무로
·을지로 등 중심가를 장악하고, 다른 군소 주먹으로부터 업소들을 보호한다
는 명목으로 일정금을 뜯는 등 주먹계의 패자로 군림하였다.

　1960년대 중반 이후로 광주·전주·목포·순천 등지에서 서울로 올라온 호
남 주먹들, 즉 '호남파'라 불리는 세력들이 서울 무교동 일대를 중심으로 활
동하였다. 이 당시 일명 '번개'라 불리는 박종석이 상경 후 소공동의 한 유흥
업소 영업부장으로 자리 잡고 세력을 확장하여 '번개파'라는 조직을 만들면
서 소위 '호남파'가 득세하게 되었다.

　1972년 10월 17일 당시 박정희 대통령은 특별선언을 발표하여 이른바
'10월 유신'을 단행하였다. 이 무렵 명동 중심의 신상사파와 무교동 중심의
호남파는 주류 공급권과 정기적 상납금 등을 둘러싸고 갈등을 빚게 된다.
1974년 말 명동 모 호텔의 영업부장 자리를 놓고 주도권 다툼을 벌인 끝에
신상사파의 승리로 끝나는 듯하였다. 그러나 1975년 1월 호남파의 특공대

3명이 신상사의 주된 거처였던 사보이 호텔을 급습하여 일대 혈전 끝에 결정적 타격을 가함으로써 서울 토박이 출신 신상사는 퇴장하고 호남파가 명동에 진출하여 대세를 장악하게 된다.

3) 정착기

1970년대 중반부터 소위 '3대 패밀리'가 등장하게 된다. 서방파·양은이파·OB파가 바로 그것이다.

명동을 장악한 호남파는 곧 내분이 일어나 오종철파와 박종석파(번개파)로 나눠진다. 이후 1976년 3월 무교동 엠파이어 호텔에서 번개파의 김태촌은 오종철을 칼로 난자하여 불구로 만드는 잔인성을 보였으며 자신이 출생한 광주 서방동의 이름을 따서 '서방파'라는 조직의 리더로 등장하게 된다. 오종철파에는 조양은이라는 실력자가 나타나서 자신의 이름을 따 '양은이파'를 조직하였다. 또한 이동재가 'OB파'를 결성하였다. 그는 광주 대호파의 후신인 'OB파'가 '구OB파'와 '신OB파'로 갈라졌을 때 '신OB파'에 속한 자로서 1980년 조양은이 구속된 후 OB파를 완전히 장악하였다.

이들 3대 패밀리 분쟁의 특징은 이른바 '칼잡이 시대'를 열었다는 점이다. 그들은 싸웠다 하면 쇠파이프·체인·각목뿐만 아니라 사시미칼·낫·일본도·도끼, 쇠꼬챙이 등까지 동원하였으며 상대방의 아킬레스건을 끊어 불구로 만드는 일을 예사로 하였고, 살인죄의 적용을 면하기 위해 사망하지 않을 부위만을 골라 잔인하게 보복하는 등 몰인간성을 나타내었다.

1980년 10월 27일 제5공화국 헌법이 확정, 공포되고 1981년 3월 3일에는 새 헌법에 따라 전두환 대통령이 취임하게 된다. 이 무렵 당시 주먹계를 주름잡던 조양은 등 폭력조직의 두목급을 포함한 거리의 폭력배들에 대한 일대 소탕이 있게 된다.

제5공화국 초기 거물급 폭력배가 구속되고 중소 폭력배까지 구속되면서 사회가 안정되는 듯하였다. 그러나 1983년부터 구속되었던 하위폭력배가 석방되고 지방의 신흥조직들이 상경하면서 조직구조에 큰 변화가 일어났다. 새로운 신흥조직들이 강남의 유흥가 일대를 무대로 상호 세력 다툼을 벌였다.

1986년 8월 14일 '서진룸살롱사건'이 발생하였다. 이 사건은 진석이파와 맘보파가 일정한 관계를 맺고 새로운 폭력조직을 만들려는 목포출신 천종갑 등 4명을 무자비하게 난자, 살해하고 시체를 인근 병원 수술실 복도에 버리고 간 사건이다. 이 사건으로 진석이파의 주범 2명은 사형에 처해지고 두목 장진석도 무기형을 받아 조직이 와해되었지만 온 국민들에게 폭력조직의 잔인성을 새삼 실감하도록 만든 사건이었다.

4) 확산기

1980년대 말부터 폭력조직이 광역화·국제화되는 새로운 현상이 나타난다. 즉, 폭력배들이 서울을 중심으로 각 지방과 연결된 전국 규모의 조직을 결성하고, 국내 폭력조직의 두목을 중심으로 새롭게 결성하는 전국 규모의 조직 결성식에 일본의 폭력단까지 참여하는 현상이 나타난 것이다.

조직의 유지 및 성장 차원에서 조직범죄의 광역화 내지 국제화는 필수불가결한 의미를 지닌다. 조직범죄의 광역화는 한 지역에 국한됨으로 인한 성장의 한계를 벗어나며, 발각될 경우 일망타진되는 위험성을 회피할 수 있고, 특히 다양한 자금원의 확보로 종국적으로는 일본이나 미국의 조직범죄처럼 법체계로는 대처가 불가능하게 만들려는 목적을 가지고 있다.

한국의 조직범죄 광역화는 주로 지방의 조직이 서울과 위성도시로 진출하면서 시작되었다. 그 후 본격적인 광역화 범죄조직으로 이승완의 '호국청년연합회(1988)', 김항락의 '일송회(1988)', 이강환의 '화랑신우회(1988)', 김태촌의 '신우회(1989)' 등이 있다.

이들의 광역화 현상을 보면 조직체를 비밀에 붙이지 않고 사회봉사 단체나 합법적인 단체인 것처럼 위장한다. 이러한 예로 이승완은 1988년 7월 '호국청년연합회'라는 조직범죄 단체를 결성하는데, 그는 이 단체가 친목도모와 사회봉사를 목적으로 국가나 지역사회를 위한 행동강령을 거창하게 내걸고 교수·실업가·체육인·사회사업가·재미교포·학생대표들을 발기인으로 참여시켜 합법적인 단체임을 강조하였다.

또한 국제화는 교통의 발달로 국경의 출입이 자유로워지면서 각국의 폭력조직들이 활동 영역을 확장하기 위해서 연계하거나 타국에서 세력을 확장시키고자 한다. 우리나라는 비교적 치안이 양호한 국가이지만 외국의 폭력조직들이 신천지라고 생각하고 우리나라에 침투할 가능성도 있으며, 우리나라의 폭력조직원들도 경찰과 같은 형사사법기관의 감시를 피해 외국에서 활동 영역을 구축할 개연성이 매우 높다.

제4절 4차 산업혁명과 첨단 범죄

1. 4차 산업혁명

4차 산업혁명이란 'IT 및 전자기술 등 디지털혁명을 기초로 하여 물리적 공간, 디지털 공간의 경계가 희석되는 기술융합의 혁명'을 의미한다. 2016년 스위스 다보스에서 '제4차 산업혁명'을 주제로 개최된 세계경제포럼(다보스포럼)에서 회장인 슈밥(Klaus Schwab)은 기조연설에서 "우리는 4차 산업혁명에 대해 충분히 준비가 되어 있지 않아서 4차 산업혁명은 쓰나미처럼 우리를 덮치고 모든 시스템을 바꾸어 놓을 것"이라고 하였다.

지금 진행되고 있는 4차 산업혁명은 인류 문명이 시작된 이래 가장 파괴적이고 역동적이며 혁명적인 변화가 일어나고 있는 것이다. 하지만 대부분의 사람들이 인류를 완전히 변화시킬 4차 산업혁명에 대해 개념조차 파악하지 못하고 있다.

1차 산업혁명은 1700년대 후반 증기기관이 발명되면서 나타난 기계화 혁명 과정이다. 2차 산업혁명은 1800년대 ~ 1900년대 초반까지 전기 에너지를 기반으로 한 대량생산이 이루어지면서 급격히 산업화가 이루어진 시기이다. 3차 산업혁명은 1900년대 후반부터 컴퓨터와 인터넷을 기반으로 한 지식정보혁명이 이루어진 시기이다.

4차 산업혁명은 3차 산업혁명을 기반으로 사물인터넷(IoT: Internet of Things), 인공지능(AI: Artificial Intelligence), 가상현실(virtual reality), 증강현실(augmented reality), 3D프린팅, 빅데이터, 클라우드, 네트워크, 로봇, 자율주행차, 블록체인, 가상화폐 등의 요소들이 등장하고, 인공지능을 기반으로 사람·사물·공간을 연결하여 산업구조 및 사회시스템 전 과정에서 혁신이 이루어지는 과정을 말한다. 지금까지 인류가 개발한 모든 기술을 한꺼번에 연결하는 초연결·초융합사회가 된다.

이런 사회가 되면 이론적으로 범죄가 불가능하게 된다. 모든 범죄의 증거가 시공간상에 남아 컴퓨터를 통해 재현할 수 있으며, 빅데이터의 분석을 통해 범죄 발생 가능성이 있는 곳에는 예방장치가 사전에 작동하기 때문이다.

2. 첨단범죄

범죄는 인류의 역사와 함께 존재해 왔고, 아무리 사회가 발전한다고 해도 범죄는 발생할 것이다. 과학의 발달은 범죄를 예방하고 진압하는데 많은 도움을 주었지만, 범죄자들이 범행을 하는데도 일조를 하였다. 최첨단 기술의 정보라 할지라도 모두 공유되는 현실에서 이득이 되는 범행을 할 가능성도 높아지게 된다. 또한 최첨단 사회에서 4차 산업혁명의 기술을 이용한 범죄는 그 피해와 파괴력이 상상을 초월할 수 있다.

수학적으로 무한대의 경우의 수를 나타내는 바둑에서 인공지능 알파고가 세계적인 프로기사들을 상대로 승리하는 모습을 보면서 인류는 걱정과 두려움을 나타내기도 했다. 2018년까지 알파고를 이긴 유일한 프로기사가 대한민국의 이세돌이었고 그것은 2016년 3월의 대국에서 거둔 1승 4패의 전적 중 1승이었다. 이후 2017년 5월 당시 바둑 세계 랭킹 1위의 커제(Ke Jie: 柯潔)도 알파고와의 대결에서 패했고, 앞으로 바둑에서 인간은 알파고를 이길 수 없을 것이라는 전망이 나왔다.

4차 산업혁명과 관련된 새로운 범죄들이 등장할 것이다. 모든 사물이 연결되어 정보가 공유되는 상황에서 데이터의 위조 및 변조가 일어날 수 있고, 이를 야기할 수 있다. 무선으로 통신이 이루어지는 첨단 장비들에 대해 신호를 교란시켜 범행을 일으킬 수 있다. 무선 신호를 교란시켜 일상생활에서 사용하는 전기제품이나 전열 기구를 과열 또는 폭파시킬 가능성도 있고 이를 통해 '온라인 살인'을 저지를 수도 있다.

세계적인 데이터 기업들이 자신들이 가진 막강한 정보력을 이용하여 마음먹은 일은 무슨 일이든 할 수 있는 상황이 되고, 그 중 권한이 있는 자가 그릇된 판단을 하게 되면 전 세계적으로 커다란 재앙을 불러올 수 있다.

인간의 능력을 뛰어넘는 인공지능이나 로봇은 인류를 위협할 수도 있다. 세계적인 물리학자이자 미래학자인 스티븐 호킹(Stephen Hawking) 박사는 "인공지능이 인류의 멸망을 초래할 수 있다."고 'AI의 테이크오버(take over, 지구 장악)'를 경고하기도 했다.

3. 경찰활동

4차 산업혁명은 치안에도 영향을 미치고 있다. 정보통신과 관련된 첨단범죄들이 발생할 가능성도 높지만, 범죄예방과 진압에도 효율적인 대응이 가능할 것으로 보고 있다.

경찰의 순찰업무에 대한 부담을 덜어줄 수 있다. 두바이에서는 경찰인력의 일부를 '로보캅'으로 대체하려는 계획을 추진하고 있다. 순찰활동을 무인자동차, 드론과 함께 수행하고, 경찰관은 첨단기능이 탑재된 웨어러블 장비를 착용하여 보다 안전하고 정확하게 치안서비스를 제공할 수 있다.

첨단 장비들이 사전에 효과적으로 상호 작동하면서 범죄예방에 대한 정보를 제공하고 이를 바탕으로 범죄발생을 사전에 방지할 수 있다. 또한 모든 범죄행위에 대한 감시와 증거확보가 가능하여 범죄의 진압에 효과적으로 대응할 수 있다.

새로운 기술은 인류에게 위기인 동시에 기회를 동시에 가져왔다. 원시사회에서 불은 두려운 존재였지만 인류가 불을 다룰 줄 알게 되면서 맹수와 싸워 이기고 추위를 극복하면서 진화하게 되었다. 자동차의 발명도 1900년도 초까지만 해도 살인기계라는 혹평을 받아왔지만 오늘날 유용한 이동수단으로 이용되고 있다. 스웨덴의 과학자 노벨(Alfred B. Novel)은 다이너마이트를 발명하는 과정에서 형제까지 희생당할 만큼 위험한 물건이었지만 토목사업에 유용하게 사용되면서 인류 발전에 기여하였다. 이처럼 많은 신기술들은 긍정적인 측면과 부정적인 측면을 동시에 가지고 있고, 새로운 기술이 등장할 때마다 위험성과 두려움에 대한 지적이 있어왔지만 인류는 공공의 이익에 부합하게 발전시켜 왔다.

4차 산업혁명 시대의 치안활동도 새로운 패러다임을 요구하고 있다. 경찰관이 로봇과 같이 자율주행차를 타고 순찰활동을 하며 범죄수사를 하게 될 것이다.

CONNECTIONS

1. 보이스피싱의 피해를 받은 경우를 본 적은 없는가? 이를 예방하기 위한 가장 효과적인 방법은 무엇일까?

2. 어느 국가든지 조직범죄에 대해서 강력하게 대처하고자 한다. 하지만 조직범죄는 왜 일망타진 되지 않는가?

3. 민생침해범죄들을 근절하기 위한 효과적인 방법에 대해서 살펴보자. 경제적 약자들을 범죄로부터 보호하는 방법은 무엇이 있을까?

4. 4차 산업혁명 시대의 범죄자와 범죄는 어떤 모습을 보여줄 것인가? 범죄에 대한 예방 및 대응에는 로봇과 인간 중 누가 더 효과적인가?

. . . .

범죄사례 김대두 연쇄살인사건

1. 사건개요

이 사건은 범인 김대두가 1975년 8월부터 동년 10월 사이에 범행을 통하여 무고한 시민들을 살해하고, 3명에게 중상을 입혔으며 범행과정에서 강간과 강도를 행한 사건이다. 범인은 전남 임곡면에서 1차 범행을 시작으로 서울·평택·성남·양주·송탄·수원 등지에서 9차례나 범행을 연속적으로 행하면서 뚜렷한 의도나 동기도 없이 대부분 항거 능력이 부족한 노인이나 부녀자들을 상대로 소액의 금품을 강취하면서 둔기와 예기를 번갈아 사용하여 피해자들을 살해하였다. 대한민국 정부 수립 후 10명이 넘는 살인을 행한 최초의 연쇄살인마로 알려졌으며, 모두 17명을 살해하여 2004년 유영철 이전 30년 동안 가장 많은 인명을 앗아간 연쇄살인자로 기록되고 있다.

2. 발생원인

이 사건은 당시 국민들에게 큰 충격을 주었다. 곧 이 사건은 범인이 왜 그렇게 잔인하게 많은 사람들을 살해했는지, 그리고 경찰은 연쇄살인이 일어나는 동안 무엇을 했는지라는 의문을 제기했다.

그러나 범인 김대두에 대한 심층적인 심리분석이나 범행동기에 대한 과학적 검사는 이루어지지 않았다. 당시만 해도 범죄심리나 성격분석 등에 관한 학문이 크게 발전하기 않았기 때문이다. 따라서 김대두에 의한 연쇄살인사건의 발생 원인을 정확히 알기는 어렵다. 다만 김대두가 폭력전과 2범의 포악한 성격의 소유자라는 점과 17세 때 무작정 가출하여 이런 저런 하찮은 직업을 전전하면서 무절제한 생활을 해오던 자라는 점은 수사를 통하여 밝혀졌다.

3. 사건 내용

가. 시기

1975년 8월 13일의 1차 범행을 시발로 1975년 10월 7일 9차 범행까지이다.

나. 관련인물과 사건전개

1) 관련인물

김대두는 전남 영암군 학산면 은곡리 김○○의 3남3녀 중 장남으로 1964년 학산 서초등학교를 졸업한 후 집에서 농사일을 돕다 17세인 1966년 무작정 가출하여 전남 광주 ○○양복점 직공으로 1년간, 목포 ○○가구점에서 1개월간 종업원으로 일했다. 이어 광주나 임실 등에서 머슴살이 또는 날품팔이로 떠돌아 다녔다. 김은 1971년 징병검사를 받았으나 불합격으로 입대하지 못했고, 1972년 11월 고향에 내려가 아버지로부터 장사 밑천으로 5만원(현재 가치 약 100만원)을 타내 상경했으나, 돈만 탕진해버리고 성동구 능동 ○○천염직공장에서 6개월, ○○공업사에서 1개월간 근무했다. 김은 어느 직장에서나 기술이 없어 좋은 대우를 받지 못한데다 성격적으로 침착하지 못했다. 1973년 5월 16일 광주지법 장흥지원에서 폭행죄로 징역 1년 6월, 집행유예 4년을 선고받았고, 이어 1974년 7월 26일에 역시 장흥지원에서 폭행죄로 징역 1년을 선고 받고 광주교도소에서 복역하다 1975년 7월 18일 만기출소했다. 출소 후 채 1달도 못되어 연쇄살인행각을 벌였다.

2) 사건 전개

1차 범행은 1975년 8월 13일 0시 30분경 전남 광주군 임곡면 고룡리 연등부락의 독립가옥에 침입하여 헛간에 있던 낫과 뒤뜰에 방치된 절굿공이를 소지하고 방안에 침입하여 피해자 안○○ (62)을 살해하고 피해자의 처 박○○(58)에게 3주의 중상을 입히고, 손목시계 1점과 손전등 1개를 강취한 후 도주했다.

2차 범행은 수원교도소에서 만난 김○○과 함께 1975년 9월 7일 1시경 전남 무안군 몽탄면 당호리 독립가옥에 침입, 잠자던 피해자 박○○(55)과 처 서○○(56) 및 손자 박○○(6) 등 일가족 3명을 칼로 살해한 후, 손목시계 1점과 하의 1점 등 도합 11,000원 상당을 강취했다.

3차 범행은 1975년 9월 10일 22시경 서울 동대문구 면목4동 용마산 중턱의 독립가옥에 침입하여 피해자 최○○(62)의 머리를 돌로 강타하여 살해했다.

4차 범행은 1975년 9월 24일 23시경 평택군 송탄읍 지산리 독립가옥에 침입하여 취침 중인 피해자 최○○(72)과 손자 양○○을 장도리로 강타, 살해한 후 마른 고추 30근과 내의 1점 등 시가 12,000원을 강취했다.

5차 범행은 1975년 9월 27일 2시경 경기도 양주군 구리읍 아천2리 독립가옥에 침입하여 피해자 변○○(41)외 2명을 망치와 칼로 살해, 나머지 가족 2명에게는 중상을 입혔고 현금 21,000원을 강취했다.

6차 범행은 1975년 9월 30일 18시경 경기도 시흥군 남면 부곡리 박석고개에서 피해자 윤○○ (28)을 위협하여 산위로 끌고 가 손발을 뒤로 결박하고 생후 3개월 된 아이와 함께 칼과 망치로 살해한 후 3,700원 상당을 강취했다.

7차 범행은 1975년 10월 2일 3시 30분경 경기도 수원시 우만동 독립가옥에 침입하여 피해자 노○○(38) 부부를 칼과 망치로 살해했다.

8차 범행은 1975년 10월 2일 17시 20분경 경기도 성남시 판교동 백현리 남서울 컨트리클럽 입구 야산에서 대기하다 피해자 캐디 허○○(21)이 귀가 중인 것을 칼로 위협, 현금 1,450원과 손목시계 1점을 강취한 후, 피해자를 강간하고 도주했다.

9차 범행은 1975년 10월 7일 23시 40분경 서울시 도봉구 방학동 산 중턱에서 강도 공범자로 물색한 피해자 김○○(22)이 김대두의 소지금 3,000원과 구두를 절취한 배신행위에 대한 앙심과 피해자 소지 모조 금반지를 진짜로 알고 이를 강취, 살해했다.

다. 검거경위

당시 치안본부는 일련의 살인사건이 발생하자 전국 경찰에 공개 수사를 지시했다. 수사방향은 발작적인 정신장애자, 교도소 특사 및 만기출소자, 불우환경에서 타락한 염세비관자, 무의탁 한 불우 가출인·강도·강간 전과자 등으로 잡았다.

1975년 10월 2일 남서울골프장 야산에서 발생한 강도강간사건이 뒤늦게 신고 되면서 범인의 인상착의와 유류품 등 수사 자료가 발견되어 본격적인 공조수사가 시작되었다. 10월 8일 동대문구 전농2동 ○○세탁소 주인 하○○이 범인으로 의심되는 사람이 피 묻은 옷을 맡겼다는 제보를 받고 이에 청량리 경찰서 형사계 윤○○, 홍○○ 순경이 16시경 세탁물을 찾으러 온 김을 검거했다.

라. 의의와 파장

이 사건의 특징을 종합해 보면, 단독범·여행성범죄자·독립가옥·항거불능피해자·살인동기 미약·예기와 둔기의 동시 사용 등의 특징을 보여 경찰이 9차례의 범행을 한사람(동일범)의 소행으로 추정하는데 애를 먹었으며, 첫 사건이 일어난 지 무려 50일이 지난 다음에야 집중적인 공조수사를 펼쳐 많은 국민들의 질타를 받았다. 게다가 성남 골프장 캐디의 신고를 받고도 5일이 지난 후에야 유류품을 발견했고, 그 사이 범인은 서울로 들어와 또 한 사람을 죽였다. 이 사건은 사회 전반에 큰 충격을 주었고, 경찰로 하여금 과학수사와 공개수사의 중요성, 범인의 심리분석 및 새로운 수사기법의 개발이라는 과제를 남겨주었다.

4. 집필자

전대양: 가톨릭관동대학교 경찰행정학과 교수

제2편

이슈범죄로의 산책

제5장

아동학대

희대의 탈옥수 신○○은 "사람이 악마가 되느냐 천사가 되느냐는 성장환경 탓이다."라고 그의 일기에 적고 있다. 어린 시절의 체벌과 방임 그리고 형사사법기관과의 조기접촉(낙인)으로 범죄자가 되었다는 것이다. 또 수형생활을 같이 한 사람들 중 90% 이상이 그와 비슷한 어린 시절을 보낸 사람들이라고 한다.

이처럼 아동에 대한 부모의 무관심과 방치는 물론 신체적 학대나 성적 학대는 이들이 건전하게 성장하는 것을 가로막는 암적 존재이다. 학대를 당한 아이들은 고립과 불행감을 경험하며 정서장애를 갖게 된다. 학대후유증이 큰 아이들은 자아와 초자아에 심각한 결함을 초래하여 약물에 탐닉하는 퇴행현상을 보이거나 충동적 성격, 인내심의 결핍 등으로 도둑질을 하거나 공격적 행동을 보이는 일탈행동에 빠지기도 한다.

특히, 학대를 당한 아이들은 어린 시절에는 학대의 영향이 잠재되어 있어서 아이의 성장과 발육을 저해하고 성격의 왜곡을 가져오지만, 점차 성장하면서 가출을 하거나 폭행·절도·약물오남용·성폭행 및 성적인 방종 등 공격성을 표출하여 청소년비행이나 성적 비행의 원동력이 된다는 지적도 있다.

오늘날 우리사회는 이혼의 증가, 가정의 구조적·기능적 결함 및 경제적 곤궁 등으로 아동학대가 매우 심각한 것으로 알려져 있지만 정작 아동학대의 현장은 거의 노출되지 않고 있는 실정이다. 아동을 하나의 인격체로 보기보다는 부모의 소유물로 생각하여 내 아이를 내 방식대로 키우고 훈육하는데, 남들이 간섭할 이유가 없다는 것이 우리나라의 문화적 편견이자 고정관념이다.

이렇듯 정부나 형사사법기관이 적극적으로 개입하기 어려운 문제라는 인식이 자리 잡고 있어서 뜻있는 독지가나 사회단체 및 종교단체들이 이들의 처지를 헤아려 개입하고는 있지만 법적·제도적 취약, 전문 인력의 문제 및 아동복지를 위한 경비조달의 어려움 등으로 삼중고를 겪고 있는 실정이다.

하지만 사람은 보고 듣고 배운 대로 행동한다고 하는데, 학대받고 성장한 아동은 학대하는 성인이 될 가능성이 높고, 착취당하면서 자란 아동은 착취하는 사람이 될 가능성이 크다는 점에서 아동학대의 문제에 공통의 관심을 갖고 연구·대처해야 할 필요가 있다.

제2절 아동학대의 요인과 유형

1. 아동학대의 개념

'아동학대란 무엇인가?'에 대해 학자들은 견해의 일치를 보이지 않고 있다. 학대행위에 대한 사회·문화적 관념과 법적 차원의 상이로 인하여, 혹은 시대와 상황의 변화에 따라 달리 정의될 수 있는 가변적 개념이기 때문이다.

우선 아동학대에 대한 켐페(Henry C. Kempe)와 헬퍼(Ray E. Helfer)는 아동학대란 '우연한 사고에 의한 것이 아니라 부모 또는 다른 보호자의 행위 및 방임의 결과로 신체적 상해를 입은 아동'으로 보아 의도성을 강조하고 있으며, 폰타나(Vincent Fontana)는 아동학대를 '아동에 대한 부적절한 보호(maltreatment)'란 개념에 정서적 박탈·방임·영양부족을 포함시켰으며, 부적절한 아동양육의 한 극단으로 보았다.

위의 정의들을 종합하여 볼 때 아동학대에 대한 협의의 정의는 주 양육자가 아동에게 가하는 적극적이며 의도성이 강한 행위로서 그 위해의 결과가 비교적 명백한 상태이며, 관찰 가능한 상처를 초래한 행위를 말한다.

아동학대의 광의의 정의를 보면 길(David Gil)은 '아동학대란 아동의 동등한 권리나 자유를 박탈하거나 아동의 성장 발달을 저해한 개인, 시설, 사회 전체의 행위, 태만 및 그 조건들'이라고 정의하였다. 즉, '아동의 잠재적 성장 가능성을 저해하는 모든 행위'라는 넓은 의미의 개념으로 이해할 수 있는데, 이 정의는 아동의 적절한 발달이 어떠한 것이며 어떤 행위가 적절한 발달을 저해하였는가가 모호하다. 버제스(R. L. Burgess)와 콩거(R. D. Conger)는 아동학대를 '18세 이하의 아동에 대하여 부모나 양육자가 우발적인 것이 아닌 행위의 결과로 신체적, 심리적인 상처를 주는 것'이라고 정의하였다. 홀덴(Wilis Holden)은 '부모 또는 기타 보호자가 아동에게 가한 행위로 인하여 심각한 신체적·심리적 상처를 받음으로써 아동의 건전한 성장발달과 복지를 위협하는 행위'라고 정의하고 있다.

이와 같이 아동학대에 대한 광의의 정의는 적극적인 학대행위뿐만 아니라 소극적인 방임을 포함하고, 학대유형으로는 신체적·정서적 및 성적 학대, 신체적·정서적·의료적·교육적 및 성적 방임과 영양실조 등 아동발달에 대한 전 영역에 관련되어 있다.

결국 아동학대를 광의의 의미로 정의할 때는 아동학대를 '아동의 복지나 아동의 잠정적 발달을 위협하는 보다 넓은 범위의 행위를 포함시키는 것'을 말한다. 이는 아동학대를 신체적 학대뿐만 아니라 정서적 학대나 방임, 아동의 발달을 저해하는 행위나 환경, 더 나아가 아동의 권리보호에까지 이르는 매우 포괄적으로 보는 것이며 최근에 이르러서는 아동학대를 협의의 정의가 아닌 광의의 개념으로 이해하려는 경향이 있다.

2. 아동학대의 변인

아동학대는 가정 내 학대와 사회 내 학대의 두 유형으로 크게 나눌 수 있다. 먼저 가정 내 학대의 주요 변인을 학대자(학대부모 혹은 가족)변인, 학대아동변인 및 가정환경적 변인으로 나누어 고찰하기로 한다.

1) 가정 내 학대의 변인

(1) 학대아동 변인

기존의 연구와 임상적인 자료들은 대체로 다음의 변인들이 부모의 스트레스와 밀접한 관계를 가질 수 있어서 학대를 유발시킬 수 있는 주요 요인이라고 한다.

① 아동의 임신과 출생

원하지 않았던 임신으로 낳은 경우, 혼전 임신, 결혼 후 너무 빠른 임신으로 부모의 양육환경 미조성

② 아동의 성별

원하지 않은 성별을 가지고 태어난 경우, 특히 여자가 많은 가정

③ 아동의 기질

공격성·도벽·정서적 문제·위축 등 다루기 어려운 기질을 가지고 있는 경우, 특히 행동문제가 심각한 경우

④ 아동의 발달상황

발달지체를 보이는 경우(일반운동·섬세운동·언어발달·키와 몸무게 등), 배변훈련의 부적절, 학교 부적응과 성적부진, 정신지체

⑤ 아동의 신체적인 문제

조산아·저체중·신체장애·선천성 기형·신경학적 손상 등

⑥ 기타

그림 5-1 학대의 대상이 되기 쉬운 신체장애아들

(2) 학대자 변인

① 학대부모나 가족의 정신질환이나 정신병적 성격 여부
② 알코올중독 혹은 약물의 남용으로 인한 이상성격과 가족방치
③ 어려서 학대받은 경험
④ 훈육에서의 폭력에 대한 태도
⑤ 부모 역할에 대한 인식

(3) 가정환경적 변인

① 빈곤가정

학대를 유발하는 중요한 요인의 하나로 알려져 있다. 아동학대에서 부모의 실업, 좁고 복잡한 주거환경, 많은 가족의 수 등이 문제가 된다.

② 가족의 구조

편부모, 계부모로 재조직된 가족과 결손가정, 미혼모 혹은 모자만으로 구성된 가족 구조

③ 부부관계

부부불화의 정도, 부부의 성적인 관계

④ 가족의 상호작용 정도

학대가정은 전반적으로 상호작용의 정도가 낮고 학대자와 학대아동 간의 상호작용은 상호성이 손상되어 있다.

⑤ 사회적인 관계

이웃과 고립되어 있는 경우가 많다.

2) 사회 내 학대의 변인

아동학대를 이해하는 데 있어서는 지금까지 학대부모의 문제나 학대아동의 문제만을 다루어 왔다. 학대부모들은 아동에 대한 왜곡된 기대, 욕구불만, 개인적인 소외, 어린 시절의 폭력경험 등을 가진 것으로 보고 되었다. 그러나 최근에 이르러서는 부모의 개인적 일탈행동이나 아동의 문제만이 아동학대를 유발시킨다는 종래의 신화를 깨고 사회·문화적 요인들 또한 아동학대를 유발시키는 변인들로 간주하게 되었다.

폭력에 대한 가치부여, 불평등한 사회구조, 빈곤계층을 소외시키거나 착취하는 경제제도, 아동이나 요보호자에 대한 비하, 법률이나 보건·교육·복지

제도의 미비, 매스미디어의 폭력조장, 황금만능주의와 쾌락주의 풍조 등이 아동학대의 요인들로 작용한다.

학교나 교육 및 훈육기관에서의 체벌과 성적 학대는 물론이고, 유기된 아동, 방임된 아동 및 가출아동을 주요 대상으로 한 아동의 노동착취, 성적 학대, 범죄에의 이용 등 돈벌이와 쾌락목적이 학대의 주요 목적이 되고 있다.

3. 아동학대의 유형

아동학대의 유형은 주체와 방법에 따라 다양하게 분류할 수 있으나 여기서는 신체적 학대, 무관심과 방임, 감정적 학대, 성적 학대, 노동의 착취 및 범죄에의 이용 등 여섯 가지로 분류하고자 한다.

그림 5-2 학대아동의 일그러진 모습

1) 신체적 학대

신체적 학대(physical abuse)란 어린이에 대하여 육체적으로 해를 끼치는 행동을 의미한다. 이러한 육체적 폭행은 흔히 좌상(座傷)이나 화상(火傷), 머리상해, 골절, 복부의 상해 또는 구타로 생긴 상해의 정도에 의해 규정된다.

학교나 가정에서의 체벌에 대해서도 상반된 견해가 있다. ① 청소년 범죄나 비행을 예방하거나 교정하고 행동의 변화를 가져오기 위해 엄격한 훈련을 해야 한다는 입장, ② 체벌을 훈육의 일부로 이해하려는 주장은 부작용을 초래하며 정서적 발달이나 성격형성에 좋지 않은 영향을 미친다는 입장에서 이를 적극 반대하는 경향, ③ 교육적인 체벌은 훈육의 수단으로 수용하되, 비교육적인 체벌을 아동학대로 보는 경향 등이 있다.

문제는 체벌의 정도인데, 스트라우스(Murry A. Straus)는 차고 물어뜯고 주먹으로 치는 것, 물건으로 때리는 것, 마구 두들겨 패는 것, 무기로 위협하거나 이를 사용하는 것을 심각한 신체적 학대로 분류하고 있다.

2) 무관심과 방임

무관심과 방임(neglect)은 뚜렷한 잠행성 형태의 학대이며, 이 무관심이 지속되어 학대의 형태로 나타난 것이다. 신체적 무관심에는 영양에 관한 무관심(그 결과 성장부전증에 걸리는 경우가 많다), 적절한 의료를 제공하지 않는 것과 어린이를 신체적·사회적 위험으로부터 보호하지 않는 것을 포함한다. 아동의 학교교육에 관한 무관심과 제3자(유모나 친인척)에 의한 대리 양육(wet nursing)도 정도의 차이는 있지만 방임의 형태에 포함시킬 수 있을 것이다.

3) 감정적 학대

감정적 학대(emotional abuse)란 주로 신체적 학대에 수반되어 발생하는데, 인성발달에 손상을 입히는 행위를 말한다. 스쩌(R. Szur)에 의하면 감정적 학대는 아동에게 협박을 가하고, 언어적 공격을 일삼고, 경멸·모욕감·수치감을 주거나 감금하는 등의 적대적이며, 거부적인 처우형태가 포함된다.

4) 성적 학대

성적 학대(sexual abuse)란 미숙한 어린이를 근친상간(incest), 괴롭힘이나 외설행위 그리고 강간 등의 행동을 통해 폭행을 가하는 것을 의미한다. 심한 경우는 아동을 이용한 포르노그래피도 종종 발견되고 있다. 신체적 학대는 감정통제력이 약한 성인의 욕구불만이나 분노의 배출구라면, 성적 학대는 약한 감정통제력에 성적 만족이 결합된 것이라고 볼 수 있다.

특히 성적 학대도 깊은 상처를 남기는 경우가 많고 성착취 후의 예후가 좋지 않다는 면에서 가장 심각한 학대유형 중의 하나이다.

그림 5-3 성적 학대가 남기는 상처들

5) 노동의 착취

노동의 착취는 주로 유기된 아동을 이용하는 것과 시설에 수용된 아동을 대상으로 행해지는 경우가 많다. 아동복지시설(일시보호시설·직업보호시설·교호시설·정서장애아시설·자립지원시설 등)과 앵벌이 조직 등에서 이루어지는 경우가 있다.

아동유기(abandonment)는 '누군가에 의해 발견되겠지'라는 생각으로 자신의 아동을 버리는 행위나 즉시 발견되지 못하면 생명을 잃게 된다는 점에서, 영아살해의 일종이라고 볼 수 있다.

6) 범죄에의 이용

형사미성년자인 아동을 이용하여 범죄를 행하고 그 과실을 챙기는 것으로 어린이 절도, 약물판매, 물건의 강매, 어린이 포르노그래피, 섹스파트너, 성매매 등의 형태로 나타난다.

지금까지는 학대유형을 개별적으로 알아보았으나, 아동학대의 유형은 한 가지 유형으로 나타나는 경우는 드물고 대개 몇 가지 형태가 복합적으로 이루어지는 경우가 많다는 점에서 아동에게 미치는 영향이 매우 극심하다고 할 수 있다.

제3절 · 학대아동의 반응과 일탈행동

1. 심리적 후유증

학대를 당한 후 아이들은 기운이 없고 냉담하며(apathy) 사람을 피한다 (withdrawl). 그러나 눈동자만은 주위를 끊임없이 살피며 위험이 있는지를 탐색한다. 이렇게 '무력하나 눈만은 말똥말똥한 상태'를 컨스테드(Qunsted) 는 '얼어붙은 감시상태(Frozen Watchfulness)'라 불렀다.

아동학대의 결과는 단순한 타박상·골절·신체적 기형 등에 그치지 않고 학대아동의 10%가 이로 인해 죽는다고 한다. 또한 학대아동에서 정신지체와 언어장애가 많이 발생하고 있으며, 마틴(H. P. Martin)은 33%에서 정신지체, 43%에서 신경학적 이상, 38%에서 지연된 언어발달을 보인다고 한다. 모스 (Morse) 등은 70%에서 지능부족을 보인다고 한다. 학대받은 아동의 심리적 후유증을 자세히 살펴보면 다음과 같다.

그림 5-4 학대아동이 그린 그림

1) 자아기능 손상

가장 흔하며 전반적인 자아기능의 손상을 보인다. 발달지연과 중추신경 계 장애, 정신지체 등을 보이며 과잉운동·충동성을 보이고 언어발달에 장 애가 온다.

2) 급성 불안반응

신체적·심리적 충격으로 소멸 또는 유기 당할 위험을 느낀다. 심한 공황 상태에 빠지며 충격 상황을 예기하는 것만으로도 불안상태가 온다. 한편 계속적으로 충격 상태를 재현하려는 경향을 갖는다. 이는 뚜렷한 행동과 공상, 놀이 등에 상징적으로 나타난다.

3) 병적 대인관계

근본적 신뢰를 이루지 못한다. 정신치료 시 초기에는 소원하고 조심스럽고 비위를 맞추다가 안전하다고 느끼면 치료자를 이상화시키며, 나쁜 부모로부터 보호해 줄 좋은 부모상으로 함입시킨다. 치료관계의 한계성과 필수불가결한 좌절이 아동에게 분노와 환멸을 일으키고, 이는 벌을 예상하게 하여 빠르게 치료자를 나쁜 부모로 변형시킨다. 자신은 나쁜 아이가 되어 부모와의 관계를 재현한다. 유발시키는 시험행동으로 벌을 예상하고 그것을 지배할 수 있는 방법을 찾으려 한다.

4) 원시적 방어기전

부정·투사·투입(introjection: 타인의 행동양식, 생각을 무의식적으로 자기의 것으로 받아들이는 것) 등을 과도하게 사용하여 위협적인 내적·외적 부모상을 다루므로 사랑하는 면, 적개심을 느끼는 면을 통합시킬 수가 없다. 다른 벌을 더 받을까 봐 두려워 부모의 잘못을 인정치 못하고 억압한다.

내재화된 파괴적 부모상을 인식하지 않기 위해 혹은 자신의 살인적 분노로부터 부모를 보호하기 위해 나쁜 부모상은 부정되어 다른 사람에게 투사되고 그로 인해 아동은 좋은 부모를 가졌다는 공상을 유지하게 된다.

5) 충동조절 손상

집·학교에서 공격적·파괴적 행동을 보이게 된다. 어린 아동은 불안정하고 과잉운동을 보이나 나이든 아동, 청소년은 반사회적 행동 및 비행을 보인다. 폭력부모와 동일시하여 과도한 공격적 행동은 전형적인 것이 된다.

6) 자아개념의 손상

슬프고 낙심하여 모욕을 느낀다. 부모가 보듯이 자신을 싫어하고 경멸하며, 실제로는 자신의 잘못이 아닌데도 자신의 잘못이라고 생각한다. 또한 이 것은 과대망상이나 전지전능의 공상으로 위장하기도 한다.

7) 자학적·파괴적 행동

자살기도나 위협과 같은 여러 형태의 자학행위가 흔히 온다. 40%가 직접적 형태로 자기파괴 행동을 하는데, 이는 맞은 후 부모와 떨어지거나 그 위협을 받음으로써 유발된다. 아이가 파괴되거나 사라지기를 바라는 부모의 소원에 순응하는 것이다. 인지발달 장애로 대상의 항상성(object consistency)이 결여되어 부모와 떨어지는 게 어렵다.

8) 학교적응의 어려움

집중력 장애·과잉운동·인지손상 등으로 학업성취가 어렵다. 공격성 행동문제와 학습부진으로 불려가고 더욱 학대받게 된다. 부모에 대한 분노가 선생님에게 옮겨가 수업 중의 방해 행동으로 나타나 악순환이 된다.

9) 중추신경계 장애

심한 뇌손상을 제외하고는 뇌손상 때문에 중추신경계 손상이 온다고 보기는 어렵다. 두부손상이 없는 신경학적 손상을 많이 보인다.

2. 신체적 징후와 후유증

아동이 학대받고 있다는 사실을 알려주는 데 지표가 되는 특유의 징후나 암시가 있다. 저체중·영양실조 및 성장부진 등이 의료적 원인에 기인하지 않은 것으로 판단될 때는 방임이나 정서적 학대를 의심하지 않을 수 없다. 신체적 학대나 성적 학대로 인한 신체적 징후와 후유증은 보다 명백한데 설명되지 않는 멍든 자국이나 덴 자국, 성적 학대를 보여 주는 특징적인 신체적 징후가 바로 그것이다.

이하에서는 신체적 학대나 성적 학대의 결과로 나타나는 징후들을 중점적으로 소개하고자 한다.

1) 체벌과 학대로 인한 전형적인 상처

의학적 관찰과 검진으로 체벌과 학대로 인한 전형적인 상처를 발견, 판별할 수 있다. 예를 들면, 다발성 타박상이 신체의 여러 부분에 나타나고 또 타박상이 여럿이면서 시간적으로 서로 다른 시기에 얻어진 상처 즉 타박상의 치유단계가 틀린 것들이 보이는 경우, 타박상이 특정한 모양을 하는 경우(예, 손자국·꼬집은 자국·혁대자국 등)가 있다. 가슴·배·입·눈 주위·몸통·등·엉덩이·넓적다리·외음부 등 신체의 여러 부분에서 피멍과 타박상을 볼 수 있다.

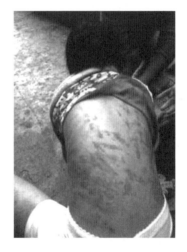

그림 5-5 매질에 의한 멍든 자국

2) 특징적인 형태의 화상

① 발이나 손 또는 얼굴 등에 담배로 지진 조그만 둥근 형태의 화상
② 뜨거운 물에 담근 흔적이 있고 데인 경계선이 분명히 나타나고 있는 화상
③ 팔·다리·목·몸통 등의 줄무늬 화상(쇠를 달구어 지진 화상)
④ 엉덩이부분에 난로와 같이 뜨거운 것에 데인 화상

3) 사고로 보기 어려운 골절

① 복합적인 치료를 요하는 골절
② 두개골이나 안면 뼈의 골절
③ 척추나 어깨 및 엉덩이 탈골
④ 구타, 던지거나 또는 물리적인 힘을 가함으로써 나타난 2세 이하 아동의
  골절이나 탈골
⑤ 방사선 검사 상 골 막하 출혈, 골절, 골막의 석회침착 등

4) 장기 파열과 뇌출혈 등

① 간장 혹은 비장의 파열을 초래하는 복부상처
② 특히 영아들의 경우 심하게 잡아 흔들어서 나타나는 뇌출혈이나 안구출혈
③ 경막하혈종(硬膜下血腫), 망막출혈, 안구렌즈의 탈구, 망막박리 등을 수
  반하는 안구의 상처 등

5) 학대 징후가 있는 아동의 사망

  사체에 대한 법의학적 검사결과 학대징후가 뚜렷한 피하출혈, 골절, 장기
손상, 흉기 등에 찔린 자상, 두개골의 함몰과 뇌출혈, 목이 조인 흔적 등 치
명상에 의한 아동의 사망

6) 성적 학대로 의심되는 신체적 징후

① 성기나 항문의 상처: 상처자국, 출혈, 부어오름, 성병의 감염 등
② 배설의 문제를 호소하는 경우
③ 성병과 임신 등

3. 행동적 징후

1) 정서적 학대(방임포함)와 행동적 징후

  피학대 아동은 IQ가 대체로 낮다는 연구결과들이 대부분이나, IQ가 낮지
않은 경우에도 학교성적은 대체로 부진한 것으로 나타났는데 이는 학습의

중요한 매개변인인 언어능력의 지체로 인한 결과이거나 또는 낮은 자아존중감·야뇨증·공격성·불순종 등의 문제행동과 관련이 있는 듯하다.

우리나라 아동을 대상으로 한 연구에서도 학대받은 아동은 IQ가 평균 90정도로 낮은 편이었다. 또한 많은 학대아동이 읽기에 문제가 있음이 발견되었다. 오츠(Oates)와 그의 동료들은 방임아동의 연구를 통해 그들이 언어 테스트에 대한 점수가 낮았다고 보고하고 있다. 이는 집에서의 적절한 언어자극이 부족하고 자유롭게 의사표현 하는 기회가 적기 때문이라고 설명하였다. 따라서 또래 친구들이나 다른 사람과 사귀는 데에 있어 어려움이 있다.

일반적으로 정서적 학대나 방임아동의 행동적 징후는 정신적·신체적 발달지체, 과잉행동, 공격적 조현적 행동이나 지나치게 복종적인 행동, 의기소침과 두려움을 포함한다. 지나치게 가리지 않는 친절, 과도한 청결행동, 수면의 문제, 자살의 위협이나 자살의 기도, 비행, 귀가에 대한 공포 등을 또한 포함한다.

2) 신체적 학대와 행동적 징후

신체적 학대가 주로 일어나는 경우에는 아동뿐만 아니라 그들의 보호자에게도 비교적 뚜렷한 행동적 징후가 보인다.

아동의 경우 신체·건강상의 징후나 장애는 특히 여아들에게 많은데 주로 두통·복통·천식·류머티즘 등의 증세를 보인다고 한다. 심하게 학대받은 아동집단은 머리가 아프다, 팔다리가 쑤신다, 숨이 차다, 소변이 자주 마렵다, 입맛이 없다, 정신이 가물거린다, 아프다, 배가 아프다 등의 증상을 호소하고 있음을 알 수 있다.

또한 학대 시 생긴 상처를 감추는 행동, 규칙적인 학교결석, 과도하게 수동적·복종적 또는 공포에 질린 행동, 공격적 또는 신체적 폭력행위에의 가담 등을 포함한다.

부모나 양육자들이 보이는 행동적 징후는 의료적 보호의 지체, 보호의 포기 의사, 아동의 상처에 대한 모호하거나 엇갈리는 변명 등이다.

3) 성적 학대와 행동적 징후

어린 시절부터의 지속적인 성적 학대나 아동포르노그래피의 대상자가 된 아동의 경우는 분별력 없는 자위행위를 하거나 지나친 성적 관심과 몰입을 보이는 경우도 있다. 버제스(Burgess)의 연구에 의하면 아이들에게 포르노행동을 가르쳐 주는 사람은 낯선 사람이 아니라 대부분 신뢰했던 보호자들이었다고 한다. 또한 이들은 매우 어린 여아를 성적 행위를 통해 훈련시켜 성적 쾌락을 주고받으면서 어린이의 찬성과 호의를 사기 위해 어린이에게 온갖 선물을 한다는 것이다. 이러한 어린 소녀들은 성인남자와 접촉할 때마다 공공연한 성행동을 하고자 하며, 질 자극을 시작하기를 원한다. 즉, 이들은 매춘이라는 직업에 대한 훈련을 받고 있는 것이다.

또한 성학대시의 부끄러움이나 공포 때문에 사회적 위축과 소외, 기대 이하의 성취, 주의산만과 백일몽, 자아존중감의 부족, 의기소침 등에 의한 행동을 보이는 경우도 허다하다.

4. 학대경험과 청소년 비행

아동기(유아기 포함)에 학대를 당한 경우에는 전술한 대부분의 경우 심리적 후유증에 시달리는 경우가 많다. 간혹 반사회적 행동을 보이는 아이들도 있지만 그 정도가 심하지 않기 때문에 이들의 행동은 묻혀져 있어 사회의 이목을 끌지 못한다.

그러나 학대경험을 가지고 있거나 지속적인 학대 속에서 성장하여 청소년기에 이르면 상황은 달라진다. 아이들은 더 이상 가정이라는 틀 안에서만 살아가지 않는다. 이제 부모와 형제간의 관계에서 벗어나 이웃·친구 및 사회와 폭넓은 접촉을 가지게 되며, 그 접촉의 양만큼이나 영향을 받게 된다. 아이들은 비슷한 친구들과 사귀는 가운데서 무절제한 생활에 빠지거나 싸움 등 비행에도 여과 없이 노출된다. 가출·무단결석·지위비행·재산비행·대인폭력·기물파괴 등 모든 종류의 비행과 관계를 가지게 된다.

아동학대는 하류계층에서 많이 일어난다고 한다. 생활의 불안과 생활고로 자녀를 돌볼 여유가 없거나 부모의 무지로 올바로 자녀교육을 할 수 없기 때문이다. 부모의 사회경제적 지위가 낮은 가정에서 성장한 소년들이 학대를 경험한 경우는 청소년 비행과 더 밀접한 관계가 있다.

코헨(Albert K. Cohen)은 갱의 형성원인을 하층 청소년들의 지위좌절에서 찾고 있다. 하류층의 청소년들은 학교에서 중산층의 가치에 의해 평가되는 상황에 직면해서 자신의 지위를 획득하는데 문제가 발생했을 때, 이러한 문제에 대해 하위문화적이고 집단적인 해결책으로 갱비행을 하게 된다는 것이다.

그림 5-6 Los Angeles 여자 갱단원들

쇼(Clifford Shaw)와 맥케이(Henry D. Mckay)의 고전적인 사회해체이론 역시 하층에 밀집해 살고 있는 지역의 특징으로서 사회해체를 주장하고 비행이 빈발하고 있음을 지적하고 있다. 허쉬(Travis Hirschi)의 사회통제이론 역시 하층 청소년들은 비행을 억제할 수 있는 가족이나 직업 그리고 학교에 대한 긍정적인 가치수용이 약하다는 가정을 암묵적으로 인정하고 있다.

밀러(Water Miller)는 청소년들이 비행소년화 되는 데 있어서 가정의 역할이 중요함을 강조하였다. 하류계층 청소년들의 가족구조는 여성이 가장인 가구로서, 이러한 가정은 아버지가 없어 여성이 부모 양자의 역할을 모두 수행해야 할 의무를 지게 된다. 따라서 여기서 성장하는 청소년은 성적 모델의 동일시 과정에서 남성역할의 모델을 제공받을 수 없기 때문에 이 가구의 청소년들은 성인의 지위를 획득하는 데 요구되는 남성역할의 동일시 모델을 가족 외적인 집단인 비행집단에서 찾게 된다. 그런데 그러한 모델의 준거집단인 비행집단은 하층계급의 가족이 제공하지 못하는 교육적·심리적 기능들을 수행할 뿐만 아니라 남성의 역할에 관한 사회화의 기회를 만들어 준다. 결국 비행집단에 참여해야 하고 그 집단 내에서 지위를 유지해야 한다는 필요성은 청소년으로 하여금, 사고·강인·영악과 같은 하류계층 문화의 가치 있는 특징인 관심의 초점들(forcal concerns)을 과시하도록 한다.

하지만 가족의 사회·경제적 지위나 결손 등과 관련한 문제는 경험적인 연구의 지속적인 연구대상이 되어 오고 있는 데도 불구하고, 그 연구결과에서 일관성을 찾기가 어려운 것은 사실이다.

이리하여 학자들은 가정의 기능적 요인이 일탈행동과 더 깊은 관계를 갖고 있다는 데에 착안하여 이론을 전개하고 있다.

반사회적 행동이나 비행행동의 대부분이 유아기 내지 아동기에 학습되며 특히 가정에서 이루어지는 부모와 자녀의 상호작용의 결과로 습득되는 것이란 점에서 아동기의 학대경험은 반사회적 행동으로 표출될 가능성을 높여준다. 특히 극단적인 유형의 공격적인 행동이나 반사회적 행동은 아동기와 청소년기 사이에서 연속성이 높다. 이는 반사회적 행동이나 공격적인 행동이 비교적 일찍 학습되고 훈련이 시작되는 행동이라는 것을 가리키는 것이다. 물론 이상행동을 보이는 모든 아동이 반사회적인 행동을 하거나 비행을 저지르는 것은 아니지만 비행청소년 중에서 아동기에 반사회적 행동을 보이지 않는 사례는 많지 않다.

부부간의 불화는 가정의 갈등적이고 전제적인 분위기를 초래할 수 있으므로 아동의 공격적 행동과 관련이 있다. 이와 같은 가정분위기는 여아의 경우보다는 남아의 경우 일관성 있게 유의미한 관계를 찾아볼 수 있다. 부부간의 불화는 아동의 공격적 행동뿐만 아니라 성인범죄의 선행요인으로도 주목받았다. 라젤리어(Robert E. Larzelere)와 패터슨(Gerald G. Patterson)은 부부간의 갈등이 부모에게 스트레스로 작용하여 부모가 부적절한 가족관리를 하여 종국에 가서는 자녀가 비행이나 반사회적 행동에 빠져들기 쉽게 된다는 것이다. 국내 연구에서도 부부의 불화와 아동학대는 매우 밀접한 관련변인으로 주목받고 있다. 아동학대와 비행 간의 관계도 아동학대에 대한 관심이 증가된 근래에 이르러 학대가 아동에 미치는 주요 영향 중의 하나로 다루어지고 있음을 볼 수 있다.

이상의 연구결과는 부부의 불화가 아동학대를 발생시키는 원인으로 작용하고, 가정에서 학대를 당할수록 자녀의 비행 가능성이 증가하는 것으로 종합할 수 있다.

이 외에도 부모와 자식 간에 친밀도가 떨어지고 적절한 훈육과 감독을 받지 못하고 학대받으면서 자란 아동은 비행의 가능성이 더 높다고 알려지고 있다.

또한 학대아동들은 가출 후 우범지역 등을 배회하면서 사소한 비행을 거듭하다가 비슷한 처지의 친구들을 만나면서 이들의 영향으로 중비행을 저지른다고 한다. 비행친구와 비행과의 관계에 있어 기존의 이론은 비행친구선행론과 비행선행론의 논쟁이 있었다. 그러나 경비행인 경우는 비행선행론이 그리고 중비행인 경우는 비행친구선행론이 지지되었다고 주장하는 한 연구가 있다. 즉, 비행친구와의 접촉은 경비행의 원인이 되지 않고 오히려 사소한 비행을 저지르게 되면 비행친구들과 어울릴 가능성이 높지만 비행친구들과 어울리다 보면 보다 심각한 비행을 지속적으로 저지를 수 있다는 것이다. 이는 비행친구와의 접촉이 비행의 결과이자 원인이 된다는 통합론적 논의를 지지하고 있음을 나타낸다.

제4절 　 아동학대 개입방안

1. 법과 제도의 정비

아동학대의 방지를 위해 법과 제도가 정비되어야 한다는 데는 이론의 여지가 없다. 하지만 접근방법에 대해서는 두 가지 상반된 주장이 나오고 있다.

하나는 국내에 아동복지법을 비롯한 아동관련법률들이 많이 있으므로 특별법을 양산할 필요가 없이 이들을 적절히 정비하면 아동학대의 대처에 문제가 없다는 주장이다. 아동복지법상의 금지행위와 처벌(동법 제17조와 제71~75조), 피해 아동 등에 대한 신분조회 등 조치(동법 제22조의3) 등으로 아동학대에 대한 방지와 이에 대한 개입을 위한 법적 근거가 있다. 아동학대에 대한 형사상 처벌(형법 제272조의 영아유기, 제273조의 학대, 제274조의 아동혹사 등) 및 민사상의 손해배상과 책임의 추궁, 학대부모의 친권상실선고(민법 제924조)와 학대교사의 내부적 징계가 있다는 것이다. 이 외에도 모자보건법, 근로기준법, 유아교육법 및 초중등교육법, 소년법, 학교급식법, 보호시설에 있는 미성년자의 후견직무에 관한 법률, 학교보건법, 모자보건법, 영유아보육법, 청소년기본법, 가정폭력범죄의 처벌 등에 관한 특례법 등이 있으므로 필요한 규정을 신설하거나 개정하는 것이 더 바람직하다는 견해이다.

하지만 가칭 아동학대방지법의 입법화를 서둘러야 한다는 주장이 관련분야의 학자들이나 아동학대의 방지를 위해 노력하고 있는 민간단체들에서 계속되고 있다. 이는 이 책 초판 원고를 준비하던 십 수년 전 논의되던 내용이었지만 아직도 결실을 보지 못한 채 표류하고 있다. 불경기로 인한 가장의 실직, 이혼의 증가, 가정의 기능적 결함 등으로 급증하고 있는 아동유기, 성폭력, 신체적 학대, 방임 등을 포함한 우리나라의 아동학대는 심각한 수준으로 유교적 문화가 갖는 특성, 훈육과 학대의 혼동, 신고의식의 결여 등으로 아동의 권리가 크게 침해되고 있는 현실에서 아동학대의 예방·발견·개입 및 치료를 위해서는 법적·제도적 대응방안이 강구되어야 한다는 입장이다. 아동학대에 대한 규정과 범위, 처벌 등을 구체화할 필요가 있으며 아동학대를 적절하게 제지하지 않으면 가장 가까운 사람에 의해서 발생하는 폭력의 악순환을 근절할 수 없게 된다. 또한 세계적으로도 서구 선진국들은 이미 20세기초에 체벌금지를 포함한 아동학대방지법이 제정되어 아동의 권리보호에 심혈을 기울이고 있는 실정임을 감안할 때 이의 입법화는 서둘러야 할 사회적 과제라는 것이다. 미국·캐나다·프랑스 등 14개국은 아동학대 신고의무를 포함한 강력한 법적 보장이 되어 있으며, 독일·네덜란드 등 유럽국가들은 비밀신고제도를 실시하여 학대받는 아동을 법적으로 보호하고 가해자를 처벌·교육하고 있다.

2014년에 아동학대범죄의 처벌 등에 관한 특례법이 제정된 것은 매우 고무적인 일이다. 이 법률에 대해 알아보기로 한다.

1) 아동학대범죄의 처벌 등에 관한 특례법

(1) 제정 배경

칠곡 계모 아동학대 사건과 울산 계모 아동학대 사건은 아동학대범죄의 처벌에 대한 사회적 공감대를 형성하여 특별법을 제정하게 되었다.

칠곡 계모 아동학대 사망 사건은 계모가 의붓딸을 마구잡이로 폭행하여 숨지게 한 사건이다. 2013년 8월 계모 임모씨는 의붓딸(사망 당시 8세)을 때린 뒤 복통을 호소하는데도 병원에 데려가지 않아 장간막 파열에 따른 복막염으로 숨지게 한 혐의로 구속 기소됐다. 또한 사망한 의붓딸의 언니(12세)에게 동생을 죽였다는 허위진술을 강요하여 공범으로 기소되게 하였으나 추가 수사 과정에서 언니는 공범이 아닌 피해자로 확인됐다. 임씨는 언니에게 말을 듣지 않는다며 세탁기에 가둬 돌리기도 했고, 욕조에서 물고문을 하기도 했다. 친부 김씨도 범행에 가담한 혐의로 함께 구속 기소되었다. 대법원에서 최종적으로 임씨는 징역 15년, 김씨는 징역 4년이 확정되었다.

2013년 계모 박모씨는 의붓딸 이모양(당시 8세)을 폭행하여 숨지게 했다. 이 사건은 '울산 계모 살인 사건'으로 불려진다. 이양이 소풍가기로 예정된 날로 이양이 소풍에 가고 싶어 했기에 예정된 이사 날짜까지 미뤄둔 상태였으나 박씨는 이양을 소풍 보내지 않았으며 소풍을 보내달라고 하자 구타하기 시작했다. 이 구타로 인해 이양은 갈비뼈 24개 중 16개가 부러지는 치명상을 입었다. 온 몸에 멍이 든 이양의 멍이 빨리 빠지라고 욕조 안에 집어넣었고 욕조 안에서 이양은 사망하였다. 박씨는 이양이 욕조 안에서 사고사한 것으로 위장하여 119에 신고하였는데 시신의 상태를 본 구조대원이 경찰에 신고했다.

조사결과 3년 동안 지속적으로 이양을 괴롭혀 왔음이 밝혀졌다. 이양의 머리를 죽도로 때리고, 발로 차 엉덩이뼈를 부러뜨리고, 욕실에서 뜨거운 물을 부어 2도 화상을 입히기도 했다.

2011년 당시 어린이집 교사는 이양의 머리에 피가 엉겨붙어있는 것을 보고 아동보호기관에 신고했지만 법적한계로 인해 아무런 조치를 할 수 없었다. 이런 사실들이 새롭게 법을 제정하는 계기가 되었다.

박씨는 대외적으로 교육 잘하고 유능한 엄마로 연기했고, 이양은 성적이 우수하고 예의가 좋아 누구도 가정폭력을 눈치 채지 못했다. 이양은 학급의 반장을 하였고, 박씨는 학부모 대표 회장까지 하였다.

친부 이모씨에게도 형사처벌이 이루어졌다. 이씨는 부동산 분양업을 하면서 한 달에 한두 번 정도 집에 방문하여서 박씨의 학대 사실을 몰랐다고 했지만, 이양이 계속 다친 상태로 있었다는 점 등을 상식적으로 판단해 처벌하였다. 박씨는 징역 18년, 친부인 이씨에게는 징역 4년이 내려졌다.

(2) 주요 내용

아동학대범죄의 처벌 등에 관한 특례법(약칭 아동학대처벌법)은 아동의 양육은 가족구성원 차원의 과제일 뿐만 아니라 사회구성원 모두의 관심이 필요한 사안으로, 아동에 대한 학대행위는 성장 단계에 있는 아동의 정서 및 건강에 영구적인 상처를 남길 수 있으므로 그 대상이 성인보다 엄격한 처벌과 교화가 필요하다. 아동학대 범죄에 대한 처벌을 강화하고 아동학대 범죄가 발생한 경우 긴급한 조치 및 보호가 가능하도록 2014년 1월 28일 법률을 제정하였다.

다음은 아동학대처벌법의 주요 내용이다.

첫째, 아동학대 범죄의 처벌 및 절차에 관한 특례와 피해아동에 대한 보호절차 및 아동학대 행위자에 대한 보호처분을 규정하여 아동을 보호하고자 하였다.

둘째, 아동학대 치사죄 및 아동학대 중상해죄를 신설하고 최고 무기징역에 처하도록 아동학대 범죄에 대한 처벌규정을 강화하고, 상습범 및 아동복지시설 종사자 등에 대해서도 가중 처벌하도록 하였다.

셋째, 아동학대 행위자가 아동에게 중상해를 입히거나 상습적으로 아동학대 범죄를 저지른 경우 검사가 법원에 친권상실을 청구할 수 있도록 하였고, 누구든지 아동학대 범죄에 대해 아동보호 전문기관 또는 수사기관에 신고할 수 있도록 하고, 아동복지시설 종사자 등에 대해서는 아동학대 범죄에 대한 신고를 의무화하였다.

넷째, 아동학대 범죄 신고를 접수한 사법경찰관리나 아동보호 전문기관의 직원은 지체 없이 아동학대 범죄 현장에 출동하도록 하고, 아동보호사건의 관할은 아동학대 행위자의 행위지, 거주지 또는 현재지를 관할하는 가정법원으로 하며, 형사법원이 임시조치 결정을 하면서 시·도지사, 아동복지 전담기관장 등에게 후견인의 임무를 수행하게 하거나 그 임무를 수행할 사람을 선임하도록 하였다.

다섯째, 사법경찰관은 아동학대 범죄를 신속히 수사하여 검사에게 송치하고, 검사는 아동학대 범죄에 대해 아동보호 사건 송치, 공소제기 또는 기소유예 등의 처분을 결정하기 위해 필요하다고 인정하면 아동학대 행위자의 주거지 또는 검찰청 소재지를 관할하는 보호관찰소의 장에게 아동학대 행위자의 경력, 생활환경 등에 관한 조사를 요구할 수 있도록 하였다.

여섯째, 검사는 아동학대 범죄로서 이 법에 따른 보호처분을 하는 것이 적절하다고 인정하는 경우에 아동보호사건으로 처리할 수 있도록 하고, 아동학대 범죄의 수사 또는 아동보호 사건의 조사·심리 및 그 집행을 담당하거나 이에 관여하는 공무원, 보조인, 진술조력인, 아동보호 전문기관 직원 등은 그 직무상 알게 된 비밀을 누설할 수 없도록 하였다.

일곱째, 법원은 가정보호사건 조사관, 법원 공무원, 사법경찰관리 또는 보호관찰관 등으로 하여금 임시보호명령 및 피해아동 보호명령의 이행실태를 조사하게 하고, 임시보호명령 및 피해아동 보호명령을 받은 아동학대 행위자가 그 결정을 이행하지 아니하거나 집행에 따르지 아니하는 때에는 그 사실을 관할 법원에 대응하는 검찰청 검사에게 통보할 수 있도록 하였다.

　2016년 5월 29일 개정된 내용은 아동학대 범죄 신고자 등에 대한 해고 등 불이익조치를 금지하고, 이를 위반하여 신고자 등에게 불이익 조치를 한 자에 대한 처벌조항을 신설하는 한편, 신고자 등이 보복을 당할 우려가 있는 경우 신변안전조치를 하는 등 신고자 등에 대한 보호조치를 신설하여 신고자 등이 신고로 인한 피해를 입지 않도록 하였다.

2. 발견과 개입모델의 개발

　그 동안 몇몇 기관에서 아동학대 사례를 신고할 수 있는 창구를 마련하여 아동학대에 대처하려는 노력이 있었다. 사단법인 한국아동학대예방협회는 아동학대 신고위원을 구성하고 이들을 통해 신고·접수된 사례에 대해 적극적으로 개입하려고 하고 있으나 신고자가 아동의 가족으로 상담센터의 개입보다는 스스로 해결할 수 있는 방법만을 알기 원하거나, 아동의 부모가 강하게 거부할 때에는 직접 개입할 수 없는 실정이다. 신고자가 단지 문제해결을 위한 정보제공만을 원할 경우에 주로 전화상담의 방법을 이용하여 지속적인 상담을 통해 문제해결의 정보를 제공받을 수 있게 하고 있다. 특히 지리적 여건으로 인하여 직접 개입이 어려운 사례를 다룰 때에는 인근지역 관련기관으로 의뢰하거나, 지역사회의 사회복지전문요원 혹은 아동복지지도원과 같이 협력 가능한 복지자원과 연계하여 공동개입을 시도하고 있는 실정이다.

　아동학대의 발견과 개입모델과 관련하여서는 사법적·의료적·사회복지적 모델로 나누어 볼 수 있다. 생각하건대 우리나라의 경우는 사회사업가나 소아과 의사 및 독지가 등이 활동하는 단체들이 아동학대의 발견과 개입에 중심이 되기에는 기반이 매우 취약하므로 보건복지부가 중심이 되는 사회복지모델을 개발할 필요가 있다. 아울러 잔인한 아동학대에 대한 사법적 대처와 의료적 치료를 병행할 필요가 있다.

　미국의 아동보호체계는 우리나라의 개입모델 개발에 많은 시사점을 줄 것이므로 이를 소개하면 다음과 같다. 미국의 아동보호체계는 신고 → 조사 → 개입 → 종결의 4단계로 활동이 전개된다.

　신고(reporting)는 일반인이나 신고의무자가 24시간 개방되어 있는 핫라인이나 사무실에 구두 또는 서면으로 신고함으로써 개입이 시작되도록 한다. 익명으로도 신고할 수 있으나 오류의 가능성 때문에 가능하면 실명을 사용하도록 유도한다. 신고장소는 대부분의 주(州)가 아동보호서비스기관이나 가족보호서비스기관 등 사회봉사기관을 지정하고 있으나 경우에 따라 경찰에 신고할 수도 있다.

신고가 접수되면 응급의 경우에는 24~48시간 내에, 응급이 아닐 경우에는 4~10일 사이에 조사하게 된다. 조사 담당자는 주로 아동보호워커(protective worker)이며 경우에 따라 사회복지사가 아동보호워커일 때도 있다. 보호워커는 일단 신고자를 면담하고 신고된 가족의 기록을 살펴보는 등 사전정보를 수집한 후 가정방문을 통해 아동과 부모를 각기 면접한다. 이 과정에서 아동의 의료기록, 학교선생님이나 이웃, 친척과의 면담도 이루어지는데 가장 중요한 목적은 신고된 내용이 아동학대인지 아닌지 그리고 아동이 현재 위험에 처해 있는지를 결정하는 것이다. 특히 심각한 상해·사망·성적 학대의 경우에는 범죄로 간주되어 경찰이나 법원과 함께 조사하게 된다.

신고내용이 아동학대나 방임으로 입증되면 개입이 시작되는데 개입은 지속적인 아동서비스, 집중적인 거택보호서비스, 배치 중에서 결정된다. 첫째, 지속적인 아동서비스는 학대가 별로 심각하지 않고, 재발되지 않을 것으로 판단되었을 경우 아동이 자기 가정에 머무르면서 공적부조, 주택서비스, 의료보호, 긴급자금원조 등을 받고 부모도 부모교육, 탁아서비스, 부모역할 보조원 등의 지지적(支持的) 서비스와 가족치료 등을 받음으로써 전반적으로 가족을 강화하려는 것이다. 둘째, 집중적인 거택보호서비스는 아동을 가정에서 분리시키지 않으면서 4주~6개월 정도까지의 기간 동안 워커가 집중적인 가정방문을 통해 상황을 변화시키려는 시도이다. 셋째, 배치는 아동이 가정 내에서 보호가 불가능하거나 심각한 위험에 처해 있다고 판단될 경우 활용하는 친족보호, 위탁가정보호, 시설보호(쉼터·그룹홈·치료센터·병원 등)의 다양한 대안이 있다. 배치는 일정기간이 지난 후 상황이 호전되면 아동을 자신의 집에 복귀시키려는 목적을 가지고 있지만, 경우에 따라 부모의 친권이 박탈될 수도 있는데 이 경우에 아동은 입양을 통해 배치된다.

3. 아동보호시설의 정비

고아나 부랑아 및 부모와 함께 거주할 수 없는 학대아동을 위해서는 아동보호시설을 확충하여 아동을 건전하게 성장시켜야 한다. 우리나라의 경우는 6.25전쟁 후 고아나 부랑아들이 급증하자 이들을 수용할 아동복지시설도 급증하여 한 때 인가받은 시설만도 576개소나 되었고 수용인원도 몇 백명씩 되는 대형시설이 많았다.

이와 같이 아동복지시설은 의례 대형시설로만 인식되어 왔으나 근래에 이르러 대형시설이 갖는 폐단을 탈피하기 위하여 점차 이를 소규모화하고 그룹홈(group home)의 형태로 바꾸어 운영하기 시작하였다.

그룹홈은 10인 내외의 아동을 수용하여 가정적인 분위기 속에서 생활지도와 교육 및 상담과 치료를 행하는 시설이다. 따라서 아동 개개인을 심도 있게 파악하고 집중적으로 지도할 수 있다는 장점이 있어 영미에서 일찍부터 발달하였다. 이 시설은 위탁가정(foster home) 또는 중간처우의 집(halfway house)과는 구별된다.

요보호아동과 비행소년을 위한 그룹홈들은 대부분 국가지원보다 종교단체나 독지가에 의해 소공동체로 운영되고 있고, 여기서 일하는 워커는 사회복지를 전공한 전문가보다는 종교적 소명감과 봉사하는 자원봉사자들이 더 많은 실정이다.

이런 시설들에서 일하는 워커는 사회복지를 전공한 전문인이 아닌 경우가 많고, 자원봉사자들이 대부분이며, 유료인 경우에도 그 급여는 인가시설에 비하여 빈약하며 노후대책도 마련되어 있지 않다.

전문인력의 미배치, 시설의 노후와 불량 등의 문제는 아동학대의 발견과 개입모델이 개발되면 좀 더 나아질 것으로 기대되지만 국가의 재정지원과 인력지원 등에 한계가 있을 것이므로 뜻있는 독지가를 참여시켜 세제상의 이익 등을 주고 많은 시민들로부터 합법적인 모금활동을 할 수 있도록 할 필요가 있다.

4. 부정적 반응의 치유

1) 학대아동 치료

아동학대와 방임에 대한 미국의 최근의 정책방향은 방임과 빈곤을 구별하고 가능하면 가족을 보존하면서 적은 비용으로 치료와 예방을 강조하고 있다. 가족에 대한 초기개입과 위탁보호 및 입양을 위한 자원확보에 초점을 두어 아동보호를 위한 지역사회프로그램을 개발함으로써 치료에서 예방으로 초점이 선회하고 있음을 보여 준다.

아동학대는 치료도 중요하지만 그보다 먼저 예방이 중요하므로 우리도 앞으로 적극적인 대국민 홍보와 교육이 필요함은 두말할 나위도 없다.

그러나 발견된 학대아동에 대해서는 적절한 상담치료, 심리치료, 외과적·의료적 치료가 적절히 이루어져야 한다. 하지만 아동학대의 예방과 치료에 대한 정부의 재정 지원이 전무하고 사회복지기관들도 아동학대 예방과 서비스에 대한 예산을 별도로 책정하지 않고 있는 곳이 대부분이기 때문에 적절한 치료와 서비스의 기회도 가지지 못하는 사례들이 많으므로 이에 대한 대책이 요망되고 있다.

아동을 학대하는 부모들이 학대의 폐해에 대한 인식이 없어 피학대 아동들에게 요구되는 적절한 치료 시기를 놓치고 상황이 매우 나빠진 상태에서 다른 사람들에 의해 발견되기 때문에 아동학대의 조기 발견과 즉각적인 개입 및 원조가 절실히 필요하다.

학대가 예상되고 양육이 부적절한 경우 또는 기타의 사정으로 아동을 일시적으로 부모로부터 격리 보호해야 할 아동들을 위한 전문보호시설과 전문 사회복지사들이 부족하여 이에 대한 국가적인 대책이 요망된다.

특히 학대받고 있는 아동들의 상당수가 상담치료가 선행되어야 하는 경우가 많으므로 미국의 아동보호워커와 같은 전문적인 지식을 가진 전문사회복지사를 많이 양성할 필요가 있다.

이들 전문사회복지사들이 학대아동에게 적합한 개인상담, 부모상담, 집단상담, 프로그램 개발과 활용, 개인학습지도, 놀이치료, 가족치료, 관계기관과의 자문·상담·원조요청, 타기관 의뢰, 심리검사 의뢰, 의료치료 의뢰 등의 역할을 제대로 할 수 있는 제도적 장치가 있어야 할 것이다.

2) 학대자 치료와 재활기능의 강화

학대자들은 주로 빈곤이나 사업실패 및 부부간의 불화 가운데서 학대 이전부터 상당기간에 걸쳐 많은 정신병적 소인을 갖고 있는 사람이 대부분이다. 즉, ① 학대부모나 가족의 정신질환이나 정신병, ② 알코올중독 혹은 약물의 남용으로 인한 이상성격, ③ 어려서 학대받은 경험, ④ 훈육에서의 폭력에 대한 허용적 태도, ⑤ 부모 역할에 대한 인식 부족과 가족방치 등과 같은 여러 가지 소인들이 복합적으로 발견되고 있다.

학대자에 대한 형사처벌의 문제가 제기될 때가 많으며, 이 때에도 학대상황이 부모의 정신건강상의 이유로 발생하는 경우는 형사처벌이 어렵다. 따라서 단순한 처벌위주의 접근은 학대원인을 감소시키기보다는 오히려 가족의 해체를 야기시킴으로써 또 다른 가족문제를 발생시킬 수 있다.

학대상황이 부모의 무지나 인식부족, 훈육의 방식 등에 문제가 있는 경우에는 상담자들이 학대자 교육과 상담, 학대자와 가족 사이의 갈등해소, 학대자와 피학대 아동 사이에 조성된 긴장해소 등에 적극적으로 개입하면 어느 정도 성과를 올릴 수 있을 것으로 예상된다.

그러나 보다 심각한 요인이 문제가 된다면 이는 사회복지적 차원의 접근을 필요로 한다. 생활보호제도를 근간으로 한 정부의 저소득층 대상의 공적부조 범위와 지원기준의 확대를 통하여 빈곤가정에 대한 지원을 강화하고 재활기반 마련을 위한 공공사업의 활발한 시행이 필요하다. 특히 저소득층들은 맞벌이를 해야하는 경우가 많으므로 이들의 자녀들을 안심하고 원하는 시간만큼 맡길 수 있는 탁아제도의 개선이 시급하고 경우에 따라서는 야간탁아 등을 통하여 밤늦게까지 일을 해야하는 직종의 부모들이 아동을 방임하는 일이 없도록 도와 주어야 할 것이다.

5. 기타

신체적 학대는 심각한 신체적 손상 내지 사망을 초래하고, 반복적인 구타는 정신적·신체적 장애를 가져오며 학대를 경험한 아동은 성인이 되어 아동을 학대하는 가해자가 된다는 점을 감안할 때 아동학대의 결과는 매우 심각하며 가정적 혹은 사회적 폭력의 근원이 될 수 있다는 사실은 우리 사회에 있어서 아동학대의 예방·발견·치료를 위한 국민적 인식의 제고를 요망한다.

언론매체가 아동학대와 가정폭력을 부각시켜 그 폐해를 집중적으로 홍보할 필요가 있다. 이는 아동학대 예방을 위한 좋은 수단으로 국가적인 차원에서 집중 홍보할 필요가 있다.

다른 한편으로는 아동학대를 예방·치료하기 위한 전문인력의 양성, 정부·유엔기구·민간단체·학계의 연계체계 확립, 학계와 연구소를 통한 조사연구 활동의 활성화, 지방정부·경찰서·법원·변호사회·의사회·교육기관·아동상담소·사회복지관·사회복지관련단체·대학의 관련학과 등의 역할분담과 파트너쉽을 통한 협력사업의 개발 등이 고려되어야 할 것이다.

CONNECTIONS

1. 아동학대 방지를 위해 국가 또는 경찰은 어느 정도까지 개입할 여지가 있을까? 경찰의 개입으로 인한 문제점은 무엇이 있을까?

2. 성장하는 과정에서 경제적 어려움은 자립심을 키울 수도 있다. 아동학대와 경제적 빈곤과는 어떠한 상관관계가 있을까?

3. 가정 또는 가족의 형태와 기능은 다양하게 분화되고 있다. 아동학대와 관련하여 대가족 제도의 유리한 점은 무엇이 있겠는가?

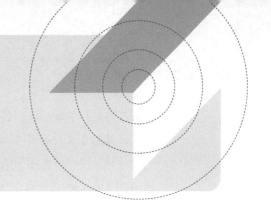

제6장

마약류범죄

제1절 ⌒ 글머리에

만물의 영장인 위대한 인간도 싸워 이기기 힘든 것이 있다. 하나는 범죄와의 전쟁이고, 다른 하나는 약물과의 투쟁이다. 전자는 아무리 엄한 벌을 과하여도 절도·살인·강도·강간 등과 같은 범죄가 사라지지 않는다는 점에서 그러하고, 후자 또한 마약류나 술 혹은 담배와 같은 것이 없어지지 않는다는 점에서 그러한 것이다. 범죄에의 유혹이나 약물에의 탐닉은 사리사욕이나 순간적인 쾌락추구가 그 목적이다. 그런데 한 번 그 세계로 들어가면 다시 헤어나기 힘든 백전백패의 참상을 보이기 쉽상이다.

오늘날과 같이 자본주의가 극도로 발달하고 음란퇴폐 향락문화가 창궐하고 있는 때에 약물이 주는 쾌락에 매달려 그 수렁에서 헤어나지 못하고 인생을 허비하는 이들이 적지 않음은 매우 안타까운 일이다. 국제사회에는 연간 5천억불 규모의 마약이 불법거래되고 2억여 명이 마약류를 남용하고 있다고 하며, 미국의 마약중독클리닉은 젊은이들로 초만원을 이루고 있다고 하니 마약문제가 인류의 미래를 결정짓는 현안문제라 해도 과언이 아닐 것이다.

눈을 돌려 국내현상을 보면, 과거에는 일부 연예인이나 소수의 유흥업소종사자들 사이에서 은밀히 사용되던 마약류가 최근에는 직장인과 가정주부 심지어는 대학생에 이르기까지 확산되어 있다고 한다. 일부 비행청소년 사이에서도 신나나 본드 혹은 신경안정제류가 광범하게 남용되고 있다고 알려지고 있다. 기존의 히로뽕이나 헤로인 등의 마약류 외에 속칭 '야바', '물뽕', '엑스터시(도리도리)', '블랙코카인', '살빼는 약' 등의 신종 마약류의 유입이 급증하여 남용인구가 늘어나면서 사회 전 계층으로의 확산이 우려되는 상황 속에 있다.

본질적으로 마약은 인류가 발견해 낸 물질 가운데 가장 신비스럽고 귀한 물질임에는 틀림이 없다. 죽어 가는 사람도 살려 내는 신통력이 있는가 하면, 번뜩이는 아이디어를 제공하기도 하고, 심각한 질병을 앓아 수술대에 오를 때에는 없어서는 안 될 신기한 물질이다. 이처럼 마약이 의학적으로 적정한 용도로만 사용된다면 신비의 묘약이라 하지 않을 수 없으나 확산을 우려하는 이유는 마약류가 지니는 엄청난 파괴력 때문이다.

사람들이 고통이나 불쾌를 회피하고 기쁨이나 환락을 쫓는 것은 본능에 가까운 것이지만 이 쾌락을 위해 약물의 힘을 빌린다면 그 대가는 엄청난 폐해로 되돌아 올 수밖에 없는 것이다. 왜냐하면 약물은 그 특성상 강한 신체적·육체적 의존성이 있고, 심한 금단증상과 내성 그리고 재발현상이 나타나기 때문이다. 이처럼 마약류의 남용은 개인에게는 신체적·정신적·가정적 파괴를, 사회적으로는 각종 범죄와 혼란을, 경제적으로는 불법자금의 유출과 유입 및 자금흐름의 왜곡을 가져온다.

심각한 마약류의 여파로부터 보다 안전한 사회를 만들기 위해 국제사회는 마약류의 생산·유통·판매·투약을 불법으로 간주하고 매년 6월 26일을 '세계 마약류 퇴치의 날'로 정하여 마약류 퇴치운동을 국제적으로 벌이고 있다. 유엔마약통제본부(UNDCP)는 마약의 수요와 공급을 차단하기 위한 지원활동과 아울러 세계 각국 정부, 국제기구, 지역기구 등과 예방·치료·재활활동 등도 병행하고 있다. 그런데 아쉬운 점은 국제사회가 강력한 국제공조 속에 마약류 범죄 수사운영체계를 확립하지 않고 있다는 점이다. 이것은 각국이 상호 법체계가 다르고 경우에 따라서는 해당국가에 외교적 혹은 정치적으로 상당한 부담을 줄 수 있는 사건일 경우 국가이기주의로 수사에 큰 장애가 생기기 때문이다. 그래서 말로만 마약퇴치를 외치면서 실제로는 마약의 밀거래를 눈감아 주고 있다는 의심마저 들 정도이다. 이것은 마약류가 가져다 주는 엄청난 이권 때문으로 일부 정치인들 중에는 마약조직과 결탁하여 자금지원을 받는 경우가 있고, 조직범죄단체들은 마약류를 유통시켜 모은 어마어마한 자금으로 자신들의 지위와 안전을 확보할 여러 가지 장치들을 마련해 놓았기 때문이다.

　　국내의 경우는 마약류에 대해 비교적 철저한 대비를 갖추고 있다. 검찰
은 외교통상부, 국가정보원, 보건복지부, 관세청, 경찰청 등의 유관기관과 한
국마약퇴치운동본부, 한국마약범죄학회, 한국사이버시민마약감시단 등의 민간
단체와 긴밀한 협조체제를 구축하는 한편, 국내 마약류 동향에 대하여 종합
적이고도 체계적인 분석으로 문제에 조기대응을 함으로써 적시에 마약류범죄
에 대처하고 있다. 따라서 우리나라는 비교적 약물남용에 잘 대처하고 있고
마약류 범죄는 증가하고 있기는 해도 외국과 비교할 경우 매우 안전한 나라
에 속한다. 그러나 전술한 바와 같이 최근의 마약류 동향과 실제로 거의 모
든 마약류는 단속이 느슨하면 순식간에 확산되는 경향이 있다는 점에 비추
어 방심하는 것은 금물이다.

그림 6-1 유치원생들의 약물반대 데모

제2절　마약류의 특징과 규제논거

1. 마약류의 의의

1) 개념

　　'마약'이라는 용어는 일반적으로 의존성이 있으면서 오남용되는 물질로서
특별한 구분 없이 아편·대마·향정신성의약품·진정제 등을 총괄하는 의미로

써 사용되어 왔다. '약물난용(藥物亂用)' 또는 '약물남용(藥物濫用)'이라는 말도 이러한 물질들을 불법적·비의학적 용도로 복용하는 것을 일컫는 것으로 알려져 있다. 마약류에 대한 세계보건기구(WHO)의 정의에 따르면, ① 약물 사용에 대한 욕구가 강제적일 정도로 강하고, ② 약물사용의 양이 증가하는 경향이 있으며, ③ 금단증상이나 내성이 나타나고, ④ 개인에게 한정되지 않고 사회에도 해를 끼치는 것을 마약이라고 한다.

　종전에는 마약이나 대마 및 향정신성의약품을 엄격히 구분하여 각각 마약법, 대마관리법, 향정신성의약품관리법 등으로 나누어 규제를 하였으나, 2000년 7월부터 마약류관리에 관한 법률이라는 단일법으로 통합하여 규제하고 있다. 따라서 마약류라는 용어는 널리 마약과 관련되는 모든 물질들을 일컫는 것으로 이해해도 무방할 것이다.

　마약류를 규제할 목적으로 제정된 법률은 형법 제17장 아편에 관한 죄(제198~206조)와 마약류관리에 관한 법률이 있다. 형법은 마약 중에 대표격인 아편에 관해 제조·수입·흡식(吸息)·장소제공·소지·유통 등과 관련된 죄를 처벌하는 조항을 두고 있으나, 실제로 마약사범이 적발될 경우는 특별법인 마약류관리에 관한 법률이 적용되므로 형법조항들은 거의 상징적인 조항이라 하겠다. 따라서 마약류와 관련된 범죄들은 주로 마약류관리에 관한 법률로 의율된다.

2) 관련용어

(1) 약물남용

　약물남용(drug abuse)은 약물의존(drug dependence)과 거의 같은 의미로 쓰이는 용어로, 불법으로 규정된 마약류나 합법으로 규정된 향정신성의약품을 의사나 약사의 지도·감독·처방 없이 사용하는 행위를 일컫는다. 즉, 마약류에 해당하는 천연마약·합성마약·대마·향정신성의약품 및 유해화학물질을 일정기간 동안 의사의 처방 없이 정신의 긴장·이완·쾌락 등을 추구하기 위해 사용하는 것을 의미한다.

　순수한 의학적인 의미에서의 약물남용은 규정된 복용 및 투여 용량을 초과하여 과다하게 사용하는 것을 의미한다.

(2) 약물중독

　약물중독(drug addiction)은 약물의 사용으로 마약류의 특징인 금단증상

· 의존성 · 내성 · 재발현상 등에 정신이나 신체가 지배를 받는 경우에 이른 것을 말한다. 따라서 약물중독자는 마약류에 대한 자기 통제력이 현저하게 낮아져 있는 상태의 사람이다.

(3) 약물오용

약물오용(drug misuse)은 치료적으로 약물이 사용되었는가의 여부와는 관계없이 잠재적 위험성을 증가시킬 수 있는 용량이나 상황 하에서 복용 또는 투여될 때를 말한다. 이는 합법적인 약물에 대한 정확한 지식 없이 약물을 사용하는 것을 강조한다.

2. 마약류의 특징

일반적으로 마약류는 그 사용자에게 많은 부작용과 역효과를 주는 것으로 이는 다음과 같은 특징들이 있기 때문이다.

1) 금단증상

금단증상(withdrawal symptom)이란 규칙적인 마약류사용자가 사용을 중단하면 발견되는 특징적인 비자발적 반응으로 마약류를 복용하지 않으면 그 증상이 나타난다. 마약류의 사용상태에 따라 다르게 나타나며 사용횟수나 사용량이 많을수록 증상의 상태는 더 심하다. 가벼운 증상으로는 눈물을 흘리는 것, 코를 씰룩거리는 것, 재치기, 잦은 하품, 발한작용(發汗作用) 등이 있다. 이 단계가 지나면 팽창 · 전율 · 소름 · 식욕상실 등의 현상이 나타난다. 더 뚜렷한 증상으로는 불면증 · 가쁜 호흡 · 혈압상승 · 들뜬 기분 등이 발견된다. 심한 증상으로는 구토 · 설사 · 간질 · 헛소리 · 체중감소 등이 있다.

이런 증상은 뇌가 이미 마약류에 중독되어 황폐화 정도가 사용량에 비례해서 더욱 커지게 되었기 때문이다. 마약류의 종류에 따라 금단증상은 다르게 나타난다. 대마초는 신체적 금단증상이 나타나지 않는 반면, 알코올중독은 금단증상이 매우 심하고 위험하다. 따라서 알코올중독자로 판명되면 꾸준히 장기간에 걸쳐 치료받지 않으면 중독에서 헤어나기 어렵다.

2) 내성

내성(tolerance)이란 마약류복용의 효과가 처음보다 현저히 줄어들거나, 최초의 복용과 유사한 효과를 얻기 위하여 복용량을 증가시켜야 하는 현상이다. 마약류에 따라서는 내성이 생겨 복용량이 증가하거나 감소하는 경우도 있지만, 일반적으로 복용량은 처음과 비교하여 현저히 증가하는 경향이 있다.

이와 같은 내성현상은 마약류에 대한 내성이 인체에 이미 생성되었기 때문이다. 아편·헤로인·모르핀 등과 같은 아편제재들은 내성의 효과가 강한데 비하여 알코올이나 바르비탈염제재 등은 상대적으로 약한 내성을 갖고 있다. 따라서 같은 효과를 얻기 위해서 아편제재 중독자들은 점차 더 많은 사용량이 필요하지만 알코올은 그 차이가 별로 없다.

예를 들어, 1회 모르핀 투여가능량은 5~20mg이며, 인간이 견디어 낼 수 있는 최대의 모르핀 투여량은 1일 약 5,000mg이다. 1mg은 1,000분의 1g으로 매우 작은 무게를 나타내며 주사기를 사용하더라도 사람의 눈에 보이지 않을 만큼 아주 작은 양이다. 이는 중독자의 인체가 완전한 내성의 단계에 도달하였을 때 생명에 지장 없이 견디어 낼 수 있는 투여량이다. 만약 정상인이 이처럼 많은 양(5,000mg은 약 500회 분량)을 맞으면 치명적이다.

3) 의존성

의존성(dependence)이란 마약류 사용자가 사용해서는 안 될 신체적·정신적 원인이 있음에도 불구하고 마약을 얻기 위한 신체적·정신적 욕구로 괴로움을 겪는 것을 말한다. 즉, 신체적 의존성과 정신적 의존성이 그것으로 마약류 중에는 두 가지 의존성 가운데 한가지만 일어나는 경우도 있고 두 가지가 다 일어나는 경우도 있다.

신체적 의존성(physical dependence)은 인체 내에서 투여된 약물과 생체적인 반응이 상호작용한 결과 생체가 투여된 약물의 특정 약리효과가 존재하는 상태에 적응하여 약물의 효과가 나타났을 때에는 정상적인 기능을 하지만 그 효과가 소실되면 신체기능의 균형이 깨지게 되므로 생체의 적응력이 없어져 병적 증후를 나타내는 이상상태를 말한다.

정신적 의존성(psychic dependence)은 약물이 남용자의 사고력·감성·활동성 등에 집중적으로 약리효과를 나타내어 그 약물을 계속 사용하고 싶은 욕구가 갈망이나 강압적인 상태로 나타나는 것을 말한다.

4) 재발현상

재발현상(flashback)은 마약류의 복용을 중단한 뒤에도 부정기적으로 과거에 마약류를 복용했을 당시의 환각상태가 나타나는 현상이다. 환각제 남용자에게 주로 많이 볼 수 있는데 마약류를 끊기 힘든 이유 중의 하나가 바로 이런 재발현상이다. 상당한 기간 동안 성공적인 과정을 밟아가던 환자들이 어느 날 갑자기 찾아온 재발현상 때문에 다시 옛날로 돌아가는 경우를 자주 볼 수 있다.

이와 같은 재발현상은 환각제 사용을 중단한지 1주일, 1개월, 1년 또는 수년이 지난 후에도 나타나며 이때의 상황은 과거 환각제 경험에서 나타났던 상황들과 관계를 맺게 된다. 이 재발현상은 수초·수분 동안 지속되는 경우뿐만 아니라, 수 시간 동안 나타나 실제 복용 당시와 같은 즐거움을 맛볼 수 있다고 한다.

그러나 과거의 환각제 복용 당시의 경험이 비참할 경우와 연관될 때에는 심한 공포와 두려움을 자아내거나 때로는 비인격적인 행위를 하기도 하며 자살을 기도하기도 한다. 현대의학도 재발현상이 왜 일어나는지는 정확히 규명하지 못하고 있다.

3. 규제논거

1) 마약금지론

마약류의 생산·제조·유통·투약 등과 같은 제반행위를 엄금하는 이유는 마약류의 무분별한 남용으로 야기되는 폐해를 방지하기 위함이다. 의사나 약사의 처방 없이 마약을 사용하면 개인의 파멸은 물론이고 가정과 사회가 무너져 급기야는 전 인류에게 치명적인 결과를 가져올 것이라는 확신 때문이다. 마약중독자들을 곁에서 지켜본 가족이나 의사들은 정말 착하고 순진하던 사람이 하루아침에 철저하고도 처절하게 타락할 수 있는지를 의심하지 않을 수 없다고 한다. 정상적인 사람들이 상상할 수 없을 정도로 중독자 자신은 물론이고 주변의 사람들에게까지도 큰 골치덩어리로 전락하고 마는데 급기야는 약물의 노예가 되며, 사회로부터도 버림받아 '이중의 실패자(double failurer)'가 되고 만다.

마약류를 금지하자는 견해들은 마약에 대한 적절한 통제력의 상실이 불러올 여러 가지 해악을 들고 있다. 많은 나라들이 이에 동조하여 마약류의 확산을 막기 위해 법과 제도를 정비하고 마약수사관을 양성하며 다른 한편으로는 매스컴을 통한 홍보와 중독자의 치료에도 심혈을 기울이고 있는 바, 이는 다음과 같은 두 가지 요인 때문이다.

하나는 마약생산지역들의 정치적 불안정과 조직범죄 세력들의 발호이다. 세계적인 마약재배와 생산지역들은 '황금의 삼각지대(Golden Triangle)'와 '코카인 삼각지대(Cocaine Triangle)' 및 '황금의 초승달지대(Golden Crescent)'를 들 수 있다. 황금의 삼각지대는 세계에서 아편과 헤로인을 가장 많이 생산하는 지역으로 태국·라오스·미얀마의 접경지역에 위치하고 있으며 고대로부터 아편의 자생지로 유명하다.

1980년대 이후에 새로운 아편생산의 중심지로 이란·파키스탄·아프가니스탄 접경지역인 황금의 초승달지대가 부각되었다. 코카인의 경우는 남미대륙의 콜롬비아·페루·볼리비아의 접경지역인 코카인 삼각지대로 전세계 생산량의 거의 대부분을 차지하고 있다.

이러한 지역들은 국제적인 마약거래가 성행하는 곳으로 세계적인 조직망을 갖춘 조직범죄단체들의 각축장이자 제휴의 장이다. 알려진 바와 같이 마약거래는 정치인이나 고위 공무원들의 비호 아래 이루어지므로 정치적인 부정부패를 초래하게 한다. 이들 마약거래조직들은 마약의 재배·생산·유통과정을 장악해 얻은 막대한 자금으로 조직의 안정과 성장을 위해 정치인과 고위관료들에게 막대한 자금지원과 향응을 제공하며 그들 스스로도 합법적인 사업을 가장하여 조직의 안전장치를 만들고 있다.

다른 하나는 마약중독이 불러올 해독이다. 중독자들은 강한 퇴행성을 보여 정신적·신체적으로 파멸에 이르는데, 이 과정에서 생기는 문제들은 무수히 많다. 예를 들면, 중독의 여파로 여러 가지 질병(간염·AIDS·정신병 등)을 얻거나 기형아를 출산하기도 한다. 직장에서 배척받아 실업자로 전락하거나, 가정을 돌보지 않는 것은 물론 자녀구타나 아내구타 등 가정불화의 원인을 제공하기도 한다. 환각상태에서의 살인이나 강간 등과 같은 강력범죄들이 일어나거나 흥분제 혹은 각성제를 투약한 상태에서 집단성행위를 함으로써 야기되는 문제들도 간과할 수 없는 것들이다. 마약구입비용을 조달하기 위해서는 절도나 강도행각을 일삼는 사람들도 있고, 피로를 잊고자 히로뽕을 투약한 트럭운전자가 약기운이 떨어지면서 엄청난 피로에 시달리다 못해 대형교통사고(연쇄추돌사건)를 낸 사례도 보고되고 있다. 성적 쾌감을 높이기 위해 집단투약한 사람들이 모두 악성 성병에 걸린 사례들은 흔한 일이며, 환각상태에서 윤간을 하거나 연쇄살인을 한 경우도 종종 보고 되고 있다. 이와 같이 마약류의 남용은 개인과 가정의 파멸, 환각상태의 강력범죄, 안전사고나 대형교통사고, 성도덕의 문란과 이로 인한 질병 등 엄청난 해독이 있기 때문에 이에 대해 철저한 대비를 해야 한다는 입장이다.

쉼터

나의 이름은 마약입니다

나의 이름은 마약입니다.
나는 이 세상에 여권 없이 들어와
많은 더러운 인간들을 부자로 만들었고
그들 중 일부는 살해되어
시궁창에서 발견되곤 합니다.
나는 학생들이 그들의 책을 잊게 만들고
미(美)의 여왕으로부터 그녀의 아름다움을 빼앗고
유창한 웅변가가 말을 잊게 하고
당신의 어머니를 데려다 창녀로 만들겠습니다.
나는 교사들이 가르치는 법을 잊게 하고
성직자들이 설교를 원치 않도록 하겠습니다.
나는 당신이 차용(借用)한 모든 돈을 빼앗고
그리고 영원히 돌려주지 않겠습니다.
나는 당신의 아이를 태내(胎內)에서 죽게 하든가
마약에 중독되어 태어나게 하겠습니다.
나는 당신을 강도로 만들어
훔치고 살인하도록 조종하겠습니다.
당신이 나의 손아귀에 잡혀 있는 한
당신의 의지는 사라져 버리고 맙니다.
기억하시오. 나의 친구여
나의 이름은 마약입니다.

< 전경수의 『마약범죄수사론』에서 >

2) 마약해금론

마약류에 대한 엄격한 규제는 매우 중요한 사안이고 단속할 명분 역시 충분하다 할 것이나 마약류를 통제만 하는 것이 능사인가는 한 번 생각해 볼 문제이다. 현실적으로 마약류를 통제하는 것이 그렇게 쉬운 일인가부터 해서 단속에 따른 부작용은 없는가 오히려 지금보다 문제를 더 확대시킬 우려는 없는가를 신중히 판단하여 대응해야 한다는 입장이 있을 수 있다.

조병인 박사는 마약류에 대한 엄격한 통제가 마약류 구입비 마련을 위한 개인범죄 증가, 마약류 공급권 독점을 위한 살상범죄 증가, 마약류밀매조직의 대형화와 국제화, 마약류밀매조직의 유망사업 독점, 형사사법공무원의 부패와 타락, 형사사법공무원의 인명피해, 사회지도층의 타락과 범죄집단의 비호세력화 등을 들면서 마약류에 대한 강력한 단속이 오히려 막대한 비용과 손실을 야기할 수도 있음을 우려하고 있다. 많은 사람들이 공감할 수 있는 지적이라 아니할 수 없다.

마약해금론은 본질적으로 마약에 대한 규제정책이 성과를 거두기 어렵다는 차원에서 나온 것이다. 한 때 술을 엄격하게 통제한 미국(1920년대 금주법-The Prohibition Law)은 주류의 생산·판매·소지·음주 등에 지나칠 정도로 집착하였지만 술은 없어지지 아니하였고 오히려 이를 밀조하여 판매한 조직범죄단체들만 막대한 자금을 형성하였다는 것이다. 또한 최근에 마약류로 알려지고 있는 담배와 알코올은 통제하지 않으면서 여타 마약류만 통제하는 것도 형평에 어긋난다는 것이다.

이와 같은 입장에서 마약을 해금하자는 주장도 역시 완전해금론과 부분해금론으로 나뉘어 진다. 완전해금론은 마약류의 종류를 불문하고 마약류를 합법화하자는 주장이다. 이 주장은 매우 급진적이며 파격적인 것이다. 마약중독자들이 자기 스스로 선택한 길이고, 타인에게 아무런 피해를 주지 않는다는 점을 강조하면서(마약중독이 범죄의 원인이라는 확증이 없음을 강조) 삶의 과정 속에는 희로애락이 있는 바, 즐거움을 추구할 개인의 의지(행복추구권)를 법으로 규제한다는 것은 개인의 자유를 침해하는 것이라고 강변한다. 뿐만 아니라 알코올이나 담배와 같은 것은 국가적인 차원이나 사기업의 차원에서 보다 더 양질의 것을 생산·판매하려고 노력하면서 마약류만 강력 단속하는 것은 형평에 어긋난다는 것이다. 또 마약류의 단속은 현실적으로 실효를 거두기가 불가능하며, 이를 규제하므로 인하여 막대한 불법자금만 조직범죄집단이나 정치가들이 조성하여 종국에 가서는 시민들에게 폐해만 가져온다는 것이다. 마약사범들로 교정시설이 초만원이 될 수 있고 이들의 치료와 수감비용도 막대하다는 것이다. 이보다는 오히려 마약류의 해독을 홍보하여 시민들 스스로가 선택할 수 있는 여지를 주는 것이 보다 더 합리적이고 타당하다는 주장이다. 생각하건대 이 주장은 너무 급진적인 것으로 마약사범들 중에 정신적으로 문제가 있거나, 사리판단능력이 부족한 사람이나 아직 미성숙한 청소년들이 많다는 점에서 그리고 정상인이라 하더라도 중독으로 인한 해악이 너무 크다는 점에서 설득력이 없다고 본다.

다음은 부분해금론으로 마약류에 대한 철저한 의학적인 검증을 거쳐 사람들에게 크게 해롭지 않은 것은 단계적으로 풀자는 것이다. 또 해악이 있는 마약류라 할지라도 이미 중독된 사람들의 경우 투약중단으로 입을 고통을 최소화하기 위해서 일정기간 합법적으로 투약할 수 있는 길을 열어 놓으면서 단계적으로 이를 끊게 하자는 것이다. 이러한 부분해금론은 유럽지역에서 상당한 설득력을 얻고 있다. 실제로 독일·영국·덴마크·네덜란드·오스트리아·스페인은 마약을 투약하는 행위를 형사처벌의 대상에서 제외시켰고, 벨기에는 집단으로 투약하는 행위만을 처벌대상으로 남겨 두었다. 프랑스와 룩셈브르크에서는 투약자에 대해서는 형을 감경하도록 하고 있다. 스칸디나비아 반도의 일부 국가들은 정부가 아예 공공장소(시청·공원 등)를 투약장소로 지정하여 희망하는 사람들에게 무료로 투약을 해주고 있다. 어차피 투약을 못 막을 바에야 정부가 관리를 해주는 편이 더 낫겠다는 생각 때문이다.

그러나 아직도 대부분의 국가에서는 마약해금론이 채택되지 않고 있는데 이는 마약류를 방치함으로써 나타날 결과가 엄청날 뿐만 아니라 단속을 통하여 소기의 목적을 달성할 수 있다는 자신감에 기인한 것이다.

4. 마약류 남용의 원인

1) 빈곤의 하위문화

마약류 남용자의 대부분이 하류계층 사람들이기 때문에 이들이 약물을 시작하게 된 이유를 하류계층에 대한 인종적 편견, 낮은 자아존중감, 사회경제적 지위의 낮음, 높은 불신감, 부정적 사고, 반항심 등에서 찾고 있다. 슬럼지역에 살고 있는 사람들은 분명히 폭력과 마약중독 그리고 절망의 악순환

속에서 살고 있다는 점은 이해할 수 있으나 이런 문화권에서 사는 사람이라고 모두가 약물남용자가 되는 것은 아니다.

2) 심리적인 문제

하류층의 마약중독만이 문제되는 것은 아니고 중산층도 약물을 남용하는 경향이 있으므로 학자들은 마약남용을 개인이 갖고 있는 인지 기능의 문제, 인격 장애, 정서적 문제 등의 심리적인 문제와 결부시킨다.

마약은 분명히 무의식적인 쾌락욕구와 충동을 처리하는 데 도움을 주고 정서불안이나 우울증을 완화해줄 수 있다. 사람들은 정신적 불안을 해소하기 위해, 고통스러운 충동을 해결하기 위해, 충격적인 경험들을 감당하기 어려울 때 마약에 손을 댄다. 우울증에 걸린 사람들은 자살과 같은 극단적인 선택을 막기 위하여 마약을 복용하기도 한다.

3) 유전적 요인

마약남용의 유전적 요인에 대한 연구에서는 부모가 알코올중독자이거나 마약중독자일 경우에 그렇지 않은 경우보다 자녀들이 마약중독을 보일 가능성이 높다고 한다. 이것은 부모의 양육방법이나 부모와 자녀와의 관계의 질과 상관없다는 것이다. 물론 이런 부모를 가진 아이들이 모두 마약중독이 된다는 것은 아니다. 마약중독에는 다양한 원인들이 상호작용하고 있기 때문에 유전적 영향이 절대적인 것은 아니다. 다만, 마약에 중독될 개연성이 보다 크다는 것이다.

4) 사회학습

사회심리학자들은 부모의 마약 사용을 관찰함으로써 자녀가 마약 사용자가 될 수 있다고 한다. 부모의 마약 사용에 대한 부정적 영향은 2세 정도의 자녀부터 나타난다. 특히 부모가 우울증이나 충동조절장애 등 약물에 관련된 문제를 보일 때 그 영향은 매우 크다.

마약이 쾌락적 감정을 제공해 준다는 것을 배운 사람은 마약류를 사용할 가능성이 가장 높다. 사용자가 마약에 대한 불안감·두려움·긴장의 수준이 낮을수록 상습적이 되기 쉽다. 그만큼 쾌락을 위하여 겁 없이 마약에 손을 댄다는 것이다.

5) 문제행동증후군

마약의 남용을 문제행동증후군(problem behavior syndrome)으로 보는 입장이다. 사람들이 살아가는 사회에는 수많은 문제행동들이 있다. 살인·강도·강간과 같은 범죄가 있고, 위선·음모·질투 등에 기인한 행동들, 지역이나 계층의 갈등, 이념이나 권력투쟁에서 오는 문제들도 있다. 마약중독도 이와 마찬가지로 하나의 문제행동에 지나지 않는다고 보는 것이다. 생각건대, 마약남용자의 수만큼이나 마약을 남용하게 된 원인도 다양할 것이다. 어떤 사람들은 아버지의 학대 때문에, 또 어떤 사람은 사업 실패 때문에, 또 다른 사람은 연인과 헤어짐을 참을 수 없어서 등등 사람들이 문제행동을 할 여러 가지 요인들이 있을 것이다. 마약중독은 이러한 요인들에 대한 하나의 반응으로 나온 문제행동증후일 뿐이라는 시각이다.

6) 합리적 선택

마약사용을 합리적 선택이라고 보는 입장이다. 마약을 사용하여 얻을 수 있는 이익과 사용함으로써 오는 개인적인 대가를 비교하여 선택한다고 보는 입장이다. 예를 들면, 가수들이 대마초를 피워서 새로운 음감과 음색 등 득음의 경지에 이른다면 대마초 흡연이 가져올 사회적인 비난이나 신체적인 질병 등을 문제 삼지 않을 수 있을 것이다. 청소년이 클럽에서 마약류를 먹고 즐겁게 놀고 섹스를 즐길 수 있다면, 약물의 사용이 초래할 중독이나 신체적인 질병 따위에 무감각할 수 있다는 것과 같은 이치이다.

제3절 ☞ 마약류의 종류와 약리작용

1. 마약

마약이란 양귀비·아편·코카엽 등과 이들에서 추출되는 모든 알카로이드(alkaloid)로서 천연마약·반합성마약·합성마약으로 세분되는데, 일일이 열거하기 어려울 정도로 종류가 많다. 가장 대표적인 것은 아편과 코카인이다. 다음은 이들에 대해 설명하기로 한다.

1) 아편

그림 6-2 양귀비(앵속)의 미숙과실

아편(opium)은 양귀비의 열매에서 나오는 우유 빛 액체로부터 추출된 천연마약이다. 아편의 원료인 양귀비는 온대와 아열대 기후에서 자라는 식물로 알려져 왔다. 기원전 300년경부터 지중해 지역에서 자생한 것으로 알려졌으나 이후 황금의 삼각지대에서 주로 재배되었기 때문에 이곳이 자생지라는 설도 있다. 초기에는 라마승들이 관상용이나 상비약 혹은 수련활동의 일환으로 환을 만들어 투약한 사실이 있다고도 한다.

아편은 인체 내에서 강력한 마취작용을 일으켜 마취성 마약이라고도 하는데, 중추신경조직을 억압하여 고통의 민감도를 현저히 저하시킨다(중추신경억제제). 투약하면 졸리게 하여 수면을 촉발시키고 신체의 활동을 경감시키고 의식의 혼탁을 가져온다. 이의 부작용으로 메스꺼움, 구토증, 변비, 안면홍조·동공수축·호흡장애 등이 유발된다. 주의집중력의 장애, 사고곤란 및 기면[(嗜眠) 상태란 노곤해서 자거나 계속 조는 병적인 상태를 말한다.)]상태가 올 수도 있다.

정상적인 투약방법은 구강 또는 정맥주사이나, 비강흡입·흡연·피하주사 등의 투여방법도 있다. 아편은 통증이나 자극의 감각을 둔화시켜 긴장감이나 두려움이 없어지게 하고 행복감에 도취되는 등의 효과가 있다. 또한 남용자는 정신적·신체적 의존성으로 고통을 당하게 되고 급기야는 폐인이 된다.

아편에서 만든 마취성 마약들 중 잘 알려진 것은 모르핀(morphine), 코데인(codeine), 헤로인(heroin-반합성마약), 메페리딘(meperidine)과 메사돈

(methadone - 이상 합성마약) 등이 있다.

모르핀은 강한 진통력을 가진 아편알카로이드이다. 모르핀은 정제나 앰플 형태로 사용되며 분말·캡슐·입방체 형태는 대부분 불법적으로 만들어진 것이다. 매우 강한 진통작용을 가지고 있기 때문에 외과수술시 마취제로 사용되고 있으며, 한 때 말기암환자들이 진통제로 선호하였다. 또 동공축소, 심장활동 완화, 지사작용, 기분변화, 정신이완, 숙취해소 등의 효과도 있다. 사용경험이 없는 사람은 64mg만 사용하여도 치사량이 된다. 의학적인 1회 평균사용량은 10~15mg이다.

헤로인은 생아편에 소석회·물·염화암모니아 등을 첨가하여 여러 가지 공정과정을 거쳐 만든 반합성마약이다. 식초냄새가 나며 분말, 설탕형의 백색, 연갈색, 암갈색 등의 작은 결정체이다. 이것은 긴장·분노·공포를 억제하여 행복감과 도취감을 주는 중추신경억제제이다. 모르핀의 약 10배 이상의 효과가 있어서 오늘날 미국에서 많은 중독자들이 선호하는 마약류 중의 하나이다. 헤로인 사용자들은 팔이나 다리에 직접 피하주사기로 마약을 투여한다. 중독자들은 그 효능을 최대화하기 위하여 희석된 헤로인을 정맥주사 하여 즉각적인 효과를 맛보는 경우도 있는데, 1회사용량은 약 200mg이다.

메페리딘은 1939년에 개발된 최초의 완전합성 진통제이다. 보편적인 사용방법은 주사투여이며 구강으로도 투여한다. 또한 다른 의약성분과 혼합하여 사용하기도 하며, 심한 통증에 시달리는 환자들을 상대로 사용하고 있는 강력한 합성진통제(약효는 3~6시간 지속)로 약리작용은 모르핀과 유사하다.

메사돈은 아편에 대한 강력한 단속이 시작되자 한 재벌그룹의 총수가 일본에서 수입·유포시켜 소위 '메사돈 파동'을 일으킨 약물로서 아편중독자들이 아편대용제재로 사용하였다. 1965년 6월 12일 합성마약 메사돈을 넣어 진통제를 불법 제조·판매해온 ○○제약사의 박○○이 구속됐다. 당시 보건사회부는 의약품에서 검출된 이 물질의 정체를 밝히지 못해 고심하던 끝에 국립과학수사연구소에 감정을 의뢰, 이 제3의 물질이 합성마약 메사돈임을 밝혀냈다. 보건당국이 이처럼 미처 손을 쓰지 못하고 있는 동안 메사돈은 농어촌·낙도·사창가 등 도처에 파고들어 당국의 공식추계로도 1만5천~2만(전문가들의 견해로는 10만)의 중독자를 낳았다. 조사과정에서 마약제조범은 서울대 약대 출신의 임○○으로 밝혀졌고, 10여개 의약 관련 회사가 관련됐음이 드러났으며, 충북 약무계장 이○○ 등 보사부 관리와 공화당 소속 국회의원 신○○이 수뢰혐의로 입건됐다. 이 사건은 마약을 허가된 의약품에

섞어 제조·판매했다는 점과, 이를 정부관리나 국회의원이 뇌물을 받고 묵인해주었다는 점에서 사회에 커다란 충격을 던져주었다.

2) 코카인

그림 6-3 생육 중인 코카나무의 잎

코카인(cocaine)은 코카나무에서 추출한 알카로이드이다. 코카나무는 중남미 안데스산맥을 중심으로 콜롬비아·페루·볼리비아 등이 주산지이다. 이 나무의 잎사귀 속에 들어있는 0.06~1.18%의 알카로이드 성분을 추출한 것이 바로 코카인이다. 고대 잉카제국시대부터 추장이나 특권층이 코카잎을 씹으면서 정치나 종교행사를 집전했으며, 피로를 회복시키고 각성 및 흥분효과를 더 높이기 위하여 사용하였다. 일반인에게는 평소 엄격히 통제된 바 있으나, 부족의 축제나 전쟁시에는 쾌락을 추구하거나 전쟁 중인 병사에게 인내력과 지구력을 높이기 위해 사용하였다. 위정자나 장군에게는 피로회복과 웅변효과의 극대화를 위해 활용하였다고 한다. 코카인은 국소·국부마취에 효과가 있어 치과나 이비인후과에서 치아치료나 코수술 등에 널리 사용되는데 20~40분의 마취효과가 있다. 알코올이나 모르핀 중독, 천식과 소화기 질환, 우울증, 상기도염 등에도 효과가 있다고 한다. 이 효과 이외에도 대뇌피질에 신속한 영향을 주어 감각적 예민성을 높여 주고 30분 정도 최고의 기분을 만끽하게 해준다. 성적 욕망이 강해질 뿐만 아니라 자신감·행복감 등이 머리 속에 가득 차게 된다. 과잉복용 하면 감기·메스꺼움·불면증 등을 불러일으킬 뿐만 아니라 급성 편집증세를 나타내거나 무서운 벌레(전갈)가 피부 속을 기어다니는 듯한 환각에 시달린다. 정신적 의존성이 매우 크며 망상·환각·조현증세 등으로 범죄를 저지르거나 기형아 출산의 원인인 것으로 알려져 있다. 보편적인 투약방법은 코로 흡입하는 것이며 1회 사용량은 10~12mg이다.

코카인은 강력한 각성효과 때문에 여러 가지 식품이나 약에 두루 섞이게 되었는데 이러한 예 가운데 가장 대표적인 것이 코카콜라이다. 코카콜라가 문제가 된 1968년 당시 이를 마신 사람들이 매우 활력적이고 친근감이 있으며 행복해 하였다. 이것은 코카콜라 시럽에 코카인이 들어 있어 나타난 현상이어서 문제가 되었고 코카콜라가 마치 만병통치약인양 다양한 질병의 치료제로도 사용되어 파문이 일었다. 오늘날의 코카콜라는 색과 맛이 같으나 주된 각성제로 카페인을 쓰고 있는 점이 다르다. 코카인이 만연한 미국은 대부분 콜롬비아산을 수입한다고 하며, 약 3,000여 만 명의 시민들이 1회 이상 사용한 것으로 드러나 심각한 국면이라 아니할 수 없다. 우리나라에서는 미국병사들이 자국을 드나들면서 간혹 사용하다 적발된 사례가 있으나, 최근에는 해외여행이 일반화되고 유학생이 늘어나면서 증가하는 추세에 있다.

코카인에 베이킹파우더를 섞어 단단하게 담배형태로 피울 수 있게 만든 것이 크랙(crack)이다. 가격이 저렴하여 흑인·유색인종들에게 애용되고 있다. 크랙에 중독되면 코카인중독과 비슷한 약리작용이 일어난다. 문제는 과거에는 부유층의 점유물이었던 코카인이 단돈 10달러 정도면 도구와 담배 등을 모두 살 수 있는 크랙으로 대체되면서 일어나고 있는 현상이다. 현재 미국은 미국 전역에 확산된 크랙 때문에 골머리를 앓고 있다고 한다. 크랙은 몇 사람만으로도 공장을 운영하여 쉽게 구워낼 수 있기 때문에 단속이 매우 어려우며 또한 사용자도 짧은 시간 내에 많은 수의 크랙을 피우기 때문에 좋은 돈벌이가 된다고 한다. 약효는 빠르고 강력하지만 수분 내에 사라지면서 우울증이 뒤따라 다시 사용하고픈 강한 욕구에 시달려 또다시 크랙을 물수밖에 없는 악순환이 되풀이된다. 개개의 크랙은 싸지만 오래 즐기기 위해 상당량의 크랙을 사용하기 때문에 그 가격에 해당하는 양을 구하기도 쉽지 않다고 한다. 강력한 정신적 의존성이 너무 빨리 나타나기 때문에 모든 사람들이 놀랄 정도이고, 약물중독치료센터에는 크랙중독자로 넘치고 있으며, 특히 잘 알려진 클리닉은 상당기간 대기해야 차례가 돌아온다고 한다. 크랙을 피운 후 도취감에서 권총으로 행인을 위협하여 강도행각을 일삼거나, 부녀자 납치, 강간 등의 범행을 일으키는 경우가 빈발하고 있다. 젊은이들이 파티를 열어 크랙과 여러 가지 마약류를 혼합 복용하며 혼음을 즐겨 문제를 일으킨 경우도 있다. 특히 히로뽕이나 코카인과 헤로인을 혼합하여 복용하는 것을 스피드 볼(Speed Ball)이라 하는데 하나의 약물보다는 보다 큰 황홀감을 맛볼 수 있고 다행감(多幸感)을 연장시켜 주어 하루종일 마약에 중독된 채 몸을 가누지 못하는 경우까지 발생하고 있다.

2. 향정신성의약품

향정신성의약품은 인체의 중추신경계에 작용하는 것으로 이를 오용 또는 남용할 경우 의존성으로 인체에 현저한 해독을 가져오는 약물을 말하는데, 각성제·환각제·억제제 등의 수백여 가지가 개발되어 있다. 많은 향정신성의약품 가운데 마약류로서 많은 중독자를 갖고 있는 대표적인 것은 메스암페타민과 L.S.D.이다. 이하에서는 이 두 가지에 대해 기술하기로 한다.

1) 메스암페타민

속칭 '히로뽕'으로 불리고 있는 메스암페타민(methamphetamine)은 백색의 공포·공포의 백색가루·백색의 황금·뽕 혹은 뽕·가루·술 한잔(히로뽕 소매상과 일반 투약자들 사이의 거래시 사용)·악마의 가루·크리스탈·물건·총·스피드·각세이·룩얼라이크(Look-alike) 등의 여러 가지 은어를 갖고 있는 마약류이다. 그만큼 인기 있는 마약류라는 반증이기도 하다. 1919년에 천식약의 원료인 에페드린(ephedrine)의 대체물질을 연구하는 과정에서 합성된 히로뽕은 'Philopon'의 일본식 발음이며, 대일본제약주식회사가 상품화하면서 붙인 이름이다.

그림 6-4 메스암페타민(Methamphetamine) - 필로폰(속칭 히로뽕)

각성제 중의 대표격인 이것은 중추신경흥분제이다. 그 증상은 기쁨을 느낄 수 있는 상태로 기분이 좋아지며, 정신이 예민해지고, 청각기능이 섬세해질 뿐 아니라 성관계시 장시간 지속할 수 있는 지루증 증세로 변한다. 정신이 혼란스러워져 심장박동의 증가, 두통, 어지러움, 식욕부진 그리고 불면증을 호소하는 경우도 있다. 특히 식욕부진 및 입맛 억제효과 때문에 체중조절에 쓰여왔다(살빼는 약). 빈번한 남용자의 경우 반복성 행위가 증가하며, 아주 사소한 일에 대해 굉장한 관심을 쏟게 된다. 특별한 행위를 하게 되면 시간의 흐름도 전혀 지각하지 못하며 일상생활에 필수적인 것을 모두 무시한 채 지속적으로 몰두하게 된다. 이와 같은 여러 가지 효과 때문에 음악가나 소설가 등이 작품활동을 빌미로 투약하고 있으며, 일부 재벌 2세나 연예인들의 투약행위는 성행위시 쾌감의 극치를 목적으로 한 경우가 많다.

1회 복용량은 5~15mg이고 중독이 되어 내성이 생긴 사람들은 2,000mg에서 각성효과를 맛볼 수 있다고 한다. 여러 가지 방법으로 복용이 가능하나 가장 선호하는 방법은 정맥주사이다. 이것은 정맥주사시 '러시(rush)'라고 불리는 즉각적인 각성효과 때문이다. 주사를 맞는 순간 바로 중추신경을 흥분시켜 즐거움을 얻을 수 있기에 많은 투약자들이 하나의 주사기로 돌려가며 투약하는 경우가 많다.

따라서 악성 전염성에 상호감염될 가능성이 그만큼 높아진다. 주사로 인해 생기는 즉각적인 반응들은 상당한 정도의 강력한 확신감을 가져와 또 다음의 혈관주사를 갈망하게 만든다. 약효가 떨어지면 상당한 정도의 우울증·피로감·과민상태에 시달린다. 중독자들은 이 시기를 참을 수 없기 때문에 계속 혈관주사를 하게 되는 '런(run)' 상태에 빠지게 된다. 이 때 사용자는 며칠 동안 먹지도 않고 자지도 않으며 성행위에 집착하거나 다른 일에 몰두하기도 한다. 수면박탈로 인해 착각·과민상태·환각증 등을 경험한다. 반복된 사용으로 극도의 탈진과 우울증 등이 뒤따르게 된다. 약효가 떨어지면서 느끼는 엄청난 불쾌감 때문에 약을 끊고자 하여도 바로 그 다음날부터 금단증상이 생기며, 2~4일째 제일 심하게 밀려오는 우울증과 과민상태 그리고 각성제에 대한 갈망에 시달리게 된다. 또 이 금단증상은 수개월 이상 지속되기 때문에 상당한 정도의 의지력 소유자라 할지라도 끊기는 매우 어렵다고 한다.

우리나라의 마약류중독자들은 대부분 히로뽕중독자라 할 정도로 많은데, 일각에서는 15~25만여 명이 히로뽕중독자로 추산된다고 한다. 히로뽕은 순도가 높고, 무색 투명하며, 결정체를 이루고 있는 것이 최상의 상품으로 알려지고 있다. 가장 고순도의 제품을 만들 수 있는 사람들이 한국인이라고 한다. 그러나 소위 '기술자'들이 대부분 잡혀 교도소생활을 하다가 일생을 마친 사람이 많기 때문에 그 명맥이 끊어졌다고 하나, 최근에는 우리의 기술자들이 중국으로 진출하여 중국의 산간오지에서 히로뽕을 제조하여(제조시 특유의 냄새 때문에 산간오지나 외딴 섬에서 제조) 국내로 들여오거나 일본으로 수출하기 위한 중계지로 활용하고 있다고 한다.

반제품은 일명 '아이스(ice)'로서 아시아지역에서 수십 년간 마약거래의 주종을 이루고 있다. 현재 아이스는 하와이에서 가장 거래가 많은 마약이고 미국본토, 특히 서부해안지역에서도 아이스거래가 급증하고 있다고 한다. 아이스는 대단히 품질이 우수하고 결정체 형태로 제조되어 매우 흔하게 사용되고 있다. 중독성이 매우 강한 이것은 장시간에 걸친 쾌락성 때문에 아주 인기 있는 품목이 되고 있다. 또한 밀조자들도 스스로 그 제품의 순도를 측정하기 위하여 자신의 혈관에 투약하여 약효를 알아봄으로써 자신들 스스로도 중독자가 되어 버린 경우가 많다. 많은 계층의 사람들이 두루 사용하고 있으나 역시 가장 많은 중독자들은 주로 유흥업소종사자, 매춘부 및 야간업무종사자들이다.

2) L.S.D.

L.S.D.(lysergic acid diethylamide)는 가장 잘 알려진 강력한 환각성 마약류이다. 이것은 현실의 왜곡과 같은 정신상태나 기분에 급격한 변화를 불러일으킨다. 이 환각현상 때문에 아주 미세한 소리도 들을 수 있고, 환상에 의한 색깔을 볼 수 있으며 맛도 느낄 수 있다.

호밀에 생기는 곰팡이인 맥각에서 추출된 이 물질은 무향·무취의 흰색의 수정 같은 분말로 물에 쉽게 용해되며 1온스에 150,000개의 알약을 만들 수 있다고 할 정도로 효능이 매우 강하다. 스위스의 화학자 호프만(Albert Hofman)박사에 의하여 1938년에 합성되었으며, 정신의식상태의 측정을 위해 실험용으로 쓰이기도 한다. 미국의 심리학자 리어리(T. Leary)는 하버드대학에서 1960년대에 정신병을 연구하기 위하여 실험적으로 사용한 이것을 정신병 유발성 마약으로 개발하였다.

L.S.D.의 불법적인 사용전환은 1960년대에 시작되어 그 이후 캘리포니아에서 본격적으로 생산·시판됨으로써 미국 전역으로 퍼졌다. 보편적인 사용방법은 종이에 묻혔다가 뜯어서 혓바닥을 통해 입에 넣는 방법을 택하기도 하나 비강흡입이나 주사로도 사용한다.

L.S.D.는 개인에 따라 정도의 차이가 있으나 소량이든 다량이든 똑같이 정신변화를 일으키며, 사용시에는 판단력이 흐려지고, 충동성과 개방성이 두드러진다. 수동성·자기사랑·우울감 등이 복합적으로 나타나기도 한다. 효과발현은 한 시간 내에 시작되어 2～12시간 지속된다. 환각정도는 같은 환각제인 페이요티(peyote: 선인장)보다 약 4,000배, 사일로사이빈(psilocybin)보다는 100배 정도 강하다. 주로 강하고 기묘한 정신적 반응을 불러일으키고 혈압상승·체온상승·과호흡 등으로 시각·청각·촉각 등을 왜곡시키며 특히 재발현상이 강하다.

미국에서 많이 남용되고 있으나, 최근에는 우리나라에도 종종 선보이는 마약류이다. 미국에서도 초기에는 지식인이나 연예인 혹은 중류층 인사들이 사용했으나, 점차 청소년층에서 하나의 사회적 방황이나 욕구충족의 수단으로 사용되고 있다. 해외여행자의 급증과 유학생의 증가로 우리나라에도 간혹 남용자가 체포되고 있다.

3. 대마

대마초는 일명 '마리화나(marijuana)'라고 불리는 것으로 인도산 삼나무의 잎과 꽃을 말린 후 이것을 잘게 갈아서 담배형태로 말아 피울 수 있게 만든 것이다. 대마는 이미 B.C. 2737년경부터 중국에서 사용된 기록이 있을 정도로 오래된 흥분제이다. 대마초는 고대사회에서부터 사회적으로 대단한 논의의 대상이 되어 어떤 사람은 마리화나가 지옥으로 이끈다고 말했고, 다른 사람은 그것이 천국으로 이르게 한다고 생각했다. 중국·인도·북아프리카·중남미에서도 수세기 전부터 잘 알려진 식물이다. 따라서 대마는 매우 흔한 잡초로서 기후나 풍토가 맞으면 세계 어느 나라에서나 잘 자란다고 한다. 과거부터 종교의식에 널리 쓰였고, 인도나 중국에서는 의약으로 사용된 기록을 찾아볼 수 있다.

그림 6-5 생육 중인 대마의 잎

우리나라에서도 오래전부터 섬유용(삼베)으로 각 지방에서 널리 재배되어 온 바 있으나 의약용으로 사용한 기록은 없다. 흥분제인 동시에 진정제의 역할도 하고 있는 이것은 시간감각의 왜곡이나 의기양양한 기분, 또는 약한 환각작용 등을 나타낸다. 육체에 미치는 영향은 혈압과 맥박의 상승·오심·설사·구강건조·발작적인 기침·눈의 충혈 등이다. 특이하게도 대마는 육체적 의존성과 정신적 의존성 그리고 내성이 거의 없다고 알려져 있다. 그러나 만성사용자는 정신적 의존성을 갖게 된다고 한다. 마리화나가 이와 같은 약리작용을 나타내는 것은 대마 속의 THC(tetrahydrocannabinol)성분 때문이다. 이 성분은 꽃과 잎사귀 끝(새순)에 많이 있다. 잘 자란 대마의 정상 꽃대 부분에는 수지성 분비물이 있는데 이것을 알코올로 침출 하거나, 채취 또는 가마솥에 고아서 건조 또는 농축한 제품이 해쉬쉬(hashish)이다. 모양은 엿을 고아 말린 것처럼 덩어리로 갈색·암갈색·흑색 등이다. 이것은 대마초보다 약 10배 정도의 효능이 있다. 따라서 도취감과 환각작용이 강해 정신적 긴장감이 없어지고 몽상적인 도취감 때문에 졸음이 오며 흥분작용이 강하고 고성방가 또는 폭력을 행사하게 된다. 해쉬쉬의 남용이 심한 사회일수록 끔찍한 폭력사건이 증가한다고 주장하는 학자들도 있을 정도이다. 그냥 피울 수도 있고 흡입할 수도 있는데 흡입시는 마취성이 있어 혼수상태에 빠질 수도 있다.

전세계적으로는 무려 2억여 명 이상의 마리화나 남용자가 있는 것으로 알려져 있는데, 가장 많이 남용되는 곳은 역시 미국이다. 미국에서는 1950~

그림 6-6 마리화나 금지 포스터

1960년대에 마리화나의 남용이 광범하게 확산되어 전국의 모든 교회와 고등학교 및 대학에까지 침투하였다고 한다. 이 당시의 마리화나는 록(Rock)음악의 상징이 되었다. 세계적으로 유명한 가수들인 비틀즈(Beatles)나 롤링 스톤스(Rolling Stones)의 노래에도 마리화나가 등장하고 수많은 연예인이나 가수들이 즐겨 피우는 것이 목격되기도 하였다. 마리화나가 음악을 하는 사람들에게는 무대공포를 없애 주고 좋은 목소리를 낼 수 있으며 섬세한 음감과 톤을 느낄 수 있게 한다는 확신 때문에 가수들이면 누구나 마리화나 흡연의 유혹에서 자유롭지 못하다고 한다. 이와 같은 확산이 사회문제가 되자 1970년대에는 마리화나를 비롯한 마약과의 전쟁(War against Drug)이 벌어지면서 강력한 단속이 시작되어 많은 행정부관리와 국회의원들이 그들 자녀의 마리화나 흡연 때문에 파면을 당하기도 하였다. 그러나 아직도 미국은 대단히 많은 남용자가 있다고 한다.

대마초가 우리나라에 전파된 것은 월남전이 한창이던 1965년 이후부터이다. 처음에는 우리나라에 주둔하던 미군들 사이에 흡연되던 것이 1967년경부터 이들과 접촉하는 위안부·악사·가수 등이 흡연을 하기 시작하였고 이후 청소년·성매매여성·가정주부·연예인 등으로 널리 퍼졌다. 1970년대에는 소위 '대마초가수'들이 줄줄이 잡혀갔고, 1976년에는 대마관리법을 공포하여 마약이나 향정신성의약품 남용자와 같은 정도의 중벌을 가하게 되었다. 당시 이들을 단속하기 위해 행정공무원은 물론 새마을운동지도자들까지 동원하여 야생대마를 제거하였고, 대마재배자에게는 엄격한 통제를 가하였으며 전 경찰력이 동원되어 뿌리를 뽑다시피 강력히 대응하였다. 그 동안의 노력 덕분에 잠잠하였으나 최근에 또 일부 가수와 학생 및 성매매여성들이 사용하다가 적발된 사례가 있다.

대마초의 흡연심리를 분석해 보면, 청소년들은 주로 대마초가 주는 행복감을 맛보거나 친구의 꾐에 빠져서 집단적으로 흡연하는 경우가 대부분이다. 대부분의 성인들은 환락이나 도취감 유발 목적인 경우가 많고, 밤무대종사자들은 부끄러움에서 벗어나거나 인기유지를 위해 또는 도취감 유발과 다행감 확보가 목적인 것으로 드러나고 있다.

특히 대마초의 남용을 우려하지 않을 수 없는 이유는 대마가 세계적으로 널리 퍼져 생장하고 있기에 가장 쉽게 구할 수 있고, 값이 싸기 때문에(아프가니스탄·이란·레바논·인도·네팔·파키스탄·필리핀·중국·태국·콜롬비아·멕시코 등에서는 매우 싼값에 거래됨) 청소년들 사이에 유해화학물질과 더불어 널리 오용될 소지를 충분히 가지고 있다. 우리나라의 경우도 야생대마들이 아직도 많이 널려 있고, 다른 식물들과 쉽게 구분할 수 있으며, 습관성과 중독성이 없다고 알려져 있다는 점이다. 따라서 언제든지 중단해도 정신적으로나 육체적으로 아무런 문제가 생기기 않는다는 확신을 가지고 있기 때문이다. 이와 같은 일부의 잘못된 인식이 최초 흡연자에게 전달되면 더욱 문제가 아닐 수 없다. 다른 마약류들은 그간 많은 홍보로 그 해악들이 잘 알려져 최초의 복용 제의 시에 상당한 저항감에 직면하기 때문에 널리 확산될 우려는 비교적 적다. 즉, 마약에 대한 자기통제력이 강화되어 있는 셈이다. 대마초 만성중독자에게는 육체적으로 폐기능 장애, 생식기능의 변화, 암유발 등의 원인이고, 정신적으로는 공간 및 시간감각의 상실, 창의력과 기억력의 저해, 도덕적·사회적 관념의 저하, 환상·환시·환청·편집증·정신이상 등을 유발하므로 이 점을 널리 홍보할 필요가 있다.

최근에는 문화예술인들을 중심으로 대마초의 흡연을 합법화해야 한다는 목소리가 커지고 있다. 영화배우 김부선, 가수 신해철 등은 2004년 12월 9일 '대마 합법화 및 문화적 권리 확대를 위한 문화예술인 선언' 행사를 갖고 대마초에 대한 사회적 금기의 해제를 요구했다.

그 외에도 다큐멘터리 감독 김동원, 영화감독 박찬욱, 가수 전인권 등도 대마초의 합법화에 대한 견해를 밝히거나 영상메시지를 보내고 헌법소원을 내면서 합법화를 주장하는 사람들과 한배를 탔다. 이 헌법소원은 헌법재판소 전원재판부에 의해 대마초에 대한 제제가 합헌이라는 결정이 내려졌다.

4. 유해화학물질

폐에 흡입되었을 때 환각작용을 일으키는 유해화학물질인 신나·부탄가스·초산에틸·본드(용해제와 톨루엔을 포함하는 접착제)와 같은 흡입제는 청소년에 의해 많이 남용되고 있다. 남용방법은 이들 약물들을 천에 적시거나 비닐봉지에 짜 넣어서 여기에서 방출되는 가스를 흡입하는 것이다. 가스는 액체증기와 기체형가스(부탄가스·프로판가스), 유기용제가스(톨루엔·신나)로 구분하고 있는데, 각각 약간의 차이는 있으나 비슷한 정신적 또는 육체적 유해성을 가지고 있다. 이들 물질들은 값이 싸고 언제 어디서나 쉽게 구할 수 있기 때문에 비행청소년들에게 인기가 있다.

본드와 가스 같은 휘발성 물질을 흡입할 경우 폐로부터 직접 혈류로 들어간 후 뇌와 신장 그리고 간과 같이 혈액이 많이 공급되는 장기에 보다 빠르게 분포하게 된다. 유기용매나 에어로졸에 함유되어 있는 대부분의 휘발성 탄화수소는 지용성이므로 지방이 많은 중추신경계(뇌)에 빠르게 흡수되어 뇌의 전반적인 기능은 물론, 호흡과 심장박동수의 억제와 같은 변화를 가져온다. 지방조직 내에는 혈액이 거의 존재하지 않기 때문에 일부의 휘발성 탄화수소만 대사되어 신장을 통해 배설되는 반면, 대부분의 탄화수소는 대사되지 않은 상태로 다시 폐를 통해 배설된다. 이와 같은 성질 때문에 남용 청소년들이 숨을 쉴 때에는 수 시간 동안 용매냄새가 나게 되므로 본드나 가스 흡입여부를 알아낼 수 있다. 휘발성 탄화수소는 지방조직으로부터 혈류 내로 천천히 방출되므로 체내의 가스가 완전히 배설되기에는 상당한 시간이 걸린다.

흡입시의 단기작용은 매우 빠르게 나타나며 몇 시간 후에 곧 사라지게 된다. 흡입 후 나타나는 첫 증상은 어지러움·행복감·생생한 환상·흥분 등을 특징으로 하는 도취감이다. 육체적으로는 구토·타액분비 증가·재치기·기침·근육운동 실조·반사력 감소·빛에 대한 감수성 증가 등이다. 일부 남용자의 경우 무적(無敵)과 불패(不敗)의 감정을 느끼게 되므로 무모하고 기괴한 행동을 하기도 한다. 단기간에 걸친 반복적인 깊은 흡입은 혼미와 자제력의 상실·환각·인사불성·경련·발작 등을 일으킨다. 가벼운 흡입에 대한 효과는 몇 분 후에 가라앉게 되지만, 흡입량을 증가시키거나 계속적인 흡입의 경우 12시간 정도까지 지속시킬 수도 있다. 많은 남용자에 있어서 흡입에 의한 대부분의 효과는 흡입중지 후 약 1시간 내에 사라진다. 다만 숙취 혹은 두통과 같은 증상은 수일 동안 지속될 수도 있다.

단시간에 많은 양의 가스를 흡입할 경우 사망을 초래할 수도 있다. 휘발성물질의 흡입에 의한 사망의 가장 일반적인 형태는 급작흡입사망(SSD: sudden sniffing death)이다. 이와 같은 현상은 휘발성물질 중 할로겐화 탄소화합물의 일부가 아드레날린에 의해서 조절되는 심장기능의 감수성을 높여 심장부정맥을 일으켜 돌발적인 사망을 초래하기 때문이다. 사망을 일으킬 수 있는 그 밖의 원인으로는 남용자가 용기 속에 들어 있는 용제를 흡입하다가 그만의식을 잃어버릴 경우 쉬지 않고 계속 흡입하게 됨으로써 나타나는 질식에 의한 사망이 있다. 이 외에도 흡입시의 기도결빙이나 구토시 기도가 막혀 사망할 수도 있으며, 용매흡입에 의한 비정상적인 행동유발에 기인한 사고사도 있을 수 있다.

흡입제를 장기간 남용할 경우에 육체적으로 창백·갈증·체중감소·눈의 충혈·비출혈·코와 입에 통증이 있으며, 방향성 탄화수소와 같은 용매는 골수의 조혈기능에 장애를 일으킨다. 술과 함께 사용하거나 간장이나 신장질환이 있을 경우 위와 같은 증세를 더욱 악화시킨다. 많은 양을 만성적으로 흡입하는 사람에게서 빈번히 관찰되어지는 행동증상으로는 피로감·사고력 감퇴·우울증·과민성·적대감·피해망상 등이 나타난다.

유해화학물질의 남용은 대단히 위험한 일이 될 수 있다. 물질 그 자체가 가져오는 정신적·육체적 해독은 1회성의 경우 경미하게 끝날 수도 얼마든지 있다. 그러나 약물중독자의 대부분이 초기에는 약하고 쉽게 구할 수 있는 물질을 남용하다가 나중에는 걷잡을 수 없을 정도로 강력한 작용을 나타내는 마약류를 찾기 때문이다. 즉, 처음에는 호기심으로 시작하여 점차 또래친구들과 흥을 돋구기 위하여 물질을 남용한다. 이와 같은 사용단계를 거쳐 습관적 사용단계로 접어들게 되고, 다른 마약류에 본격적인 입문을 거쳐 남용단계에 이르고 나면 얼마 지나지 않아 약물의 노예가 되는 강박적 사용단계에 다다르기 때문이다(초기의 사용단계 → 사회적 사용단계 → 습관적 사용단계 → 남용단계 → 강박적 사용단계 → 만성중독 단계). 강박적 사용단계나 만성중독 단계는 코카인·마리화나·히로뽕 등을 가리지 않고 약물이 주는 쾌감을 쫓아다닐 수밖에 없기 때문에 자신에 대한 통제능력을 완전히 상실한 채 방황하게 된다. 약물중독이 무서운 것은 이와 같은 여러 단계가 불과 수개월에서 수년 내에 일어나기 때문에 정상인에서 갑자기 폐인으로 전락하고 만다는 것이다.

5. 신종마약

신종마약은 법률상의 용어가 아니라서 명확한 정의를 내리기는 어렵다. 그러나 과거에 없었던 마약류와 과거에 있었을지라도 남용사례가 거의 없다가 최근 들어 널리 확산되고 있는 것들이다. 기존 마약류와 구별되는 점은 환각이나 흥분효과의 배가, 성적 각성능력의 증진, 체중 감소 등의 목적으로 개발되었다는 것이다. 특히 사용상의 불편함을 개선시킨 물질들로 향정신성의 약품에 속하는 것이 많다.

최근에 히로뽕이나 헤로인 등과 같은 전통적인 마약류보다 가격이 저렴하고 환각효과가 3배 이상 강력한 야바·물뽕·엑스터시·살빼는 약·블랙코카인 등의 신종마약류가 일부 계층에서 남용되고 있다. 따라서 마약사범도 급증하고 있는데, 남용인구가 늘어나면서 주부·학생·회사원 등 사회 전계층으로의 확산이 우려되고 있다. 특히 엑스터시와 물뽕은 유럽과 미주지역에서 남용자들이 강간과 강도상해 등의 강력범죄를 저질러 사회안정을 헤치고 있다는 사례들이 연일 보고되고 있는 실정이다.

이와 같은 신종마약들은 오렌지·초록·연두·검정색 등 다양한 색상을 가지고 있고, 액체·분말·정제·캡슐 등의 여러 가지 형태로 제조되어 의약품과의 식별이 매우 곤란하다. 따라서 건강식품이나 의약품으로 위장·반입되므로 적발과 단속에 애로점이 많다고 한다. 뿐만 아니라 엑스터시의 경우 약식 소변검사로는 성분이 검출되지 않으며, 블랙코카인도 마약류간이검사킷으로도 탐지가 곤란하다고 한다.

그림 6-7 국내에 유입된 MDMA

밀수수법도 지능화·대규모화되어 있어 더욱 문제가 아닐 수 없다. 종전에는 여행객·우편 등을 통해 소량씩 밀반입 되었으나, 최근에는 어선·화물선·보따리상 등을 통해 대량반입 되고 있는 실정이다. 중남미산 블랙코카인의 경우, 중남미·유럽지역에서는 화물선을 이용하여 산업용 색소로 위장·반입되어 대량 유통되면서 사회문제로 부각되고 있는 실정이다. 아직 우리 나라에는 적발된 사례가 없어 다행이라 할 수 있다.

<표 6-1>은 신종마약류의 종류와 특성을 서로 대비해 놓고 있다.

표 6-1 신종마약류의 종류 및 특성

구분	YABA (정제형 필로폰)	MDMA (Ecstasy, XTC)	GHB(Gamma Hydroxy Butyate, (물뽕)	살 빼는 약	KHAT(Chat)	BLACK COCAINE
성분	필로폰(20~30%)에 카페인, 코데인 등 혼합	암페타민계 유기화학물질	뷰틸산계 유기화학물질	에페드린 등 환각물질	케틴 등 환각물질	코카인(40%)에 염화철, 염화 코발트 등 혼합
형태	캡슐, 정제	백색분말, 캡슐, 정제	백색분말, 액체	캡슐, 정제	담배잎, 양상추	흑색 분말
효과	환각, 흥분	환각, 흥분(필로폰의 3~4배)	환각, 수면, 진정	식욕억제, 최면, 진정	환각, 흥분(필로폰과 유사)	환각, 흥분
부작용	식욕상실, 불면, 정신착란, 구토, 혼수	식욕상실, 정신착란, 사망	뇌사, 사망	구토, 시야혼탁, 복통, 사망	갈증, 알칼리중독, 유사증세	정신착란, 피해망상
생산지	태국, 미얀마	네덜란드, 동유럽, 멕시코, 미국, 중국 등	유럽, 미주	중국, 태국	동부 아프리카, 남부 아라비아	중남미
가격	1정 : 2~3천 원	1회분(75~150mg) : 3~4만 원	액체(25ml) : 1만 원, 분말(10g) : 3~4만 원	1개월분(160여 정) : 태국 2~3만 원, 국내 20~30만 원	1kg : 3~7만 원	1g : 20~30만 원
기타	원래는 '야마'(원기나는 약)로 호칭	다른 약물·주류 등과 혼합사용	음료수에 타서 사용(무색, 무취, 짠맛)	중국산 '펜플루라민'·태국산 '디아제팜' 등이 주종	암페타민 검사 킷에 양성 반응	산업용 색소 등으로 위장반입

특히 중국산 살빼는 약의 경우, 과거에는 보따리상·관광객 등에 의해 소량으로 밀반입 되던 것이 최근에는 화물선의 컨테이너를 이용하여 대규모로 밀반입 되고 있다. 형사사법기관의 단속이 강화되자 수입선을 태국으로 돌려 시중에는 태국산 살빼는 약이 대량으로 유통되고 있다고 한다.

이러한 신종마약류의 유입을 우려하는 이유는 가격이 저렴하면서도 효과가 강력하다는 점이다. 대체로 신종마약류는 상황에 따라 시세가 들쭉날쭉하지만 국내에서 가장 많이 남용되고 있는 히로뽕의 절반 이하의 가격으로 유통되고 있어 기존의 마약남용 인구 외에도 청소년과 대학생 층으로의 전이가 우려되고 있다.

최근에 문제가 되고 있는 신종마약류는 프로포폴이다. 흔히 수면내시경을 할 때 사용되는 프로포폴은 통증완화에 많이 쓰이는데 이 주사를 맞으면 통증완화는 물론 체력이 일시적으로 살아나고 기분이 상당히 좋아진다. 전신마취의 유도 및 유지, 인공호흡 중인 중환자의 진정에 쓰이는 수면 마취제로 오남용 시 환각 등의 증세가 나타나 마약대용품으로 악용되고 있다. 페놀계 화합물로 화학명은 2,6-diisopropylphenol이다. 적정용량과 치명용량간의 범위가 좁고 개인별 적정용량이 달라 무분별하게 투여할 경우 사망할 수 있다. 호흡기계 이상으로 인한 치명적인 이상반응 및 자제력을 잃고 정신적 의존성을 유발한다.

제4절 ⟨ 마약류범죄자의 특징과 수사활동

1. 마약류범죄자의 특징

1) 마약 관련사범

마약중독자들은 인체에 나타나는 여러 가지 특징이 있고 금단증상 때문에 많은 고통을 겪는다. 신체기능의 조정력 상실(비틀거림), 동공축소 또는 산대, 눈물, 콧물, 오한, 발한, 식욕감퇴, 졸림 또는 수면, 멍청함, 진전섬망, 불안 초조, 체중감소 등이 그것이다. 그러나 중독자들이 이러한 증상이 일어날 때에는 대부분 활동을 중지하고 방구석이나 은밀한 곳에 숨어 있기 때문에 좀처럼 발각되는 일은 없다. 중독증상은 심하지 않을 때도 있으므로 이 때를 이용하여 움직이는 마약남용자들을 수사관이나 의사가 식별하기는 매우 어렵다. 단지 몸에 나타나 있는 주사자국, 비틀거림, 풀린 눈, 이상한 행동 등으로 대상인물을 추정할 뿐이다. 또 마약의 생산이나 제조와 관련된 자들도 식별하기 곤란하다. 왜냐하면 이들은 점조직으로 고도의 기술을 소유한 자들로서 조직범죄단체들의 비호 하에 움직이므로 철저히 베일에 가려져 있기 때문이다.

일반적으로 마약사범들은 부정마약의 밀매 내지 사용사범들인데, 다음에서 검찰수사관인 심순 박사의 견해로 마약남용자들의 특징을 살펴보기로 한다.

① 마약사용자 중에는 20대가 많고, 밀매자는 주로 30대이다.

② 마약사용자와 밀매자 중에는 남자 누범자가 많다.

③ 사용자와 밀매자 공히 유소년기부터 범죄나 비행전력을 가지고 있는 자가 많다.

④ 사용밀매자(자신도 마약복용)의 과반수가 각성제 남용자이며 다른 약물의 사용진력이 있다.

⑤ 문신을 새긴 자가 많다.

⑥ 사용밀매자 중에는 성격편향자가 많고, 밀매자에게서는 그다지 많지 않다.

⑦ 밀매자는 대부분 사교적이어서 타인의 언동에 감동하기 쉽고 경박한 경

향, 섬세·소심한 자가 많다.

⑧ 여자수형자 중에 마약사범이 많은 것으로 보아 여성남용자가 많을 것으로 추정된다.

⑨ 각성제사범과 마약사범은 공통점이 많고, 전형적인 관습범죄자가 많으며, 폭력조직에 가담되어 있는 특징이 있다.

2) 향정신성의약품 관련사범

최근의 각성제 범죄는 소지·사용사범이 많이 적발된다. 이 중에는 조직폭력배의 점유율이 높고, 대도시는 물론이고 중소도시·농어촌 등에까지 확산되어 있음을 알 수 있다. 소위 히로뽕의 사용과 관련하여서는 히로뽕중독자가 중독상태에서 저지른 강도나 강간 등의 강력사건이 문제되는 경우가 잦고(이 경우 상습성과 반복성이 우려됨), 히로뽕 조달비용을 마련하기 위한 소매치기나 들치기사범들이 많이 적발되는 실정이다. 또 소매치기나 절도시에 마음의 안정 혹은 대담성을 얻기 위하여 약물을 복용한 경우도 종종 발견된다.

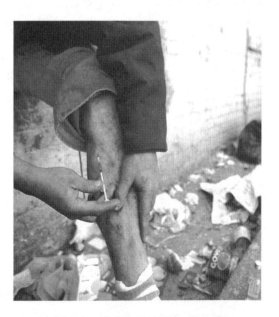

그림 6-8 마약을 주사하고 있는 모습

약물남용의 특징은 사회적 측면과 개인의 성격적 측면에서 분석이 가능하다. 사회적 측면에서는 사회의 부조화, 소외현상, 친구관계에서 생기는 동조압력, 대중매체의 영향과 선호도 등이 문제가 된다. 개인의 성격적 측면에서는 만성적으로 우울한 자, 충동억제 불능자, 남의 주의를 끌려는 욕구가 강한 자, 스트레스 내성이 약한 자, 동조압력에 약하거나 피동적인 자, 공격성의 소유자, 잠재적인 동성애 소질자 등인데, 대체로 경제능력이 없고 내성적인 사람이 약물로 불안감을 해소하려고 한다.

히로뽕의 유통과 사용에 관련된 자들은 앞서 고찰한 마약 관련사범과 유사한 특징을 많이 가지고 있다. 그런데 특히 문제가 되는 것은 각성제사범들이 폭력범죄, 재산범죄 또는 풍속범죄를 저지르는 비율이 매우 높다는 것이다. 이것은 중독자들에게 보이는 당연한 결과로 투약비용을 조달하기 위해 가족을 폭행하거나 타인의 재물을 절취하려고 하며, 또 투약상태인 다수의 남녀가 혼음함으로써 생기는 범죄들이다. 또 투약동기도 매우 다양한 것으로 나타나고 있는데, 도취감을 얻기 위한 자, 성접촉에 따른 쾌감을 극대화하기 위한 자, 피로회복이나 체력유지를 위한 자, 진통이나 치료효과를 기대한 자, 친구 혹은 선후배의 강요에 의한 자, 자기현시나 우쭐감을 표시하려는 자, 비만치료를 목적으로 한 자 등이다.

외관상의 특징은 마약사범과 비슷하며, 알코올 냄새가 풍기지 않는 데도 만취한 모습으로 비틀거리며 걷거나 의자에 앉아 잠에 떨어지거나 방향감각을 상실한 행동을 보이는 자를 유심히 관찰할 필요가 있다.

3) 대마 관련사범

대마초와 대마수지(해쉬쉬)사범들은 마약이나 히로뽕사범과 같이 국제적인 루트를 갖고 있는 조직범죄집단들이 제조·공급책일 가능성이 높다. 그런데 사용사범들이 이들로부터 물건을 구한다고는 장담할 수 없다. 왜냐하면 소규모의 산지 공급책과 판매책이 있을 수 있고, 사용자 스스로 야생이나 재배대마를 무단채취 하거나 몇 포기를 재배할 수도 있기 때문이다. 청소년이나 대학생들이 호기심에서 피우는 경우도 있으나 상습적인 대마사범들은 유흥업소종사자나 연예인들이 많다. 가수들의 경우는 전술한 바와 같이 음악성을 좋게 한다고 믿고 작곡시의 순간적인 창의성과 창작성, 노래를 부를 때의 음질과 음감을 더 높일 수 있다는 것을 자신이나 동료들에게 알리는 경우가 많다고 한다.

그림 6-9 마리화나를 피우고 있는 소년들

사용사범들은 사용제품을 은밀한 곳에 숨겨 놓고, 필요시에만 사용하므로 단속상 표면에 드러나지 않는 잠재적인 범죄가 많다. 흡연자들은 주로 혼자 피우거나 믿을 만한 동료들과 피우기 때문에 주변인물의 신고나 수사자료 제공 없이는 검거가 거의 불가능하다. 특히 인기 연예인들의 경우에는 확실한 물증과 제보가 있어야 가능하다.

허가 없이 대마를 재배하는 자, 야생 또는 재배대마를 무단 채취하는 자, 야산이나 산 속에 대마를 몰래 재배하는 자, 대마밭 주변을 서성거리는 자, 호흡을 할 때 풀잎이 탄 냄새가 심하게 나는 자, 흡연파이프나 궐련종이(보통 갈색)를 소지한 자, 손가락 사이가 누렇게 채색되어 있는 자, 안구충혈과 구강건조 등 비정상적으로 보이는 자, 비닐이나 병에 식물성(대마가루)을 담아 소지한 자 등이 일반적인 대마사범의 특징이다.

4) 유해화학물질 관련사범

유해화학물질 사범들은 대부분 청소년들이다. 이들 중의 대다수가 가출청소년들이다. 청소년의 가출은 이들이 저지른 여러 가지 비행들과 깊은 관련이 있다. 처음 가출을 결정하고 시도하기는 어렵지만, 일단 한 번하게 되면 가출하기는 훨씬 쉬워지고, 죄책감이나 거리낌없이 습관적으로 반복되는 경향이 있다. 가출 후에는 비슷한 처지의 또래들과 어울려 가스나 본드를 흡입하다가 점차 환각성분이 있는 진해거담제나 신경안정제류를 구입하는 방법을 배워 점점 더 약물에 의존하는 단계로 나아가게 된다. 이러한 가운데 비행이나 부랑행위도 곁들여지며 그들 특유의 몸가짐과 복장 및 불건전 언어를 습득하게 된다. 또 이들은 숙식을 해결하기 위해서 또는 비행을 용이하게 하기 위해서 집단을 형성하여 조직적으로 생계를 유지하면서 주변의 부랑아 집단과 쉽게 접촉·연계하여 복합적인 비행행동을 일삼는다. 가벼운 것은 불법 전단류를 받아 돌리거나, 구걸하거나(주로 어린아이들), 오토바이를 훔치는 것(소위 '큰형'들에게 상납하기 위해) 등이지만, 점차 성폭행·소녀포주·원조교제·강절도·아리랑치기·삐끼·폭력배의 행동대원 노릇 등의 대담한 범행에 가담하게 된다.

감기약·진해거담제·근육이완제·신경안정제 등을 과도하게 복용하게 되면, 마약이나 히로뽕을 먹은 것처럼 환각·환청이 생기고 혀가 꼬여 발음이 부정확해지며 몸을 가누지 못하고 무엇이든지 다 할 수 있을 것 같은 용기가 생긴다고 한다. 이러한 약들은 내성이 있어서 처음에는 한두 알로도 충분한 효과가 나타나지만 장기복용하게 되면 나중에는 30~40알씩 복용해야 한다.

일반적으로 유해화학물질들을 흡입하는 청소년들의 특징은 다음과 같다.

① 비행초기 연령은 대부분 매우 빠르다. 불량교우·가출·학교부적응 등 환경에 부적응 현상을 보이고 있는 경우가 많다.

② 본드나 신나는 동료로부터 강제적으로 유혹을 받거나 친구의 사용현장을 목격하고 흉내낸 자가 많다.

③ 초기에는 대부분 집단으로 흡입하지만 만성사용자는 단독으로도 하며 이 경우는 이미 정신이상이나 환각체험을 가지고 있는 경우가 많다.

④ 정신장애의 비율은 낮지만 자기현시성·의지박약성·미성숙·기분이변성·불안정성 등과 같은 사이코패스적 특성을 보이는 자가 많다.

⑤ 절도·폭행·성범죄·상해·공갈 등의 비행과 연루된 자가 많다.

5) 신종마약류 관련사범

신종마약류 관련사범들은 유학생·주한 미군이나 외국인·대학생·약물남용자·청소년 등 매우 다양하다. 약간 특이한 것은 미혼여성 중에 남용자가 많다고 한다. 이들은 대부분 마약이라는 사실을 모른 채 다이어트식품이나 약으로 오인하고 복용한다고 한다. 특히 중국이나 태국산 살빼는 약은 현지의 가격이 매우 저렴하여 외국여행시에 구입·복용하는 경우가 많고, 보따리상이나 국내 거주 외국근로자(조선족)들의 권유로 구입하는 것으로 드러나고 있다. 실제로 이것은 식욕억제나 식욕상실의 효과가 있기 때문에 단기간에 살을 빼기 위해 과량복용하여 정신착란을 일으키거나 심한 영양부족으로 사망한 사례까지 보고되고 있을 정도이다. 일명 '도리도리'로 불리는 엑스터시는 미국의 청소년들 사이에서 댄스파티를 할 경우에 남용되던 약물이었다. 우리나라에서는 최근의 테크노 열풍을 타고 유명세를 치르고 있는 신종 마약류이다. 이 약을 먹으면 머리를 심하게 흔들어야 하는 테크노춤이 더욱 잘되고 매력적으로 보인다고 하여 미혼 여성이나 여대생들이 남용한다고 한다. 태국산 야바는 일명 '말약(horse medicine)'으로 알려져 이 약을 복용하면 종마와 같이 힘이 솟고 발기가 잘 된다고 하여 정력제를 찾는 남성들을 대상으로 많이 판매된다고 한다.

2. 마약류범죄에 대한 수사

마약류의 제조·밀매·밀수·소지·투약범죄 등에 대해 전체적인 마약류범죄 대응체제를 갖추어 수사체계를 구축할 필요가 있다. 다음은 각각의 범죄에 대해 구체적으로 논의하고자 하며, 제조범죄는 제외하였다. 그 이유는 제조범죄는 매우 적고 우리나라의 여건상 제조범죄의 가능성이 매우 낮기 때문이다.

1) 밀매범죄 수사

밀매범죄는 대체로 제조범죄와 투약범죄의 가운데 위치하고 있다. 밀매범죄를 수사하여 구입선을 거슬러 올라가면 공급책·제조책 등 상선까지 이르게 되고 아래로 내려가면 하부 밀매책과 투약범죄자까지 이르는 전반적인 조직을 밝혀낼 수 있으므로 규모여하를 막론하고 밀매범죄가 수사에서 차지하는 비중은 매우 크다.

그러나 현실적으로는 일단 검거된 자가 자기의 죄책을 인정하더라도 범죄조직과 연계된 유통경로에 대해서는 쉽게 진술하지 않는 경향이 있다. 더욱이 제조에서 판매에 이르기까지 여러 단계를 거치며, 단계마다 관련자들이 점조직화되어 있고, 일방적인 계통에 의하거나 중간하수인을 통하여 연결되는 경우가 많기 때문에 중간에서 연결선이 끊어져 상·하선의 공급책, 밀조책, 판매책에 대한 정보를 입수하지 못하는 경우가 많이 있다. 실제 밀매범죄자를 검거하였다 할지라도 총책을 공동정범으로 입건하기는 어렵다.

따라서 밀매자 발견시는 밀매하게 된 동기·이유·과거 밀매여부·밀매수법·구입과정·제보자와 피의자 관계·조직폭력배 여부·신상관계·가족의 직업·생계유지 수단·돈 씀씀이 등을 면밀히 조사해야 한다. 또 수사선상에 체크된 범죄관련자·혐의자에 대해서는 검거된 공범과의 관계, 계보도 및 연명부 작성, 공범의 검거일시, 송치일자, 구형과 선고일, 출소예정일 등을 간이수첩에 기록해야 하고 출소한 공범에 대하여는 관찰을 게을리하지 말아야 한다.

특히 다음과 같은 요소들에 주의하여야 수사의 성공률을 높일 수 있다.

첫째, 소규모의 밀매범죄라 할지라도 더 큰 밀매조직이 있을 수 있기 때문에 관계장소에 대해 철저한 압수·수색으로 유통에 연결되는 증거물 확보에 주력하여야 한다.

둘째, 범죄혐의자와 주변인물들에 대한 철저한 수사로 범죄를 둘러싸고 있는 비호세력들을 철저히 규명하여야 한다.

셋째, 수사기관이 관리하고 있는 마약류범죄관리카드, 마약류범죄조직계보도, 화상영상전산시스템 등을 적극적으로 활용하여 범죄자의 근원과 관계된 연결고리를 찾는 것이 중요하다.

2) 밀수범죄 수사

마약류의 밀수는 주로 선박 또는 항공기를 통하여 극소수 인원에 의한 소규모 포장단위로 이루어진다. 따라서 선박과 항공기를 통한 입·출항을 단속하는 세관원에 의하여 수사단서가 포착되어 제보되거나 검거될 가능성이 높다.

그러나 특정 항공기나 선박의 승무원 내지 여행객이 마약류를 밀수한다는 정보가 확보되어 그자에 대하여 즉시 수사가 개시되는 경우를 제외하고는 승무원 또는 여행객을 모두 마약류 밀수범으로 의심한다는 것은 그 자체로도 부적절할 뿐만 아니라 이를 실천에 옮기는 것이 불가능하다. 세관원이 고유의 직무를 집행하는 과정에서 입·출국 승객 중 불특정한 자가 마약류를 소지하고 있음을 발견하는 경우가 대부분일 것이다. 이때 그 불특정인의 신원을 빨리 파악하고 신병을 확보하는 것이 매우 중요하다.

그림 6-10 밀수된 해쉬쉬 팩을 들어보이고 있는 미국마약청(DEA) 직원

마약류의 밀수수법은 세 가지 수사대상별로 분류할 수 있는바, 구체적인 내용은

첫째, 입국자 신변을 이용한 수법으로,

① 마약류를 비닐이나 용기에 싸서 입으로 삼켜 위장에 은닉하거나 여자의 음부 또는 항문에 넣어서 밀반입하는 방법

② 신형 운동화 또는 구두 뒷굽, 안창 밑부분에 은닉하는 수법

③ X-ray투시기를 방해하기 위하여 카본지로 포장한 후 여행용가방 및 항공 소포 속에 은닉하여 밀반입하는 수법

④ 서류봉투로 위장 또는 책의 내부를 오려 내어 은닉하는 수법

⑤ 양주병 속의 양주에 용해시켜 밀반입하는 수법 등이 있다.

둘째, 반입차량을 이용하는 수법으로,

① 실내등·전조등·후미등의 내부에 은닉하는 수법

② 천장에 이중장치를 하여 은닉하는 수법

③ 가짜 밧데리 속에 은닉하는 수법

④ 운전석 앞의 계기판 뒤에 은닉하는 수법

⑤ 브레이크·크러치 등의 페달 밑에 은닉하여 밀반입하는 수법 등이 있다.

셋째, 선박을 이용하는 수법으로,

① 어로작업을 위장하여 일본·홍콩 등의 우범지역으로 밀항하여 운반하는 수법

② 소형 쾌속정을 이용하여 우범지역을 직접 밀항하여 운반하는 수법

③ 항 내에서 각종 작업선에 인계하여 운반하는 수법

④ 화물선의 각종 화물에 교묘히 은닉하여 운반하는 수법 등이 있다.

마약류 밀수범죄를 수사함에 있어서 특히 주의를 요하는 것은 대부분 마약류를 소지한 범죄자의 배후에는 외국의 거래선이 있고, 그 거래선의 관계자와 미리 상담을 마친 주범이 있기 마련이므로 사전에 충분한 내사를 하여야 한다. 목표가 되는 자의 행동거점, 그곳에 출입하는 자, 자금의 이동, 외국여행경력, 국제전화 이용상황 등을 가능한 한 면밀히 파악하여 조직의 관련자를 빠짐 없이 검거하여야 한다. 소지범을 검거한 후 정보유출로 인하여 나머지 국내에 있는 다른 공범들이 도주하여 증거를 인멸하지 않도록 유의하여야 한다. 마약류의 밀반입은 대체로 위의 수법 중 한 가지를 이용하여 이루어지고 있으나, 마약류 자체를 소분하여(가루로 만들거나, 소포장하여) 교묘히 은닉된 상태에서 밀반입하기 때문에 정보의 입수와 이에 따른 추적이 절대적으로 필요하다.

그림 6-11 마약탐지견을 활용하여 화물을 검사하고 있는 세관원

3) 소지범죄 수사

마약류 소지범죄에 대한 수사는 범죄자가 마약류를 소지하고 있었다는 사실을 입증하기 위한 증거의 수집을 중심으로 기본적인 수사가 전개되는 것이므로 필요적 요건이 우선 '마약류의 존재'를 확인하는 것이다. 따라서 수사의 단서로서 마약류의 발견이 극히 중요하며 그 수단으로서 불심검문이 매우 중요하다. 불심검문 시에 소지품을 검사하여 증거품을 확보하는 것이 출발점이라 하지 않을 수 없다.

마약류라 보여지는 물건을 압수하였을 경우에는 피의자가 자백을 하는 때에도 그 물건이 과연 마약류인가의 여부를 전문기관에서 감정하여 명확히 규명하여 놓을 필요가 있다. 마약류에 대한 감정업무는 대검 마약감식실, 국립과학수사연구원, 도핑컨트롤센터, 부산보건환경연구원, 대구보건환경연구원 등에서 담당하고 있다.

4) 투약범죄 수사

투약범죄는 마약류의 유통경로에 있어 마지막 단계에 위치한 것으로서 제조·밀매·소지 등의 범죄도 결국은 투약을 위한 전단계에 불과하다. 투약자 발견 시는 투약하게 된 동기·일시·장소·공범 등은 물론이고 관련자와 공급자가 누구인가를 추적하여야 한다. 동시에 관련자의 구속여부, 누구에게 투약·판매했는지를 조사하여야 한다.

투약범죄는 국민 개개인의 건강에 직접 연결되어 있고, 히로뽕 투약사범의 경우 수사의 단서를 제공할 수 있으므로 투약사범에 대해서는 배후, 즉 상선을 추적수사 하는 데 수사력을 집중하여야 한다.

일반적으로 마약류의 투약방법은 주사·음료수에 타는 방법·코흡입·기체흡입·신체에 바르는 방법 등이 있다. 특히 신체에 바르는 방법(여성의 음부 내에 바르는 방법)은 최근에 나온 것으로 효과면에서는 떨어지나 신체적으로 외부에 노출되지 않는 특징이 있어 유흥업소 여종업원들이 사용하고 있으며 점차 확산되고 있는 투약방법이다. 수사요원들이 앞으로 주시해야 할 투약방법이다.

이러한 투약방법에 대한 지식을 바탕으로 투약용법에 따라 마약류를 투약한 사실을 명확히 할 수 있는 증거를 확보하면 되는 것이므로 수사의 초점은 보통 인체에 투여된 마약류의 존재를 입증하는 데 있다. 따라서 물증으로서 투약하고 남은 마약류나 사용한 주사기는 마약류 소지범죄로서 투약과는 별개의 범죄를 구성하는 것이므로 과거나 현재의 투약사실 자체에 대한 증거수사가 필요하다. 그러므로 함께 투약한 공범의 진술 또는 목격자의 진술이 주요한 증거가 되나 이를 확보할 수 없는 경우가 많다. 따라서 인체 내에 남아 있는 마약류 성분을 입증하는 것이 중요한 문제가 된다. 일반적인 입증방법으로는 ① 혈액감정에 의한 방법, ② 땀의 감정에 의한 방법, ③ 소변감정에 의한 방법, ④ 모발감정에 의한 방법 등이 있으나 혈액과 소변검사방법이 많이 활용되고 있다. 이 외에도 범죄자의 신체에 표시되어 있는 주사바늘 자국, 주사기, 흡입기구 등을 보강증거로 하여 마약류의 투약사실에 대한 합리적인 의심을 가질 여지가 없을 정도로 철저히 증거를 확보하여야 한다.

제5절 ◦ 정책대안

1. 생산의 제한

마약을 통제하기 가장 좋은 전략은 마약의 생산지를 통제하고 관리하는 방법이다. 마약의 재배지를 파괴하고, 이 지역을 장악하고 있는 마약 카르텔의 구성원을 검거하여 공급을 차단한다면 그보다 좋은 방법이 없을 것이다.

그러나 이런 전략은 성공가능성이 거의 없다고 해도 과언이 아니다. 마약류는 막대한 수익을 보장하면서 늘 일정한 정도의 수요가 있기 때문이다. 후진국들의 주요 수입원은 마약으로부터 나온다. 만약 세계에서 유통되는 마약류를 철저하게 차단하거나 마약재배국가의 재배지를 파괴하게 되면 제3세계의 경제가 휘청거릴 것이다. 선진국들의 입김으로 후진 재배국의 몇 나라가 생산의 규제나 철폐에 협조한다고 해도 돈벌이에 혈안이 되어 있는 다른 나라들이 오히려 마약생산을 더 독려하지 않으리란 보장도 없는 셈이다.

마약의 수요자들은 마약의 가격이 폭등한다고 해서 마약 사용을 중단할 리가 없다. 마약 소비의 전체적인 양은 어느 정도 줄어들지 몰라도 마약남용자들은 그 누구보다도 마약을 얻기 위해서라면 거금을 지불하는 데 서슴지 않을 것이기 때문이다. 또한 천연마약보다 폐해가 훨씬 더 큰 신종마약류나 합성마약들이 시중에 유통되어 오히려 더 큰 혼란을 불러일으킬 소지도 있다.

2. 반입의 차단

마약의 재배지에 대한 원천 차단이 어렵기 때문에 세계 각국은 자국 내로 마약이 밀반입되는 것을 철저하게 차단하기 위한 전략들을 수립하고 있다. 미국의 경우를 보면 약물공급책들이 미국으로 마약을 밀반입하는 것을 차단하기 위해 마약단속국(DEA) 직원은 물론이고, 국경수비대나 군인들까지도 동원되고 있는 실정이다. 이들은 첨단 과학 장비로 무장한 채 마약카르텔에 의한 마약의 대량 반입을 저지하기 위한 노력들을 기울이고 있다. 그러나 미국의 국경선은 너무 광대해서 완벽하게 미국 내로의 반입을 막기란 불가능하다. 또한 모든 수입이 봉쇄된다고 해도 미국 내에서 생산되는 마리화나·LSD·PCP와 같은 약물을 봉쇄하기란 결코 쉽지 않은 일이다. 신종마약류들은 실험실에서 만들어지기 때문에 천연마약류가 봉쇄된다고 해도 이들 마약들이 그 자리를 대체할 가능성이 매우 높기 때문이다. 미국은 수년 전부터 이들 신종마약들이 손쉽게 구할 수 있고 가격이 저렴하다는 점 때문에 인기를 얻고 있다.

우리나라의 경우는 그동안 마약류의 반입차단에 심혈을 기울여 마약통제에 있어서는 매우 성공한 나라로 알려지고 있다. 우리나라의 가장 핵심적인 마약통제전략은 마약거래상들에 대한 체계적인 추적으로 공급을 차단하고자 하는 것이다. 마약류범죄는 범죄양상이 은밀하게 이루어지고 있고 마약류를 수요자에게 공급하는 루트가 점 조직화되어 있어 수사에 어려움이 있다. 일반적으로 히로뽕의 경우 중국·필리핀 등지에서 국제소화물 속에 은닉되어 반입되는데 유통경로를 보면 ① 밀반입자, ② 운반자, ③ 판매책, ④ 알선책, ⑤ 투약자 등 크게 5가지 분류로 구분할 수 있다. 이러한 밀매 유통경로 중에서 투약자를 제외한 유통선상에 있는 자들을 '상선(上線)'이라고 한다. 결국 상선이란 마약류를 사용·투약하도록 제공한 자, 판매한 자, 운반한 자, 밀반입한 자 등이 모두 포함되는 개념이다. 마약류사범 검거 시 단일사건으로 수사 종결하는 것이 아니라 피의자에 대해 회유·설득 등 합법적인 수단으로 수사정보를 획득하여 위장거래 등을 통하여 관련사범을 일망타진해야 한다.

또 우리나라는 공급조직을 일망타진하기 위해 미국과 같은 잠입수사 또는 함정수사를 하기도 한다. 미국에서는 상선을 체포하기 위하여 비밀정보원들(CI: confidential informants)을 미리 경찰에 등록해 관리하고 있다. 이들을 활용하여 첩보를 수집하거나 마약상들과 접촉하여 거래를 터면서 점진적인 방법으로 통신수사 등의 방법을 활용하여 상선을 추적한다. 또 스파이요원(UC: undercover agent)들이 대량의 마약을 구입하는 마약상이 되어 점차 마약조직의 핵심부로 침투하여 상선을 검거한다.

3. 처벌전략

처벌전략은 크게 두 가지로 나뉜다. 하나는 마약류를 공급하는 상선을 검거하여 증거를 확보한 뒤 강력하게 처벌하는 방법이다. 다른 하나는 투약자를 검거하여 증거를 확보하고 처벌하는 방법이다.

1) 상선처벌

상선을 추적하여 검거하기 위해서는 주로 다음과 같은 수사방법을 활용한다.

첫째, 검거된 피의자를 통하여 상선에 관한 정보를 얻어 일당을 검거하는 것이 시간과 인력이 가장 적게 소요되는 효율적인 수사방법이다. 피의자의 자백, 증거물(거래통장·전화 통화내역 등), 피의자의 가족이나 친구의 진술 등을 참고하여 수사관이 종합적으로 판단하여야 한다.

둘째, 압수물을 대상으로 수사하는 방법이다. 통장 입·출금 수사인 거래계좌 분석수사는 상당한 시간이 소요되고, 피의자들이 주로 차명계좌를 이용하기 때문에 실제 사용자를 파악하기가 어렵다

하지만 현재 마약류 거래의 추세를 보면 무통장입금 등 계좌를 통한 거래가 관련자금의 흐름 추적 및 범죄사실 구증에 중요한 단서가 됨은 물론이고 마약류 불법수익금 환수에 있어서 반드시 파악되어야 할 요소이다. 그러나 최근에는 거래대금을 은행계좌를 통해 송금하기보다는 현금 자체를 우편물 또는 고속버스를 이용하여 보내는 경우가 많으므로 그에 대한 대비가 필요하고 계좌추적에서 거래내역이 없다는 이유로 수사선상에서 배제시켜서는 안 된다.

휴대폰 수사는 휴대폰에 연락망이 있으므로 ① 검거 시 현장에서 즉시조치로서 공범 간 비상 연락망 차단과 전화번호부나 수첩 등을 확보하는 것이 중요하다. ② 피의자가 최소 약 3개월간 사용한 통화기록을 통신회사에 의뢰하여 확보하고, 이미 휴대폰에 입력되어 있는 수신번호·발신번호를 확인한 후 의심이 가는 전화번호에 대하여 그 가입자 성명·주소 등 인적사항을 발췌하여 전과조회 결과 등을 보고 공범여부를 판단한다. 그들의 사용내역을 분석해 보면 서로 통신한 중요 자료가 망라되어 있으므로 그 자료를 상선검거수사에 활용하는 것이다.

인터넷 수사는 대부분의 마약 피의자들이 여러 개의 ID를 사용하면서 평

소 주간에는 잠을 자거나 인터넷을 즐기고 야간에 활동한다는 점에 유의하여 인터넷 사용 정보를 일일이 확인하여 상선을 추적해야 한다. 최근에는 마약류를 운반·이동하는 수단으로 우편이나 택배를 많이 이용하고 있으므로 피의자의 전화번호 통화내역을 분석하여 그 중에서 택배회사 등이 발견되면 그 번호를 역 발신 추적하여 피의자가 택배회사에 전화를 걸어 주문을 한 시간과 일치되는 번호를 추적·검거하는 요령이 있다.

2) 투약자 처벌

투약자를 검거하여 증거를 확보하기 위해서는 마약류의 종류에 따라 매우 세심한 증거채취방법을 활용해야 한다. 이러한 절차는 매우 복잡하고 정교한 과정을 거쳐야 한다. 이 방법이 매우 어렵고 힘들기 때문에 오늘날은 수사실무에서 마약류 간이검사방법을 많이 활용하고 있다. 마약류를 복용하였다고 의심되는 피의자를 검거한 경우 즉시 간이시약(Acusign)으로 복용 여부에 대한 검사를 실시하여야 한다. 간이시약은 백색의 키트로서 샘플윈도(S)와 비교띠(C) 및 시험띠(T)가 있다. 간이검사 대상은 메스암페타민·대마초·코카인·아편류의 복용이 의심되는 피의자이다.

검사방법은 피의자의 소변을 제출받아 플라스틱 피펫으로 3~4방울의 소변을 샘플윈도에 떨어뜨린다. 이때 가장 먼저 채취한 소변으로 검사한다. 3~10분 사이에 결과를 판단한다. 10분이 경과된 후에 판별하는 경우 결과가 달라질 수 있으므로 주의해야 한다. 비교띠와 시험띠 모두에 붉은 띠가 나타나면 음성(복용하지 않음)으로 판별한다. 비교띠에만 붉은색으로 나타나면 양성(마약복용 의심)으로 판별한다. 항원·항체 반응에 의한 시험방법에 따라 시험띠 위에 붉은 띠가 늦게 또는 흐리게 나타날 수 있으므로 시험띠 위에 붉은 띠가 조금이라도 나타나면 음성으로 판별하여야 한다. 간이시약 검사결과를 피의자 본인에게 반드시 확인시켜야 한다. 비교띠가 전혀 현출되지 않는 경우에는 실패한 것으로 재검사를 하여야 한다. 간이시약 검사결과는 직접 증거로 사용할 수 없으므로 국립과학수사연구원에 반드시 정식감정을 의뢰하여야 한다. 간이시약 검사결과가 음성일지라도 정식 감정결과 양성반응이 나타날 수 있으므로 피의자를 석방하지 말고 정식감정을 의뢰하여야 한다.

소변검사는 히로뽕의 경우 약 10일, 대마의 경우 약 30일 이내에만 양성반응이 나온다는 사실을 유념해야 한다. 소변검사 결과는 히로뽕의 경우 초심자는 약 2~3일 정도, 중독자는 약 7~10일 지나면 양성반응이 나타나지 않는다. 대마의 경우 초심자는 7~10일 정도, 중독자는 약 30일이 지나면 양성반응이 나타나지 않는다. 따라서 소변검사결과는 범행시기에 대한 추정자료가 되므로 이를 기초로 피의자의 투약시기를 추궁하여 범행시기를 정확히 조사할 필요가 있다.

4. 계몽과 치료

마약류로부터 시민의 안전을 확보하는 가장 중요한 일은 바로 계몽활동이다. 마약류에 대한 강력한 단속과 빈틈없는 사후대책도 중요하지만 모든 범죄가 그러하듯이 예방보다 더 중요한 것은 없다.

이를 위해서는 첫째, 국민을 상대로 한 홍보와 계몽이다. 공공기관인 청소년보호위원회, 검찰의 범죄예방위원회, 경찰의 청소년선도위원회, 약사회, 의사회 등을 통한 계몽활동과 더불어 민간단체인 마약류퇴치운동본부, 한국사이버마약감시단, 각 직장의 회보, 시각적인 홍보가 큰 포스터, 중독자의 재활사례를 통한 강연 등으로 마약류의 해독을 깊이 인식시켜야 할 것이다. 이러한 홍보활동을 통하여 시민들 스스로가 마약류에 대하여 자기통제력을 가질 수 있도록 하여야 할 것이며, 동시에 마약류에 대한 자발적인 신고정신을 함양하여 시민들이 형사사법기관을 도와 주는 마약류의 지킴이가 될 수 있도록 하여야 한다.

그림 6-12 어린이를 대상으로 마약계몽운동을 하고 있는 경찰관

둘째, 교육프로그램의 개발과 선용이다. 마약류에 대한 호기심이 남다른 청소년들을 대상으로 마약류 남용억제를 위한 교육을 실시하는 것이 중요하다. 시청각교육이 가능하도록 하여 청소년들이 마약류의 해독을 바로 알고 이를 식별할 수 있는 능력을 키워 주는 것도 매우 효과적인 방법이다.

셋째, 마약류범죄가 기생하는 환경의 정비이다. 사회의 저변에 깊숙이 자리한 비디오방·만화방·대화방·노래방·PC방·전화방·키스방 등은 물론이고, 룸싸롱·카페·나이트클럽·스포츠맛사지·안마시술소 등 퇴폐와 환락이 복합적으로 기생하는 장소와 무허가 유흥업소 등에 대한 지속적이고도 철저한 단속을 통하여 마약류의 확산과 퇴치에 노력하여야 한다. 외국에서 실시하고 있는 것과 같이 일정지역을 정하여 마약류의 사용을 허용하는 것도 심각히 고려해 볼 문제이다. 이것은 마약류단속의 효율을 높이고 사회가 중독자를 관리할 수 있는 시스템이기도 하다.

마지막으로, 종교단체들이 마약퇴치운동에 앞장서는 것도 효과적일 것이다. 우리나라는 종교적 영향력이 매우 강하기 때문에 목사나 스님들이 적극적으로 참여하여 계몽활동을 벌인다면 매우 큰 효과가 있을 것이다.

이미 중독된 자들을 대상으로 재활과 치료를 위한 체계도 정비할 필요가 있다. 이를 위해서는 첫째, 마약류범죄자에 대한 치료시스템의 정비이다. 마약중독자로 수감된 재소자의 경우에는 의료교도소에서 충분한 치료를 받을 수 있도록 국가적인 차원에서 지원이 있어야 할 것이다. 또 중독자에 대해서는 재판과정에서도 필요적으로 상당한 기간(6개월 이상~수년) 동안 완치될 때까지 격리하여 치료받을 수 있도록 주형(主刑)으로 선고될 수 있도록 입법화할 필요가 있다. 마약중독자의 경우는 단순한 격리보다 치료가 우선시되기 때문이다.

둘째, 상담기능의 활성화이다. 형사사법기관과 연루되지 않은 약물남용자들이 혼자서 또는 주변의 가족들과 걱정만 할 것이 아니라 적극적으로 약물남용치료센터를 찾을 수 있도록 국가적인 차원에서 지원하여야 할 것이다. 이 때 형사상의 불이익을 받는 일이 없도록 하는 것이 중요하며, 치료센터에 대한 거부감을 갖지 않도록 세심한 주의를 기울일 필요가 있다.

셋째, 마약류상담용 전화번호를 개설할 필요가 있다. 기존에 설치된 신고전화(127번) 이 외에도 새로운 번호를 개설·홍보하여 중독자에 대한 비밀보장과 아울러 마약류상담원이 직접 중독자들을 마약전문병원에 의뢰하는 일이 가능하도록 시스템을 정비하여야 할 것이다.

마지막으로, 재범이상의 마약범죄자에 대해 각별한 주의가 요망된다. 마약중독자는 재범자가 많기 때문에 이들을 특별관리 함으로써 다시 재범의 순환에 빠지는 일이 없도록 하여야 할 것이다. 많은 중독자들이 노동혐기자인 경우가 많으므로 수감시 정역에 종사하게 하여 근로습관을 형성시키는 것이 바람직하며, 출소 후에도 생의 희망을 가질 수 있도록 직업을 알선하는 방법도 고려해 보아야 할 것이다.

CONNECTIONS

1. 세계의 조직범죄단체들은 마약거래를 주된 수단으로 이용하는데 반해 우리나라 조직범죄들은 다른 양상을 보이고 있다. 그 이유는 무엇일까?
2. 대마가 중독성이 크지 않다는 주장과 대마 흡연을 금지하는 것은 과도한 법적 규제라는 의견이 있다. 이에 대한 견해는 어떠한가?
3. 본드·부탄가스 등의 유해화학물질을 청소년들이 구입하지 못하도록 한 청소년보호법은 어느 정도 규제 효과가 있다고 보는가?

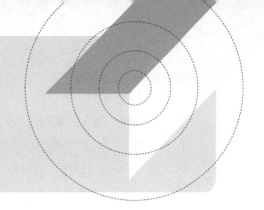

제7장

성적 일탈과 성범죄

그림 7-1 성적 존재인 인간-입맞춤
(로뎅 작)

　암컷의 생식주기에 따라 교접하는 동물과는 달리 인간은 언제 어디서나 성에 흥미를 가질 수 있다는 점에서 '성적 존재(性的 存在)'이다. 기아나 갈증 등과 마찬가지로 성욕은 1차적 충동(primary drive)이다. 따라서 이 욕구는 억제하기 어려운 본능적인 측면을 가지고 있다. 하지만 인간은 사회적 동물인 까닭에 성욕의 해결에는 어느 정도의 제한이 불가피하였다. 사회가 용인하는 정상적인 방법으로 이 욕구의 충족을 강제할 뿐만 아니라 이에 대한 일탈행위들을 죄악시하고 범죄로 보아 처벌하였다.

　그러나 인간의 성행동에 있어 무엇이 정상이고 무엇이 이상인가의 문제는 의학적인 질병과는 달리 그 구분이 분명치 않다. 이것은 시대와 문화에 따라 일탈적인 성행위의 기준이 다르기 때문이다.

　예컨대, 불과 50여년 전만 하더라도 자위행위와 동성애가 성적 일탈이었지만 오늘날은 대부분의 사회가 묵인하고 있는 행동이다.

　성적 일탈의 정의와 기준이 명확한 것은 아니라 할지라도 성적 일탈자는 여러 가지 측면에서 정상인과 크게 다르다. 특히 한 가지 장애만 있는 경우는 드물고 관음증(voyeurism)과 노출증(exhibitionism)의 결합처럼 두 가지 이상이 겹치는 경우가 많다. 또 그들에게는 특이한 성격적 특징도 있다. 정신성욕장애자 가운데는 반사회적 성격을 가진 사람이 많이 있고 그 외에도 정신병자, 신경증환자 그리고 정신지체자도 상당히 있다. 그런가 하면 이들 가운데는 매우 창조적이며 재능이 뛰어나 위대한 업적을 남긴 사람들도 있다.

성적 일탈과 성범죄에 관한 범죄학자들의 관심은 주로 범죄사회학적 설명에 주력하고 있다. 예컨대, 동성애 집단과 매춘 등과 같은 일탈의 집단적 특성을 밝히거나, 강간범의 인구·사회학적 특성, 어린이 성추행범의 일반적인 특징 등과 같은 연구가 바로 그것이다.

이는 연구자체가 용이할 뿐만 아니라, 성범죄에 대한 전체적이고 포괄적인 수준의 지식을 축적할 수 있고 지역사회 수준의 성범죄에 대한 대처 및 형사사법기관의 대응수위를 조절하는 데 유용한 시사점을 제공해 주고 있는 장점이 있기 때문이다.

그러나 성범죄자와 피해자들의 개인적 성장배경과 기질적 특성을 이해할 수 없을 뿐만 아니라, 성적 일탈과 성범죄들이 다종다기한 특성을 갖고 있다는 사실들을 밝혀내기 어렵다.

또한 성범죄와 깊은 관련이 있는 성적 일탈의 한 유형, 예를 들면 소아기호증(pedophilia)과 같은 것을 정신의학이나 이상심리학의 영역으로 보아 연구를 소홀히 한 관계로 성도착에 기인한 범죄자나 피해자들의 치료와 교정에 대한 대책의 수립에도 어려움이 있다.

우리 사회의 성범죄 발생수준이 세계적이라는 점은 물론이거니와, 강도강간·가정파괴·인신매매·어린이 성폭행 등 성적 일탈과 관련이 깊은 범죄들이 다수 보고되고 있다는 점에 주목할 필요가 있다. 예컨대, 이런 성범죄의 과정에서 변태적인 성행위를 강요하거나, 임신 중인 부녀자를 폭행하거나, 1명의 부녀자를 2명 이상이 윤간하거나, 초등학교 여아를 선생님이 성폭행하거나, 특정 피해자를 집요하게 따라다니며 괴롭히거나, 지하철과 같은 혼잡한 곳에서 치한이 들끓는 것과 같은 현상의 근원을 이해할 필요가 있다. 분명히 이와 같은 사례들은 단순한 현상파악에서 벗어나 문제의 본질에 접근할 필요가 있으므로 범죄심리학적 접근을 요구하는 것들이다.

제2절 ● 성적 일탈에 관한 이론적 배경

1. 생물학적 관점

성적 일탈행동은 과도한 성욕의 반영이라는 믿음이 있다. 이 충동은 호르몬의 영향을 강하게 받는데 호르몬은 여러 가지 내분비선이 혈액 속으로 분비해 놓은 화학적 심부름꾼이다.

남자에 있어 성충동에 주된 영향을 미치는 호르몬은 테스토스테론 (testosterone)이다. 테스토스테론 수준이 감퇴하면 성욕이 떨어진다. 남자는 발기를 하고도 그것을 지속하기가 어려워진다. 반면에 이것이 너무 많으면 성에 대하여 지나치게 강렬한 집착을 갖게 된다. 이 때문에 성적 일탈이 가속화된다는 것이다.

그러나 성적 일탈자 가운데는 낮은 테스토스테론 수준에도 불구하고 일탈적인 성행동에 빠지는 경우도 있는데 유의할 필요가 있다. 호르몬뿐만 아니라 신경계의 발기중추, 뇌하수체전엽도 성욕구에 강력한 영향을 미친다는 것이다.

이 생물학적 관점은 인간의 성흥분, 성행위 및 성적 정체감이 주로 학습과 환경적 요인에 크게 의존하고 있다는 일반적인 의사의 합치 때문에 성적 일탈의 많은 부분의 설명에 적합치 않다는 지적이 있다.

그림 7-2 수면 도중 발기 억제를 위한 강철고리(19C 유럽인들이 활용)

2. 정신역동적 관점

프로이드(Freud)는 성적 일탈을 아동기의 성적 고착으로 보아 거세불안 (castration anxiety)을 회피하려는 방어기제로 파악하였다. 그러므로 정신역 동적 관점은 성적 일탈을 오이디푸스 콤플렉스(Oedipus Complex)의 미해 결과 아동기의 성적 고착의 퇴행으로 설명하고 있다. 남아의 경우 아버지와 의 동일시 실패, 근친상간 원망(incestuous wishes) 그리고 거세불안 때문에 정상적인 이성애의 발달에 지장을 받는다는 것이다.

동성애적 소아기호증(homosexual pedophilia)은 전도된 자기연모의 표현 이므로 어린 시절의 그와 똑같다고 느끼는 아이를 성파트너로 삼고, 자기 어 머니가 그에게 했던 것처럼 파트너를 대한다. 여성에게 적대감을 표출하는 강간범들은 스트레스를 받으면 항문가학적 퇴행(anal-sadistic regression) 을 보여준다고 한다.

가학증에 있어서 여성의 비하는 근친상간 원망에 대한 반동형성의 표현이 며 항문기고착은 가학증적 폭행을 동반한 수간(zoophilia)과 관계가 있다는 것이다.

최근의 연구에 의하면, 성적 환상은 아버지와의 동일시나 관계재정립에 의한 어린 시절의 고통을 회복하려는 시도의 표현이므로 상징적인 복수 의 개념을 포함하고 있다는 것이다. 일탈적 성행동에 있어서 비성적 동기 (非性的 動機)가 강조되고 있는데 이는 강간범들이 분노나 힘을 과시하려 는 성향을 보이며 어린 시절의 고통에 대한 상징적인 복수를 시도한다는 것이다.

정신역동적 관점은 현상 자체를 기술하는 데는 상당히 유용하지만 왜 특 정한 사람에게만 그러한 일이 일어나는지는 설명하지 못한다. 그리고 이 관 점은 여성물건애, 가학증이나 피학증·노출증·관음증 및 소아기호증 등을 동 일하게 기술한다. 그리고 이 모든 성도착증들이 성적 대상을 선택하는 것이 어떤 목적을 위한 수단이 아니라 최종적인 목적임을 기술할 뿐 그 이유에 대해서는 충분히 설명해 주지 못한다.

쉼터

오이디푸스 콤플렉스

오이디푸스 콤플렉스(Oedipus Complex)는 3~6세쯤의 사내아이가 이성의 부모인 어머니를 소유하고자 하는 욕구로 인해 거세불안을 경험하게 되는데, 이는 강한 아버지가 도사리고 있어서 아이가 어머니를 좋아하지 못하도록 아이의 성기를 없애려고 할 것이라는 상상에서 비롯된다. 이 때 경험하는 아동의 불안은 이성의 부모를 소유하고자 하는 동기뿐만 아니라 동성의 부모에게서도 사랑을 받고자 하는 동기가 있기 때문에 더 강렬해진다. 여아의 경우도 마찬가지로 이성인 아버지를 소유하고자 하는 욕구가 강한데 이를 일렉트라 콤플렉스(Electra Complex)라 부른다.

Thebes의 왕인 Oedipus가 자신의 아버지인줄도 모르고 그를 살해하고 어머니를 아내로 삼은 데서 오이디푸스 콤플렉스가 유래했으며, Troy전쟁(B.C. 118) 당시 그리스군의 총지휘관의 딸인 Electra가 동생 Orates를 시켜 자신의 어머니와 그녀의 정부를 살해함으로써 아버지의 원수를 갚은 데서 일렉트라 콤플렉스가 유래하였다.

프로이드에 의하면 3~6세쯤은 유아성기기로 성적인 쾌감이 성기에 집중되는 시기라고 한다. 남아의 경우는 성기가 주관심의 대상이 되며, 여아의 경우는 남아의 성기에 해당하는 음핵이 쾌감의 기관이 된다고 한다. 이 시기는 성기에 대한 호기심과 노출현상 그리고 소변을 보면서 쾌감을 얻는 것을 볼 수 있다. 쾌감의 원천이 자기의 몸이므로 이 시기까지는 자기애적 경향이 강하다고 한다.

원만한 오이디푸스 갈등의 해결은 건강한 성정체감의 형성, 초자아와 자아의 발달, 삼자(나·아버지·어머니)관계의 수용을 통한 건강한 이성관계를 맺을 수 있는 능력의 발달이라는 긍정적인 결과를 낳게 된다. 그러나 이 갈등이 해결되지 않으면 남성의 경우는 발기불능이 나타나고 여성의 경우는 성적 흥분이 일어나지 않는다고 하는데, 이것은 거세불안에 대한 일종의 방어라고 한다.

3. 학습이론적 관점

학습이론가들은 성적 환상의 역할과 이성애를 강조하고 있지만, 부적절한 자극과 이성애기술획득의 실패에 무게를 두고 있다. 가뇽(Gagnon)은 사회학습이론의 견지에서 이성애기술 획득에 성공하면 일탈적 성행동이 일어나지 않지만 실패하거나 애매할 경우 성적 일탈이 일어난다고 주장하고 있다.

또한 성적 일탈과 관련된 장애를 설명하는 데 가장 흔히 인용되는 학습이론적 시각은 파블로프(Pavlov)의 고전적 조건형성이론이다. 발에 대한 여성 물건애자인 레오(Leo)의 사례를 보면 주인공은 7살 때 누이가 신고 있는 슬리퍼가 그의 성기를 스쳤을 때 쾌감을 경험하고 나서 슬리퍼만 모으는 여성 물건애자가 되었다는 것이다. 이 이론은 아동기에 기이한 대상에게 성적인 부착이 어떻게 일어나는지에 대해 설명할 수 있지만 무조건 자극이 나타나지 않게 되면 대개는 소거되어 버린다는 이론의 본질적 측면을 설명할 수 없다. 마치 개에게 종소리와 음식을 동시에 주다가, 종소리만 계속 울리면 차츰 타액분비 반응이 소거되어 버린다.

블랜차드(Blanchard)와 베커(Becker)는 사춘기에 접어들면 이성애적 사회화에 적응하여 동년배의 이성파트너를 만나 좋은 관계를 자연스럽게 유지하는 것이 중요하다고 하였다. 하지만 이러한 기술을 습득(학습)하지 못하면 일탈적 성행동에 부적 강화(negative reinforcement)를 경험하게 되고 이것이 더욱더 심화된다는 것이다. 하우얼스(Howells)도 일탈적 성행동에의 사회적 인지관련성을 성적 일탈의 원인으로 보았다. 이 견해는 마샬(Marshall)에 의해 더욱 발전되었다. 그는 성범죄자들이 사회적 거부나 폭력적인 부모와의 상호작용에서 오는 사회적응기술의 부족 때문에 일탈적 성행동에 더욱 취약한 것으로 보고 이들이 성적 일탈에서 벗어나기 위해서는 사회적 유대 강화와 사람들과 친밀하게 지낼 수 있도록 노력하여야 한다고 했다.

4. 사회문화적 관점

성적 일탈에 관한 사회문화적 관점은 범죄사회학자들이 강간과 성적 일탈의 문제를 설명하는 데 자주 인용하는 이론들이다. 그러나 여기서는 문화와 관습이 사람들의 행동에 미치는 영향에 대해 중점적으로 기술하고자 한다.

역사학이나 인류학적 연구들을 보면 성폭력의 만연, 성인과 어린이 사이의 성관계 등은 서로 다른 문화권 사이에 상당한 차이가 있다고 한다. 즉, 문화적 요소가 이런 일탈적 성행동을 불러일으키는 데 중요한 역할을 한다는 것이다. 이러한 견해는 지난 20여 년 동안 사회학자나 사회심리학자들에 의해 발견된 것이다. 이 이론의 핵심내용은 강간과 관련된 것으로 강간에 대한 여성해방론자의 입장을 두둔하고 있다. 즉, 강간은 사회에서 남성과 여성 사이의 역학관계의 표현에 지나지 않는다는 것이다. 강간은 모든 남성이 모든 여성을 공포의 도가니 속으로 몰아 넣을 수 있다는 의식적인 겁주기 과정이라는 것이다. 이 이론에 의하면 강간을 남성다움의 표시, 남성의 여성지배와 우월성, 여성의 남성예속화를 합법화시키는 폭력범죄로 보고 있다.

이 이론은 많은 논쟁거리를 낳고 있고, 가정폭력에서 남편의 아내구타와 마찬가지로 다분히 과장되어 있고 조잡한 일면이 있으나 그럼에도 불구하고 문화나 관습이 인간의 심리와 행동에 많은 영향을 미치고 있음을 알 수 있게 해주고 있다. 오늘날은 이에 대한 경험적인 연구결과들의 축적으로 이론의 완성도를 높여가고 있다.

제3절 성적 일탈의 종류와 특징

1. 분류상의 문제

이상행동의 분류목적은 임상장면에서 원만한 의사소통, 과학적인 연구, 정확한 정신장애의 원인규명 그리고 효과적인 치료에 있다. 그러나 성적 일탈을 포함한 여러 이상행동들은 진단과 분류방법이 국가와 학자에 따라 다양하며 전문적 용어에 대한 논란도 계속되고 있다. 이에 미국정신의학협회(APA: American Psychiatric Association)는 세계보건기구(WHO)의 국제질병분류표(ICD: International Classification of Disease)를 참조하여 DSM(Diagnostic and Statistical Manual of Mental Disorders)을 출간하였다.

APA는 1952년에 DSM-Ⅰ을, 1968년에 DSM-Ⅱ를, 1982년에 DSM-Ⅲ를, 1987년에 DSM-Ⅲ-R을, 1994년에 DSM-Ⅳ를 각각 제작하여 출간하였으며, 2014년에 DSM-5를 출간하였다. DSM-5는 의학과 정신장애 간에 인위적 구별을 제거하기 위해 기존의 다축 체계를 폐지하였다. 그리고 파괴적 기분조절 장애, 폭식장애, 월경전 불쾌장애 등이 새롭게 장애로 포함되었다.

다축체계는 5개의 축으로 구성되어 있는데, 그 각각은 치료를 계획하고 결과를 예견할 때 도움을 주는 서로 다른 영역에서의 정보를 다루고 있다.

축Ⅰ은 인격장애와 정신지체를 제외한 임상적 장애와 임상적 관심의 초점이 될 수 있는 기타 상태로 구성되며, 섬망(譫妄)·치매·정신분열병·기분장애·불안장애·수면장애 등이 포함된다.

축Ⅱ는 인격장애와 정신지체로 구성되며, 편집성 인격장애·분열성 인격장애·히스테리성 인경장애·정신지체 등이 포함된다.

축Ⅲ은 어떤 정신장애를 이해하거나 치료하는데 연관성이 있는 일반적 의학적 상태(general medical condition)로 구성되며, 내분비·영양 대사 및 면역 질환·신경계 및 감각계 질환, 선천성 질환 등이 포함된다.

축Ⅳ는 정신사회적 및 환경적 문제로 현재의 장애를 일으키거나 악화시키는 데 현저하게 기여한 문제를 코드로 적는 데 사용하며, 일차적인 지지 집단(supporting group)과의 문제, 교육적 문제, 경제적 문제 등이 포함된다.

축Ⅴ는 전반적인 기능 평가(global assessment of functioning)로 특정 기간 동안 환자의 전반적인 기능 수준을 의사가 판단한 것인데, 치료를 계획하고 그 효과를 측정하고 또 결과를 예측하는 데 유용하다.

정신장애진단 및 통계편람(DSM-5)에 의하면 성과 관련된 질환에는 3가지 항목으로 구분된다. 성기능 장애(sexual dysfunctions), 성 불편증(gender dysphoria), 성도착 장애(paraphilic disorders) 등이 그것이다.

성기능 장애에는 남성성욕감퇴장애·발기장애·조루증·지루증·여성성적관심/흥분장애·여성절정감장애·생식기골반통증/삽입장애 등의 하위 장애로 나누어진다.

성 불편증 항목의 하위 장애는 성 불편증 하나로 정해져 있다.

성도착 장애에는 노출장애·관음장애·성애물장애·성적가해장애·성적피학장애·아동성애·의상전환장애 등의 하위장애로 구분되어 있다.

기존 분류에서 성장애(psychosexual disorders) 및 성정체감장애(gender identity disorder)에는 세 가지 하위범주가 있다. 첫째, 변태성욕(paraphilias)의 경우는 성적 만족의 근원이 노출증, 관음증, 성적가학증 및 피학증 등 통상적이지 않은 것에서 온다. 둘째, 성기능장애(psychosexual dysfunction)를 보이는 사람들은 보통의 성적반응패턴을 갖지 못한다. 즉, 발기상태를 유지할 수 없고, 조루·오르가즘이 억제되는 것 등이 문제이다. 셋째, 성정체감장애 환자들은 자신의 해부학적 성에 대해 불편하고 부적합하다는 느낌을 가지고 있고 자신을 자신과 다른 성을 가진 것으로 생각하기도 한다.

여기에서는 이 세 가지 하위 범주 중 주로 첫째 범주에 중점을 두고 연구하였는데, 필요할 경우 '분류하기 곤란한 다른 정신성욕장애(psychosexual disorder not elsewhere classified)'도 연구하였다.

성도착과 관련된 카테고리는 노출증(exhibitionism), 여성물건애(fetishism), 프러터리즘(frotteurism), 소아기호증(pedophilia), 피학증(sexual masochism), 가학증(sexual sadism), 의상도착적 여성물건애(transvestic fetishism) 및 관

음증(voyeurism)이 있다. 성도착의 증세가 통상 6개월 이상 지속될 때 이를 특정의 성도착으로 진단한다.

2. 성도착의 종류와 특징

1) 노출증

낯선 사람이나 여성 및 연소자 앞에서 자신의 성기를 노출시키는 사람이 있는데 이를 노출증이라고 한다. 발기된 성기를 보여 주거나 경우에 따라서는 자위행위를 하고 사정하는 자신의 모습을 누군가에게 보임으로써 오르가즘을 경험한다. 그러나 더 이상의 성적 접촉이나 공격은 시도하지 않는 특징이 있다.

노출증은 청년기의 연령층에 많으며 여성에 대한 갈등이 고조되었을 때 성기를 노출하고 싶은 의욕도 강해진다고 한다. 노출증은 자신의 노출충동을 극복하다가도 그것이 최고조에 이르게 되면 극복하려는 노력을 포기하려는 경향이 짙다. 노출증의 충동이 생기면 안절부절하며 심한 불안·두통·발한 및 심장박동의 변화가 온다. 충동이 가신 후에는 우울해지기 쉽고 자신의 행동에 대해 양심의 가책을 느낀다.

성기노출에 대한 욕망이 강하고 빈번히 일어나야 노출증으로 진단한다. 이 장애는 관음증과 의상도착적 여성물건애와 관계가 있고 결합하여 나타나는 경우가 많다.

2) 여성물건애

여성의 속옷이나 부츠 등과 같은 무생물체를 활용하여 성적 흥분을 얻는 경우 이를 여성물건애라고 한다. 일반적으로 남자들은 여자들이 입는 속옷에 의해서 어느 정도 성적 흥분을 경험하기도 한다. 그러나 여성물건애 환자는 이성과의 관계에서 사랑을 경험하기보다는 여성의 물건, 즉 속옷·부츠·스타킹·장갑 등에 과도한 애착을 가지고 이를 보고 문지르거나 냄새를 맡으며 수음을 즐기는 경향이 짙다. 때로는 파트너에게 자기가 좋아하는 것들을 입게 하여 성교하기도 한다.

여성물건애는 무생명체에 강한 성적 욕구가 유발되고 이것이 지속되는 것이 특징이다.

강박적으로 물건을 훔치는 절도광(kleptomania)과 강박적으로 방화를 일삼는 방화광(pyromania)은 여성물건애와 관계가 있다. 즉, 전자는 성적인 의미가 있는 물건만을 훔치고, 후자는 방화를 함으로써 절정감을 경험하게 된다. 그러나 이런 사례는 매우 드물다.

3) 프러터리즘

프러터리즘은 상대방이 원하지 않는 데도 문지르거나 만지는 행동을 하는 것이다. 특히 사람이 붐비는 버스나 전철 안에서 매력을 느끼는 여성을 선정하여 여성의 성기나 둔부를 만지거나 문지르면서 성적 각성을 얻는 경우이다.

보통 2시간 이상 여기저기를 돌아다니면서 여성과의 접촉행위를 계속하는데 상대가 자주 바뀐다. 여성의 반응이 미미하거나 무시하게 되면 계속되는 경향이 있고 반항하거나 큰소리를 치게 되면 재빨리 현장을 벗어나고자 하며 이 때 심한 죄책감에 시달리는 경향이 있다.

그러나 이 죄책감 때문에 행동이 제지되는 것이 아니고 다음날도 비슷한 행위를 계속하는 경향이 있다. 최근에 많은 사례가 보고되고 있다.

4) 소아기호증

소아기호증이란 16세 이상의 사람들이 사춘기 이전의 아이들과 성행위를 하는 것을 말한다. 이들은 대개 파트너보다 5세 이상 연상이다. 대부분 이들의 행위는 껴안거나 성기를 만지는 행위로 제한되지만 성기를 핥거나 직접 성교를 시도하는 경우도 있다.

소아기호증은 ① 동성소아기호증, ② 양성소아기호증 ③ 이성소아기호증으로 분류·진단한다. 동성소아기호증은 아이를 귀여워하는 경우가 많고 그들을 대상으로 항문접촉도 한다. 양성소아기호증은 사례가 많지 않다. 이성소아기호증은 정상적으로 결혼한 사람이 많으며 아이를 귀여워하거나 질에 의한 접촉도 많다. 가장 문제되는 것이 이것이다.

소아기호증의 대상은 평균연령이 10세 정도이다. 약 25% 정도는 6세 미만이며(6세 정도의 소아에 대해 성적 각성을 갖는 자를 유치증(hebephilia)이라 부른다) 11~13세의 아이가 전체의 50%를 넘는다.

또한 소아기호증은 선택적 소아기호증과 사태성 소아기호증으로 분류하기도 한다. 전자는 고착성 소아기호증으로 아이들을 성적 대상으로 생각한 나머지 결혼을 포기한 일이 많은데 앞서 논의한 동성애 소아기호증이 바로 이 유형이다. 성적 발달이 완전히 고착되어 있기에 평생 성인과 성관계를 갖지 않는 특성이 있다. 후자는 이성의 아이들을 대상으로 하는데 근친상간성 소아기호증이 바로 이 유형이다. 사회적으로 정상적인 활동을 하고 있는 경우가 많으나 나이가 들면서 사회적·직업적 그리고 성적 적응상태가 매우 빈약해진다.

특히 유의할 것은 공격성 소아기호증 또는 가학성 소아기호증이다. 이들의 성행동은 매우 잔인하고 성교시 상대방의 외음부에 여러 가지 물질을 삽입하기도 하고 강제로 항문성교를 하기도 한다.

소아기호증자의 일반적인 특징은 부끄러움을 많이 타고 내성적이다. 사회적 접촉이 매우 드물고 보수적이며 도덕성 수준이 높다. 소아기호증 환자는 성인보다 아동을 접하게 되었을 때 성기의 발기상태가 훨씬 좋다.

그림 7-3 정답 : 미성년자의제강제추행치상죄(1996. 11. 22 대판 96도1395) - (수사연구에서) -

5) 피학증

피학증(masochism)은 상대로부터 창피를 당하거나 매를 맞거나 결박당함으로써 성적 만족을 얻는 경우를 말한다. 때에 따라서는 상대에게 적극적으로 학대당할 것을 요청하기도 하며 스스로 자해하는 경우까지 있다.

여성에게 많고 남성은 드물다. 여성의 경우 혁대나 몽둥이 등으로 심한 매질을 당하거나 상처를 입어 피를 흘려야 성적 각성을 경험하는 경우가 있다. 남성의 피학증은 아동기 때부터 싹튼 것인데 그들이 벌을 받았을 때 경험했던 고통과 성적 자극이 결합된 것이라고 보는 사람이 있다.

6) 가학증

가학증(sadism)은 성행위 과정에서 상대방에게 정신적 또는 신체적으로 굴욕감을 주거나 고통을 줌으로써 성적 쾌감을 얻는 것이다. 대부분의 남성의 경우 여성에 대한 지배욕은 있으나 그 정도가 가학증자의 경우보다는 훨씬 덜하다. 이 성행동장애는 성교를 전후해서 배우자가 심한 피를 흘린다든지 또는 그가 죽어 가는 광경을 보고서야 비로소 성적 만족을 얻는다. 이 정도가 심해지면 정신병으로 진전된다.

가학증과 피학증을 다 가지고 있는 경우는 가학-피가학증(sadomasochism)이라고 하며, 이 두 가지 서로 상반되는 동기 가운데 한가지 동기는 항상 숨겨져 있는 경향이 있다. 즉, 피학증자를 잘 분석해 보면 그의 내면세계에는 가학증이 그리고 가학증자를 보면 피가학증의 경향이 각각 잠재하고 있다는 것을 볼 수 있다. 가학증자와 피학증자는 자신의 성역할을 매우 만족스럽게 느낀다는 특징이 있다.

7) 의상도착적 여성물건애

남성이 성적인 흥분과 쾌감을 경험하기 위하여 상습적으로 여성의 옷을 입는 경우이다. 이러한 행동장애는 남성에게 많으며 여성은 매우 드물다. 실제 진단에 있어서 동성애의 교차복장착용이나 성전환증과는 다르다. 즉, 의상도착적 여성물건애는 교차복장착용을 통해서 성적 흥분을 경험하지만 성전환증이나 동성애는 그러한 경험을 하지 못하는 것이다. 그러나 의상도착적 여성물건애자가 성전환증으로 발전되는 사례가 많이 있고, 가학-피학증 가운데도 교차복장착용을 하는 사람이 많이 있다.

8) 관음증

관음증은 흔히 스코포필리아(scopophilia)라고도 한다. 이는 다른 사람의 성기를 본다든지 또는 남이 성교하는 장면을 보는 것으로써 성적 만족을 얻는 것이 특징이다. 고등동물의 수컷의 경우, 시각적 자극에 의해 성적 흥분을 경험하는 것은 극히 정상적인 것으로 간주되고 있다. 이와 같은 간접적 수단으로 등장한 것이 소위 '쇼·도색영화 및 음란잡지·프르노그래피'이다.

그러나 관음증은 정상 시자극을 훨씬 초월한 것으로서 성교욕망보다는 남의 성행동의 장면을 엿보고 싶어하는 욕망이 훨씬 강하다. 나체여인을 본다든지 또는 성행동의 장면을 몰래 보았을 때 최대의 만족을 얻는 것이 특징이고, 이 때 보통 수음이 동반된다. 이들은 사회적으로 고립되어 있고 지나치게 수줍어 하며 그리고 분열성 특징을 가진 사람들이다. 관음증 가운데는 동성애행동이나 변태적 성행동을 보는 것에 매우 흥미를 가진 사람이 많이 있다.

3. 기타 성적 일탈

1) 스토킹

사람들은 흔히 연예인이나 인기인을 모방하기 좋아하고 만나서 이야기하고 싶어하며 흔히 그와 동일시(identification)를 경험하고자 한다. 그래서 특히 청소년들은 그들이 가는 곳이면 어디든지 따라 다니려고 하는 경향이 있다.

그러나 여기서 말하는 스토킹(stalking)은 특정한 상대를 집요하게 따라 다니며 상대를 괴롭히는 특성을 가지고 있다. 그들에게는 상대를 따라 다니는 것이 무엇보다도 우선시 되고, 상대가 만나주지 않거나 하면 상대에게 심한 타격을 가하거나 상대의 가족을 해치는 경향도 있다.

2) 시간

시간(屍姦: necrophilia)은 시체에 성적 각성을 경험하고 있는 자로 이를 성행위의 대상으로 삼는 것을 말한다. 시체를 보기 위해 영안실을 기웃거리기도 하며 묘를 파헤치는 경우도 있다.

3) 수간

동물과 교접하는 것을 수간(獸姦: zoophilia)이라 하며 이는 가축을 많이 사육하는 농촌의 청년층에 많은 것으로 알려지고 있다. 미국의 동물학자인 킨제이(Kinsey)의 보고서에 의하면, 동물과의 교접을 통해 절정감을 경험하는 사람은 약 6%나 된다고 한다. 특히 농장에서 일하는 사람의 경우 17%가 수간의 경험이 있는 것으로 보고되고 있다. 여자의 경우는 직접 교접을 갖는 것보다는 신체적 접촉을 가지는 것을 더 좋아한다고 하는데 그 비율은 3.6%로 추산되고 있다.

4) 근친상간

근친상간(近親相姦: incest)은 가까운 혈통을 가지는 사람들끼리 성적 교접을 가지는 것을 말한다. 극히 적은 극단적 사례를 제외하고는 근친결혼은 금지되고 있다. 이는 공동체 사회생활과 가정생활이 붕괴되는 것을 막기 위해서이다. 금기된 사실을 모험하고 싶어하는 것이 인간의 본능이라고 한다. 그러므로 어린 아이들은 오이디푸스 삼각관계에서부터 근친성교를 맺고 싶어한다고 프로이드(Freud)는 주장하고 있다. 그 결과 아버지와 딸, 어머니와 아들 또는 누이와 오빠가 성교를 가지게 된다고 한다. 아버지와 딸 사이에 맺어지는 것은 소아기호증의 2차적 측면으로 생각할 수가 있다. 근친성교는 사회경제적 수준이 낮은 층에서 많이 볼 수가 있다. 근친성교 가운데 아버지와 딸 사이에 맺어지는 것이 가장 많으며, 어머니와 아들 사이에 맺어지는 것이 가장 적다고 한다. 근친성교는 청년기, 즉 정서적으로 불안정할 때 그리고 여러 가지 사회적 부적응 행동이 심할 때 많이 이루어지는 것으로 보고되고 있다.

5) 외설전화벽

외설전화벽(telephone scatologia)은 불특정다수에게 전화하여 신음소리를 내거나 성행위 장면을 암시하거나, 기타 변태적 행동을 표현하는 습벽을 가진 자들이다. 상대방이 호응을 하게 되면 그와 상당기간 동안 음란전화를 즐기기는 하지만 곧 싫증을 내고 다른 상대를 찾는다. 이들은 자기의 모습을 나타내는 것을 싫어하고 매우 소심하며 사회적으로 고립된 자들이 많다고 한다.

6) 호분증

호분증(好糞症: coprophilia)은 사람의 대변이나 소변 또는 대소변이 나오는 기관에 성적 흥미를 갖고 이에 계속 집착하는 증상을 말한다. 이들은 주로 화장실에서 성욕을 강하게 느끼며 상대방의 용변장면 등을 몰래 훔쳐보는 경향이 있다. 흔히 관음증의 변형된 형태라 불리어진다.

7) 과다한 성행위

이성에 대하여 지나친 성적 욕구를 느끼는 것을 색정광(色情狂, erotomania)이라고 한다. 남자의 경우는 색마(satyriasis) 그리고 여자의 경우는 음란증(nymphomania)이라고 서로 다르게 부른다. 또 성행동의 대상을 무차별적으로 고르는 사람이 있는데 이를 난음(promiscuity)이라고 한다. 이들은 성행동의 형태, 대상의 선택 그리고 기교의 면에서 정상과는 크게 다르고 정서나 동기의 장애가 수반되어 있다. 난음은 젊은 여성에게서 많이 볼 수 있는데 이들은 애정에 굶주렸거나, 부모가 방관하였거나, 또는 지나치게 엄격한 통제가 있는 가정환경에서 성장한 사람들이 많다. 이들을 잘 분석해 보면 사회병질적 특징이 있다. 남자의 경우 엄격한 도덕관념을 지키는 가정환경에서 성장한 사람이 그에 대한 반항으로 난음하는 수가 있다. 이것을 보면 공격적 반항동기가 난음의 부분적인 원인으로 작용한다고 볼 수 있다. 장기간 계속되는 난음은 혼전성교나 혼외성교와는 크게 다르다.

8) 수음

성적 쾌감을 추구할 목적으로 성기나 성감대를 기계적으로 아니면 그와 유사한 방법으로 자극하는 것을 수음(masterbation)이라고 하는데 인간 이나 고등동물에서 흔히 보는 현상이다. 특히 미숙한 성인으로 이성과 정상적인 성관계를 맺지 못 하는 사람이나 정상적으로 성욕을 발산할 수 없는 사람에게서 흔히 나타나는 현상이다. 수음을 할 때는 이성애의 감정을 느끼는 수도 있고 동성애의 감정을 느끼는 수도 있다. 동성이나 이성 간에 이루어지는 상호수음도 있다. 수음이 반드시 성행동의 장애는 아니다. 다만 남들이 보는 곳에서 공공연하게 이루어진다든지 불쾌감과 죄의식이 필연적으로 수반될 때에만 성행동의 장애로 간주한다. 이런 특수한 경우를 제외하면 수음은 성의 발달과정에서 나타나는 극히 정상과정의 일부이다. 킨제이(Kinsey)의 보고서에 의하면, 남자의 경우 93% 그리고 여자의 경우 62%가 각각 수음의 경험

이 있다고 한다. 이것을 보면 수음은 대부분의 경우에 성적 긴장을 해소시키
는 정상적 돌파구로 생각할 수 있다.

　수음의 역사는 고대문학에서 비롯되었으며 중세기에는 극히 죄악시되었을
뿐만 아니라 자기학대로 잘못 해석되기도 했다. 당시에는 후손을 얻기 위해
부부간에 이루어지는 성행동 이외는 모두가 비난의 대상이 되었기 때문에
충분히 이해할 만하다. 20세기에 와서까지 교육수준이 높은 의사도 수음은
정신이상의 원인이 되며 비참한 결과를 가져오는 것으로 오해하였다. 그래서
여자의 경우는 수음을 할 수 없도록 음핵을 제거시킨 적도 있었다.

9) 구순성기교접과 항문성기교접

　구순성기교접(orogenital activity)에는 외음란벽(cunnilingus)과 흡경(fellatio)
의 두 가지 유형이 있다. 자신의 성적 쾌감을 충족시키기 위하여 남성이 여
성의 성기를 입이나 혀로서 자극하는 경우는 전자에 그리고 여성이 남성의
성기를 자극하는 경우는 후자에 속한다. 항문성기교접(anogenital activity)에
는 계간(sodomy)이라는 것이 있는데 이는 항문을 매개로 하여 남성끼리 이
루어지는 성행동의 장애이다. 이 계간은 성인남자끼리 이루어지기도 하고 성
인과 미성년 사이에 이루어지기도 한다. 이와 같은 형태의 성행동은 그 대상
이 동성이든 이성이든 그들이 서로 합의하에 이루어졌거나 또는 일방적으로
강압에 의해서 이루어졌든 은밀한 장소에서 이루어졌거나 공공연한 장소에서
이루어졌든지 간에 상관없이 모두가 위법이다.

10) 동성애

　남성끼리의 사랑을 호모(homo) 그리고 여성끼리의 사랑을 레즈비어니즘
(lesbianism) 또는 써피즘(saphism)이라고 한다. 이와 같은 성향은 사람에
따라서 다소 다르기는 하지만 모든 사람이 공통적으로 지니고 있는 욕망이다.
군의 병사, 교도소의 감방 그리고 학생의 기숙사에서와 같이 성교의 대상을 찾
기가 어려운 환경에서 생활할 때 남성끼리 사랑에 빠지는 수가 있는데 이를
우연적 동성애(accidental homosxuality), 가동성애(假同性愛; pseudo homo-
sexuality) 또는 외현적 동성애(overt homosexuality)라고 하는데 이들은 언
제라도 성교대상을 대치시킬 수 있는 잠재적 능력을 가지고 있다.

　미혼으로 동성애(homosexuality)를 하고 있는 사람들 가운데는 정신성욕

도착증(psychosexual inversion) 또는 성적 주체감장애로 인해 자신의 성역할을 완전히 전도하고 있는 사람들이 많이 있다. 즉, 남자는 자신이 해부학적으로는 분명히 남자인 데도 불구하고 여자라고 생각하고 여자와 같은 행동을 하는가 하면, 여자는 자신이 해부학적으로는 분명히 여자인 데도 불구하고 남자라고 생각하고 남자와 같은 행동을 한다. 이와 같은 도착현상은 아동기의 동일시 과정에서 그 원인을 찾을 수 있다. 즉, 남자의 경우는 어머니를 지나치게 이상화한 나머지 그와 동일시한 결과이다. 가끔 공격적 행동을 하는 아버지를 두려워하고 그를 동일시의 대상으로 삼지는 않는다. 이와는 달리 여자의 경우도 아버지를 지나치게 이상화한 나머지 그와 동일시한다.

신체적 특징과 성의 역할과는 별로 관계가 없는 것으로 알려졌다. 남성적 용모를 가진 사람이 동성애에서뿐만 아니라 항문성기교접이나 구순성기교접에 있어서 피동적 역할을 하는 수도 있고 반대로 여성적 용모를 가진 사람이 능동적 역할을 하는 수도 있다.

11) 노인애

노인애(gerontophilia)는 젊은 이성에는 끌리지 않고 노인에 대해서만 성욕을 느끼는 경우이다.

제4절 • 성범죄의 범죄심리학적 해명

1. 성범죄의 심리학적 영역

강간이 반드시 성도착증을 수반하는 것은 아니며 많은 경우 강간은 사회학이나 문화인류학의 차원에서 보다 설득력 있는 해명이 가능하다.

그러나 성적 새디즘에 의한 음락강간, 음락살인(lust murder)이라든가, 소아기호증에 의한 어린이 성폭행 등은 분명히 심리학적 차원의 것이다. 또 많은 강간사건이 윤간이라는 점을 고려하고, 윤간범 사이의 심리학적 과정이 개입된다면 범죄심리학의 영역이 보다 분명해진다. 임상심리학자들은 이러한 윤간을 동료강간범들이 상호간 무의식적 성욕을 느끼는 잠재적 동성애의 표출이라고 해석한다. 실제로 동료집단에게 자신이 어린이가 아니라는 것을 입증하고자 하는 청소년들은 집단 윤간을 통해서 성적 욕구보다는 사회적 욕구를 충족시키는 것으로 알려져 있다.

오늘날 성개방풍조와 포르노산업을 비롯한 음란물 시장의 확산과 이의 잦은 접촉으로 인해 성도착적 교접이 유행처럼 번지고 있고, 정상적인 사람도 보다 신선하고 보다 자극적인 흥분과 교접을 위해 도착적이고 광적인 성행위에 탐닉하기도 한다.

학자들의 연구에 의하면, 명백히 성도착증으로 진단이 가능한 형태의 성관계를 통해서 사람들은 보다 더 큰 쾌감을 경험한다고 한다. 연구의 대상으로 자원한 사람의 많은 수가 이런 유형의 성관계를 처음 경험하는 것이었고, 보다 새로운 감흥을 느낄 수 있었다고 답변하고 있다. 여기서 문제가 되는 것은 성도착적 관계가 그 자체로서는 병리적인 것이 아니고 동의를 하지 않는 자를 대상으로, 성관계에 대한 합의가 없는 상태에서, 심한 공포감이나 굴욕감을 맛보면서 그 정을 모르는 사람을 대상으로 한다는 점이다.

아벨(G. G. Abel)과 루로우(J. L. Rouleau)는 성적 일탈자들에게 문제되는 것은 정신의학적·이상심리학적 차원의 특별한 기능장애(specific dysfunctions)가 아니라 일탈적 성행위에 대한 자제력의 결여라고 했다. 성적 일탈자들이 자제력이 결여된 상태에서 성도착적 행위를 공공연히 자행하거나 사회적으로 용인되지 않은 방법으로 그들의 성욕구를 해결한다면 성범죄자가 된다.

앞서 밝힌 바와 같이 성범죄자들의 많은 수가 정상인이며 이는 사회학적 연구로 보다 잘 설명할 수 있다. 그러나 정신병리와 성도착증으로 인해 범죄를 저지르면 범죄심리학의 대상이 된다.

2. 강간의 유형론

그로스(A. Nicholas Groth)와 버제스(Ann W. Burgess)는 강간동기에 따라 완력강간(power rape)과 분노강간(anger rape)으로 분류하였다. 전자는 남성다움을 표현하거나 여성의 지배 혹은 남성다움에 대한 의혹을 해소하기 위해 폭력을 행사하는 것이 특징이다. 후자는 여성에 대한 분노·경멸·미움 등을 표출하는 행동이다. 여성의 고통을 즐기는 경우도 있어 가학적 강간(sadistic rape)형태로 나타나기도 한다. 그들의 연구에서 완력강간이 2/3로 대부분이며, 단지 6%만이 가학적 강간으로 분류할 수 있었다고 한다.

코헨(Murry L. Cohen) 등은 강간은 성적·공격적 동기가 결합된 것이라고 보아 4개의 하위유형으로 분류하였다. 제1유형은 대체적 공격(displaced aggression)이다. 기본적으로 여성에 대해 적대적이며, 여성과의 상호작용 가운데서 적대감을 갖고 이를 강간으로 연결한다. 강간시에 성적 흥분을 경험하지 못하는 것이 특징이다. 제2유형은 보상적 공격(compensatory aggression)이다. 공격수준은 매우 낮으며, 강간과정에서 성적 부적절감을 해소하고자 오르가즘을 경험하려고 노력하는 경향이 있다. 제3유형은 성-공격 혼동(sexaggression diffusion)이다. 여성에 대한 공격이 성적흥분을 배가시키므로 공격의 수준이 매우 높다. 종국에는 야만적으로 완력을 행사하여 가학적 성행위로 흐르기 쉽다. 제4유형은 충동형 강간(impulsive rape)이다. 처음부터 성적 의도가 있었던 것은 아니고 재산범죄를 행하는 과정에서 여성에 대한 성적 충동을 받아 강간을 한다는 점에서 매우 기회적인 행동이다.

스컬리(Diana Scully)와 마롤라(Joseph Marolla)는 114명의 강간범들을 연구하여 강간으로부터 얻는 보상의 문제를 해명하고자 하였다. 역시 분노·완력·기회 등이 강간의 원인이고, 강간을 통해서 얻는 것은 여성에 대한 복수와 처벌이라는 것이다. 정상적으로 성접촉이 불가능한 여성을 강간하는 데서오는 복수심과 우월감, 갱단들이 재미삼아 하는 집단강간에서의 여자길들이기, 재산범죄시에 보너스로 또는 신고저지(처벌회피)를 위해서 강간을 한다는 것이다.

3. 문화적 요인과 성범죄

강간에 대한 생물학적 요인을 강조하는 견해는 남성의 여성에 대한 생리적 공격 본능에서 그 원인을 찾고 있다. 일면 수긍이 가는 바가 없는 것은 아니나 그 사회의 문화를 습득해 가는 과정에서 성본능을 자제할 수 있는 힘을 가진다는 점을 인정해야 할 것이다.

원시사회를 연구한 오터바인(Keith F. Otterbein)은 자신의 부족을 지키기 위해 무장하고 있는 세력집단들은 강간빈도가 일반 부족민에 비하여 많다고 하며, 여성에 대한 처벌과 복종을 담보하기 위해 강간을 한다고 하였다. 156개의 부족을 연구한 산데이(Peggy R. Sanday)는 강간을 허용하는 성향이 있는 사회는 남녀의 성차별이 있고, 여성을 남성의 소유물이나 재산으로 인식하는 경향이 있다는 것이다. 즉, 남성의 강인함과 비인간적 폭력은 지지를 받고 남성의 생리적 욕구의 배출구로서 여성이 활용된다고 한다.

이 문화적 요소를 강조하는 견해는 티오(Alex Thio)의 세력이론(power theory)으로 연결된다. 강간은 기본적으로 권력의 표현에 가깝다는 것이다. 예를 들어, 강간범 중에 권력자일수록 비권력자에 비해 강간을 행하기 더 용이할 뿐만 아니라 처벌받지 않을 가능성도 더 높다. 즉, 상류계층은 하류계층에 비해 강간하기 용이한 사회문화적 요소를 갖고 있다는 것이다. 강간빈도가 하류계층에 집중된 것으로 나타나는 사회현상에 대해 그는 하류계층의 강간은 폭력이 개입될 여지가 많아서 잔인하게 보여지고, 이 때문에 공중의 시선이 집중되어 법집행의 주대상이 된다는 것이다. 실제 강간은 상류계층이 많은데 이들은 폭력의 행사보다는 자신의 권력과 지위를 이용한 회유와 협박의 방법으로 교접을 하기 때문에 강간으로 치부되지 않거나 공식적으로 인지되는 경우가 적다는 것이다.

문화적 요인을 강조하는 또 하나의 견해는 많은 여성들이 무의식적으로 강간당하고 싶어한다는 강간신화(rape myth)의 수용여부이다. 버트(Martha R. Burt)는 남성들이 강간신화를 수용하고 이를 내면화함으로써 여성에 대해 폭력을 행사하고 때로는 강간을 행하며, 코스틴(F. Costin)과 슈와츠(N. Schwartz)는 강간신화의 수용과 여성의 제한된 역할과 권위에 대한 믿음 사이에는 정적 상관관계가 있다고 하였다. 즉, 강간당할 가능성은 강간신화의 수용과 강간에 대한 허용이 사회적 인식으로 굳어질 때 보다 더 크다는 것이다.

강간신화의 수용은 여성에 대한 폭력을 정당화시키고 나아가 강간의 책임이 여성에게 있다고 주장한다. 여성들이 성적 자극을 유발하는 옷이나 화장으로 성폭행을 자초하거나 적어도 촉진 또는 유발했기 때문에 피해자에게도 책임이 있다는 피해자 비난(victim blame) 시각이 바로 그것이다.

위와 같은 두 이론적 조류에 대한 최근의 연구들은 강간의 중요 동인이 문화적 요인이라는 확실한 증거가 없다고 함으로써 일반화를 거부하고 있고, 특히 피해자 비난 시각은 오늘날 여성해방론자나 사회학자의 많은 비판의 대상이 되고 있다.

4. 환경적·상황적 요인과 성범죄

회상방법(retrospective method)을 사용한 임상적 연구들은 강간범들이 폭력범들과 비슷한 가족배경을 갖고 있으며, 부모로부터 많은 매를 맞았다고 한다. 네스(Van Ness)는 청소년 강간범의 41%가 어린 시절 가정폭력에 시달렸고 부모의 관심권 밖에서 자랐다고 하였다. 이는 비교가 된 다른 범죄자의 15%에 비해 매우 높은 것이었다. 그러나 라다(R. T. Rada)는 강간범의 1/4 정도가 가정폭력의 역사를 가지고 있으며 이것은 다른 범죄자와 별 차이가 없다고 하였다. 어린 시절의 성적 학대도 매우 중요한 요소인데, 카터(R. Carter) 등은 어린이 성폭행자의 57%, 강간범의 23%가 그런 경험을 하였다고 한다.

강간에 있어 성적 흥분의 고조와 성폭력에 영향을 주는 상황적 요인들은 알코올의 섭취여부를 중요시한다. 성범죄에 대한 알코올의 영향은 일반적으로 주장되고 있지만, 심리적 측면에서는 알코올 그 자체보다는 성범죄자들이 다른 문제가 있다는 것을 은닉할 목적이거나 성폭행을 술 탓으로 돌릴 수 있기에 범죄자의 응답을 액면 그대로 받아들이기는 어렵다. 그러나 개별 연구보고서들은 강간에 앞서 음주의 비율이 매우 높다고 하였다. 라다(Rada)는 강간범의 50%가 범행당시에 음주를 하였으며, 이들 중 1/3은 술꾼이었다고 한다. 실험연구들은 알코올 그 자체라기 보다는 알코올이 주는 위약효과(僞藥效果; placebo)로 도색영화에 더 큰 성적 흥분을 경험하고 역시 성폭력에 대해서도 보다 큰 관심을 보인다고 한다. 그러나 이 분야의 연구들은 의견의 일치를 보이고 있지 않다. 다른 폭력범죄보다 강간범죄에서 알코올의 영향이 더 크고 직접적인 원인을 제공한다는 증거는 없다는 것이다. 생각하건대, 알코올은 사회규범에 대한 판단착오, 성적 각성에 대한 흥미유발 및 강간이 허용된다는 믿음을 높여 주는 매개적인 역할을 할 것으로 판단된다.

5. 성범죄에 대한 포르노의 영향

성적 자극이 성폭력으로 연결될 가능성을 인정하고 이에 대한 연구를 포르노에 집중하고 있다. 포르노의 영향에 대해 많은 찬반을 불러일으키고 있다. 대규모의 연구결과는 포르노의 유해성을 인정하고 있고, 특히 폭력과 섹스가 결합한 하드코어 포르노그래피(hard-core pornography)의 악영향에는 대부분 의견의 일치를 보이고 있다.

이하에서는 이들을 소개하기로 한다.

포르노그라피에 대한 법무장관위원회(Attorney General's Commission on Pronography: Meese Commission, 1986)는 포르노그래피를 4종류로 구분하고 이 각각의 표현물이 유해성의 정도에 있어서 상이하다는 결론을 내리고 있다.

첫째는 성적으로 폭력적인 성표현물(sexually violent materials)로서 미국사회에서 현재 가장 지배적인 형태로 나타나고 있다. 이것의 해악성은 강간신화를 조장하며 특히 여성에 대한 성적 공격에 강한 인과적 연결을 보여주었다고 하여 이에 대한 강력한 법적 규제를 권고하고 있다.

둘째는 인간의 가치저하와 품위를 손상시키는 비폭력적 성표현물(nonviolent materials depicting, degradation, domination, subordination or humiliation)로서 그 정도가 폭력적 성표현물의 경우보다는 다소 약하고 그 인과적 관련의 정도도 다소 느슨한 것이기는 하지만 역시 해로운 영향을 미친다고 한다. 동시에 공격성이나 성폭력의 문제에 있어서도 이를 강화하는 효과를 가진다고 한다.

셋째는 비폭력적이고 비품위손상적인 성표현물(nonviolent and non-degrading materials)로서 미디어섹스에 묘사된 인물들이 자발적으로 성행위에 참여하는 순수한 성표현을 의미하는 것이다. 이의 해악에 대한 명확한 판단을 유보하고 있으나 이 경우도 수용자가 아동일 때에는 심각한 부정적인 결과가 나올 수 있음을 지적하고 있다.

마지막으로 나체사진(nudity)의 경우는 그 내용 자체가 성인에게는 해악이 없으나 아동에게 접해질 때의 위험에 대해서는 경고하고 있다.

특히 포르노물이면서 동시에 폭력성을 담고 있는 것은 여성에 대한 공격성을 유발시킨다고 한다. 남성이 단순히 여성을 때리는 것이나 성인 남녀사이의 합의에 의한 성행위의 묘사 등에 비해서 재미삼아 하는 강간행위를 묘사하고 있는 포르노물들은 시청자들로 하여금 여성에게 강한 공격성을 나타내도록 한다고 한다.

이와 같은 사실은 도너스타인(Edward Donnerstein)과 린츠(Diniel Linz)의 연구에서도 밝혀진 것이다. 이 외에도 그들은 포르노물이 남성들로 하여금 여성을 강간하고 싶다는 의욕을 갖게 하고 실험실 상황에서는 여성에게 공격적인 행위를 쉽게 보이며, 여성들이 강간을 당하고 싶어한다는 이른바 '강간신화의 신념(belief in the rape myth)'을 형성하고 나아가 피강간여성에 대한 동정이나 감정을 둔화시킨다고 하였다. 따라서 포르노물은 대중매체 중 가장 유해한 것이고, 반사회적인 것이며 특히 폭력적 성표현물의 유해성이 매우 심각하다.

폭력과 섹스의 결합을 묘사하고 있는 하드코어 포르노그래피(Hard−core Pornography)의 시청효과는 매우 위험한 것으로 판명되고 있다. 매스미디어에서 섹스와 폭력이 등장한다는 것은 새삼스러운 일이 아니지만, 그 둘의 필연적인 결합은 최근에 와서 미국사회에서 더 확산되고 있다. 케이블 방송과 인터넷의 발달은 많은 사람들이 X등급(시청이나 소지의 금지)의 섹스물을 볼 수 있는 가능성을 엄청나게 확대시켰다. 포르노를 자기 집에서 편안하고 안전하게 볼 수 있는 기회가 일상화되었다.

위와 같은 X등급의 섹스물은 미즈위원회의 폭력적인 성표현물보다 더 잔인하고 공포심을 유발하게 하는데 그 방법으로 포박(bondage)과 남성지배적인 이미지의 증가, 강간신화의 조장, 새도매조키즘(sadomasochism)의 조장, 짐승 같은 짓, 완력지향적 남성상의 정립, 로맨틱한 배경과 잔인한 살인 등의 방법을 동원함으로써 더 심각한 유해성을 보이고 있다.

이런 영화들은 공격의 자극제가 되기도 하고 대여성공격(對女性攻擊)에 대한 무감각한 태도를 갖게 한다고 한다.

이와 관련한 몇 가지의 연구결과를 살펴보기로 한다.

1) Dietz와 Evans의 연구

디에츠(D. E. Dietz)와 에반스(B. Evans)는 1970년부터 1981년까지 1,760개의 섹스잡지의 표지(1981년까지 표지의 17.2%)를 분석하였는데, 그들은 과거보다 포박(bondage)과 지배의 이미지가 크게 증가하였음을 발견했다.

2) Malamuth의 연구

말라무스(Neil M. Malamuth)는 남성 피실험자들에게 성폭력의 장면을 보여 준 후 몇몇 사항에 관한 그들의 태도를 측정한 몇 가지 연구들을 발표했다. 그 영화를 본 피실험자들은 일반적으로 강간과 여성에 대해 무감각한 태도를 보였으며 특히 영화에서 여성피해자가 폭행에 의해 흥분되는 것으로 묘사될 때 그러했다. 성적 자극의 면에서 볼 때, 피실험자들은 여성피해자가 강간에 의해 흥분되는 것으로 묘사될 때에만 성폭력 장면을 보고 흥분되는 것으로 나타났다. 또 다른 연구에서 남성 피실험자들은 여성이 흥분하거나 또는 역겨워하는 조건과, 성행위에 동의한 또는 동의하지 않은 조건을 다룬 성관계에 대한 비디오 테이프를 시청했다. 여성이 역겨워하는 테이프에서는 완력지향적, 비완력 지향적 남성 모두가 피실험자 자신의 보고와 발기 측면에서 동의하지 않은, 즉 겁탈과 같은 장면보다 동의한 장면에 의해 흥분되었다. 그러나 여성이 흥분되는 것으로 묘사될 때에는, 비완력적 남성집단은 동의 여부에 관계없이 두 경우 모두를 보고 흥분했으며, 완력지향적 남성은 동의하지 않은 성행위 즉 겁탈에 의해 더욱 자극되었다.

3) Donnerstein의 연구

도너스타인(Edward Donnerstein)은 남학생들에게 비폭력적이지만 성적으로 노골적인 영화와 한 여성이 성적으로 학대되고 폭행당하는 영화를 하나씩 보여 주었다. 앞의 영화를 보지 않고 뒤의 것을 본 피실험자들은 영화를 본 뒤에 실시된 학습과 처벌에 관한 실험에서 제3자에게 전기충격을 가하는 경향이 높았다. 비슷한 연구에서 남성 피실험자들은 한 여성이 공격당해, 옷이 벗겨지고 묶여져서 겁탈 당하는 성적으로 난폭한 영화를 보았다. 그 중 한 영화에서는 그 여성이 강간을 즐기는 것으로 묘사되었다. 그 후에 피실험자들은 그들을 화나게 했던 실험보조자(confederate)에게 전기 충격을 행할 수 있는 기회가 주어졌는데, 여성이 강간을 즐기는 것으로 묘사된 필름을 본 피실험자들은 여성실험보조원에 대해 보다 많은 전기 충격을 가하였으나, 남성보조원에 대해서는 그렇지 않았다. 이것은 영화에서의 섹스와 폭력의 결합을 다른 실험 보조원에게 전이시켰음을 보여 주는 것이다.

이러한 종류의 연구에서 몇 가지 결론이 도출되고 있다. 첫째는 성폭력에 대해 지각된 현실의 핵심적 측면은 피해를 입은 여성이 폭행에 의해 흥분하고 그것을 즐기고 있느냐 그렇지 않느냐 하는 점이다. 일반적으로 정상적인 남자의 경우, 치한의 공격에 의해 여성이 공포에 떨기보다는 흥분된 것으로 묘사될 경우에 훨씬 더 바람직하지 못한 효과가 나타난다. 겁탈에 의해 흥분되는 것으로 미디어가 여성을 묘사하는 것은 명백히 현실로부터 크게 일탈된 것일 뿐만 아니라 잠재적으로 위험스러운 것이다. 두번째 중요한 결론은 남자들의 폭력성향정도에 따라 성폭력을 주제로 한 미디어의 효과가 상이하다는 점이다. 수감된 강간범과 완력지향적인 남자들은 여성이 폭행에 의해 흥분되는 것으로 묘사하는 경우, 흥분되거나 폭력을 행사할 가능성이 높아진다.

제5절 ⎈ 성적 일탈과 성범죄와의 관계

1. 성범죄자의 심리적 특징

성범죄자의 심리적인 특징을 알아보기 위해 여러 가지 각도에서 연구가 진행되었다. 첫 번째 연구부류는 성범죄자의 기질이나 성격을 규명해 보려는 시도이다. 그 결과 강간범들을 정신병자와 연관 지우기는 쉽지 않았으며, 지적인 측면에서 다른 범죄자와 별 차이가 없었다. 정신건강에 문제가 있는 강간범들의 경우, 성격장애자로 판명되기는 하지만 성격검사를 통하여 다른 범죄자와 비교해 본 바 특이한 소견을 발견하기는 어려웠다. 다만 강간범들에게는 범죄성이 특징적으로 높았다. 반면에 MMPI검사에서는 강간범들은 다른 성범죄자 보다 오히려 폭력범죄에 더 가까운 것으로 판명되었다. 즉, 그들은 Pd척도뿐만 아니라 Sc척도에 높은 점수를 나타내고 있는데 이것은 적대감·조급함·충동성·인간관계의 소원·판단력 부족 및 이웃과의 갈등 등으로 해석될 수 있다. 결론적으로 강간범들은 폭력범에 가깝고, 사회화에 문제가 있으며, MMPI측면에서는 일탈적 범죄자이며, 이차적으로는 정신병자로까지 해석이 가능하였다.

두 번째 연구부류는 호르몬의 이상여부이다. 성적 흥분과 공격성에 영향을 미칠 것으로 추정되는 테스토스테론 수준의 이상여부를 연구한 바, 강간범들 모두가 높은 테스토스테론 수준을 갖고 있지 않았지만, 보다 공격적인 강간범의 하위그룹들에서는 유의미한 차이가 발견되었다. 그러나 이것은 후속연구에서 강간범과 비폭력적 성범죄자 사이에 특징적인 차이가 없었고, 특히 가학적·비가학적 강간범 사이에도 별 뚜렷한 차이를 인정할 수 없었다.

세 번째 연구부류는 행동주의적 접근방법이다. 이들은 강간범들이 완력을 행사하는 섹스에 보다 흥분하고 선호하는 일탈적 기호를 갖고 있다는 가정에서 출발하고 있다. 즉 상호 동의하는 섹스에서 보다 성적 공격을 감행하는 섹스에서 더 높은 PPG반응을 보일 것이 명백하다는 입장이다. 아벨(Gene G. Abel) 등은 13명의 강간범과 7명의 비폭력적 성범죄자에게 합의된 섹스와 강간을 묘사하는 녹화 테이프를 보여 주고 PPG반응을 살펴보았으나 특징적인 점을 발견하기는 어려웠다. 비폭력성범죄자가 PPG반응이 강간묘사에서 더 낮았지만, 강간범의 경우 합의섹스와 강간 모두에 똑같은 정도의 반응을 보였으므로 결론을 낼 수 없었다. 바바리(H. E. Barbaree) 등도 똑같은 연구를 강간범과 일반인을 대상으로 행하였다. 그 결과 강간범들은 폭력의 행사나 피해자의 변명 등에 의해 필연적으로 흥분하는 것이 아니라 동정심이 부족하고, 흥분에 대한 자제력이 부족하다고 하였다. 후속연구들에서도 PPG반응상의 특이점을 발견하는 데는 실패하여 일치된 결론을 내리지 못하고 있다.

네 번째 연구부류는 이성애적 사회화(heterosexual socialization)에서의 문제 여부이다. 그러나 여기서도 강간범들이 다른 범죄자들 보다 특이하다는 점은 발견할 수 없었다. 킨제이(Vernon L. Quinsey)는 강간범과 비성적 폭력범(非性的 暴力犯)을 대화·역할연기·사회적 상호작용과 기술에 관한 자기보고평가 등의 측면에서 비교한 바 양 그룹 모두 사회화 수준이 낮고 강간범은 단지 보다 자기주장이 약하다고 하였다. 자기주장의 측면에서 시겔(Segel)과 마샬(Marshall) 등이 연구한 바, 강간범과 비강간범 사이에는 유사점만 발견될 뿐 차이는 없다고 하였다. 다만 아동성폭행범은 보다 명백한 사회융화 기술에서 결함이 발견되고 있어 흥미롭다.

이상의 것을 종합하면 성격적 측면, 호르몬의 분비, 행동주의적 접근 및 사회화 수준에서 강간범과 다른 범죄자 사이에는 특징적인 차이점을 발견하기는 어려웠다. 그러나, 마샬(Marshall)과 바바리(Barbaree)는 많은 연구들을 종합평가 한 뒤에 사춘기 소년들은 성적 흥분과 공격과 같은 본질적 욕구를 자제하는 기술을 배워야 한다고 주장한다. 그러나 어린 시절의 잘못된 경험들－방치되어 자람, 폭력에의 노출, 성학대의 대상－때문에 성욕을 자제하고 이성애와 사회적 상호작용의 기술을 습득하지 못함으로써 적절한 감성적·사회적 기술을 획득하는 데 실패하여 강간범 등 폭력범으로 전락한다고 한다. 이런 아이들은 앞서 논의한 바와 같은 문화적 요소와 환경적 요소가 주는 영향에 보다 취약하다. 또한 이런 청소년이 한 번 폭력행위에 빠지면 재범의 위험성이 높아진다. 사회적 상호작용의 과정에서 성적 공격과 같은 자연적 성향을 자제하고 적법하게 성욕을 해결하는 지혜의 습득이 무엇보다 중요하다.

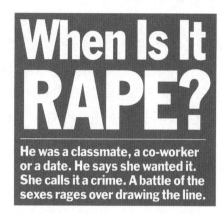

그림 7-4 강간사건과 증거확보의 필요성

쉼터   Pd, Sc, PPG

Pd : 반사회성(Psychopathic Deviate)을 측정하는 것으로서 50개의 문항으로 구성되어 있다.
　　문항내용영역은 다양성이 있고, 어떤 경우에는 서로 모순되기도 하는데, 주로 가정이나 권
　　위적 대상 일반에 대한 불만, 자신과 사회와의 괴리 그리고 권태들이 측정의 주요 대상이
　　다. 이 척도가 높은 사람들의 특징은 분노감·충동성·정서적 피상성 및 예측불능성이다. 사
　　회적 가치나 기준을 내면화하는 데 상당한 곤란을 느끼며, 규칙이나 법규에 대하여 저항적
　　이다. 가정·학교·사회 및 결혼생활에 문제가 있는 것이 특징적인 양상이다.

Sc : 이 척도는 조현증세(Schizophrenia)를 측정하는 것으로서, 이 척도가 높으면 높을수록 그
　　사람은 더욱 심하게 혼란되어 있다. 이들은 냉담하며 무감동적이고 오해받기 쉽다. 사고와
　　의사소통에 혼란이 있고, 정신병적 사고장애를 가지고 있을 수 있다. 스트레스에 대한 전형
　　적인 반응은 공상이나 환상에로의 도피이며 일부 사람들은 현실과 환상을 구별하지 못하는
　　경우도 있다. 성적인 집착이나 성적 역할의 혼돈을 보이는 경우도 적지 않고, 자아정체감의
　　혼란을 겪으며, 타인들이 보기에 그들은 비순응적이며 괴팍스럽게 느껴진다.

PPG : Penile Plethysmography의 약어로서 실험실에서 성적 자극을 주었을 때 성기의 발기
　　상태를 기록하는 기계이다. 통상 남성에게 있어 음경의 발기는 성적 흥분의 가장 신뢰할
　　수 있고 특징적인 지수이다. 또한 어떤 특정한 자극에 발기의 강도가 더 강하면 그것을
　　선호한다는 것을 알 수 있다. 그러나 실험효과 등의 배제가 문제가 된다.

<김중술의 『다면적 인성검사』에서>

2. 노출증과 성범죄

노출증은 성폭행의 전조행동이 아닌 전형적인 비접촉 행동으로 알려져 있다. 그러나 몇몇 임상학자들은 노출증 환자가 성폭력으로 진전하는 사례를 보고하고 있다. 프로인트(K. Freund)는 노출증 환자의 1/4이 강간에 관여한다고 주장하면서 노출증 환자는 다른 일탈행동을 자주하고, 그들의 1/3은 관음증과 프러터리즘을 갖고 있다고 한다. 루스(Graham Rooth)는 노출증 환자가 소아기호증과 특별한 관련이 있다고 주장하고 있다. 베라(E. F. Berah)는 노출증 환자와 소아기호증자를 비교함으로써 이 가능성을 탐색하고자 했다. 그 결과 전자가 보다 더 나은 부모와의 관계, 보다 안정되고 성공적인 교육과 직업, 알코올 섭취 부정 등에서 유의미한 차이가 있어 후자와는 명백히 구별된다고 하였다. 그러나 플로헨리(Pierre Flor-Henry) 등은 EEG(뇌파)검사에서 두 그룹 사이의 유사성이 인정된다고 하여 베라(Berah)의 연구와 배치되는 결과를 낳았다. 블레어(C. David Blair)와 래넌(Richard J. Lanyon)은 노출증에 있어서 공격성은 청소년기에 받은 스트레스와 관련이 있고, 교육경력상에 문제가 없으며, 결혼생활에 부적응이 많지 않다고 하여 노출증은 사회적으로나 심리적 문제가 특징적이지 않다고 하였다. 그러나 이들은 노출증 환자들이 겁이 많고 사회성에 문제가 있다고 하였다.

생각하건대, 노출증에 대해서는 이처럼 만족할 만한 연구성과는 없지만, 거세불안의 거부로 자신의 성기를 확인하고 싶다는 관념의 강화, 어머니와의 근친상간 원망의 금지 및 유년시절 성기노출행위의 강화라는 차원에서 설명이 가능하다는 정신의학자들의 결론을 주목할 필요가 있다. 노출행위를 계속하는 이유는 성기노출과 수음에 부수하는 성적 환상이 중요한 역할을 하기에 노출행위에 대한 혐오조건화를 통한 치료가 선행되어야 한다.

3. 가학증과 성범죄

법의정신의학자이면서 병리학자인 브리타인(R. Brittain)은 가학살인자의 전형적인 특징을 다음과 같이 묘사하고 있다. 가학증자는 자기 도취적이고 자기 중심적이기는 하나 정신병자로 보기는 어렵다. 이들은 때에 따라 고상한 척하고 종교적인 신심이 깊지만, 내성적이고 고립되어 있고 겁이 많아 여성과의 접촉을 어려워하고 성적인 측면에서 열등감을 느끼고 있다. 파트너에 대한 완력의 행사욕구와 힘으로 복종시키고자 하는 것이 고통을 가하는 것보다 더 중요하다. 이들은 잔인하고 극악한 공상을 즐기고 이 환상을 실행에 옮길 수 있는 직업에 종사하는 경향이 짙다. 가학적 문학작품이나 가학행동에 사용할 흉기들을 수집하는 것이 주요 관심사이다. 관음증이나 의상도착증과 같은 성도착증을 공유하는 경우가 많기는 하지만 전과는 별로 없다. 범죄는 자기존중감의 상실이나 남성다움의 소실 때문에 하고 범행 후에는 우월 감을 느낀다. 살인은 성적 욕구에 기인한 가공할 무력의 행사 때문이고, 상대가 고통이나 괴로워할 때 더욱 흥분한다. 폭력을 행사하는 목적은 성교나 오르가즘의 경험이 아니고 긴장완화를 도모하려는 것으로 이런 행동 후에는 안도감을 갖는다.

이와 같은 브리타인(R. Brittain)의 연구에 대해 많은 학자들이 지지하고 있다. 맥컬록(M. MacCulloch) 등은 가학적 환상과 범죄의 실행은 필연적 관계를 갖고 있다고 한다. 연구대상이 된 16명의 환자 중 13명에서 수음 중에 가학적 환상을 여러 번 경험하고 있고, 범죄행위는 환상의 정점에서 나타나며, 피해자를 집요하게 따라 다니는 것이 성적 흥분의 원천으로서 환상을 계속 유지하게 하는 대안이 되고 있다. 이 환상은 고전적 조건형성의 산물이라고 하였다.

플랜트키(R. A. Prentky) 등은 연쇄가학살인자는 먼저 환상을 경험하느냐 여부가 매우 중요하다고 했다. 25명의 연쇄가학살인자와 17명의 초범가학살인자를 비교한 바 전자의 86%, 후자의 23%가 범행에 앞서 환상을 경험했다고 한다. 연쇄살인범들은 초범자보다 범행을 미리 예모하는 경우가 더 많았다.

가학살인자의 뇌파이상에 관한 연구들은 그 결론이 일정하지 않다. 따라서 가학살인자의 뇌파이상은 이 행동을 설명하는 데 충분하지 않은 것으로 판명되고 있다.

버제스(A. Burgess) 등은 가학살인이나 폭행을 포괄적으로 설명하고자 다음과 같은 다섯 가지 가설을 제시하고 있다. ① 사회적 유대와 결속을 방해하는 유년기의 부적절한 사회환경, ② 자제력이나 공격성향을 규율하는 일탈적 역할모델이나 어린이 학대와 같은 정신적 쇼크, ③ 사회적 고립, 자기발정, 모반심 등과 같은 패턴화된 반응, ④ 어린이나 동물을 학대함으로써 이 행동이 강화되고 동정심이 결여된 상태에서 파트너를 성적으로 괴롭힘, ⑤ 일탈적 사고 패턴의 계속적 유지로 연쇄가학살인의 계속 등이다. 이런 가설들을 지지하는 연구는 많다.

4. 프러터리즘과 성범죄

프러터리즘은 성적 자극을 받거나 성욕구가 강하게 발동될 때이거나 성욕의 배출이 마땅치 않았을 때 발생하는 경우가 많다. 이런 남성들은 매우 소심하고 소외되어 있으며 스트레스를 많이 받아 눈빛이 흐린 경우가 많다. 상습 프러터리즘자들은 일부러 혼잡한 버스나 지하철을 타며 몇 시간 동안이나 계속해서 상대를 바꿔가며 범행을 계속하는 경우가 많다. 신체의 특정부위를 쓰다듬는 행위, 스커트 들추기, 잉크 등을 사용하는 의류의 오염, 경우에 따라서는 의복에 사정을 하는 심한 예도 있다.

이 행위의 대부분은 충동적으로 피해자인 여성에 대하여 수치·불안·공포 등을 불러일으키는 행동을 취하는 데 머무른다. 따라서 범행의 형태는 비교적 단순하고 흉악한 범죄는 적다. 그러나 소수의 범죄자는 피해자에 대해 구타·폭행하는 등 흉악한 외설행위를 하면서 강간에 이르는 경우도 있다.

이 행위의 피해자는 대개 연령이 젊고 가해자는 비교적 연령이 많다고 하는 일반적인 경향을 표시하고 있다. 피해장소는 버스·전철·자가용(승용차) 등의 탈것이 압도적으로 많고, 다음으로는 복잡한 노상·영화관이 많다. 이 행위의 피해자는 어린 남자아이나 성인 남성도 그 대상이 될 수 있으나 대체로 젊은 여성에 집중되어 있다. 이 범죄의 가해자들은 대체로 소심한 성격에 혼자 있기를 즐기고 성적 욕구를 만족스럽게 충족시키지 못한 경우가 많기 때문에 마음씨가 좋을 듯하고 뭔가 빈틈 있어 보이는 여성에게 접근하는 경향이 있다. 이런 여성들은 대체적으로 둥근 얼굴에 약간 비만한 몸매를 갖고 있으며, 몸가짐이 단정치 못한 편이다. 피해의 대상이 되는 여성의 체형·얼굴모양 및 기타 외견상의 특징을 분류해 보면 먼저 체형에 있어서는 마른형(11%), 중간형(30%), 소비만형(42%), 비만형(17%)으로 나타나고 얼굴모양으로는 둥근 얼굴(79%), 긴 얼굴(19%), 각이진 얼굴(2%), 화장의 정도는 화장하지 않은 여성(13%), 옅은 화장(47%), 짙은 화장(40%)의 양상을 보이고 있다.

이 행위의 피해자들이 입고 있는 옷은 일반적으로 과다노출의 원색계통인 것으로 알려져 있다. 일견해서 흐트러지고 음란한 느낌을 주는 복장이다. 대개 피해의 대상이 되는 여성들은 필요이상으로 육체의 선, 가슴의 융기, 허리의 곡선 등을 강조한 복장을 착용하여 정숙치 못하며 선정적인 복장을 한 여성들이다. 의류의 색상은 붉은 색 계통을 입고 있는 여성이 피해자가 되기 쉬우며, 특히 브래지어나 팬티가 훤히 비치는 옷은 치한을 필요 이상으로 자극하기 쉽다.

5. 스토킹과 성범죄

피해자를 자기의 우상이라고 생각하거나 성적으로 이끌리는 상대를 편집적으로 소유하고자 하는 욕망이 강하기 때문에 장시간에 걸쳐 지속적으로 피해자를 괴롭힌다. 피해자의 반응이 단호할 경우는 쉽게 포기하는 경향이 있으나 무언가 빈틈이 있고 약간이라도 요구를 수용하는 기미가 있으면 포기하지 않고 계속 만나주기를 간청한다. 선물공세를 펼 때도 있고, 음란전화를 하거나, 하루에도 수십 차례 전화하는 등 음란전화벽을 갖고 있다. 상대방이 피하면 상대의 거처를 찾는 일이 무엇보다 우선시되며, 상대의 모습을 하루라도 보지 못하면 안절부절 하는 등 상대에의 집착정도가 매우 강하다. 때로는 협박이나 공갈을 치던가 납치하여 상대에게 치명적인 상처를 입히거나 강간하기도 한다.

6. 어린이 성폭행

1) 성적 학대의 대상과 그 영향

뮬렌(Paul Mullen)의 연구에 의하면, 여아 중 10∼15%가 어린 시절에 성적 학대를 경험한다고 한다. 이들 중 약 반수는 한두 번이지만, 몇몇 사례에서는 지속적으로 학대를 경험한다. 남아와 여아의 비율은 대략 1 : 2.5로 여아가 주피해대상이다. 여아의 경우 가해자는 주로 가까운 사람이나 가족의 일원인데 반하여 남아는 낯선 사람인 경우가 많다.

핀켈러(David Finkelhor)는 여아가 성학대의 대상이 되는 취약요소를 다음과 같이 들고 있다. ① 연령 10∼12세, ② 친아버지 없이 계부와 함께 살고 있는 아이, ③ 어머니가 외부에서 일을 하는 경우, ④ 아프거나 불구인 아이, ⑤ 부모사이의 갈등이 많은 아이, ⑥ 부모 중의 한 사람과 관계악화 등이다. 그는 이런 요인들이 부모의 감시부족, 정서적 불안정 및 아이의 저항능력 결여 등과 합쳐질 때, 취약성은 더 크다고 보고 성학대자가 성학대

금기의식을 내면화해야 하고 외부적 장애가 있고 아이들의 저항이 있을 때 성폭행은 방지될 수 있다고 했다.

많은 소아기호증 환자들은 그들의 행동을 비정상적이라고 생각하지 않으려는 경향이 있기 때문에 이들이 피해자에게 주는 영향을 과소평가 하는 경향이 있으나, 아이와 어른 사이의 성관계는 역학관계에서 상당한 차이가 있기에 피해자에게 주는 심리적·육체적 영향은 심각하다. 단기적인 영향으로는 두려움·죄의식·적대감·사고장애 등이 피학대 아동의 50% 이상에서 나타나고 있다. 행동적 측면에서는 학교부적응·섭식장애·가출·매춘·비행 등으로 연결된다. 장기적으로는 두려움·우울증·자기존중감의 결여·자기파괴적 행동·상습성폭행 피해·사람에 대한 불신감·성생활에의 부적응 등을 보여 준다.

특히 어린이에게 가장 나쁜 영향을 미치는 것은 아이들이 이런 행위가 비도덕적이라는 것을 인지하고, 성적 학대가 지속적이며, 성기나 항문 등으로 성행위를 강요 당하고, 학대자가 친척이고 가족의 도움을 구할 수 없을 때이다.

2) 어린이 성폭행의 유형

범행시 폭력의 행사정도를 기준으로 두 부류로 나눌 수 있는데, 하나는 섹스-압력(sex – pressure)범죄로 물리력의 행사는 적다. 이에는 아이들을 유혹하거나 설득하여 그들의 성욕을 만족시키는 유형이 있는가 하면, 아이들이 좋아하는 장난감이나 음식물 등으로 함정에 빠뜨려 성적 만족을 구하는 사례가 있다. 다른 하나는 섹스-폭력(sex – force)범죄로 강제력이나 물리력의 행사가 특징이다. 이들은 아이들을 성욕해결의 도구로 사용하거나 폭력행사의 대상으로 보아 새디즘적 폭력을 행사하기도 한다.

코헨(S. Cohen) 등은 성폭행자를 고착·퇴행 및 공격그룹으로 분류하고 있다. 고착된 자들은 아이와 함께 있는 것을 매우 편안하게 느끼며 잘 알고 있는 아이를 대상으로 삼는다. 퇴행자들은 이성에 대해 관심은 있으나 성적 부적절감을 경험하여 아이들에게 성적 반응을 보이는 부류이다. 공격부류는 새디즘적 성폭행을 일삼는 자들이다. 성폭행범들을 아이를 선호하는 그룹과 섹스파트너가 없을 때 대용물로 어린이를 활용하는 그룹으로 양분할 수도 있다.

3) 어린이 성폭행범의 특징

어린이 성폭행범들의 특징으로 주로 ① 어린이와의 성관계를 정신적으로 수용하고 있는가, ② 어린이들에 의해 성적 흥분이 야기되는가, ③ 어른 사이의 섹스에 문제가 있는가, ④ 어린이와의 성행위에 금지해제(disinhibition)된 상태인가 등의 측면에서 연구하고 있다.

첫 번째 측면에서는 성폭행범들은 고착이 있는데 이 때문에 정신적 미성숙이거나 어른과의 관계에서 부적절감을 경험한다고 한다. 따라서 이들은 아이들과의 성행위를 선호하게 되고 어른과의 관계에는 위협을 느끼게 된다. 이들은 자기도취적 경향이 강하고 자신과 같다고 생각되는 아이들을 대상자로 선택하는 경향이 있다. 윌슨(G. D. Wilson)과 콕스(Dodge N. Cox)는 EPQ(Eysenck personality questionaire)로 소아기호증자들을 연구하였는데 이들은 내성적이고 부끄러워하며 민감하고 소외되며 우울하고 유머감각이 없다고 주장하였다. 팬턴(James H. Panton)은 어린이 성폭행자와 근친상간자를 MMPI(미네소타 다면성격검사)로 연구한 바, 양 그룹 모두 자기소외, 근심걱정, 부적절감과 불안정감, 공격력의 상실 등을 보이고 있고, 근친상간자만이 사회적인 측면에서 보다 내성적이라고 답하고 있다.

두 번째 측면에서는 어른보다 유독 어린이에게서 더 성적 흥분을 불러일으키는 원인을 규명하려는 다양한 시도가 있었으나, 일치된 결론을 내리기는 어려웠다. 그러나 바비(Laurence D. Barbee)의 연구에 의하면, 어린이 성폭행범은 아이들에게 보다 큰 성적 반응을 보이고 있으나 이들 중 1/3은 십대나 어른들에게도 큰 성적 흥분을 나타낸다고 하여 근친상간자가 보다 이성애적 특징을 갖고 있음을 알 수 있다.

세 번째 측면에서는 자신의 섹스파트너와 관계에서 불만 때문에 어린 아이를 대용물로 사용하는지의 여부에 관한 것으로서 이에는 많은 학자들이 그들의 연구결과로 공감을 표시하고 있다. 핀켈러(Finkelhor)는 어린이 성폭행범들은 이성과의 성행위 불안으로 아이들을 선택한다고 하며, 시겔(J. Segel)과 마샬(S. Marshall)은 이들은 이성과의 성행위시 두렵고 쾌감을 경험하지 못한다고 한다. 따라서 어린이 성폭행범들은 주로 이성과의 성행위시에 두렵고, 쾌감을 경험하지 못하여 주저하게 되고 사회적으로 고립되거나 사회화 기술이 부족하다고 알려지고 있다.

마지막 측면에서는 다른 많은 범죄자들과 마찬가지로 어린이 성폭행범들도 MMPI검사를 해 보면, 반사회성이 높다고 한다. 특히 근친상간자는 낮은 사회적 결속력, 아이에 대한 동정심이 결여되어 있다고 한다. 알코올 등의 영향을 연구한 바, 어린이 성폭행범들이 다른 범죄자보다 더 많이 알코올에 탐닉되어 있다는 결정적인 증거는 없다. 그러나 알코올의 섭취로 자신의 행동을 정당화하거나 취중에 일어난 일로 변명할 가능성은 크다.

이와 같이 어린이 성폭행의 특성을 밝히기 위한 네 가지 측면에서의 연구성과는 매우 단편적이기는 하지만 이 네 가지가 어린이 성폭행에서 잠재적인 역할을 하고 있다는 사실만은 분명한 듯하다.

CONNECTIONS

1. 성이라는 것은 사적 측면이 강하다. 동성애에 대해서는 어떤 생각을 갖고 있는가 또는 특이한 성적 취향을 일탈행위로 볼 수 있겠는가?

2. 성도착자에 대한 생각은 어떠한가? 정신적·의료적 치료를 받아야 할 대상인가? 아니면 사회에서 강력한 처벌의 대상인가?

3. 스토킹은 경범죄처벌법에 의해서 처벌되고 있다. 피해자에 대한 신체적 또는 정신적 피해를 보상하거나 예방하기 위해 경범죄로 처벌하는 것이 적절하다고 생각하는가?

제**8**장

충동통제 장애와 범죄

충동통제 장애는 넓게 보면 자기 자신이나 다른 사람에게 피해를 주는 행위를 하려는 충동을 억제하지 못하는 것으로 정의된다. 정신장애진단및통계편람 제4판(Diagnostic and Statistical Manual of Mental Disorders: DSM-Ⅳ)에서는 충동통제 장애를 구분하고 있다. 하고자 하는 행동이 어떤 행동인가에 따라 크게 방화광(pyromania), 도박광(pathological gambling), 절도광(kleptomania), 발모광(trichotillomania), 간헐적 폭발성 장애(intermittent explosive disorder) 등으로 나눈다. 장애진단에는 포함되지 않았지만 인터넷 중독과 쇼핑 중독 등 충동조절의 문제 역시 심각한 사회문제로 대두되고 있다.

충동통제 장애의 가장 큰 특징은 어떤 행동이 자기 자신이나 다른 사람에게 피해를 준다는 사실을 알면서도 그 행동을 하려는 충동이나 유혹을 스스로 견뎌내지 못한다는 것이다. 이 장애를 가진 사람들은 일단 그러한 충동이나 유혹이 생기면 긴장되거나 흥분이 고조된다. 그러나 충동을 행동으로 옮기게 되면 긴장감이나 흥분이 급속도로 줄어들면서 즐거운 기분이나 만족감 또는 안도감을 느낀다. 이와 같은 행동들은 그 사람이 그 순간에 하고자 하는 바람이나 소망과 일치하며 그것을 만족시키는 행동들이다. 이것을 자아동조적(ego-syntonic) 행동이라고 한다. 대개 이런 행동을 한 직후에는 으레 있을 법한 후회, 자신에 대한 책망, 죄책감 등이 우러나지 않는다.

제2절 ◦ 충동통제 장애와 범죄

1. 간헐적 폭발성 장애와 범죄

간헐적 폭발성 장애는 심각한 공격적 행위 또는 재산이나 기물을 파괴하는 공격적 충동을 통제하지 못하는 사건이 일정하지 않지만 계속해서 일어나는 경우이다. 이러한 동안에 나타나는 공격성의 정도가 그 사건을 일으키게 된 계기가 되는 사회심리적 압박감과 비례하지는 않는다. 이러한 공격적 행동은 대개 그 전에 심리적인 긴장감이나 압박감의 수준이 낮으면 공격적인 행동의 수준이 덜하고, 긴장감이나 압박감의 수준이 높으면 공격적인 행동을 더하게 되는 것은 아니다. 이와 같은 공격적 행동을 하는 사건이 다른 정신장애, 예를 들면 반사회성 성격장애, 경계선 성격장애, 정신병적 장애 등으로 인한 것은 아니며, 약물복용 또는 의학적 상태의 직접적인 생리적 효과로 인해 나타나는 것이 아니어야 한다.

폭발적으로 공격적인 행동을 하는 경우는 많지만, 간헐적 폭발성 장애로 진단되는 경우는 드물다. 이 장애가 발병하는 시기는 대개 청소년 후기인 10대 후반에서 30대까지 정도로 생각된다. 이 장애가 발병하는 양상은 갑작스러운 경우가 많다. 일반적으로 어떤 정신장애가 일어나기 전에 그 장애의 조짐이 나타나는 시기를 전구기라고 하는데, 간헐적 폭발성 장애의 경우 이와 같은 전구기가 없이 나타나는 경우가 많다.

자기애성·강박성·편집성 또는 조현의 성격 특징을 가진 사람들이 스트레스를 받았을 때 분노를 폭발적으로 분출하기 쉽다. 분노를 갑자기 분출하기 때문에 자신과 타인에게 해를 끼치기 쉽다. 이러한 성향 때문에 직장에서 갑자기 쫓겨나거나, 학교에서 정학이나 퇴학을 당하기도 한다. 또 아내에게 갑자기 화를 내며 구타가 간헐적이지만 폭발적으로 이어지기 때문에 가정폭력이나 불화 및 이혼과 연결되기도 한다. 또한 이들은 갑자기 폭력을 휘둘러 폭행이나 상해를 입혀 투옥되기도 하고, 공격행동으로 인해 각종 사고와 이로 인한 입원 및 대인관계의 단절을 경험하기도 한다.

쉼터	간헐적 폭발성 장애의 진단기준

1. 심각한 공격적 행위 또는 재산이나 기물을 파괴하는 공격적 충동을 통제하지 못하는 사건이 일정하지는 않지만 계속해서 일어난다.
2. 이러한 사건 동안에 나타나는 공격성의 정도가 그 사건을 일으킨 계기가 되는 사회심리적 압박감에 비례하지는 않는다. 이러한 공격적 행동은 대개 그 전에 심리적인 긴장감이나 압박감이 먼저 나타나게 된다. 이와 같은 긴장감이나 압박감의 수준이 낮으면 공격적인 행동의 수준이 덜하고 긴장감이나 압박감의 수준이 높으면 공격적인 행동을 더하게 되는 것은 아니다.
3. 이와 같은 공격적 행동을 하는 사건이 다른 정신장애(반사회성 성격장애·경계성 성격장애 등)로 인한 것이 아니며, 약물 복용 또는 일반적 의학적 상태(머리의 외상·알츠아이머성 치매 등)의 직접적 생리적 효과로 인해 나타나는 것이 아니어야 한다.

<도상금·박현주의 『충동통제장애』에서>

2. 절도광과 범죄

절도광을 설명하는 데 중요한 특징은 그 물건이 탐이 나서 또는 그 물건이 꼭 필요해서 훔치는 것이 아니라는 점이다. 절도광이 훔치고자 하는 물건은 일반적으로 값이 나가는 물건이 아니며, 훔친 물건을 되팔기 위해서 훔치는 것이 아니다. 이들은 대개 물건을 훔치고 난 후에 그 물건을 남에게 주거나 버리게 되면서도 물건을 훔친다. 그러나 모든 절도광들이 그런 행동을 하는 것은 아니다.

간혹 훔친 물건을 모으는 사람이 있고, 어떤 사람은 물건을 훔치고 나서 몰래 다시 제자리에 갖다 놓거나 은밀하게 물건을 주인에게 되돌려 주기도 한다. 결과적으로 절도광에게는 '훔치는 물건'이 중요한 것이 아니라 '훔치는 행동' 자체가 중요하다.

절도광은 대개 체포될 위험이 높은 경우에는 물건을 잘 훔치지 않는다. 그러나 이 말이 절도광들이 신중하게 계획을 세우고 물건을 훔친다는 의미는 아니다. 절도광이 충동통제 장애 가운데 하나이기 때문이다. 이들은 갑작스레 일어나는 훔치고자 하는 충동을 억제하지 못해서 물건을 훔치게 되는 것이다. 대개 절도광들이 물건을 훔칠 때에는 미리 계획하지 않으며, 체포될 위험성에 대해서도 충분히 고려하지 않고, 다른 사람의 도움을 받거나 협력을 구하는 것이 아니라 혼자 물건을 훔치는 경우가 많다.

절도광들은 대개 물건을 훔치는 그 당시에는 체포에 대한 두려움을 별로 느끼지 않지만 훔치고 난 후에는 체포되는 것을 두려워하고, 자신이 도둑질을 했다는 사실에 대해서 우울해하거나 죄책감을 느낀다.

절도광은 청소년 시기 정도부터 시작되며 점차 만성화되어가는 모습을 보인다. 성비로 볼 때, 절도광은 남자보다 여자에게서 보다 흔하게 나타나는 것으로 알려져 있다. 절도광들이 체포되어 유죄판결을 여러 번 받음에도 불구하고 장애가 쉽게 없어지지 않는다.

쉼터

절도광의 진단기준

1. 개인적으로 쓸모가 없거나 금전적으로 가치가 없는 물건을 훔치려고 하는 충동을 억누르지 못하고 물건을 훔치는 일이 반복적으로 일어난다.
2. 물건을 훔치기 전에 긴장감이 높아진다.
3. 물건을 훔치고 나서 기쁨이나 만족감, 안도감과 같은 기분을 느낀다.
4. 분노나 복수심을 나타내기 위해 물건을 훔치는 것이 아니며, 망상이나 환각에 대한 반응으로 물건을 훔치는 것도 아니다.
5. 물건을 훔치는 행동이 품행장애·조증삽화·반사회적 성격장애에 의해서 설명되지 않는다.

<도상금·박현주의 『충동통제장애』에서>

사례

2010. 3. 17. 서울 노원경찰서 형사과에 경찰관과 마주 앉은 박모(69·여)씨는 외모와 몸가짐에서 부티가 흘렀다. 키 155cm에 마른 체구의 박씨는 단아했다. 낙타색 바지에 감색 외투를 걸쳤고, 반들거리는 검정 고급 손가방을 허벅지 위에 올려 두 손으로 감싸고 있었다.

"할머니, 왜 하필 면도날을 훔치셨어요?" 경찰이 묻자 박씨는 "저도 모르겠어요. 순간적으로 나쁜마음이 들어서…"라며 말을 잇지 못했다. 박씨는 조사 받는 내내 아랫입술을 심하게 떨었다. 박씨는 이날 오후 3시쯤 상계동 모 대형매장에서 면도날을 훔치다 잡혔다.

11만 8,300원어치를 손수레 바닥에 깔고서 계산대를 몰래 빠져나가려 했다. 매장이 혼잡한 틈을 노렸지만 점원에게 들켰다. 박씨는 지난 5일에

도 같은 매장에서 같은 방법으로 물건을 훔치다 붙잡힌 것으로 드러났다.

면도기 13개를 비롯해 시가 19만 6,000원 상당의 생필품을 챙겼다. 박씨는 수년 전 남편과 사별하고 미혼인 둘째딸과 단 둘이 살고 있다. 면도기나 면도날을 훔쳐도 쓸 데가 없다. 박씨를 조사할수록 경찰은 혼란스러워졌다. 박씨는 서울 시내 한 부촌에 10억원대 아파트를 자기 명의로 가지고 있었다. 경찰서에 잡혀 온 박씨는 금장 시계와 사파이어 반지를 착용하고 있었다. 이런 장식품 가격은 훔친 물건에 비할 바가 아니었다.

잠시 후 박씨의 딸이 경찰서에 찾아와 의사 진단서를 내밀었다. 병명은 '병적 도벽(절도광)'이었다. 한 대학병원에서 발급한 진단서에는 우울증·피해의식·판단력장애 같은 정신질환명이 함께

기록돼 있었다. 이런 증상이 병적 도벽에 큰 영향을 끼친다는 의사 소견이 덧붙여졌다.

박씨는 절도 19범으로 1975년부터 버릇처럼 물건을 훔쳐 왔다. 젊은 시절 교도소를 수차례 드나들었다. 징역 1년 6개월형만 세 번 살았다. 정신질환이 확인되고는 충남 공주 치료감호소에서 1년간 치료도 받았다. 박씨의 딸은 "어머니는 매주 네 번 병원에서 치료받고 있다"며 선처를 호소했다.

전문가들은 박씨처럼 생계와 상관없고 자신에게 필요도 없는 물건을 충동적으로 훔치는 성향을 '클렙토매니아(Kleptomania)'라고 부른다. 이들은 평소 주변 사람과 친밀한 관계를 맺지 못한 채 정서적으로 소외돼 있어 관심을 끌기 위해 범행하는 경향이 있다 분석한다.

(media daum.net에서)

3. 방화광과 범죄

방화광은 불을 지르고자 하는 충동을 억제하지 못하고 불을 지르는 사람들이다. 이들은 이웃집에 불이 나면 항상 구경을 하는 '불구경꾼'이고, 때로는 가짜 경보를 울리기도 하고, 소방서나 소화기와 같은 불과 관련되는 시설이나 기구를 보거나 소방관들을 보면 기쁨과 일종의 흥분을 느낀다. 방화광 중에는 동네 소방서에서 한참 시간을 보내는 사람도 있다. 방화광들은 불을 지르고 나서 불이 타오르는 광경을 보거나 건물이 점차 타들어가는 광경을 보는 것에서 기쁨과 만족감을 느끼고, 불을 지르기 전까지 높아졌던 긴장이 낮아지는 것을 경험한다.

방화광이 되는 원인에 대한 이론은 매우 많지만, 가장 대표적인 것은 프로이드(Freud)의 정신분석 이론이다. 그는 "불이 일으키는 따뜻한 느낌은 성적인 흥분 뒤에 일어나는 감각과 비슷하고, 불꽃의 모양이나 움직임은 남자의 성기를 연상시킨다"고 하였다. 방화광의 경우, 방화행동이 성적인 의미와 결부되어 있다는 연구들이 많다. 사랑하는 사람에게 거부당한 데 대한 반응으로 불을 지른다는 연구들이 있고, 권력과 명성에 대한 갈망이 방화로 표출된다는 연구도 있으며, 사회적·신체적·성적 열등감에 대한 분노로 불을 지른다고 보기도 한다. 어렸을 때 부모의 관계가 좋지 않을 때 이 관계회복을 위해 불을 지른다고 보는 견해도 있고, 부모의 성관계 장면을 목격한 충격으로, 또는 어렸을 때 근친상간을 당한 경험에 대한 반응으로 불을 지를 수도 있다. 따라서 불을 지르는 행동은 자신을 도와달라고 하는 요청의 표시이기도 하며, 자신에게 중요한 사람들에게 관심을 받고 싶은 소망을 나타내기도 한다.

절도광이 사전에 아무런 준비 없이 물건을 훔치는데 반해서, 방화광은 사전에 철저한 계획을 세우고 불을 지른다. 방화광은 불을 지름으로 인한 다른 사람의 피해나 경제적 손실에 대해서는 무관심하다. 오히려 불에 의해 기물이 파손되는 것에서 희열을 느낀다. 따라서 다른 충동통제 장애에 비해 방화광이 일으키는 피해는 더 심각하다고 볼 수 있다. 그들은 다른 사람들에게 재산 손실과 같은 경제적 타격을 주며, 방화광 자신도 법적인 문제를 일으키고, 다른 사람에게 상처를 입히거나 생명을 잃게 만들 수도 있기 때문이다.

방화범에 대한 고전이자 가장 대규모의 연구로 루이스(Lewis)와 야넬(Yanell)이 1951년에 실시한 사례연구를 들 수 있다. 이들은 남자방화범 1,145명, 여자방화범 201명에 대한 사례연구를 실시했다. 남자방화범이 여자방화범보다 압도적으로 많다는 점이 주목할 만한다. 남자방화범의 동기를 살펴보면, 방화광(39%), 복수심이나 질투심(23%), 정신병(13%), 일용노동자나 노숙자(7%), 영웅심(6%), 도둑질(3%) 순으로 나타났다. 방화를 가장 많이 저지른 나이는 17세였다.

한편 이들의 연구에서 방화원인 중 방화광이 39%로 가장 높게 나타난 것에 대해서는 다시 생각해볼 필요가 있다. 방화광은 매우 드물게 나타나는 것으로 알려져 있기 때문이다. 이에 대해서 위의 연구자들은 방화광으로 분류된 사람들 대부분이 불을 지르고자 하는 충동을 억누르지 못해서 불을 질렀다고 하지만, 그들에게는 복합적인 동기가 있다고 보았다. 따라서 이들에게 방화광에 대한 정확한 진단기준을 적용한 것이 아니기 때문에 이들을 정확한 방화광으로 보기는 어려울 것이다. 남자 방화범 가운데 48%는 지능 수준이 정신박약이나 백치 정도인 것으로 나타났고, 35%는 정상 수준의 지능에서 약간 낮았으며, 17%만이 평균 이상의 지능을 가지고 있는 것으로 나타났다. 다른 연구들을 보아도 방화광에 의한 방화는 매우 적은 것으로 나타나고 있다.

방화광은 어떤 목적이나 이득을 위해서 불을 지르는 것은 아니기 때문에 의도적인 방화와는 구별할 필요가 있다. 방화광에 의한 방화가 '동기없는 방화'라면, 의도적인 방화는 어떤 분명한 동기나 목적이 숨겨져 있기 때문이다. 예를 들면, 보험금을 타낼 목적으로 자신의 집이나 공장 등을 불태울 수 있고, 범행현장의 증거를 없애고자 불을 지를 수도 있다. 또 복수의 목적으로 직장상사의 집에 불을 지르거나, 노동조건의 개선 등을 내세워 불을 지를 수도 있다. 테러나 저항 수단의 하나로 불을 지를 수도 있고, 자신의 갈망과 소망 및 욕구를 많은 사람들에게 전달하기 위한 주위환기의 수단으로 불을 지를 수도 있다.

그림 8-1 방화범죄자

방화광의 진단기준

1. 사전에 미리 계획을 세우고 어떤 목적이 있는 방화를 한 번 이상 한다.
2. 불을 지르기 전에 긴장이 되거나 흥분이 된다.
3. 불에 대해서 그리고 불과 관련되는 상황에 대해서 매혹을 느끼거나 흥미를 느끼고, 호기심을 갖는다. 불을 지르는 도구나 불을 지르고 난 뒤의 결과에 대해서 많은 관심을 갖는다.
4. 불을 지르거나 또는 남이 불을 지르는 것을 볼 때 기쁨이나 만족감 또는 안도감을 느낀다.
5. 경제적인 이익을 위해서, 사회정치적 이념을 위해서, 범죄 현장을 은폐하기 위해서, 분노나 복수심을 표현하기 위해서, 망상이나 환각에 대한 반응으로, 치매나 정신지체, 알코올 중독이나 마약 중독으로 인해 판단력에 장애가 왔기 때문에 불을 지르는 것이 아니어야 한다.
6. 품행장애·조증삽화·반사회적 성격장애로 불을 지르는 것이 아니어야 한다.

<도상금·박현주의 『충동통제장애』에서>

4. 도박광과 범죄

　도박광이 충동통제 장애의 한 유형으로 포함된 것은 비교적 최근의 일이다. 지난 몇 년 동안 도박이라는 개념에 많은 변화가 있었다. 과거에는 강박적 도박(compulsive gambling)이라는 용어가 사용되었다. 따라서 '강박'이라는 용어가 '충동(compulsive)'이라는 용어로 바뀌게 된 것인데, 강박과 충동의 차이는 이를 경험하는 사람이 괴로움을 느끼는가, 아닌가의 차이로 정의

된다. 강박행동과는 달리 충동행동은 비록 충동적인 행동을 하고 난 다음에는 후회하고 죄책감을 느끼지만 그 행동을 할 당시에는 즐거움을 느끼고 자신이 하고 싶어서 하는 행동이다.

DSM-Ⅳ의 병적 도박에 대한 진단기준을 보면 다음 중 다섯 개 또는 그 이상의 항목에 해당하는 도박행동이 비적응적 성격을 띠고 지속적이고 반복적으로 일어나야 하고, 조증삽화로 인한 것이 아니어야 한다. 조증삽화란 일정기간 동안 지나치게 기분이 고조되거나 또는 신경질적으로 변하는 증상을 말한다.

다음 중 다섯 개 이상의 항목에 해당되면 병적 도박이라고 볼 수 있다.

① 도박에 집착한다. 예를 들면, 과거의 도박 경험을 계속 떠올리고, 다음 번에 돈을 걸었을 때 승산을 예상하거나 계획하고, 도박을 해서 돈을 벌 수 있는 방법에 집착한다.

② 돈의 액수가 커질수록 더 큰 흥분을 느낀다. 따라서 자신이 바라는 흥분을 느끼기 위해 돈의 액수를 계속 늘리면서 도박하려고 하는 욕구가 있다.

③ 스스로 도박행동을 조절하거나 줄이거나 중지시키려는 노력이 거듭 실패로 돌아간다.

④ 도박행동을 줄이거나 그만두려고 시도할 때, 안절부절못하거나 신경이 과민해진다.

⑤ 무기력감·죄책감·불안감·우울감 등과 같은 정신적 문제에 부딪혔을 때, 여기에서 탈출하기 위한 수단으로 도박을 하거나, 불쾌한 기분을 가라앉히기 위한 수단으로 도박을 한다.

⑥ 도박으로 돈을 잃고 나서 이를 만회하기 위해 다음날 다시 도박판으로 되돌아간다.

⑦ 자신이 도박에 빠져 있는 정도를 숨기기 위해 가족들·치료자·다른 사람들에게 거짓말을 한다.

⑧ 도박 자금을 대기 위해서 지폐를 위조하거나 사기·도둑질·공금횡령 등과 같은 불법행위를 저지른다.

⑨ 도박으로 인해서 중요한 대인관계가 위태로워지거나, 직업상이나 교육상의 기회, 출세의 기회를 잃어버리게 된다.

⑩ 도박으로 인한 절망적인 경제 상태에서 벗어나기 위해 다른 사람에게 돈을 빌린다.

병적인 도박꾼들은 매우 독립적이며 경쟁을 즐기는 자들이다. 또 이들은 개인적이고, 자만심이 강하며, 지나치게 낙관적인 자들이 많다. 자신을 둘러싼 부모·아내·상사 등이 자신의 도박에 관여하는 것을 매우 싫어한다. 도박에 빠지기 전까지는 매우 건실한 모습을 보이는 경우가 많지만, 일단 도박에 탐닉하고 나서는 도박으로 인해 집안을 다 말아먹기 전까지는 자신의 생활을 정당화하는 경우도 흔하다. 이들은 도박기술을 배우는데 혈안이 되어 있으며, 남다른 시도와 연구를 통해 도박 기술을 습득하는 경우도 있다. 이들이 자신의 병적을 도박을 끊어야 한다는 생각으로 스스로 도움을 구하는 경우는 극히 드물다. 가산을 탕진하고도 정신을 못 차리기 때문에 종국에는 아버지나 아내 등에 의해서 단도박 모임이나 병원 및 치료기관으로 끌려오는 경우가 많다.

도박광들은 위와 같은 특성 외에도 부수적인 특징들을 가지고 있는 경우가 많다. 이들은 도박과 관련된 미신을 맹신하거나, 도박으로 돈을 벌 수 있다는 지나친 자신감을 갖고 있으며, 허무맹랑한 생각을 하는 등으로 생각 자체가 왜곡되어 있는 경우도 있다. 도박꾼과 도박광들은 도박을 하면서 엄청난 스트레스를 받기 때문에 스트레스로 인한 고혈압이나 소화성 궤양, 편두통과 같은 질병을 가지고 있기도 하다. 도박광들에게 흔히 일어나는 장애로 기분장애, 주의력 결핍 및 과잉행동장애, 알코올 남용이나 마약 남용 그리고 반사회적 성격장애·자기애성 성격장애·경계성 성격장애 등의 비율이 높다. 병적 도박으로 인해 치료를 받는 사람들의 약 20% 정도가 자살을 시도한 흔적이 있다는 보고도 있다. 도박광은 충동통제 장애 중에서 가장 흔하게 나타나는 장애로 알려져 있다. 일반적으로 도박을 즐기는 꾼들은 남녀의 비율이 거의 비슷하지만, 도박광은 남자가 압도적으로 많다.

일반적으로 도박이 병리적인 수준으로 발전하기까지는 다음과 같은 일련의 단계를 거치게 된다.

처음 단계의 특징은 돈을 크게 따는 것으로 이는 도박을 계속 하도록 만든다. 처음 돈을 크게 따는 행운은 결국 불행을 불러들인다. 딴 돈은 당연히 다시 잃게 되는데, 이때 잃은 돈을 만회하기 위해 다시 도박을 하게 된다. 이 시점에서 도박꾼은 잃은 돈을 따서 손해를 보지 않기 위해서 계속 도박을 하게 되는데 이를 소위 '뒤쫓는 태도(chasing attitude)'라고 한다. 이와 같은 태도로 인해서 계속 돈을 잃어가게 되고, 점차 집과 직장에서 여러 가지 부정적인 사건과 현상들이 나타나게 되며, 결국에는 자포자기 단계가 된다.

병적 도박의 전형적인 모습은 남녀가 각기 다르다. 남자의 경우는 청소년기 초기에 시작되는 경우가 지배적이다. 이 때 친구들과 어울려 오락으로 도박을 즐기다가 이것이 점차 병적인 수준으로 발전하는 경우가 일반적이다. 그러나 여자의 경우는 중년 이후에 본격적으로 도박에 탐닉한다. 수사기관에 자주 검거되는 주부도박단들을 보면 쉽게 이해가 가는 대목이다. 중년의 여자들이 모여 심심풀이로 도박을 하다가 이것이 사교적인 도박으로 발전하고 더 나아가 습관적으로 도박에 빠지게 된다. 이런 습관적인 행동들이 거액의 돈을 따고 잃음에 따라 급기야는 병적인 도박 증세를 보이는 도박광이 된다.

그림 8-2 룰렛 게임

사례

최근 해외원정 도박 혐의를 받고 있는 방송인 신○○으로 인해 도박중독에 대한 세간의 관심이 높아지고 있다. 그는 도박과 관련한 두 차례의 전과가 있음에도 불구하고 도박에서 벗어나지 못했으며 이번에는 해외원정 도박길에 올랐다가 적발됐다.

그뿐만 아니라 전 재산을 판돈으로 날려도 도박장에서 벗어나지 못하는 사람, 자녀의 치료비를 판돈으로 날리는 사람, 가정의 파탄 등 이따금 언론을 통해서 접하는 도박의 폐해는 어제 오늘 일이 아니다.

전문가들은 일단 도박중독 단계로 넘어가면 금단증상 등으로 인해 스스로의 힘으로는 자제하기가 힘들다고 설명했다. 또 도박중독이 단순한 습관의 문제가 아니라 뇌의 질병이라고 지적한다.

그렇다면 왜 도박중독자들은 도박에서 벗어나지 못하는 것일까. 도박중독뿐 아니라 알코올·약물·마약중독과 일종의 현대병이라고 할 수 있는 쇼핑중독·사이버 중독 등이 모두 같은 원인에서 출발한다.

그것은 도파민이라는 호르몬 때문이다. 도박을 하면 신경전달물질인 도파민이 뇌에서 많이 분비돼 쾌감을 느끼게 된다. 그러나 도박을 하지 않으면 뇌는 다시 신호를 보내게 되고 강한 쾌감을 다시 얻고자 하는 충동을 느낄 때 중독의 위험에 노출되는 것이다. 결국 도박중독은 도파민 장애이며 습관의 질병이 아닌 뇌기능장애인 셈이다. 적절한 치료요법이 병행될 필요가 있다는 것이다.

국내 도박중독자들은 한국 성인 인구에 100명 중 6명에 이르며 그 수가 점점 늘어가는 추세이다. 이는 영국·캐나다 등 주요 선진국과 비교하면 약 3배에 이르는 수치다.

(media daum.net에서)

5. 발모광과 범죄

발모광은 머리카락을 반복적으로 계속 뽑기 때문에 대머리가 되는 것이 눈에 띌 정도로 확연하게 보인다. 머리카락을 뽑는 행동을 하기 직전에 긴장이 증가되거나, 머리카락을 뽑는 행동을 하지 않으려고 할 때에는 긴장감이 높아져 안절부절못하게 된다. 머리카락을 뽑는 행동을 할 때마다 쾌락·만족감·해방감을 느낀다.

발모광이 흔히 보이는 행동은 자신의 머리카락을 뽑아서 모근을 검사하거나, 머리카락을 비틀어 뽑거나, 머리카락을 치아 사이에 넣고 당기거나 먹는 행동들이다. 보통 다른 사람들 앞에서는 머리카락을 뽑는 행동을 잘 보이지 않지만, 바로 옆에 있는 가족들은 이를 쉽게 관찰할 수 있다.

대개의 경우 이들은 자신의 머리카락을 뽑는 행동 자체를 부인하고, 머리카락을 뽑음으로 인해서 생기는 탈모 부분을 가발같은 것으로 감추거나 위장하려고 한다.

머리카락뿐만 아니라 눈썹·액모·음모 등을 뽑는 행동을 보이는 자들도 있다. 심지어 자신의 머리카락뿐만 아니라 다른 사람의 머리카락까지 뽑으려는 충동을 느끼기도 하고, 때로는 남모르게 다른 사람의 머리카락을 뽑을 기회를 노린다. 애완동물이나 인형 그리고 스웨터나 카펫같이 털을 뽑는 행동을 할 수 있는 다른 섬유성 물질에서 털을 뽑기도 한다.

발모광의 위와 같은 행동으로 가족이나 주변 사람들과의 충돌이 쉽게 일어난다. 발모광이 나타나는 시기는 대개 20세 이전이고, 5~8세의 아동이나 13세 정도의 청소년 초기에 이런 행동이 나타나기 때문에 발모광의 행동을 막으려는 부모들의 간섭 때문에 자녀와의 관계가 소원해지고 부부 사이에서 잦은 다툼이 일어나게 된다.

발모광의 행동이 지속적인 경우도 있기 때문에 이들은 사회적·직업적 또

는 기타 중요한 기능 영역에서 많은 고통과 불편 및 장애를 초래하기도 한
다. 또 이들 중의 일부는 다른 사람의 머리카락을 뽑으려는 시도를 하기 때
문에 시비가 일어날 소지도 있다.

그러나 발모광의 행동은 다른 충동통제 장애에 비해 심각한 범죄나 비행
으로 연결될 가능성은 그렇게 높지 않다.

6. 쇼핑 중독증과 범죄

쇼핑을 할 때에만 만족감을 느끼며, 쓸모도 없는 물건을 마구 사들이는
사람들이 쇼핑 중독에 해당된다. 이들은 세일이나 광고 홍보에 의한 충동구
매의 차원을 넘어 백화점이나 상점 주변을 배회한다. 이들의 약 90% 정도가
여자인 것으로 각종 조사들이 밝혀주고 있다. 흥미로운 점은 쇼핑 중독에 걸
린 이 여자들이 스스로의 삶을 불행하다고 느끼는 경우가 많다는 것이다.
이렇게 느끼는 배경에는 섹스에 대한 관심이 없다고 하는 사람들이 많다. 성
관계 시에도 만족을 느끼지 못하는 사람들이 대부분이라고 한다. 이들은 이
런 생활 속의 불만을 쇼핑으로 해소하려는 강박관념을 가지고 있는 사람들
이라고 볼 수 있다. 쇼핑을 통하여 마라톤을 완주한 사람들이 느끼는 것과
흡사한 쾌감을 느끼기 때문에 쇼핑에서 헤어나지 못한다고 한다.

한 사람의 성인으로서 쇼핑과 관련된 자신의 충동을 조절하고 통제하는
일은 매우 중요한 사안이다. 신문보도를 보면 쇼핑으로 인한 빚 때문에 개인
파산 선고를 받은 사람들이 늘고 있다고 한다. 우리 사회도 선진 각국들과
같이 수백만 명의 쇼핑 중독자들이 있을지도 모른다. 쇼핑 중독자들은 대부
분 정서적 혹은 성적 결핍을 보완하기 위해 강박감에 사로잡혀 쇼핑을 하고,
그 결과로 부부싸움이 심화되어 가정이 파탄되거나, 쇼핑을 위한 부채 때문
에 신용불량자가 되는 경우도 허다하다. 쇼핑을 위한 자금 마련을 위해 절도
나 횡령 및 배임 등의 범죄를 저지를 가능성도 높아지고 있다.

제3절 · 사이버중독과 범죄

사이버공간이 사람들의 욕구를 충족시켜 줄 수 있는 새로운 공간으로 자리매김 함에 따라 남녀노소를 불문하고 네트워크에 사로잡힌 사람들이 다수 출현하고 있다. 일부 청소년들은 그 정도가 더욱 심하여 뭔가 행동에 옮기거나 도움을 청하려 할 때는 물론이고 현실의 탈출구나 욕구의 배출구로 사이버공간을 찾는 경우가 대부분이다.

인간활동의 익명성, 시공간적 제약성의 탈피, 기록의 보존성과 교류통로의 제한성이라는 사이버공간의 특성들 때문에 청소년들이 사이버공간을 즐겨 찾는다. 또한 이런 사이버공간의 특성은 청소년들을 끌어들이는 마력을 가지고 있다. 사이버공간을 찾게 하는 가장 강력한 힘은 바로 사이버공간이 제공하는 쾌락과 유혹이다.

우리의 욕망은 한없이 쾌락을 추구하는데 사이버공간에서 제공되는 대상, 예를 들면 폭력게임·음란채팅·포르노그래피 및 몰래카메라 등이 쾌락을 제공해 주고 있다. 이런 기대는 사이버공간에 나타나는 대상들에게 한없이 빠지게 되는 동인이 된다. 사이버공간에 묶이는 시간이 많아짐에 따라 탈억제 현상이 가속화되고 들여다보기 심리가 작용하여 감수성이 예민하고 성적욕구가 왕성한 청소년들은 여기서 헤어나지 못하면서 죄책감을 경험하는 경우가 많다. 이에 더하여 대인기피증·강박감·편집증·체력저하 등의 현상을 함께 갖고 있는 경우도 있다.

보다 심할 경우에는 학업에 큰 지장을 초래할 뿐만 아니라 사이버공간의 노예가 되어 청소년의 건전한 성숙을 가로막는 사이버중독에 시달리게 된다. 게임중독·채팅중독 및 음란물중독 등과 같은 사이버중독은 약물중독과 마찬가지로 의존성과 내성 및 금단증상을 발현한다. 이리하여 한시라도 사이버공간을 떠나서는 살 수 없는 존재가 되고, 폭력이나 음란물에 무차별적으로 노출됨으로써 현실과 가상공간을 구별하지 못하고 무감각하게 폭력을 자행하거나 무절제한 행동에 빠지기도 한다. 가상이미지가 동일시의 대상이 되어 자기정체성을 상실하거나 심지어는 모방범죄를 자행하기도 한다.

물론 사이버중독이 나쁜 것만 있는 것은 아니다. 사이버중독에 가까운 네티즌들 덕분에 오늘날의 사이버공간이 이처럼 발달하였다는 주장에는 공감하지 않을 수 없다. 또 자라는 청소년들이 한 때는 컴퓨터에 미치지만 대부분의 경우 스스로 빠져나와 큰 문제가 되지 않는다는 주장도 있기는 하다. 그리고 사이버섹스가 나쁜 것이 아니라 성적(性的) 상상력을 키우고 성(性)에 대해 많은 것을 알게 해준다는 주장도 어느 정도는 설득력이 있다.

그러나 위에서 지적한 바와 같이 사이버중독이 파생시키는 문제들은 매우 크며, 스스로 헤어나지 못하는 청소년들이 많기 때문에 중독을 예방하기 위한 교육과 적절한 심리적 개입 및 치료가 매우 중요한 사안으로 떠오르고 있는 시점이다. 따라서 이러한 점들을 염두에 두면서 사이버중독의 원인과 증상 그리고 파생되는 문제점들을 살펴봄으로써 사이버중독을 예방하고 치료하기 위한 심리적 개입과 치료방법들에 대해 고찰하고자 한다.

1. 사이버중독의 개념

사이버중독이란 인터넷이나 PC통신 등 사이버공간에 너무 탐닉해 병적 증세를 나타내는 현상들을 지칭하는 말로 아직 학술적으로 정립된 개념은 아니다. 통상 사이버중독(cyber addiction), 인터넷증후군(internet syndrome), 웨버홀리즘(webaholism) 및 인터넷중독장애(IAD: internet addiction disorders)라 부른다. 이것은 컴퓨터사용자들이 너무 과도하게 웹에 의존하여 현실생활에 큰 지장을 받을 정도로 신체적·정신적 이상현상을 발현하는 것을 말한다.

여기서 '중독' 또는 '증후군'의 의미는 지나친 컴퓨터 사용으로 인하여 약물중독이나 알코올중독처럼 의존성·내성 및 금단증상이 발현됨을 전제조건으로 한다. 즉, 사이버중독자들은 자기도 모르게 컴퓨터에 접속하여 시간을 보내며 마음의 위안을 얻는 의존성이 있다. 이들은 사이버공간의 노예가 되어 자기의지로 컴퓨터를 끄고 빠져나오기가 점점 힘들어지며 하루 종일 컴퓨터에 매달려야 하는 내성현상을 가지고 있다. 또한 인터넷이나 통신에서 잠시라도 벗어나 있으면 왠지 불안하고 신경질적으로 변하며 인터넷상에 무슨 중요한 일이 일어났을 것 같은 생각이 들어 안절부절못하는 금단증상을 나타낸다. 따라서 주변의 일상사에 흥미를 잃고 실생활에서 무력감을 느끼며 급기야는 현실감을 인식하지 못하고 대인기피증이나 강박증과 같은 정신병리현상을 경험한다.

2. 사이버중독의 원인

사이버중독의 원인은 매우 다양한 것으로 알려져 있다. 여기서는 사이버중독의 원인으로 자주 거론되는 이상향의 나, 성적욕구 충족 및 심리적 보상에 대해 살펴보기로 한다.

1) 이상향의 나

피로와 무기력에 지친 '현실의 나'를 버리고 혈기왕성하고 매력이 넘치는 '이상향의 나'를 만들 수 있는 공간이 바로 사이버세계이다. 이 때문에 수많은 네티즌들이 실생활과 가상세계를 구분하지 못할 정도로 사이버공간에 깊숙이 빠져든다.

현실세계에서 부끄러움을 잘 타는 소심한 사람이 사이버공간에서는 적극적이고 사교적인 사람이 될 수도 있고 전혀 성적(性的)이지 못한 사람이 그 반대가 될 수도 있다. 다른 네티즌이 선망하는 지적인 사람으로 나타나 칭찬을 받을 수도 있다. 바로 이런 점 때문에 일상 생활에서 욕구불만을 느끼는 사람이 인터넷에 빠져들고 있다고 설명할 수 있다. 나아가 현재의 자신과는 전혀 다른 성격의 사람으로 행세해 보기 위해 사이버공간에 시간과 정력을 투자하고 있다.

인터넷중독자들이 많이 참여하는 활동 중의 하나가 가상공간 속의 머드(MUD: multi-user domains)게임이다. 사이버공간에서 한 개인이 자신의 다양한 특성을 표현하고 이것을 구체적인 경험으로 체험하게 되는 예가 바로 이것이다. 머드는 역사적으로 multi-user dungeons에서 나왔다고 한다. 이 이름은 1970년대 말부터 1980년대에 미국의 고등학교와 대학교에서 선풍적인 인기를 끌었던 던전스 앤 드래곤스(Dungeons & Dragons)라는 환상 역할놀이인 게임에 그 뿌리를 두고 있다.

머드게임이 국내에 알려진 것은 1990년대 초 컴퓨터 관련 학생들 사이에 보급되다가 1993년 일반인을 위한 PC통신 상용서비스로 등장하면서 대중화되었다. 현재 '바람의 나라', '쥐라기공원', '단군의 땅', '리니지', '어둠의 전설', '영웅문', '뮤', '마법의 대륙', '일랜시아', '천년' 등 수십 개의 상용서비스가 있다.

머드는 일종의 새로운 가상놀이공간에서의 게임이지만 심리적인 측면에서 보면 참여자가 일종의 가상적 인간관계를 만들 수 있는 새로운 형태의 공동체이기도 하다. 게다가 문자로 그 내용을 나타낸다는 측면에서 새로운 형태의 집단 저작물이기도 하다. 사용자들은 이 게임에 참가하면서 단순히 내용을 만드는 것뿐만 아니라 새로운 사회적 관계나 사회적 상호작용 속에서 새로운 자신들의 모습을 창조하는 멋진 경험을 하게 된다.

머드게임 속에서 한 개인은 다른 수백 명, 아니 수천 명의 게임자와 함께 사이버공간에서 서로 경쟁하고 협동하면서 자신이 꿈꾸어 왔던 새로운 자신의 모습을 만들거나 아니면 서로 힘을 합쳐 어떤 활동을 하기도 한다.

머드게임이 가지는 매력으로 가장 많이 지적되는 것으로 사이버공간에서는 현실세계에서 도저히 불가능한 창조적인 경험을 할 수 있다는 것이다. "게임에서 남자가 되고 싶으면 성전환수술을 해 용감무쌍한 전사가 되고, 부모 허락 없이 마음에 맞는 사람과 만나 결혼도 할 수 있다"며 "옳고 그른 것이 분명하고 규격화된 현실세계보다 훨씬 재미있고 스릴도 많다"는 머드게이머인 한 여대생의 말을 음미해 볼 필요가 있다.

2) 성적 욕구 충족

인터넷중독증의 또 다른 원인으로 성적 욕구의 간접적 충족도 들 수 있다. 인터넷 중독자들은 성인용 책방이나 포르노 영화관 등에서와는 달리 전혀 발각될 위험 없이 완전한 익명 상태에서 '사이버섹스'를 즐기고 있으며 실제 생활과는 전혀 다른 행동을 통해 내면에 숨겨져 있던 성적 충동을 만족시킬 수 있다는 점에서 해방감을 느끼고 있다.

우리가 기본적인 욕구인 성에 대해 관심을 갖는 것은 너무나 당연하다. 따라서 사이버공간에서 성적 대상을 찾는 것도 자연스러운 것이다. 본능적 욕구는 막으면 막을수록 더 강렬해지는 특성이 있다. 성적 욕구도 엄격하게 억압하면 할수록 더욱 자극되고 강하게 반발한다.

우리가 성에 대해 논의하려면 성욕을 포함한 본능적 욕구의 특성을 이해해야 할 것이다. 성욕을 포함한 기본적 욕구와 욕망에 대해 말하면서 욕구나 욕망의 대상에 가까워짐과 멀어짐을 생각해 본다. 우리는 욕망의 대상이 멀리 있으면 가까워지려고 하지만 가까워질수록 그 대상으로 인한 구속감과 갈등을 느낀다. 대상이 너무 가까워지면 갈등은 증폭되고 폭발한다. 따라서 성욕의 방출과 통제에는 적절한 조화가 필요하다.

사이버공간의 대화는 타인의 시각과 청각으로부터 자신을 숨길 수 있다. 이러한 익명성을 통해서 우리의 욕망은 모습을 드러낸다. 사이버공간의 익명성에 숨어서, 자신을 드러내지 않고 원하는 상대를 찾아 서로가 원하는 것을 확인한다. 이런 방식으로 사이버공간을 통해 친구를 얻고, 성적 대화를 하고, 성행위의 상대를 구한다. 이런 의미에서 온라인을 통해 성에 관한 건강한 정보를 제공하는 사이버공간의 역할은 아주 훌륭한 것이다. 그러나 성적 탐닉만을 추구하는 포르노그래피와 같은 성의 정보는 사이버공간을 성적으로 왜곡되게 하여 성적 탐닉과 중독의 공간으로 만든다.

청소년들은 PC보급과 인터넷의 발달로 가정을 비롯한 학교·PC방 등 공중이용시설을 통해 이러한 불건전정보에 무차별적으로 노출되어 있다. 청소년의 인터넷 음란·폭력정보에 대한 상습적 접촉은 가치관의 혼동, 여성관의 왜곡, 청소년성매매, 성폭력, 사이버중독 등 심각한 부작용을 야기한다.

3) 심리적 보상

중독행동에 수반되는 심리적 보상은 의식의 변화를 들 수 있을 것 같다. 통상 생리적 의존성이나 생리적 중독이 없어도 어떤 활동을 과다하게 하여 그에 중독되는 수가 있다. 즉, 일상 생활(이를테면 직장·건강·대인관계·재정 등)에 부정적 영향을 줄 정도로 지나치게 몰입하게 되면 이는 중독행동이 된다. 일상적인 건강관련 활동에도 중독되는 수가 있다. 여기에는 통상 일종의 기분고취(high, 고양감)가 수반되는 등 정서나 무드의 변화가 관련된다.

즉, 명상이나 망아(忘我; trance)상태와 비슷한 변화된 의식상태(altered states of consciousness)가 통신상에서 장시간 채팅이나 집단 토의 시 컴퓨터 화면에만 전적으로 정신이 집중되면서 느껴질 수 있다.

이 외에도 조건화된 생리적 반응이 통신중독증상의 저변에 깔려 있다고 생각된다. 즉, 인터넷 탐닉행동의 생리적 상관요인의 하나로서 인터넷 접속 시 맥박 및 혈압이 증가하는 조건반응이 나타난다. 이러한 맥박 및 혈압의 증가는 생리적으로 짜릿함의 토대를 제공하는 것 같다.

그리피스(Griffiths)에 의하면, 인터넷중독에 걸리기 쉬운 전형적 유형(stereotype)은 10대로서, 통상 남성이며, 사회생활에서 자신감이 심히 결핍된 사람이다. 이들이 인터넷활동 중 특히 이끌리기 쉬운 것이 인터넷채팅

(IRC: internet relay chat)이다. 이에 매달리면 만사를 제치고 쉬지 않고 연속적으로 하게 된다. 이로 인해 적지 않은 학생들이 성적 저하로 도태되곤 한다. 또 환상적 역할연기게임도 유혹적이다. 위 두 경우에서 모두 다 직접 얼굴을 맞대고 만나는 것이 아니라 익명성이 보장되기 때문에 다른 사람의 역할을 해 볼 수 있다는 데 보상을 느끼는 것 같다. 또 접속한 사람은 자존심을 임의로 높일 수도 있고, 또 다른 미지의 접속자로부터 지속적인 지원을 받을 수도 있다.

그림 8-3 사이버중독(http://www.hani.co.kr에서)

3. 사이버중독의 기준

사이버중독의 기준에 대해서는 개념이 학문적으로 정립되어 있지 않은 것과 마찬가지로 아직 규준으로 정립된 행동목록은 없다. 사이버 중독을 연구한 영(Young)과 골드버그(Goldberg)는 진단기준을 설정함에 있어서 DSM-Ⅳ의 병적 도박의 기준을 원용하여, 인터넷·PC통신 중독을 충동조절장애(impulse control disorder)의 일종으로 보았다.

영(Young)은 다음의 8개 항목으로 구성된 준거 상에서 다섯 가지 이상의 해당자를 인터넷중독자로 분류하였다.

① 점점 오랜 시간을 접속해야 직성이 풀리게 된다.

② off-line시에 금단증상을 호소한다. 즉, 우울증의 증가, 무드를 탄다(moodiness), 초조해지고 짜증이 남(irritability), 안절부절(psychomotor agitation/restlessness), 불안(anxiety), 강박적 사고(obsessive thinking), 환상이나

꿈, 타이핑(typing) 손놀림 등이 학교, 사회생활에 지장을 줄 정도이며, 위 증상 때문에 다시 통신에 접속하게 된다. 흔한 예는 접속을 끊고 나오면 점점 우울해지는 것이다.

③ 의도했던 것보다 자주 또는 오랫동안 접속, 인터넷상에서 장시간을 소모한다.

④ 통신접속을 줄이려 했으나 실패한다.

⑤ 온라인 접속시간을 늘리기 위한 시도, 일례로 수업시간을 빼먹는다거나, 인터넷 접속을 위해서 잠자리에 늦게 들거나 일찍 일어남 등을 한다.

⑥ 취미, 남들과 어울리는 것, 친구와 전화 연락하는 것과 같이 사회생활, 직장생활 또는 여가활동에 흥미를 상실한다.

⑦ 인터넷사용 때문에 직장·학교·재정 또는 가족문제 등에도 여러 가지 문제가 생기거나 더 나빠져도 인터넷을 계속 사용한다.

⑧ 인터넷을 사용하지 않을 때에도 빨리 접속해 보고 싶은 마음에 사로잡힌다. 또 일이나 휴가 때문에 통신을 못하는 경우에도 초조하고 불안하다.

미국의 정신과 의사인 골드버그(Goldberg)의 경우에도 영(Young)과 유사하게 DSM에서의 병적 도박의 기준(내성·금단증상·일상생활에의 지장)을 원용하였다. 그가 제시한 인터넷 중독증에 대한 기준은 아래와 같다.

그의 기준에 의하면 12개월 동안에 다음의 항목 중 적어도 세 가지 이상에 해당하는 인터넷사용의 부적응적인 행동유형(maladaptive pattern of internet use)을 보이는 경우 인터넷 중독증으로 진단된다.

① 내성(tolerance), 다음 중 한 항목에라도 해당하는 경우로 정의한다.
  ㉠ 더 많은 시간을 인터넷에서 소모해야 만족을 얻을 수 있는 경우
  ㉡ 인터넷상에서 지속적으로 같은 시간을 소모해도 그 효율은 현저히 저하되는 경우

② 금단(withdrawal), 다음 중 한 항목에라도 해당하는 경우로 정의한다.
  ㉠ 특징적인 금단증후군(withdrawal syndrome)
    ⓐ 장기간의 심한 인터넷 사용을 중지(또는 감소)한 경우
    ⓑ 준거 ⓐ의 발생 후 수일에서 한 달 사이에 다음 중 두 항목 이상이 발생하는 경우
      • 정신운동성 초조(psychomotor agitation)
      • 불안(anxiety)

　　　　• 인터넷에서 무슨 일이 일어나고 있을까 하는 강박적 사고
　　　　(obsessive thinking about what is happening on internet)
　　　• 인터넷에 대한 환상 혹은 꿈
　　ⓒ 준거 ⓑ의 증상들이 사회적·직업적 또는 그 밖의 중요한 부분에
　　　서 고통이나 손상을 유발하는 경우
　ⓛ 금단증상의 해소나 회피를 위해 인터넷 또는 유사한 통신망을 사용하
　　는 행동
③ 의도했던 것보다 더 자주 또는 더 길게 인터넷을 사용하는 경우이다.
④ 인터넷 사용을 줄이거나 조절하려는 욕구가 지속적으로 있었으나, 그 시도
　가 성공하지 못한다.
⑤ 상당량의 시간을 인터넷 사용과 관련된 행동에 소비한다(예: 인터넷 서적
　을 구입, 신형의 웹브라우저를 시험, 인터넷 서비스 제공업체의 탐색, 통신
　망에서 내려 받은 파일들의 정리)
⑥ 중요한 사회, 직업 또는 여가활동이 인터넷 사용을 위해 포기되거나 감소
　된다.
⑦ 인터넷 사용에 의해 유발되거나 악화된, 지속적이거나 반복적인 신체적·사
　회적·직업적 혹은 심리적 문제를 갖고 있음을 자각하고 있음에도 불구하
　고 인터넷 사용을 계속한다.

　골드버그(Goldberg)는 IAD의 발생이 점차 증가하여 보편화되자 이를 도와
주기 위하여, 인터넷 중독자들을 지지하기 위한 집단활동(IASG: internet
addiction support group)을 창설하여 인터넷상에서 전자우편활동(internet
mailing list)을 통하여 중독자들을 도와 주고 있다. IASG에 의해 제시된 바,
대부분의 통신사용자들이 경험하는 가장 흔한 증상들의 목록은 다음과 같다.
① 거의 매일 빠짐없이 인터넷에 접속한다.
② 접속하고 나면 시간감각을 상실한다.
③ 외출 횟수가 점차 줄어든다.
④ 집이나 직장에서 어울려 식사하는 시간이 줄어들고 컴퓨터 모니터 앞에
　앉아 식사한다.
⑤ 인터넷상에서 많은 시간을 소비하고 있다는 것을 부인한다.
⑥ 주변 사람들로부터 컴퓨터 앞에 너무 오래 앉아 있는다고 불평을 듣는다.
⑦ 하루에도 수없이 전자우편함을 확인한다.

⑧ 다른 사람들에게 자신의 인터넷주소를 알리는 데 몰두한다.

⑨ 직장에서 바쁘더라도 인터넷에 접속한다.

⑩ 집에 배우자나 다른 식구들이 없으면 안도감을 갖고 인터넷에 접속한다.

이상으로 영(Young)과 골드버그(Goldberg)의 진단기준과 행동특징을 살펴보았다. 흔히 위와 같은 현상을 지칭하는 데 사용되는 인터넷중독이란 진단명의 타당성이 최근에 미국의 여류임상심리학자인 영(Young)에 의해 주장되고 있지만, 이 진단범주가 신뢰도와 타당도가 만족스러운 수준인지는 아직 확신할 만한 단계는 아니다. 계속적인 연구로 관련 자료가 축적되어야 할 것이다. 아무튼 이것은 새로운 행동현상(new behavioral phenomena)으로서 계속 연구하고 탐구해야 할 만한 대상임은 의심의 여지가 없는 것 같다.

4. 사이버중독의 유형별 특성

1) 게임중독

게임은 컴퓨터를 친근하고 재미있게 만든다. 보통 아이들은 컴퓨터를 오락기기로 활용하면서 컴퓨터활용능력을 키운다. 또한 컴퓨터는 학교생활에서 오는 스트레스를 해소시키고 지능개발에 일익을 담당할 만큼 유익한 면이 있다.

그러나 게임에 대한 지나친 몰입은 심각한 부작용을 낳는다. 최근에는 게임이 점차 어려워지고 성인을 겨냥한 상품까지 출시됨으로써 아동이나 청소년뿐만 아니라 대학생을 포함한 일반인까지도 게임중독으로 고생하는 경우가 많다.

(1) 게임 중독의 원인
① 성취욕구 자극

몇 개의 단계(stage)로 이루어진 대부분의 게임은 처음에는 쉽다가 점차 어려워진다. 청소년들은 어려운 단계에서 아슬아슬하게 게임을 끝내게 되고 너무나 아쉬운 나머지 그 게임을 정복하고자 끝까지 도전하게 된다.

② 파괴본능의 충족

슈팅게임은 총·미사일·레이저 등 강력한 무기로 상대방을 많이 파괴시켜야 이길 수 있다. 그리고 격투기게임은 상대방을 효과적으로 차고 때려야 이길 수 있다. 게임의 상대를 자신을 괴롭히는 사람으로 생각한다면 상대방을 무지막지하게 제압할수록 만족감도 더 커진다.

③ 가상공간의 파워맨

현실에서 청소년은 나약하고 소심하다. 그런데 가상공간의 게임을 통해서 캐릭터에게 부여된 막강한 힘을 소유함으로써 자신이 파워맨이 될 수 있다는 착각에 빠지게 된다. 적을 무찌르는 마술, 다른 공간으로의 이동, 총알이 떨어지지 않은 연발총 등이다.

④ 새로움의 연속

네트워크 게임들은 인터넷과 네트워크를 이용해서 게임이 이루어지므로 결국 사람과 사람의 게임이 된다. 그리고 프로그램에 따라서는 여러 사람이 참여할 수 있다. 이러한 특성으로 게이머는 게임을 할 때마다 매번 새로울 수밖에 없다. 이것이 스타크래프트의 인기 요인이며 끝없이 게임에 매달리게 하는 강력한 매력이다.

⑤ 현실도피의 낙원

청소년들의 현실은 재미가 없다. 학교·학원·집을 오가는 빡빡한 생활과 과도한 공부량, 확실한 보장이 없는 미래에 대한 답답함으로 시달리지만 게임은 현실을 잊게 해 주고 재미있는 것들이 가득하다.

⑥ 자신만의 캐릭터 창출

청소년들에게 폭발적인 인기를 얻고 있는 네트워크게임 '리니지'는 가상게임 공간 안의 또 다른 사회가 있다. 게이머는 자신의 캐릭터의 능력을 키우고 상대방과 연합하거나 배신을 하면서 사회적인 지위가 높아진다. 청소년들은 게임 속에 또 다른 자신인 캐릭터에 강한 집착을 가지고 무의식적으로 빠져든다.

쉼터 **리셋(Reset)증후군과 쾌락살인**

'리셋증후군'이란 컴퓨터를 켜는 작동키인 리셋에서 유래한 것으로, 온라인 상에서 각종 사이트와 게임을 즐기는 청소년들이 인터넷에 중독되어 현실과 가상의 세계를 구분하지 못하는 일련의 증상을 말한다. 컴퓨터 중독과 정신적 혼란을 동시에 겪는 신종 정신질환의 일종이다. 인터넷 게임중독에 빠진 청소년들의 경우 가상현실과 현실세계를 혼동하다 보니 사람을 죽이거나 다치게 해 놓고도 '왜 다시 살아나지 않는 거지?'하며 이해를 못하는 리셋증후군에 빠지는 경우도 있다.

위와 관계 있는 사례를 보면, 광주 ○○중학교 3학년생인 P는 인터넷 게임에 빠져 사무라이가 칼로 단방에 사람을 쳐죽이는 것을 보고 칼보다는 도끼로 더 쉽게 살인을 할 수 있을 것이라고 생각하여 도끼를 준비하고 날카롭게 날을 갈아 두었다. 급소를 일일이 외우고 사람의 뼈와 나무 중 어느 것이 더 단단한지를 직접 찍어 비교하는 등 범죄수법을 정교화시켰다. 그는 평소 사이버공간에서 '좀비(시체를 주술의 힘으로 살려 놓을 수 있고, 살인을 저지르다가 자신이 죽어도 다시 부활하는 캐릭터)'를 우상화하고 자신과 동일시함으로써 살인에 대한 호기심과 충동을 가지고 있었다. 살인에 대한 모의실험을 여러 차례 행한 후에 잠자고 있는 동생의 목경부를 평소 준비해 둔 손도끼로 4회 찍어 즉사시켰다. 동생의 목에서 피가 분출하는 모습을 보고 고도의 흥분상태를 경험했다고 진술하고 있다. 동생을 죽인 데 성공한 그는 이후 보다 적극적으로 살인을 즐기기 위해 시체를 자기 집의 침대 위에 그대로 방치한 채 전북 고창으로 도망을 가서 거기서도 40대 아저씨와 대학생을 대상으로 살인을 시도하다가 미수에 그치고 체포되었다.

　본 범죄의 심각성은 살인을 즐기기 위한 살인이었다는 점, 즉 피의자는 '쾌락살인자'였다는 점에 있다. 물질적인 이득을 위한 살인이나 치정에 의한 살인이 아니라 단지 살인을 통하여 쾌락을 체험하고 정서적인 만족을 얻기 위한 살인이라는 점을 주시할 필요가 있다.

<『수사연구』에서>

2) 채팅중독

　채팅중독현상을 보이는 사람들은 현실도피의 수단이나 새로운 만남의 수단으로 과도하게 채팅사이트를 찾는다. 사이버공간이 제공하는 채팅·머드게임·정보서핑·사이버트레이딩·도박·쇼핑 등의 여러 분야 중 특정 분야에 중독되는 자들이 서구에서는 많이 보이나 우리나라는 주로 머드게임과 채팅에 집중되고 있다.

　청소년들은 인터넷의 채팅사이트에 접속해 채팅을 즐긴다. 대화는 글을 타이핑해 이루어진다. 최근에는 캐릭터(아바타)를 이용한 대화방, 화상 대화방이 등장해 인기를 끌고 있다. 특히 화상 대화방은 대화의 상대를 확인할 수 있어 인기가 높다.

(1) 채팅중독의 원인
① 심리적 안정

　국내 최초로 통신중독에 대해 조사한 한국청소년문화연구소 김옥순 박사는 "통신중독은 사용 시간이 많다는 것을 의미하는 것이 아니라 통신을 하면 마음이 편해지기 때문에 무작정 빠져드는 것"이라고 그 원인을 밝혔다.
② 외로움의 해소

　시공간적 제약으로 친구를 만날 수 없거나 우두커니 혼자 집에 있을 때 외로움을 해소하고 비슷한 취미를 가진 사람을 만날 수 있는 공간이 바로 사이버공간이다. 집을 지키는 청소년들이나 가정주부 또는 자영업자들이 채팅에 빠지는 수가 많다.

③ 새로운 상대와의 만남

채팅공간은 익명성이 보장되는 공간이어서 고민이나 욕망을 솔직히 드러낼 수 있다. 그리고 매번 새로운 상대를 만날 수 있어 항상 신선함을 느낄 수 있다. 이러한 속성으로 스트레스 해소, 새로운 이성을 만나려고, 성적 욕망을 충족하려 채팅에 빠져든다.

사이버교류시의 인간심리는 현실공간에서의 심리와는 달리 감정의 조절이나 표현에 대한 억제가 풀리는 탈억제 현상(disinhibition)이 나타나기 쉽다. 따라서 채팅사이트나 전자게시판 등을 살펴보면 욕설과 비난이 매우 직접적이고 선정적인 내용도 상당히 많은 것을 쉽게 볼 수 있다. 카이슬러(Sara Kiesler)와 시겔(Kane Siegel) 및 맥과이어(Timoty W. McGuire)는 컴퓨터를 매개로 한 의사소통에서는 면 대 면(面 對 面) 의사소통에서보다 욕을 하거나 타인에 대한 노골적인 표현을 하는 등의 공격적인 행동을 하거나, 그룹의 한 구성원이 항복하기 전까지는 집단의사결정을 거부하는 등의 행동이 빈번하게 나타난다고 보고하였다. 이러한 결과는 비단 청소년에게서만 나타나는 것이 아니라 성인의 경우에도 마찬가지로 나타났다.

④ 채팅의 현실공간으로의 연결

남녀를 만나게 하는 오락프로그램에서 채팅을 이용한 만남을 선보이고 있다. 이러한 방송의 위력은 채팅과 채팅을 통한 이성과의 만남을 낭만적으로 만들고 있다. 따라서 청소년들이 채팅에 대한 환상을 가지고 있어 참여가 늘고 있다. 이제 사이버공간은 청소년이나 청춘남녀들의 건전한 만남의 장(場)으로 활용되는 경우도 있고, 오랫동안 만나지 못했던 친구나 은사를 찾아볼 수도 있게 되었다.

그러나 건전하지 못한 만남이 많이 일어나고 있는 실정이다. 서울시내 중·고교생 1,060명 가운데 38.1%(404명)가 채팅 도중 청소년성매매를 제안받았다는 청소년 전문기관 '아우성상담소'의 조사결과는 사이버세계가 '원조교제의 장(場)'으로 악용되고 있음을 입증한다.

3) 음란물중독

청소년들은 성적 호기심이 매우 강하다. 흔히 '질풍과 노도(疾風과 怒濤)의 시기'로 표현되는 청소년기는 성적 행동을 활성화하고 강화시키는 충동적인 성적 자극에 사로잡히기 쉽다. 그러나 현실에서는 욕구충족이 어려우므로 다른 대체적인 방법을 찾으려 한다. 이 방법이 바로 사이버공간이며 여기에는 상상하는 것 이상으로 충분한 불건전정보들로 가득 차 있고 컴퓨터를 켜면서 자신도 모르게 음란물을 찾는 중독증상을 보이는 경우가 허다하다.

(1) 음란물중독의 원인

청소년기는 성에 대한 호기심이 왕성한 시기이므로 음란물에 대한 관심도 과거나 지금이나 다를 바 없다. 그러나 잡지나 비디오테이프로 음란물이 유통되었던 과거에는 음란물중독증이란 용어 자체가 없었다. 그러나 컴퓨터시대로 접어들면서 음란물중독증이 발생한 것은 다음과 같은 이유로 추정된다.

① 통제의 사각지대

기존의 음란물은 부모가 내용을 쉽게 알 수 있었다. 그래서 청소년들은 음란물을 입수하더라도 몰래보고 감추었다. 그러나 컴퓨터음란물은 부모가 대부분 컴퓨터를 다루지 못하므로 통제의 사각지대에 놓여있다.

② 구입과 시청의 용이

기존의 음란물은 음란물 전문상가를 찾아야만 구할 수 있었다. 그러나 최근의 음란물은 앞서 음란물 입수경로에서 보듯이 다양한 경로로 비교적 쉽게 구할 수 있다. 또 기존의 음란물은 비교적 고가여서 청소년들이 다량으로 구매할 수 없었다. 그러나 컴퓨터음란물은 컴퓨터를 조금이라도 다룰 줄 안다면 큰비용을 들이지 않고 방대한 양을 제한 없이 복제할 수 있다.

③ 생생한 전달

기존의 음란물은 국내에 반입되면서 내용이 일부 걸러졌고, 포르노비디오는 복제과정에서 화질이 형편없이 떨어졌다. 그러나 최근에는 인터넷으로 생생한 영상을 즐길 수 있고, CD를 복제하더라도 화질에는 큰 변화가 없다. 그래서 청소년의 정서에 심각한 영향을 주는 변태적이거나 새도매조키즘적인 영상을 여과 없이 볼 수 있게 되었다.

④ 성적 호기심의 노예

청소년들은 미디어섹스에 심취하기 쉽다. 청소년기는 섹스에 유달리 관심이 많으므로 스스로 또는 친구들과 함께 성에 대한 왕성한 호기심을 보이고 이를 실천에 옮기려는 성향이 매우 강하다. 성적 호기심은 하루 이틀에 없어지는 것이 아니고 청소년기에 걸쳐 지속적으로 나타나는 것이므로 여기서 자유로운 청소년을 찾기란 쉽지 않다.

(2) 증상과 사례

음란물중독자의 경우 다음과 같은 증상을 보이는 경우가 많다.

① 음란물을 보다가 몇 차례 발견되어도 또 본다.

② 밤새도록 보고 낮에는 존다.

③ 음란물을 보는 것을 저지하는 부모와 맞선다. 부모가 삭제하면 다시 저장해 놓는다.

④ 음란물 보는 것을 심하게 말리면 가출하기도 한다.

⑤ 자위행위를 과도하게 한다.

⑥ 죄의식과 결벽증에 걸리기도 한다.

⑦ 신경쇠약증세를 보인다.

5. 사이버중독의 문제점과 대응방안

1) 파생되는 문제들

실제적으로 컴퓨터를 사용 중이나 사용 후에 가지게 되는 인지적·감정적인 사고와 느낌을 컴퓨터 사용의 심리적 경험(psychological experience)이라 한다. 심리적 경험에는 자료처리를 성공적으로 했을 때 느끼는 유능감, 다른 사람의 개입 없이 어떤 활동을 스스로 선택하면서 느끼는 자유감 등의 인지적 경험과 게임을 하면서 느끼는 짜릿함·흥분감·통쾌함·미지의 사람과 대화하면서 가지게 되는 기대감·궁금함·설레임·재미있는 글을 읽으면서 느낄 수 있는 즐거움·재미 등의 정서적 경험이 있다. 이런 구체적인 사용활동에서 얻는 심리적 경험상태는 곧 욕구를 충족한 만족의 상태를 의미한다. 즉, 심리적 경험들이 긍정적인 것일 때 개인은 결과적으로 즐거움이나 행복감을 지각하게 되고, 컴퓨터를 재미있고 친근한 존재로 생각하게 될 것이다. 반대로 반복적으로 목표달성에 실패하여 좌절감을 느끼거나 즐거움을 얻지 못하면 컴퓨터는 두렵고 어려운 존재로 생각될 것이다. 이런 결과는 결국 컴퓨터를 사용하는 중에 개인이 가지고 있는 다양한 심리적 욕구들이 얼마나 충족되는가 여부에 의해 결정되는 것이다.

일반적으로 컴퓨터세대들은 위와 같은 컴퓨터 사용의 심리적 욕구와 충족과정에서 알 수 있듯이 컴퓨터 사용으로 주관적인 만족감을 자주 경험한다.

그러나 만족은 만족으로 끝나지 않고 계속 채워지길 요구하게 되면서 점점 더 깊이 빠져들게 된다. 주관적인 만족이 가장 크다고 생각되거나 경험한 기억들이 축적되면서 그 만족을 불러오는 콘텐츠에 매료되게 되어 자칫 잘못하면 중독이 되는 것이다.

하지만 사이버공간을 이용하는 모든 청소년이 중독에 걸릴 위험이 있다는 것은 아니다. 어떤 청소년들은 늘 마음이 내킬 때에만 사이버공간을 이용하며, 어떤 청소년들은 한 때는 컴퓨터에 미치지만 시간이 지나면 제자리로 돌아온다. 사이버 거미줄의 희생이 될 위험성이 있는 건 현실세계의 삶에서 문제를 겪고 있는 청소년뿐이다. 그들은 사이버공간이 탈출구나 배출구로서 다가오고 있다고 생각한다. 사이버중독을 연구하는 심리학자인 영(Kimberly Young)박사가 쓴 『Caught in the Net』에 따르면, 어떤 가족 내에서 사이버중독증 환자로 진단되는 것은 인터넷 강박적인(internet-obsessed) 청소년이지만, 진짜 문제는 바로 가족 내에 있다는 것이다. 다시 말해 가족이 그 청소년을 인터넷으로 몰아간 것이다.

사이버중독에서 파생되는 문제들도 매우 다양하고 중독종류별로 특징적인 점이 있으므로 나누어 소개하기로 한다.

(1) 게임중독의 여파
① 게임의 폭력성에 노출
최근에 미국에서는 고등학교 안에서 학생이 총기를 난사하는 사건이 발생했었다. 그 학생은 게임 '둠'의 매니아였다. 그리고 브라질에서는 극장 안에서 무차별 총기난사사건이 있었다. 범인은 '듀크뉴켐 3D'의 매니아였다. 그 후 브라질에서는 폭력적인 게임 여섯 가지를 판매 금지하는 조치를 취했다. 그런데 이러한 게임들은 우리 청소년들 사이에 인기 높았던 게임이었다. 게임 폭력성에의 무차별 노출은 정서 발달에 악영향을 줄 수 있다.
② 지나친 승부욕
스타크래프트 사용자 중에 게임의 점수를 조작하는(어뷰즈) 경우가 많이 발생하고 있다. 그리고 자신이 불리하면 강제로 접속을 끊는 등 비신사적으로 승부욕에 매달리는 청소년이 늘고 있다.
③ 현실과 가상의 혼동
'리니지', '바람의 나라' 등 머드게임들이 인기를 누리면서 게이머들이 가상과 현실을 구분하지 못하는 일들이 나타나고 있다. 가상의 공간에서 게임에

진 게이머들이 자신을 이긴 상대를 찾아가 폭행하거나 게임 아이템을 강탈하는 사건이 종종 발생하고 있다.

(2) 채팅중독의 여파

① 언어의 파괴

채팅은 주로 글로 이루어지기에 타이핑 속도가 빠를수록 유리하다. 이러한 요구로 단어가 압축되거나 암호화하는 언어의 파괴현상이 일어나고 있다. 방가(반갑습니다), 즐통(즐거운 통신 되세요), 설(서울), 고딩(고등학생). 이러한 현상은 통신시간과 비용을 절약하고 젊은이만의 공통언어 문화를 가지려는 시도일 수도 있다.

네티즌들 사이에서는 암호화된 말들을 국어사전에 올리자는 주장도 만만치 않다. 표현영역이 확대되고 다양한 감정을 문자나 상징으로 표현할 수 있으니 일석이조라는 주장이다.

그러나 통신 밖에서도 사용함으로써 올바른 언어생활에 악영향을 미치는 요인으로 지적되고 있다.

② 위험에의 노출

남학생들보다 여학생들이 채팅을 더 좋아한다. 그리고 채팅 중에 상대가 마음에 들면 번개(실제 만남)를 한다. 이러한 경우는 어린 여학생들도 예외가 아니라서 '깨미동(깨끗한 미디어를 위한 교사운동 : 대표 김성천 교사, 과천 중앙고)'에서 1999년 12월에 서울의 M초등학교 6학년 여학생들을 조사한 바에 따르면 35.6%가 번개를 경험했다고 한다. 모르는 사람과의 채팅과 번개는 매우 위험할 수도 있다는 것을 청소년들에게 알려 주어야 한다. 지금까지 채팅과 관련해서 3명의 여학생들이 사망하였다. 그리고 5명의 여학생들이 인신매매 되었고 성폭행 당한 사례는 수없이 많다.

(3) 음란물중독의 여파

① 공부에 지장

청소년들은 음란물을 보고 나서 그 장면을 떠올리는 연상작용을 경험한다. 그리고 새로운 음란물을 보고 싶은 욕망에 집중력이 떨어져 공부에 지장을 받게 된다.

② 성충동 증가

음란물은 성충동을 증가시킨다. 그래서 자위행위가 늘고 어떻게든지 실제 성행위를 경험하고자 한다.

③ 성에 대한 왜곡된 인식

음란물의 내용은 정상적인 것보다는 비정상적인 설정이 대부분이다. 성교육이 되어 있지 않은 청소년들은 음란물의 내용을 실제 상황으로 받아들여 당장 문제가 발생하지 않더라도 잠재적인 위험이 된다.

④ 범죄 유발

컴퓨터 음란물은 모방 성범죄뿐만 아니라 컴퓨터 음란물 제작·유통·홈페이지 개설 등 다양한 범죄를 유발한다. 일부 청소년들은 약간의 용돈을 목적으로 음란물 유통에 참여하고 있는데 이것이 범죄행위라는 인식조차 없는 경우가 많다.

사례

2010년 3월 인터넷 게임에 빠져 생후 3개월 된 딸을 방치해 굶겨 죽인 비정한 부부가 매일 밤 PC방에서 즐긴 게임이 온라인상에서 소녀를 양육하는 내용을 담은 롤플레잉게임인 것으로 밝혀졌다.

이들은 태어난 지 3개월 된 자신의 딸보다 가상의 세계에 생성된 소녀 캐릭터에 더 집착한 것으로 드러나 충격을 주고 있다. 수원서부경찰서가 신생아 딸을 굶어 죽게 한 혐의(유기치사)로 4일 구속한 김모(41.무직)씨 부부가 즐긴 게임은 '프리우스 온라인'.

이 게임은 이용자가 기억을 잃어버린 '아니마'라는 소녀 캐릭터와 함께 전투를 벌이는 내용의 다중온라인 롤플레잉게임으로 지난 2008년 10월부터 공개 서비스됐다.

특히 이용자들은 레벨 10 이상이 되면 '아니마' 캐릭터를 데리고 다니며 키울 수 있는 자격을 얻게 된다. 또 아이템 샵 등을 통해 아니마 캐릭터에게 옷과 장신구를 사주거나 블로그에 육아일기까지 쓰면서 딸처럼 키우는 것으로 알려졌다.

김씨 부부 또한 게임 레벨이 높아 아니마를 키울 수 있는 자격을 얻어 이 소녀 캐릭터를 양육하고 있었다. 경찰 관계자는 "자기 자식이 우선이지, 내 자식은 굶고 있는데 인터넷 게임에서 캐릭터를 키우는데 빠져 내 자식을 굶어 죽게 했다는 게 도저히 이해되지 않았다"고 말했다.

네티즌들은 이같은 사실이 알려지자 주요 포털사이트 네티즌 의견란 등을 통해 "저러고도 엄마, 아빠라고 얼굴을 들고 다녔냐", "엄한 처벌이 필요하다", "게임계정 이용시간을 제한하자" 등 비난의 글과 함께 나름의 대책을 제시했다.

김씨 부부는 육아 스트레스를 견디지 못하자 이에 대한 회피 수단으로 게임에 더욱 심취한 것으로 보인다며 사회적 대책 마련이 시급하다는 게 전문가들의 견해다.

<연합뉴스에서>

2) 심리적 개입

(1) 부모의 개입

특정정보가 청소년에게 적합한지, 또는 유해한지의 여부를 그 청소년의 부모보다 더 잘 판단할 사람은 없다. 따라서 부모들이 인터넷을 비롯한 가상공간에 대한 지식과 이해를 어느 정도 습득한 후, 자식들과의 대화를 통하여 정보의 이지적 선별에 대한 가치관을 지도하고, 이것을 통하여 자식들과의 친밀성과 동류의식을 향상시키는 것이 중요하다.

따라서 가상공간에 존재하는 외설·음란물을 잘 활용하면 오히려 부모와 자식 사이의 대화와 교류를 개선하고 촉진하는 촉매가 될 수 있다. 여러 가지 청소년 비행과 범죄 그리고 청소년 사고의 근본적 이유는 대부분 부모와의 갈등에 연유한다.

그렇다면 부모들은 어떻게 개입해야 할 것인가? 슐러(John Suler) 교수는 구체적으로 아래와 같은 방법들을 제안하고 있다.

① 지식을 습득하고 끼어들라

청소년들의 사이버활동을 가장 효율적으로 감독하기 위해서는 부모가 이 문제에 대해 어느 정도는 알아야 한다는 것은 너무나도 당연하다. 그렇다고 해서 해커수준의 지식과 기술이 필요한 것은 아니다. 우선은 사이버공간에 관한 토픽들을 읽어보는 것에서 시작하라. 그 다음에는 이 문제에 대해 다른 부모들과 상의하고 정보를 얻어라. 물론 사이버공간을 직접 탐색해 보거나, 당신의 자녀와 사이버공간에 대한 대화를 하고 그들의 온라인활동에 끼어들어서 함께 웹사이트들을 구경하는 것도 좋다.

② 아이들에게 질문을 하라

옛말 중에 "당신은 당신의 아이들이 어디에 있는지 알고 있는가?"라는 말이 있다. 이것은 현실공간뿐만 아니라 사이버공간에서도 동일하게 적용되는 진리이다. 아이들에게 인터넷에서 뭘 하는지, 어떤 웹사이트들을 방문하는지를 물어 보라. 질문을 하더라도 아이들에게 심문하는 투로 들리지 않게, 어떤 사이트들을 좋아하는지 그리고 왜 그 사이트를 좋아하는지를 물어 보라. 그리고 자녀와 함께 컴퓨터 앞에 앉아서 그들이 들락거리는 사이트들을 구경하라.

③ 옳고 그른 것을 분명히 하라

사이버공간을 헐뜯지 말라. 그래봤자 당신은 자녀들로부터 따돌림만 당할 뿐이다.

사이버공간의 장점과 단점에 관해 말하라. 우선 자녀들의 사이버활동을 인정한다는 전제 하에 사이버공간에서 겪을 수 있는 위험성들과 고약한 상황이나 사람들을 만났을 때 어떻게 해야 하는지에 관해 구체적으로 대화하라.

④ 컴퓨터를 눈에 띄는 곳에 설치하라

현실공간이든 사이버공간이든지 간에 청소년들과 부모 사이에 있어 사생활은 아주 미묘한 문제이다. 청소년들은 사생활을 침해하지 말라고 요구하지만 부모로서 당신은 그들의 행동을 감독할 필요성을 강조해야 한다. 간단히 말해, 모뎀이 장착된 컴퓨터를 자녀의 침실에는 설치하지 말고 가족들이 공유하는 공간에 설치하는 것이 좋다. 이렇게 하면 감독하기도 훨씬 쉽고, 컴퓨터 사용을 가족활동으로 변화시키는 데에도 유리하다. 최소한 당신의 청소년 자녀가 자기 방에 들어가 문을 잠근 채로 사이버공간을 탐색하는 상황은 피해야 한다.

⑤ 합리적인 규칙을 정하라

자기 자녀에게 혼자 밤을 새우고, 자기 마음대로 보고 싶은 영화를 골라 보게 하거나, 가고 싶은 곳으로 마음대로 운전해 가게 놔두는 부모는 없다. 성인들과 마찬가지로 청소년들에게도 규칙을 정해줄 필요가 있다. 예를 들어 숙제를 다한 다음에 일정한 시간을 정해 놓고 컴퓨터 사용에 대한 자기 자신의 통제력을 기르도록 하자.

⑥ 균형을 유지하도록 고무하라

청소년들에게 사이버공간에서뿐만 아니라, 현실세계의 활동에도 여전히 활발히 참여하도록 고무하라. 만약 인터넷 속에서 정말 기가 막힌 것을 찾았다면, 그것을 실생활의 활동에도 적용할 수 있는 방법을 찾아라. 인터넷을 학교 숙제를 하는 데 사용하고, 사이버공간에서 사귄 진짜 그리고 믿을 만한 친구와 전화로 통화를 하거나 무엇인가 함께 할 일을 찾아라.

⑦ 소프트웨어에 의한 통제법

시중에는 사이버공간에서 청소년들의 활동을 감독하고 통제할 수 있는 다양한 프로그램들이 판매되고 있다. 이러한 프로그램들은 청소년들이 방문하는 사이트들의 목록을 만들고, 특정한 웹사이트나 프로그램의 사용을 차단하고, 파일의 다운로드를 막거나, 인터넷에 접속하는 시간을 제한하는 기능을 가지고 있다.

⑧ 자녀를 둔 부모들은 다음 말을 생각해 보라.

"컴퓨터를 없애버리려 하거나, 컴퓨터 사용을 금지하려고 하지 마십시오. 이런 방법은 역효과만을 불러올 뿐입니다. 아이에게 당신이 걱정하는 것은 그 아이가 곤경에 빠질 위험에 대한 것이라는 걸 보여 주십시오. 인터넷 접속시간을 정해 주십시오. 학교를 빠지거나 성적이 떨어지고서도 변명하고 넘어가게 하지 마십시오. 당신이 개입하려고 할 때 아이들이 보이는 격한 감정적 표현은 당연한 것이니 일일이 대응하지 마십시오. 만약 모든 수단이 수포로 돌아갔을 때는 전문 상담가에게 도움을 청하십시오. 그 상담가가 인터넷에 대해 어느 정도 알고 있다면 가장 이상적입니다."

⑨ 잘못된 행동에는 벌을, 잘한 일에는 칭찬을 하라

거의 모든 부모는 현실세계에서 아이들이 잘못을 했을 때는 처벌을 한다. 사이버공간에서의 비행에 대해서도 마찬가지이어야 한다. 사이버공간에서의 비행도 현실공간에서의 비행과 마찬가지로 심각하고 위험한 것이다.

(2) 사이버공간의 상담기능 확충

사이버공간을 통한 상담은 직접 대면하는 상담에 비해 가족들, 직업, 사적 친밀감 등으로부터 받는 영향을 줄일 수 있다. 따라서 상담의 일관성을 유지하는 것이 직접 대면의 상담에서보다 쉽게 이루어질 수 있다는 것이다. 사이버공간은 상담자의 외모나 태도, 기타 조건 등에 대한 정보가 차단되어 있기 때문에 상담을 받는 사람에 대해 편견을 가지고 판단하지 않는다면 비교적 객관적인 시각에서 치료적 접근을 할 수 있다. 반면 직접대면 상담보다 인간적인 감정의 교류가 적고 관계의 끈이 강하지 못하기 때문에 상담을 받는 사람이 치료적 상담에 대한 부정적인 느낌을 갖거나 자발성이 결여되어 있으면 상담이 쉽게 끊어질 수 있다는 문제를 가지고 있다.

사이버공간을 통한 심리검사나 임상척도검사는 쉽게 적용시킬 수 있다. 심리검사를 자신이 하는 일에 응용하고 싶어하는 사람들, 즉 정신과의사·간호사·심리학자·심리상담가·사회복지사·일반 상담가·기업가 등 많은 사람들이 쉽게 심리검사를 시행하고 결과를 얻을 수 있기를 원할 것이다. 또 심리검사를 받고자 하는 사람들도 보다 쉽고 값싸게 심리검사를 받을 수 있는 길을 원하는 것은 당연하다. 사이버공간과 컴퓨터 프로그램을 통한 심리검사가 사이버공간의 상담에 보다 활발하게 진출할 수 있기를 기대하고 있다. 지금까지 미네소타 다면적 인성검사(MMPI)를 비롯하여 전산화되어 있는 심리검사들이 많이 있다. 그러나 아직은 이런 검사들이 사이버공간에서 적극적으로 활용되고 있지 않은 것 같다. 그리고 체계적으로 시행되고 있지도 않고 있다. 보다 체계적인 심리검사가 사이버공간에서 이루어질 수 있다면 정신적 갈등을 겪으면서 상담을 필요로 하는 사람들과 상담치료를 행하는 사람들에게 많은 도움을 줄 것은 자명하다.

컴퓨터와 사이버공간을 통한 심리검사는 이용하기 편리하고 경제적이고 객관적이라는 장점을 가질 수 있다. 그리고 검사결과의 분석과 판독을 전산화하면 검사결과를 바로 알 수 있기 때문에 효율적이고 신속하게 시행할 수 있다. 검사를 받는 사람이 원하는 시간에 검사를 시행할 수 있으며 짧은 시간에 검사를 받을 수 있다. 그러나 심리검사 중에서 투사적 검사의 경우에는 경험 있는 사람이 판독하고 분석을 해야 한다. 이런 검사종류는 사이버공간에 적용하는 데 약간의 난점이 있을 수 있다. 객관적 심리검사와 달리 검사를 시행하는 정신과의사나 심리학자가 직접 개입해야 하기 때문이다.

3) 치료요법

사이버중독증을 치료하는 데는 여러 가지 방법이 있다. 사이버중독증에 대한 치료적 접근은 다른 중독증의 치료와 크게 다르지 않을 것이다. 예를 들어 사이버중독자들이 모여서 서로 도움되는 정보를 교환하는 모임은 알코올중독자들의 모임이나 마약 중독자의 그것과 다르지 않다. 그런데 아이러니컬하게도 사이버중독자들의 모임은 사이버공간에서 이루어진다.

그러나 어떤 사람들은 사이버공간을 치료적으로 이용하는 것이 적절치 못하다고 말한다. 사이버공간은 당사자와 직접 대면하지 못하므로 상대의 미묘한 감정 변화를 알 수 없어 실패한다고 하는 것이다. 직접 대면하고 대화해야 심리적 안정을 찾을 수 있다는 것이다.

인터넷중독증이 심할 경우, 온라인으로는 치료하기가 곤란한 것이 사실이다. 왜냐하면 온라인 접속을 통한 현실 소외·도피가 문제발생의 한가지 원인이기 때문이다. 내담자와 치료전문가가 서로 마주보고서 현실감을 증진시키는 것이 사이버공간에서 느꼈던 심리적 보상을 현실로 되돌리는 데 중요하다.

현재 주로 개별치료(individual treatment)가 많이 이루어지고 있다고 보고되고 있지만, 집단치료(group treatment)를 통해서 내담자의 현실감을 증진시키고, 사회성 기술향상에 초점을 두는 방식도 그 효과가 유망할 것으로 생각된다. 궁극적으로는 중독행동을 수정하기 위한 행동적 접근(behavioral approaches), 자조집단(self-help groups) 및 통찰지향적 심리요법(insight-oriented psychotherapy)의 이 세 가지가 모두 조합된 것(combination)이 가장 강력한 치료효과를 가져다 줄 것으로 생각한다.

인터넷중독자들은 대개 교육·연구의 목적이나 업무상 컴퓨터를 만져야만 하는 학생 계층이나 전문직 계층의 사람들에게 많다. 따라서 치료목표는 PC통신이나 인터넷을 아주 끊게 하는 것이라기 보다는, 소위 다이어트를 통해서 체중을 줄이는 것과 비슷한 방식이 더 효과적일 수도 있다. 즉, 문제행동의 소멸보다는 감소를 치료목표로 세우는 것이 현실적으로 여겨진다.

또 염두에 두어야 할 것은 여타의 중독과 마찬가지로 회복초기단계에서는 무언가를 잃어버린 것 같고, 접속했던 시기를 그리워하게 될 수도 있다. 이런 생각이 떠오른다고 하더라도 이는 대부분의 중독회복자에게서 일어나는 것으로서 이는 정상임을 주지시켜야 할 것이다. 후퇴 또는 재발하고 있는 것이 아닌가 하고 두려워할 필요가 없는 자연스런 회복과정이라는 것을 알려야 한다.

CONNECTIONS

1. 무엇엔가 깊이 빠져드는 중독이라는 것은 즐거운 일일 수도 있고, 고통스러운 일일 수도 있다. 즐거움과 괴로움 사이에는 어떠한 차이가 있을까?
2. 컴퓨터 게임에 중독된 경험이 있는가? 만약 있다면 그 때의 기분은 어떠했는가? 또한 어떠한 경로로 중독성을 극복하였는가?
3. 현대 사회는 구매와 소비를 권장하고 있는 것처럼 보인다. 쇼핑 중독은 여성들에게 많이 나타나는 현상이라고 하는데 그 이유는 무엇일까?

범죄사례 우순경사건

1. 사건개요

1982년 4월 26일 오후 7시 30분쯤 경남 의령군 의령경찰서 궁유면지서에 근무하던 우○○(27)순경이 술에 만취해 지서와 예비군 무기고에서 수류탄 8발과 카빈소총 2정, 실탄 144발을 들고 나와 주민들을 무차별 난사한 사건이다. 이 사건으로 궁유면 주민 55명이 살해당하고, 35명이 부상당했으며, 자신도 폭사하는 전대미문의 사건이 발생하였다.

2. 발생원인

범인 우는 생활고로 결혼을 하지 않은 채 전○○(25)과 동거를 하고 있었다. 2개월 이상 동거를 하였지만 결혼 비용을 마련하지 못해 자신을 무능한 사람이라고 자책하며 열등감을 가져오던 차였다. 사고 당일 전○○과 말다툼을 하였고, 주민들이 자신을 욕했다는 말에 격분하여 음주를 하고 술에 취한 채 "모두 죽여 버리겠다"고 하며 무기고에서 무기를 꺼내 주민들을 무차별 난사하였다. 시골지서로 좌천된데 대한 인사 불만이라는 설도 있었다.

3. 사건 내용

가. 시기

1982년 4월 26일 오후 7시 30분경

나. 관련인물과 사건전개

1) 관련인물

우○○(27, 궁유지서 순경), 전○○(25, 우의 내연의 처)

2) 사건 전개

1982년 4월 26일 저녁 7시 30분경, 경남 의령군 궁유면 의령경찰서 궁유지서 소속 우순경이 궁유지서 무기고에서 카빈총 2자루와 실탄 144발을, 또 부근 예비군 무기고에서 수류탄 8발을 각각 탈취하였다. 우는 탈취한 무기를 들고 궁유면 토곡리 시장통과 궁유 우체국 및 인근 4개 마을의 민가를 뛰어다니며 무차별 난사, 주민과 우체국 교환수, 집배원 등을 살해하였다.

먼저 그는 지서 앞 시장에서 수류탄 1발을 던졌다. 그리고는 근처 궁유 우체국에 들어가 근무 중인 교환수 등을 향해 카빈총을 난사하여 세 사람을 숨지게 하였다. 밖으로 나온 우는 수류탄 폭음소리에 놀라 집 밖으로 나온 주민들을 향해 다시 카빈총을 난사하였다. 그 자리에서 34명이나 되는 주민이 숨을 거두었다.

그 뒤 그는 마을 뒷산으로 달아났다가 저녁 9시 30분 경 그가 살던 압곡리 마을에 나타났다. 우는 이 마을의 전○○(56)씨 집에 들이닥쳤다. 전○○은 벌써 잠자리에 들어 있었고, 옆방에는 우의 동거녀인 전○○과 그녀의 어머니 최○○ 등 마을 주민 5명이 놀러와 이야기를 나누고 있었다. 이 때 우는 입에 담배를 물고 양손에 각각 카빈총 1정씩 든 채 안쪽을 향하여 "여기 전 양 있나?"하고 물었다. 그 소리에 방 안에 있던 전○○과 그의 어머니 최○○이 문을 열었다. 그 순간 우는 "다 죽여 버린다"며 카빈총을 그대로 난사, 현상에서 4명이 즉사하고 전○○은 복부에 관통상을 입었다. 인기척 소리가 그치자 우는 뒤이어 마당에 수류탄 1발을 까서 던져 놓고는 인근 평촌리 마을로 내달렸다.

자정 무렵 이 마을 서○○은 이웃 초상집에 문상 갔다가 오는 길에 우와 마주쳤다. 우의 범행을 전혀 모르고 있던 서○○은 수류탄과 카빈총으로 무장한 그를 보고 "밤중에 웬일이냐?"고 물었다. 그러자 우는 "간첩이 나타나 비상이 걸려 나왔다. 밖에 박 순경이 있다"며 천연덕스럽게 대답했다. 이 때 함께 있던 주민 박○○(45, 피살)이 "수고 많다. 술상을 가져오겠다"며 술상을 차렸다. 우는 "쥐꼬리만 한 봉급에 총각 신세라 순사 짓 못해 먹겠다"며 신세타령을 했다. 마침 옆에 있던 한○○(53, 피살)이 "실탄도 없는 것 같은데 무슨 비상이냐?"며 핀잔을 주었다. 그러자 우는 곧바로 한○○과 박○○에게 총을 쏘아 숨지게 했다.

우는 다시 이웃 평촌리로 건너가 서○○씨 집에 들이닥쳤다. 그는 다짜고짜 서○○씨 일가족에게 총기를 난사, 그의 부인과 아들을 죽였다. 자신은 27일 새벽 5시 30분 수류탄으로 자폭했다.

다. 대책

이 사건으로 말미암아 이○○ 당시 내무부차관을 단장으로, 이○○ 총경 등 경찰관 13명으로 기획단을 구성하여 치안행정의 미비점을 점검하고 이를 토대로 경찰행정의 발전계획을 수립하여 '경찰행정 개선방안'을 발표하였다. 그 주된 내용은 경찰의 사기진작과 기강 쇄신을 통한 경찰조직의 활성화를 꾀한다는데 그 초점을 두었다. 이 개선방안에는 지파출소 운영비 및 대민 활동비를 대폭 인상하는 등 지파출소 직원에 대한 수당을 현실화시킨 점이 두드러진다. 이 시점을 배경으로 경찰공무원법이 대대적으로 수정되어 국가공무원법의 특례를 규정하는 단일법으로 개정되었다. 그리고 1983년 4월 경찰공무원 임용령을 개정하여 경찰채용시험에 고졸이상이라는 학력제한 규정을 두었으며, 종합적성검사를 추가하여 인성검사 및 정밀신원조사를 통한 부적격자를 걸러내는 규정을 추가하였다. 또한 경과를 일반특기와 전문특기로 분류하여 전문특기자에게 계급정년 연장 등의 혜택을 부여하였다. 그 외에도 승진제도를 개선하였고, 신임순경 교육을 8주에서 24주로 연장하였다.

4. 집필자

전대양: 가톨릭관동대학교 경찰행정학과 교수

제3편

범죄통제를 위한 갈무리

제**9**장

범죄예방활동

제1절 ● 경찰의 범죄예방활동

1. 범죄예방활동이란?

　　현대사회에서는 '범죄로부터 안심하고 생활할 수 있는 사회'를 구현하는 것이 중요한 화두 중의 하나로 등장하고 있다. 오늘날은 지식정보화사회를 맞이하여 시민의 최우선 욕구가 '풍요에서 안전'으로 바뀌어 국가의 기능 중 '안전서비스'가 제일의 과제로 대두되고 있는 시점이다. 이에 따라 선진국들은 시민생활의 안전을 보장하기 위해 ① 범죄에 대한 시민불안의 해소, ② 교통사고로부터 시민의 생명·재산의 보호, ③ 불법·무질서 추방으로 쾌적한 생활환경의 조성, ④ 사이버세계의 완벽한 치안유지, ⑤ 사회공존의 질서와 평온 유지 등에 각별한 관심을 기울이고 있다.

　　범죄예방활동이란 위와 같은 안전서비스에 대한 욕구를 충족시키기 위해 안전에 대한 위협요소를 사전에 파악하여 조기에 대응함으로써 범죄를 미연에 방지하는 모든 사전활동을 일컫는다. 여기에는 범죄문제와 직접적인 관련이 있는 경찰·검찰·법원·교정 등과 같은 형사사법기관의 범죄예방에 대한 제반활동은 물론이고, 여러 행정기관·사회단체·민간경비업체의 범죄예방활동들이 포함된다. 덧붙여서 시민들의 자율방범활동이나 신고 및 협조도 포함되는 개념이다.

많은 나라들이 엄청난 자원을 투자하여 범죄예방에 힘쓰는 것은 시민의 안전서비스 욕구를 충족시킴과 동시에 범죄의 예방이 그것의 진압보다 여러 가지 면에서 유리하기 때문이다. 범죄로부터의 직간접적인 피해, 사회의 무질서와 혼란, 시민의 인권침해 소지, 형사사법기관의 비대화와 이로 인한 비용 등 범죄예방정책이 실패하였을 때 불러 올 피해를 고려하면 범죄예방이 최우선 정책이어야 함이 자명하다.

2. 생활안전경찰의 의의와 주요임무

1) 생활안전경찰의 의의

경찰은 형사사법기관 중 범죄의 예방과 관련된 활동을 가장 많이 그리고 먼저 하는 기관이다. 이러한 경찰의 방범활동은 광의의 의미와 협의의 의미로 세분할 수 있다.

광의의 의미는 사회공공의 안전과 질서를 유지하기 위하여 시민의 평온한 생활을 위협하는 사건과 사고를 미연에 방지하는 모든 경찰의 활동을 말하는 것이다. 이에는 경찰기관의 모든 부서가 행하는 활동이 포함된다. 즉, 개인의 생명·신체·재산 등 개인적 법익을 침해하는 범죄를 비롯하여 사회적 법익이나, 국가적 법익을 침해하는 형사범은 물론 미풍양속이나 전통문화에 위반하는 범죄 등의 행위가 출현하지 않도록 하거나(범죄기회의 제거·감소), 범죄로 인한 피해를 방지하기 위한 행위, 일단 발생한 범죄의 진행을 신속하게 진정하여 범죄로 인한 피해를 최소한으로 감소시키는 진압활동, 각종 경찰관련 법규위반자의 단속 및 규제를 위한 행정범의 단속과 규제활동, 사회공공의 평온·무사에 대한 위험의 발생(사고)을 예방하기 위한 안전유지활동, 청소년의 범죄성향의 성숙 또는 진행을 규제하기 위한 소년경찰활동, 나아가 국민의 일상생활과 관련된 곤란을 해결해 주고 국민의 행복을 증진하기 위하여 노력을 제공하는 사회봉사활동 등을 포함하는 폭넓은 개념이다.

협의의 의미는 상기의 모든 경찰활동 중에서 범죄행위가 발생하지 않도록 범죄기회를 감소시키거나 제거하고 범죄로 인한 피해의 방지를 도모하는 생활안전부서(생활안전국·생활안전부·생활안전과·지구대·파출소 등)의 경찰활동을 말한다. 일반적으로 생활안전경찰이라고 할 때는 좁은 의미의 경찰활동을 말하는 것으로 우리 나라의 생활안전경찰들은 범죄예방뿐만 아니라 안전유지, 행정법규위반자 처리, 사회봉사 등의 업무를 맡고 있는 외근경찰관인 지구대 근무자들이 대부분이다. 방범근무 가운데 가장 중심적인 위치를 점하고 있는 지구대는 치안안전센터로서 지역주민과 상호 유기적인 협조관계를 구축하여 지역사회문제를 통찰하고 그 문제의 원인을 찾아내어 함께 해결해 나가야 할 중요한 기관이다.

2) 생활안전경찰의 주요임무

현행 생활안전경찰의 주요 업무는 생활안전, 생활질서, 여성청소년 담당 분야로 구분할 수 있다. 생활안전 분야는 범죄예방계획의 수립과 시행, 협력방범, 지역경찰업무, 112운영 및 관리 등이 있다. 생활질서 분야는 풍속, 기초질서위반 사범에 대한 단속 및 계도, 즉결심판, 유실물 처리, 보호조치, 총포·화약류 및 사격장 관리 등이 있다. 그리고 여성청소년 분야는 여성 대상과 청소년 대상 담당 업무가 있는데 여성 대상 업무는 성매매, 성폭력, 가정폭력에의 수사, 상담, 예방활동이 포함되고, 청소년 대상 업무는 청소년 선도보호, 소년범죄 수사, 실종아동 등 가출인 업무 등이 포함된다.

이러한 활동은 경찰행정법과 생활안전관련 법령에 근거하고 있다. 경찰행정법은 경찰법, 경찰관 직무집행법, 경찰공무원법 등이 있다. 그리고 생활안전관련 법령은 풍속영업의 규제에 관한 법률, 성매매알선 등 행위의 처벌에 관한 법률, 청소년의 성보호에 관한 법률, 청소년보호법, 음악산업진흥에 관한 법률, 사행행위 등 규제 및 처벌특례법, 경범죄처벌법, 총포·도검·화약류 등 단속법, 소년법, 소년경찰직무규칙, 유실물법, 실종아동 등 가출인 업무처리 규칙, 경비업법, 경찰방문 및 방범진단규칙 등이 있다.

현재 세계적인 경찰제도의 모델케이스가 되고 있는 일본경찰은 지역치안의 중요성을 절감하고 '지역사회의 안전이야말로 최대의 복지이다'라는 관념 하에 '지역경찰의 쇄신강화', '현장제일주의' 등 지역경찰활동에 일대 쇄신운동을 벌였다. 그 결과 '지역안전센터'인 고반(KOBAN : 交番)에 근무하고 있는 경찰관들은 잡무에 시달림 없이 핵심업무인 범죄예방활동에 전력을 기울이고 있는데, 순찰이나 순회연락을 통하여 주민의 요망을 파악하고(요망파악활동), 필요한 정보를 제공하고 있으며(정보발신활동), 방범상의 문제들을 보다 적극적으로 해결하고 있다(문제해결활동). 이러한 일본경찰의 활동들이 많은 나라들로 부터 각광을 받아 일본경찰의 고반제도는 미국과 싱가폴은 물론, 캐나다·멕시코·말레이시아·영국·프랑스 등 세계적으로 뻗어가고 있다.

3. 순찰

1) 순찰의 개념과 기능

순찰은 경찰관이 일반적인 범죄예방활동의 일환으로 관할구역 내의 상황을 파악하기 위하여 일정지역을 이동하면서 관찰하는 행위를 말한다.

경찰관은 이러한 순찰활동을 통하여 범죄의 통제·억제 및 예방을 위한 여러 가지 조치들을 행한다. 이러한 행동 가운데서 ① 경찰의 존재를 일반인에게 과시함으로써 범죄행위의 발생을 억제하고, ② 순찰 중 범죄예방과 제지, 위험발생 방지조치 등을 취함으로써 순찰지역 내의 공공질서를 유지하며, ③ 긴급한 사태에 대응하여 경찰의 신속한 조치를 가능하게 한다. ④ 현행범이나 피의자를 파악하여 체포하고, ⑤ 정신병자·술취한 자 등의 보호 및 지리안내 등 시민의 요구에 응한 서비스를 제공하며, ⑥ 교통정리·교통위반자 단속 등으로 교통상황을 원활하게 함은 물론, ⑦ 지역사회에서 시민의 요구와 문제들을 해결하여 시민의 협조를 구하는 등 여러 가지 기능을 하고 있다.

2) 순찰방법

순찰수단은 주로 이동수단을 중심으로 도보·싸이카·자전거·자동차·헬리콥터·기마·드론·경찰견 동반순찰 등으로 구분할 수 있다. 도보순찰은 제복을 입고 걸어서 다니기 때문에 순찰지역은 한정되어 있지만 지역주민과 직접적인 접촉과 대화로 지역의 잠재적인 범죄문제를 파악할 수 있다. 자전거 순찰은 저렴한 경비로 운용할 수 있으며 도보순찰보다는 신속하고 좁은 골목길 등에서 유용하며, 소리가 나지 않으므로 야간순찰시 범죄자에게 은밀히 접근하여 체포할 수 있고 대민접촉도 양호하다. 사이카 순찰은 자동차가 주행할 수 없는 골목길 순찰이 양호하며 기동성이 있고 가시효과가 비교적 높으나 안정성이 미흡하고 은밀한 순행이 불가능하다. 자동차순찰은 기동력이 높아 긴급사태에 신속하게 대응할 수 있고 가시성이 높으며 112범죄신고에 대한 즉응체제를 갖출 수 있다. 그러나 도보·자전거·사이카 순찰의 장점을 살리기는 어렵다. 헬리콥터순찰은 신속한 공중순찰로 범죄에 입체적으로 대응할 수 있으며, 인명구조나 시위진압 등에 효과적이고 광범한 지역의 상황을 파악하여(예, 범인의 차량이용 도주시) 지상과의 통신교통으로 상호 응원이 가능하다. 기마순찰은 경찰의 가시효과를 배가시킬 뿐만 아니라 교통시설이 잘 갖추어지지 않은 곳(유원지·공원·산길)에서 특히 유용하다. 드론순찰은 헬리콥터순찰과 같은 장점이 있으며, 순찰지역을 순회하면서 사진을 전송하므로 정밀수색도 가능케 해준다. 경찰견동반순찰은 훈련된 개를 동반한 순찰로 범죄현장에서 위험물을 발견하거나 범죄자의 추적 혹은 범죄자의 공격에 대한 방어에 유용하다.

경찰관들은 상황에 따라 다양한 순찰방법을 활용하면서 순찰구역 내를 면밀히 관찰하여야 한다. 범죄자들 중에는 경찰관의 지정된 순찰방법과 순찰시간을 상당기간 파악한 뒤 경찰관이 특정범죄지역으로 오지 않는 시간을 노리는 경우도 있으므로 이에 대비하여 경찰은 정해진 순찰노선을 따라 순찰하기도 하고(정선순찰), 순찰노선을 정하지 않고 임의로 당시의 여러 가지 상황을 고려하여 이리저리 순찰방향을 바꾸기도 하며(난선순찰), 관할구역 내에 설정된 주요 지점에서 다른 지점에 이르기까지 일정한 노선 없이 적절한 통로를 자율적으로 순회하기도 한다(요점순찰). 최근에는 일본경찰의 순찰방식을 도입하여 경찰관 개개인이 맡은 담당구역을 순찰하면서 사건·사고 발생상황, 인구분포, 경찰대상의 다소, 기타 범죄유발요인 등을 체계적으로 분석하여 그 지역에서 자신의 책임 하에 자율적인 난선순찰을 행하기도 한다(구역책임자율순찰).

3) 순찰시 관찰대상

순찰시에는 일반적으로 제복을 입고 2인 1조가 되어 순찰하는 경우가 많다. 물론 사복순찰이나 1인순찰이 있을 수 있고, 상황에 따라서는 여러 명이 필요한 경우도 있다. 경찰관은 순찰 전에 복장과 장비 등을 점검하고 순찰요점에 대한 정확한 인식과 관할구역에 대한 실태를 평소부터 면밀히 파악하여야 한다. 순찰시에는 인적·물적·장소적 특이대상에 대한 주의 깊은 관찰과 조치가 수반되어야 한다. 인적 대상으로는 불심검문의 필요가 있는 자, 보호조치를 요하는 자, 경고·억류·피난 등의 조치를 요하는 자를 구분하여 적절한 조치를 취해야 한다. 물적 대상으로는 대문·현관 등의 시건장치 확인, 이상한 소리, 부자연스런 장소에 장시간 주차하고 있는 자동차, 교통상의 장애물이나 도로의 파손, 위험한 축대·간판, 광고물이나 벽보 등의 게시물, 도로상의 방치물건 등에 유의해야 한다. 장소적 대상으로는 빈집·공터·공사장·공원·역·극장·유원지·스케이트장·당구장·교차로·건널목·도박장·유흥주점·금융기관·행정기관·교육기관·발전소·위험물 취급업소 등에 대한 면밀한 관찰이 요구된다.

4. 지역경찰제도

1) 의의

지역경찰제도란 지역경찰이 관할지역의 실태를 파악하여 그에 알맞은 활동을 하고, 항상 즉응체제를 유지하여 경찰업무 전반에 걸쳐 초동조치를 함으로써 주민생활의 안전과 평온을 확보할 목적으로 시도된 제도이다.

2) 배경

지역경찰제도를 추진하게 된 배경은 경찰인력의 부족과 현장 대응력의 취약, 시민규제와 봉사업무의 동시 수행에 따른 국민 신뢰성의 저하, 의경감축에 대비한 효율적인 경력운영대책의 필요성 대두 등으로 시행되었다. 특히, 2001년 4월부터 도입한 3부제 근무의 전면 시행에 따라 경찰관의 근무여건이 변화되었고 기존 파출소 단위의 인력운영으로는 근무인원이 부족하고 현장대응능력이 취약한 점을 고려하여 인원과 시설 및 담당지역의 통폐합을 통해 소위 '선택과 집중'의 효율성을 증대시키고자 하였다. 그리하여 2003년 8월부터 지구대 중심의 치안활동이 전개되었고 광역 및 집단 범죄에 대한 대처에는 효과적이었으나 지역민과 유대강화에는 다소 미흡한 점이 있다는 평가를 받았다. 최근에는 서울 등 대도시 일부지역에서 4부제 근무를 하는 곳도 있다. 지역경찰은 24시간 근무를 하는 특성으로 교대를 하면서 계속 근무하게 된다. 3부제 근무란 인원을 나누어 주간·야간·비번으로 정해놓고 교대로 근무하게 하는 것이다. 4부제란 주간·야간·휴무·비번으로 팀들이 교대 근무를 하면서 시간적 공백이 발생하지 않도록 근무하는 것이다.

3) 조직의 구성 및 운영

(1) 조직

지방경찰청장은 인구·면적·행정구역과 사건사고의 발생상황 등을 고려하여 경찰서 관할지역을 나누어 지구대를 설치한다. 지구대는 순찰이나 범죄예방 등 지역경찰활동에 필요한 적정 인력을 배치하여야 하고, 그 운영기준은 지역경찰 조직 및 운영에 관한 규칙에 규정되어 있다.

쉼 터　　　　　　　　　　순회연락

〈사례 1〉

필자는 고베(神戶)에서 대지진이 일어난 직후에 '선진경찰 인프라 시찰단'의 한 사람으로 대지진의 참상을 직접 목격하였다. 1995년 1월 17일 오전 5시 46분에 발생한 강진으로 수많은 가옥과 건물이 붕괴되고 철도의 탈선, 고가도로나 교량의 낙하 등과 같은 엄청난 물리적 피해와 더불어 인명피해만도 사망자 5천여 명에 이르렀다. 아직도 많은 사람들이 단잠에 취해 있을 때인지라 혼란이 더했지만 일본정부는 침착하게 30분만에 대지진 대책본부를 설치할 만큼 기민한 대응을 하였다.

강진이 덮쳤을 때 최악의 피해를 가져다 주는 것은 화재이다. 불행 중 다행히도 지진이 발생한 시간은 이른 아침으로 난방이나 조리기구 등의 화기를 사용하는 사람이 많지 않았고 바람 또한 불지 않았다고 한다. 만약 바람이 불었고 식사준비 등으로 조리기구를 사용하는 사람들이 많았을 때 발생했더라면 최악의 사태를 모면할 수 없을 것이라고 한다.

기민한 대응에 동원된 기관들은 일본의 자위대·경찰관·소방관 등이었는데, 대지진의 시작과 함께 가장 먼저 활동한 것은 음식물을 훔치기 위한 쥐, 절도를 하기 위한 도둑들이었다고 한다. 이어서 자위대가 들어오고 경찰이 활동을 시작했으며 소방차가 화재진압에 나서고 급수차·목욕차·비상식량 등이 속속 도착했다고 한다. 대책본부의 통제시스템 속에서 일본시민들이 보여 준 질서정연한 대피와 자원봉사활동은 그 참상을 지켜보던 세계인들을 놀라게 했다. 삼풍백화점 붕괴시에 보인 도둑들의 기민한 대응처럼 일본의 도둑들도 다른 어떤 기관보다 먼저 활동(?)을 시작했지만 훔친 물건들을 외부에 빼돌리는 데는 대부분 실패했다고 하니 더욱 놀라지 않을 수 없다.

이 혼란의 와중에서 중요성이 입증된 것은 경찰이 갖고 있던 순회연락카드상의 정보였다. 일본도 우리 나라의 방범심방과 비슷한 순회연락제도(巡廻連絡制度)를 갖고 있는데, 평소 일본의 지역경찰은 관할구역의 가정과 사무소 등을 방문하여 상담을 하면서 지역주민의 인적사항은 물론이고, 연락처·친인척·직장·차종과 번호·거동수상자·새로 이사 온 사람·최근 범죄사건·범죄자 등을 정밀히 기록하여 전산화하였다. 이를 바탕으로 대지진시에 회사나 근무지로 연락하여 가족과 이웃의 안부, 피난지와 연락, 상점 등의 물건을 피해보지 않았다는 등 수많은 일화를 남겼다. 이 사건 이래로 고베는 물론 일본 전역에서 순회연락카드를 주민 스스로 더욱 정밀하게 작성하려는 의식이 높아지고 있다고 한다. 구미의 선진국들이나 우리나라 같으면 프라이버시침해라고 야단법석이 일어날 일인지라 부러운 일이 아닐 수 없다.

(2) 구성과 임무

지구대는 지구대장(경정 및 경감), 순찰팀장(경감 및 경위), 관리요원, 순찰요원 및 민원담당관으로 구성한다.

지구대장은 ① 지역경찰활동의 실태분석 및 대책수립, ② 관할지역 내 파출소·치안센터·분소 및 초소의 관리·운영과 소속 경찰관의 근무에 대한 지도 및 감독, ③ 관내 치안상황의 장악 및 현장지휘, ④ 중요 시책의 홍보와 협력치안의 강화, ⑤ 월간 휴무일 지정 등 사기관리, ⑥ 소속 경찰관에 대한 일정구역의 담당 지정 등의 임무를 행한다.

팀장은 ① 소속 지역경찰관의 일일근무 지정, ② 구체적 근무사항의 지시 및 교양실시, ③ 주요 사건사고 현장임장 및 초동조치, ④ 감독순찰 및 관내 상황 파악, ⑤ 근무자 장비 및 시설 점검, ⑥ 근무교대 시 주요 취급사항 및 장비 등 인수인계 확인 등의 임무를 행한다.

각 팀장별 담당 임무는 다음과 같다. 제1팀장은 경무, 장비, 통신, 기타 2·3팀장의 담당 업무에 속하지 않는 업무, 지구대장 유고시 업무를 대행하고, 제2팀장은 생활안전, 수사·형사 업무를 담당하며, 제3팀장은 경비, 교통, 정보·보안·외사업무를 담당한다.

관리요원은 ① 권역별 범죄분석·대책 등 기획, ② 관서운영경비 관련업무, ③ 기타 행정업무, 지구대장 지정근무를 행한다.

순찰요원은 ① 순찰 및 거점근무, ② 현장출동, ③ 수사업무, ④ 경비교통업무, ⑤ 단속업무, ⑥ 지역 활동 등을 행한다.

민원담당관은 ① 경찰민원의 접수 및 처리, ② 지역주민을 위한 봉사활동, ③ 여러 기관과의 협조 및 협력방범활동, ④ 지역치안모니터링, ⑤ 기타 지구대장이 지정하는 근무를 행한다.

(3) 지구대 운영

지구대의 운영은 소내 근무(상황근무), 문서관리, 시설 및 장비관리, 사기관리, 관서운영경비 등으로 이루어진다.

소내 근무는 ① 관내 치안상황의 확인 및 필요한 조치, ② 민원 및 신고사건의 접수처리, ③ 요 보호자 또는 피의자에 대한 보호 및 감시, ④ 서류의 작성 및 문서부책의 관리, ⑤ 장비 및 시설의 점검, ⑥ 자체 경비 및 소내 환경의 정리정돈 등이다.

문서관리는 지구대별로 각종 공문서를 접수하고 처리하는 것이다.

시설 및 장비관리란 112순찰차량의 관리, 무기고 관리, 각종 조회기의 관리를 말한다.

사기관리는 실적평가와 포상, 휴게·휴무의 지정 등이다.

관서운영경비는 국고관리법에 의거하여 관리한다.

제2절 　범죄통제를 위한 인프라

1. 범죄통제와 과학기술

21세기 지식정보화사회는 재택근무·홈쇼핑·원격교육 등 인터넷이 일상화되면서 행정에 대해서도 '한번에 서비스되는 행정'을 요구하고 있다. 이에 따라 여러 행정분야에서 비방문·비접촉의 전자민원처리가 일반화되어 가고 있고, 행정정보를 전자적으로 제공하는 등 전자행정서비스체제가 확립되어 가는 과정에 있다. 이러한 시대적 흐름에 맞추어 미국·일본·영국 등의 선진국들은 1990년대 중반부터 전자정부체제를 구축하여, 고객인 시민의 편익중심으로 부처별 기능 및 업무를 재설계(reengineering)함으로써 행정업무의 효율성을 제고하고 있다.

치안행정부분에서도 이러한 추세는 가속화되어 범죄의 예방과 수사에 정보통신기술이 응용되고 있으며, 새로운 정보기술(IT)을 활용하여 과거와는 비교가 안 될 정도로 스피드화·광역화·고품질화·국제화의 길을 걷고 있다. 이리하여 범죄에 대한 즉응체제·수사지원체제·교통통제체제·범죄정보관리체제 등에 획기적인 발전과 변화를 가져오고 있다.

예를 들면, 미국의 국가범죄정보센터(NCIC: National Criminal Information Center)는 FBI의 산하기관으로 범죄기록의 수집·분류·교환·보존 및 전국경찰과의 정보교류로 범죄척결에 크게 기여하고 있는 바, 이 시스템을 통하여 미국의 지역경찰은 미국 전역에 걸쳐 순찰차나 휴대용 조회기를 통하여 직접 정보를 교류할 수 있게 되었다. 영국은 독립기관인 국가범죄첩보국(NCIS: National Criminal Intelligence Service)에서 범죄관련 첩보를 수집·분석·가공·제공하는 데이터베이스를 구축하고 있으며, 독일도 연방범죄수사국 산하에 정보처리부를 두어 수배·연구 또는 수사공조 목적으로 정보를 수집·처리·평가 및 관리하고 있다. 우리 나라도 앞으로 전자경찰(e-police)체제를 구축하여 범죄통제는 물론이고 모든 민원을 인터넷으로 처리할 수 있는 시스템을 마련해놓고 있다.

이하에서는 범죄예방을 위해 과학기술들이 응용되고 있는 인프라들(범죄의 예방이나 수사 중의 어느 하나에 속한다고 보기는 어려운 속성이 있음) 중에서 방범시스템의 대표격인 112시스템에 대해서 살펴보기로 한다.

그림 9-1 범죄정보 관리센터 구성도

2. 112시스템

1) 개념

통상 C3(씨쓰리)제도로 알려지고 있는 범죄신고즉응체제(112)는 범죄의 예방과 통제에 괄목할 만한 성과를 거두고 있다. 원래 C3I(씨큐브아이)의 줄임말로서 지휘(command), 통제(control), 통신(communication) 및 정보(intelligence)가 동시에 이루어져 사건사고발생지나 범죄현장에 최단시간 내에 경찰력과 장비가 투입되어 효과적인 범죄통제가 가능하도록 설계된 시스템이다.

2) 운영체계

시민들이 전화나 공중전화 혹은 휴대폰 등으로 112에 신고하면, 112종합지령실에서 언제·어디서·무슨 일로·도주방향 등과 같은 사건의 내용을 접수한다. 사건의 접수와 거의 동시에 출동 무선지령이 내려지며, 범죄장소와 내용 등이 지령된다. 범죄현장이나 신고인이 기다리고 있는 장소에서 가장 가까운 거리에 있는 112순찰차가 현장출동하며, 필요한 경우 형사기동대나 파출소의 싸이카가 가세한다. 현장에 도착한 경찰관은 신속한 초동조치로 사건사고를 방지하거나 범인을 현장에서 검거하여 사건을 종결하는 것이다.

이 신고즉응체제는 사건접수 후(신고를 받은 후) 얼마나 빨리 현장에 도착하는가에 따라 시스템의 효과성이 좌우된다. 즉, 반응시간(response time)이 빠르면 빠를수록 효율적인 범죄통제가 가능하므로 미국과 일본은 물론이고 우리 나라도 단 몇 초라도 단축시키기 위하여 가용한 정보통신기술을 최대한 활용하고 있다. 우리 경찰은 1994년부터 인공위성을 이용한 순찰차 위치자동확인체제(AVLS: automatic vehicle location system)를 구축하고 있다.

이 체제는 신고에 따른 경찰출동의 신속화를 도모하기 위한 것으로 112종합지령실이 범죄발생지점과 상황을 인공위성에 송신하면 인공위성이 범죄현장에서 가장 가까운 곳에 있는 순찰차에게 알려 즉시 현장출동을 할 수 있도록 연계되어 있다. 이는 1991년 걸프전쟁시에 당시 미군이 이라크군의 진지나 병참기지를 알아내 포격을 가하고, 사막 한가운데서 이동 중인 아군의 위치를 파악하는데 적용했던 GPS(global positioning system)를 그대로 응용한 것이다.

3) 첨단기술과의 접목

이 시스템이 설치된 지역에서는 순찰차들의 위치가 24시간 파악되고, 순찰차량이 현장출동지시를 접수할 때 차량 내의 단말기에 인근지역의 지도

(Mapping)가 나타나 경찰의 현장출동을 더욱 용이하게 한다. 지도는 매우 정밀하게 작성되어 있기 때문에 현장과의 오차가 2m를 넘지 않는다고 한다. 일본의 경우는 더욱 정밀하여 사건현장을 확대하거나 축소할 수도 있으며, 건물의 내부까지 상세하게 알 수 있게 되어 있다고 한다. 이 시스템은 신고 자전화번호자동확인장치(ANIS: automatic number identification system)와 신고자위치자동확인장치(ALIS: automatic location identification system)가 완벽하면 할수록 더 큰 효과를 볼 수 있다. 즉, 신고자가 112에 전화를 걸기만 하면 자동적으로 신고자의 전화번호와 위치를 동시에 알 수 있기 때문에 경찰의 범죄현장 도착에 그만큼 시간을 절약해 주는 것이다. 현재 신고자 전화번호자동확인장치는 전국 대부분이 가능하고 신고자위치자동확인장치도 전국 어디에서도 가능하다. 또한 시각·청각장애인들이 인터넷·FAX를 통해 112신고를 할 수 있도록 프로그램(Control 112, air Post)을 개발·시행하고 있다. 현재 우리 나라의 112시스템은 더욱 보완해야할 점도 있지만(인공위성, 통신망, Mapping 등), 신고전화 후 3분 이내 도착이 80%를 상회하고 있으며, 대부분 5분 이내에는 현장에 도착하므로 세계적인 즉응체제를 갖추고 있다고 해도 과언이 아니다. 다만 사건현장이 골목길이거나(특히 불법 주차), 접근성에 문제가 있을 경우(교통체증)는 지체되는 경우가 있어 앞으로 개선되어야 할 부분이다.

또한 2004년부터 112순찰차 신속배치시스템(IDS)을 인천지역에서 시범운영하였고, 2007년에는 서울 및 6대 광역시에서 이 시스템을 구축하였다. 이 시스템은 순찰차에 위치확인시스템(GPS) 단말기를 설치하여 순찰차 위치를 실시간으로 112신고센터 전자지도에 표시함으로써 경력을 효율적으로 운영하는 시스템이다. 순찰차에 내비게이션을 장착하여 신고내용, 신고자 위치, 최단거리 등을 표시함으로써 현장 도착 시간을 단축하고, 무선조회시스템을 구축하여 순찰차에서 직접 수배, 주민조회, 차적조회 등을 가능케 하여 신고 처리 및 범죄대응능력을 향상시키고 있다.

문제는 이러한 중요한 시스템을 이용하는 시민의 의식이다. 112신고접수 요원들과 출동경찰은 허위신고나 장난전화 등으로 골머리를 앓고 있고, 112 신고와 무관한 생활민원까지 신고되고 있는 실정이다. 신고자전화번호자동확인시스템의 완비로 허위신고나 장난전화는 점차 줄어들고 있다고 하며, 생활민원에 대해서는 1995년 5월부터 자동통화전환장치(one touch system)를 설치하여 가출인·분실물신고센타, 소방서, 가스안전공사, 응급구호센터 등의 해당부서로 직접 전화를 돌려주고 있다.

3. 교통통제시스템

1) 현대사회와 교통정보

현대인에게 자동차는 생활필수품이다. 출퇴근이나 볼 일 그리고 여가활동에 이르기까지 자동차의 이용이 일상화됨으로써 목적지까지의 교통정보가 매우 중요하게 되었다. '시간과의 전쟁' 속에 치러지는 현대인의 생활은 이동시간을 단축시키는 것이 풀어야 할 화두가 되었다.

자동차대수가 폭증하는 데 비해 도로율은 제자리걸음을 하고 있는 경우가 많기 때문에 한정된 도로를 보다 효율적으로 활용할 수 있는 인프라의 구축이 절실하게 되었다.

혈관에 피가 잘 흘러야 사람이 건강하듯이 교통흐름이 유연하고 원활할수록 그 사회는 더욱더 생명력이 넘쳐난다. 도시교통의 제1목적은 교통정보를 실시간에 취합, 분석하여 보다 신속하게 적절한 조치를 취하는 것이다.

따라서 선진 각국들은 첨단과학기술을 총동원하여 교통소통을 보다 빠르게 하기 위한 방안을 마련하면서도 운전자 한 사람 한 사람에게 필요한 정보를 적시에 제공하기 위한 인프라 구축에 심혈을 기울이고 있다.

2) 지능형 교통체계

(1) 개념

지능형 교통체계(ITS: Intelligent Transport System)란 자동차나 도로 같은 교통요소에 첨단 IT기술을 접목시켜 교통요소 상호간에 능동적인 통신을 가능케 함으로써 보다 안전하고 효율적인 교통 환경을 조성하기 위한 미래형 교통체계이다.

(2) 체계구축 현황

경찰은 전국 주요도시에 ITS를 구축하여 도시별로 수집된 교통정보를 연계, 통합하고 이를 통해 생성된 전국 단위 교통정보를 광역교통관리에 활용하기 위한 '도시지역 광역교통정보 기반확충사업'을 2005년부터 지속적으로 추진 중이다.

또한 2005～2007년간 경찰청·국토해양부·정보통신부가 공동으로 '전국 교통정보 통합·배포 시스템 구축사업'을 추진하였다. 이를 통해 경찰청과 국토교통부 상호간 교통정보를 서로 공유하고 다양한 수요자에게 제공할 수 있는 기반을 마련하였다.

(3) 교통정보센터

지능형 교통체계의 구축을 위하여 전국에 총 22개의 교통정보센터가 운영 중이다. 전국의 교통정보를 통합관리 하는 경찰청 '중앙교통정보센터'와 각 지역별로 교통정보센터가 운영 중에 있다. 각 지역들은 서울·부산·대구·인천·광주·대전·울산·수원·과천·부천·원주·청주·충주·천안·전주·군산·정읍·포항·창원·김해·제주 등이다.

이 교통정보센터는 도로현장의 검지기, CCTV, GPS, 신호기, 가변전광판(VMS: Variable Message Sign) 등과 첨단 전산장비를 연계하여 교통정보를 수집, 도시의 교통흐름을 조정·통제하고 운전자에게 필요한 교통정보를 적시에 제공하는 기능을 수행한다. 사고나 재난 발생 시 통제·복구 조치를 통한 피해, 정체의 최소화, 집회·시위·행사 관련 교통관리, 교통방송국과의 연계 및 인터넷·안내전화를 통한 교통정보 안내 등 종합 교통서비스를 구현하기 위한 이 센터는 도심 교통관리의 핵심 허브라고 할 수 있다.

특히, 경찰 교통정보 안내전화 서비스(전국공통번호 1644－5000번)는 각 지역 교통정보센터에 배치된 안내요원이 상담을 통해 이용자가 필요로 하는 교통정보를 실시간으로 직접 검색, 분석하여 육성으로 안내하기 때문에 언제 어디서든 누구나 손쉽게 이용이 가능하다.

3) 첨단 신호체계

경찰은 지난 1990년 초부터 도로교통공단과 공동연구에 착수하여 새로운 신호체계를 개발하였다. 이 '실시간 신호시스템'은 도로에 검지기를 설치하여 교통량을 수집하고 수집된 정보를 신속히 분석, 신호 순서와 시간을 실시간으로 자동 조절하는 교통신호시스템으로 사전에 교통량을 조사, 입력하여 신호주기를 변경하는 기존의 '전자신호시스템' 방식보다 훨씬 효율적이다.

4) 단속의 과학화

국민경제의 성장으로 자동차의 소유 욕구는 점차 증가하여 2010년 1,600만대를 초과하였고, 2018년에는 2,300만대를 넘어 차량에 의한 교통법규위반과 각종 범죄 및 도난차량 증가 등이 사회문제로 대두되고 있다.

그 동안 교통경찰관에 의한 교통단속은 단속과정에서 일어날 수 있는 민원야기로 많은 문제가 있었고, 자동차등록대수와 도로연장거리는 지속적으로 증가하고 있는 데 반해, 교통경찰관의 증원은 거의 이루어지지 않아 인력을 대체할 수 있는 방법이 요구되었다. 이에 따라 인력중심의 단속에서 벗어나 과학적인 증명자료를 제시할 수 있는 첨단 과학 장비 중심으로 단속방법을 개선하기 위하여 속도 및 다기능 무인단속장비·음주측정기·음주감지기·PDA 등을 도입하여 운용하고 있다.

이 가운데 PDA(Personal Digital Assistant)는 휴대용 단말기로 무선데이터 통신으로 단속현장에서 교통범칙 사항을 실시간 입력하고 조회할 수 있는 모바일 전자시스템이다. 이 PDA를 활용한 모바일 교통경찰시스템은 효율적인 교통 단속 행정과 신속·정확한 현장 조회체계를 구축하고 기존의 범칙금통고처분 후속업무 처리 해소 및 교통질서협조장의 효과성을 높이는 등 교통 업무에 큰 기여를 하고 있다. 또한 PDA를 활용하여 범칙금 고지서를 현장에서 1분 이내로 입력·전송·교부·종결하여 내근요원 업무량을 해소하고 피단속자와 차량에 대한 효과적인 수배체제를 구축하고 있으며 상습 위반자를 단속할 수 있도록 교통질서협조장 발부 내역 및 단속 내용 등을 관리하고 있다.

4. 정보제공시스템

1) 의의

경찰이 갖고 있는 각종 정보들을 시민들에게 제공해주는 정보제공서비스는 생활안전·보안·교통·경비·정보·수사 등의 모든 경찰기능에 걸쳐 시행되고 있다. 신문이나 방송을 통한 홍보는 물론이고, 2000년 10월 24일 사이버경찰청을 개청하여 시민들이 원하는 정보를 인터넷을 통해 최단시간 내에 제공하고자 노력하고 있다.

2) 실태

(1) 경찰홍보

경찰청과 각 지방경찰청 및 경찰서에서는 홈페이지를 통하여 시민들이 필요로 하는 정보를 언제·어디서나 손쉽게 찾아볼 수 있도록 제공하고 있다. 예를 들면, 사이버경찰청에서는 사이버112를 통하여 각종 신고들을 손쉽게 할 수 있도록 하고 있으며, 알림마당을 통하여 공지사항·보도자료·채용공고, 입찰공고 등의 정보를 제공해 주고 있다.

홍보마당에는 경찰의 각종 활동들과 경찰이 심혈을 기울여 추진하고 있는 사항들을 폭넓게 홍보하고 있다.

(2) 정보공개

정보공개제도란 공공기관이 직무상 작성 또는 취득하여 관리하고 있는 정보를 수요자인 국민의 청구에 의해 열람·사본·복제 등의 형태로 청구인에게 공개하거나 공공기관이 자발적으로 또는 법령 등의 규정에 의해 의무적으로 보유하고 있는 정보를 배포 또는 공표 등의 형태로 제공하는 제도를 말한다.

이 제도는 '정보 공개'와 '정보 제공'이라는 두 가지 기능을 갖고 있다. 공공기관이 정보의 공개를 결정한 경우에는 청구인에게 통지한 공개일시 및 장소에서 원본으로 공개함이 원칙이다. 다만, 당해 정보의 원본이 오손 또는 파손될 우려가 있거나 그 밖에 상당한 이유가 있다고 인정될 때에는 당해 정보의 사본이나 복제물을 공개할 수 있다. 공개대상정보의 양이 과다하여 정상적인 업무수행에 현저한 지장을 초래할 우려가 있는 경우에는 정보의 사본이나 복제물을 일정 기간별로 나누어 교부하거나 열람과 병행하여 교부할 수 있다.

제3절 ✎ 자율방범활동과 민간경비

1. 자율방범활동

1) 기본시각

민간의 자율방범활동과 관련해서는 두 가지 시각이 있다. 하나는 사회통제적 접근방법으로 경찰 또는 국가기관만이 전적으로 사회의 안전이나 방범활동에 대하여 책임지는 것이 아니고, 설사 경찰측에서 이 문제에 대한 전적인 책임을 지고자 해도 이는 현실적으로 불가능하다는 것이다. 즉, 범죄예방 및 치안질서의 유지는 시민 개개인이 그의 책임의 범위 내에서 스스로의 안전을 위하여 노력한다는 전제 하에서 비로소 달성될 수 있다는 것이다. 경찰의 방범활동은 시민들의 자조의식과 노력이 결합될 때 최대한의 성과를 거둘 수 있다고 보는 시각이다.

다른 하나는 피해자학적 접근방법으로 범죄행위의 피해자들이 개별적으로 행동하는 한 사회로부터 도피 내지 고립이라고 하는 반응을 보이기 쉽다. 이렇게 되면 피해자들은 피해 후에 더 큰 피해를 불러올 수 있다. 따라서 피해자들이 이러한 피해를 막고자 서로 결속하여 범죄피해에 대한 집단적 반응을 모색함으로써 범죄문제에 대한 적극적 해결방안을 강구하는 쪽으로 방향을 전환한 것이 바로 자율방범활동이라는 것이다.

생각하건대, 두 가지 시각 중 어느 것이 우리의 현실에 맞는가 하는 논쟁은 별로 실익이 없을 것이다. 민간자율방범활동의 기원은 개인주의와 자기방어를 중시하는 서구에서 방어형태를 개인에서 집단으로 변경한 것이라는 점에 유의할 필요가 있을 것이다.

2) 외국의 지역사회 범죄예방

(1) 이웃감시프로그램

미국의 전국보안관협회(National Sheriffs' Association)가 1972년에 창안한 이 프로그램에 민간인의 참여가 매우 활발하다. 범죄예방활동을 위해 가정 내 보안점검과 구역감시를 실시하고 경찰에 적극적으로 범죄를 신고한다.

이 프로그램들은 범죄감시(crime watch), 구역감시(block watch) 또는 지역사회경보(community alert) 등의 여러 가지 이름으로 불리고 있는데, 가장 일반적으로 사용되는 명칭이 이웃감시(neighborhood watch)이다. 미국 내의 숫자만도 수천 개에 이르는 이것은 미국의 지역사회 범죄예방활동의 중추를 이루고 있다. 미 법무성에 따르면, 다섯 가구 중에 적어도 한 가구가 이웃감시프로그램이 실행되는 지역에 거주하고 있다고 한다. 이 프로그램의 핵심은 글자 그대로 범죄가 발생하기 전이나 범죄가 발생할 당시를 대상으로 주로 감시와 신고방법에 의존하며, 일정한 규칙과 절차에 따라 운용되고 있다. 이웃감시프로그램은 주민들이 서로의 이웃에 대해 잘 알고 있거나 알려고 한다는 전제조건을 바탕으로 자신들의 구역 내에 의심스러운 사람이나 행동을 발견하고 신고할 것을 제안하고 있다. 즉, 이 프로그램은 지역사회의 자각과 문제해결능력을 증진시키는 것을 목표로 하고 있다. 이는 전통적이고 비공식적인 사회통제방법들을 어느 정도 다시 회생시키고 지원하는 프로그램으로 볼 수 있다.

영국의 이웃감시프로그램은 1980년대 초반에 런던에서 시작되었다. 지역사회를 중심으로 한 경찰활동의 전세계적인 발전과 미국의 지역사회 범죄예방분야에서의 혁신을 그 배경으로 삼는다. 영국에서는 1982년에 최초로 시작하여 1990년에는 6만 6,500개가 존재하는 것으로 알려져 있다. 영국은 미국이 block watch(20~30가구)인데 반하여 community watch(300~3,000가구)로서 조직구성원의 대표자들만이 참여하는 모임을 갖는다고 한다. 초기에는 미국의 영향을 많이 받았지만, 점차 운영해 가면서 영국의 실정에 맞도록 조직의 규모와 참여방법을 바꾼 것이라 볼 수 있다.

호주에서의 이웃감시프로그램은 지역별로 이웃감시협회가 있고, 각 지역의 경찰관서와 긴밀한 협조 하에 운영되고 있다. 각 지역은 거의 500~550가구를 포괄하도록 구성되어 있고, 이는 대개 5개의 지구별로 지구별 관리자가 임명되어 있다. 각 지구는 다시 10~15가구 단위의 블록관리자에 의해 블록별로 운용된다. 선출된 지역위원회는 지역과 지구관리자 및 활동관리자로 구성되어 있다.

(2) 시민순찰활동

시민순찰은 많은 나라에서 경찰관서의 주도 하에 민경협력치안활동의 일환으로 이루어지고 있다. 경찰의 순찰활동을 보완하고 지역사회의 감시기능을 증가시킨다는 의미도 있다. 본질적인 것은 순찰활동을 통해 경찰의 활동과 순찰상의 고충을 이해하여 주민들 스스로가 경찰에 협력해 줄 것을 기대하는 경우가 많다. 대부분 단기성의 일과성 행사로 끝나는 경우가 많다. 어린이·중고생·대학생·학부모 등을 대상으로 경찰과 동반순찰하는 경우가 많다. 때로는 자율적인 조직을 갖추고 경찰관의 도움 없이 순찰을 하는 경우도 있는데 이의 대표적인 예가 미국의 수호천사(Guardian Angels)이다.

수호천사는 다른 시민순찰과는 달리 전국적인 규모로 운영되며 특히 소수민족의 젊은이들로 구성되어 있고, 정부의 자금지원에 의존하지 않는다는 점에서 독특한 것으로 평가된다. 수호천사는 뉴욕시에서 지하철 구내를 안전하게 유지하기 위하여 시작되었으며, 미국 내에 60개 이상의 지부와 5,000명 이상의 구성원을 가지고 있다.

이들의 중요한 목적은 순찰지역의 폭력범죄를 감소시키거나 억제하는 것이다. 수호천사가 예방하고자 하는 범죄는 폭행·강간·강도 그 밖의 다른 대인범죄이다. 재산범죄의 예방을 목표로 하고 있지는 않지만 재산범죄피해자를 지원하고 범죄자 검거활동에도 협력하고 있다. 이외에도 주민교육, 범죄예방의 능동적 참여 등을 조장하고 있다. 순찰지역주민들로부터 상당한 호의를 얻고 있다고 한다.

3) 민간자율방범활동의 형태

민간차원의 자율방범활동은 대체로 개인차원의 방범활동과 거주지역단위별 방범활동으로 나눌 수 있다. 개인차원의 활동은 범죄피해에 대비해 스스로 행동습관을 교정하거나 호신술을 배우거나 가스총 혹은 방범장비를 휴대하여 만일의 사태에 대비하는 것을 말한다. 잠재적인 범죄피해의 가능성을 줄이기 위해서 주거환경을 개선하고, 방범설비를 하고, 전문경비원 혹은 경호원을 붙이는 조치 등도 개인차원의 방범활동이라 하겠다. 소극적으로는 신체노출을 자제하거나, 야간외출을 삼가거나, 자녀들에게 방범교육을 시키는 것도 이에 속한다. 이러한 개인차원의 활동들은 더욱 발전하여 민간경비산업으로 발전되었다.

거주지역단위별 방범활동은 거주지역의 주민들이 어느 정도의 조직과 규율을 가지고 범죄의 방지와 감시활동을 전개하는 것이다. 실질적인 의미의 민간자율방범활동은 바로 지역단위별 방범활동을 지칭하는 것으로 우리나라는 그간 방범대원제도, 파출소 단위의 자율방범대, 방범자문위원회, 청년회, 반상회, 민방위조직, 예비군조직, 해병전우회조직 등 다양한 형태로 존재해 왔다. 적극적으로 방범활동에 참가하여 실적을 거둔 조직(방범대원제도, 자율방범대·반상회 등)들은 대부분 관(官)주도로 이루어졌는데, 2000년 이후 경찰의 개혁과 더불어 관주도의 방범활동을 지양하고 있는 실정이다. 그러나 주민 스스로 방범활동을 하는 것은 적극 권장하고 있으며, 경찰력을 동원하여 적극적으로 돕고 있는 실정이다.

각종 시민단체나 언론매체 등도 방범활동에 적극 가담하고 있다. 이들은 거주지역이라는 장소적 제한을 받지 않고, 주로 방범홍보나 상담 혹은 개별지도를 통해서 방범활동에 기여하고 있다.

이러한 조직으로는 한국성폭력상담소, 여성의 전화, 한국아동학대예방협회, 생명의 전화(범죄관련 전화 상담), BBS(청소년 선도), 청소년지도육성회(불우·비행청소년), 갱생원(무연고자), 한국봉사회(각종 전화상담), YMCA, YWCA 등 여러 시민단체들이 가세하고 있다.

2. 민간경비

1) 개념과 탄생배경

민간경비(private security)는 국가의 중요시설, 산업시설, 공공시설, 기타 경비를 요하는 시설 및 장소에서의 도난·화재·혼잡 등으로 인한 위험발생을 방지하는 업무 또는 운송 중에 있는 현금·유가증권·귀금속·상품·기타 물건의 도난·화재 등 위험발생을 방지하는 업무의 일부 또는 전부를 도맡아 하는 활동이다.

이러한 민간경비는 범죄의 증가와 질적 변화(흉악화·저연령화·국제화·집단화·무차별화 등)에 대한 경찰의 역할과 기능의 확대에도 불구하고 절대적인 경찰인력 및 예산의 부족, 낙후된 장비, 낮은 보수, 과중한 업무량 그리고 각종 조장행정기능에 대한 협조업무 등으로 인한 경찰방범활동의 본질적 한계를 극복하고자 나온 산업이다. 민간차원의 범죄예방조직으로서 도시화와 산업화에 따른 사회 각 계층의 다양한 경비수요를 충족시켜 주고자 하는 민간경비는 경비원을 직접고용(독점경비)하거나 특정서비스 또는 방범기계설비를 임대하는 형태(계약경비)로 발전되어 왔다.

2) 외국의 경비산업

(1) 미국

미국은 이미 1972년에 민간경비의 역할 즉, 사회안전과 보호에 대한 중요한 역할을 인식하여 법집행원조국(LEAA: Law Enforcement Assistance Administration)에 민간경비자문위원회(PSAC: Private Security Advisory Council)를 설치하였다. 이러한 배경 속에서 미국의 경비산업은 지속적인 발전을 거듭하였다. 홀크래스트보고서(Hallcrest Report)에 의하면 2000년도 미국의 민간경비원은 경찰인력(약 70만)의 2.7배인 190만 명에 달한다고 한다. 경비시스템은 크게 계약경비와 자체경비로 나눌 수 있다. 계약경비는 경비회사와 고객이 경비계약을 맺고 경비회사가 고객의 자산을 돌보아 주는 대가로 고객은 일정액의 경비수수료를 지불하는 방식이다. 자체경비는 경비책임을 스스로 부담하여 경비원을 고용하거나 자체방범설비를 하는 방식이다. 자체경비는 계약경비에 비해 안전성에 문제가 있을 수 있고 비용부담이 많기 때문에 점차 줄어드는 추세이지만, 계약경비는 매년 비슷한 정도의 성장률을 기록하고 있을 정도로 미국의 경비산업은 활기를 띠고 있다.

미국의 민간경비는 최초에 단순한 인력경비를 지원하는 차원에서 고도의 전자기술을 배경으로 한 기계경비의 차원으로 발전하여 주요한 산업시설이나 군사시설은 물론이고 개인의 재산과 생명의 보호에 이르기까지 폭넓은 발전을 이룩하였다. 오늘날에 이르러서는 각종 범죄의 증가에 대처하고 보다 안전한 기업경영을 위하여 전문화되고 세분된 정보체계를 갖춘 산업으로까지 발전하게 되었다. 이에 따라 경비산업에 종사하는 사람들에게도 다양한 자격증을 요구하게 되었다. 예를 들면, 각 시설별 경비·경호경비·사설탐정·무장호송경비·교통유도·PC안전관리·방범설비자격증 등이다.

앞으로 민간경비의 주요 분야 중 ① 무장호송경비산업, ② 경보산업, ③ 계약경비산업, ④ 민간조사업, ⑤ 경비자문과 기술산업, ⑥ 자물쇠 및 안전장치산업, ⑦ 경비기계 제조 및 유통산업 등이 최고의 성장산업으로 부각될 전망이다. 그리고 이상과 같은 7개 분야 민간경비산업 외에도 문서보관과 폐기업무, 경비교육과 훈련업무, 경비장비 임대업무, 도청탐지업무, 인질교섭업무, 보험인수업무, 재산점검과 감정업무 등과 같이 최소 26개 이상의 경비관련 비즈니스와 서비스업이 점차로 활성화될 전망이다.

2001년에 발발한 9.11테러는 미국의 경비산업에 새로운 전기를 맞게 하였다.

각종 테러에 대한 위협으로 미국은 국토안보부(Department of Homeland Security)를 신설하고 경호실과 해안경비대 및 이민국 등 22개 기관의 18만 명이 넘는 직원들을 통합해 운영하고 있으나, 공항경비나 국가중요시설경비 등의 수요 급증으로 폭발적으로 늘어난 경비수요를 감당할 수 없게 되었다. 이러한 환경의 변화는 자연스럽게 민간경비업체의 성장 동력이 되었고, 그 결과는 민간경비산업의 급성장으로 이어졌다. 현재 세계 최대 민간경비업체 인 시큐리타스(Securitas)는 전 세계 30개국에 모두 20만 명의 직원을 거느 린 거대기업으로 연간 매출액은 60억불에 달한다. 미국의 경비산업은 인수·합병(M&A)을 거듭하고 있는데, 같은 업종의 기업에 국한 되는 것이 아니라 다른 업종의 기업합병도 포함하고 있다. 따라서 미국의 민간경비산업은 기업 과 시스템의 통합, 관련분야의 세분화를 동시에 진행하고 있으며 그 속도가 더욱 빨라지고 있다.

(2) 일본

일본은 1950년대 말부터 1960년대 초에 걸쳐 미국으로부터 민간경비제도 를 도입하였다. 1964년의 동경올림픽은 일본 민간경비업의 발전에 초석이 되었다. 이 당시의 민간경비의 활약과 역할은 아직도 대단한 것으로 평가되 고 있을 정도이다. 민간경비 도입 70여 년이 가까워지는 지금도 일본최대의 성장산업 중의 하나가 바로 민간경비업이라고 한다.

경비업무의 내용도 원자력발전소로부터 일반가정에 이르기까지 다양한 경 비를 실시하고 교통유도경비, 의전경비, 각종 이벤트 등의 혼잡경비, 현금과 핵연료 등의 운송경비, 보디가드와 같은 경호업무도 대폭적으로 늘어나고 있 다. 이제는 경비산업이 국민들의 자주방범활동에 힘입어 안전산업으로서 생 활 속에 정착하고 있는 실정이다. 일본에서는 기존의 경비개념과는 색다른 분야가 끊임없이 개척되고 있다. 그 예로 이른바 '경비택시제도'와 '도시안전 시스템(Town Security System)'을 들 수 있다. 경비택시라는 것은 사고, 응 급환자의 발생, 화재, 강도나 불법침입 등의 긴급사태가 발생하였을 때 택시 가 출동하여 관계기관에 연락하거나 가까운 의료기관에 통보하는 제도이다. 도시안전시스템은 일정한 지역에 건설된 공동주택을 포함하여 모든 주택에 각종 경보센서와 화재 및 가스감지센서 등의 첨단 시스템 단말기를 설치하 여 일반회선을 통해 연결하고, 설비고장과 전기장해의 대응, 장기부재 등 버 튼통보에 대한 대응, 정기순찰 등의 서비스를 제공하는 체제를 말한다.

이상에서 살펴본 바와 같이 일본 민간경비산업은 꾸준한 성장을 계속하고 있다. 이에 따라 서비스가 다양화되어 ① 주차장 무인감시시스템, ② 온실 등의 기계경비, ③ 쓰레기불법투기 야간관찰, ④ 의료주변서비스, ⑤ 소재확인시스템, ⑥ 심야 슈퍼·점포·빠찡고·경품교환소 방범시스템, ⑦ 에스코트 서비스, ⑧ 공장지역의 종합경비관리시스템 등이 활성화되고 있다고 한다.

3) 우리나라의 현황

1960년대 초에 미8군부대를 처음으로 경비하였으나, 실제로 우리나라 경제구조의 변화에 의해 자생적으로 경비제도를 실시하게 된 것은 용역경비업법이 제정(1976년 12월 31일 법률 제2946호)된 1970년대 중반 이후부터였다. 본격적인 경비산업의 발달은 1980년대 초 일본 민간경비의 기술과 자본을 도입하면서부터 활발한 성장을 보이기 시작하였고 1986년 아시안게임과 1988년 서울올림픽을 무사히 치르고 난 이후부터 매년 놀랄 만한 경비산업의 성장을 거듭하여 왔다.

특히, 1980년대에 들어서면서 우리나라의 민간경비산업은 새로운 전환기를 맞이하였다. 1970년대 후반, 당시 일본에서는 일본경비보장(주)와 일본종합경비보장(주) 등 2,500여 개의 민간경비회사들이 성업을 하고 있다는 점에 주목한 삼성그룹 고(故) 이병철 회장이 한국에서의 민간경비산업의 성장가능성을 전망하고 이의 도입을 적극적으로 고려했기 때문이다. 대기업이 경비산업에 진출하면서 경비업의 발전은 급물살을 타기 시작하였다. 오늘날의 에스원(S1)이 바로 그 때 탄생한 것이다. 그 후 수많은 업체들이 속속 등장하였고, 은행이나 귀금속상 등이 먼저 경비를 시작하면서 기계경비산업은 급성장을 이룩하였다. 이제는 대학이나 각 사업장은 물론이고 웬만한 소규모의 점포까지도 기계경비를 할 정도로 시장이 확대되었다.

2016년 12월 말 기준, 우리나라의 민간경비산업은 4,570개 업체에 147,049명의 경비원이 종사할 정도로 양적 성장을 하였으며, 양적 증대뿐 아니라 질적인 면에서도 인력 위주의 단순경비에서 첨단장비 및 기술을 활용한 복합적인 형태로 발전하였다. 경찰은 경비업체와의 유기적 협력을 통한 사회전반의 범죄대응 역량 강화를 위하여 민간경비업을 적극 지도·육성하고 있다. 경비원의 신임교육을 내실화하기 위하여 민간경비 교육기관(일반경비원 신임교육기관, 특수경비원 신임교육기관, 경비지도사 기본교육기관)에 대한 교육기본 지침을 마련하고, 연말 교육기관 담당자 회의를 통하여 민간경비 교육에 대한 문제점을 지속적으로 개선해 나가고 있다.

4) 민간경비산업의 전망

우리나라의 민간경비는 전술한 바와 같이 인력경비 중심의 경비구조, 민간경비업체의 지역적 편중, 민간경비업체의 영세성 등의 구조적인 문제점을 안고 있다. 법적·제도적 측면에서도 경비제도의 이원화 문제(청원경찰과 민간경비), 경비지도사제도의 현실화 문제(자격증은 있으나 유명무실), 기계경비에 대한 경비장비의 인증제도 문제(규격미달, 형식승인제도 미확립, 잦은 고장과 오작동), 선진국과 같은 분야별 전문자격증제도의 미도입, 경비인력의 자질문제, 교육훈련의 미흡 등의 문제점이 있다.

그러나 앞서 미국과 일본의 예에서 볼 수 있는 바와 같이, 범죄와 안전에 대한 위협요소가 증가함과 더불어 경비수요는 더욱 늘어날 것으로 전망된다. 현재 우리 나라의 경비산업이 안고 있는 문제들도 경비의 전문성과 예측가능성을 더 높여 주는 방향으로 발전될 것이 확실시된다. 경비업법과 청원경찰법의 단일화, 분야별 경비전문자격증제도의 도입, 방범기기검증제도, 우수인력확보와 훈련, 경비전문학교의 설치와 교육프로그램의 개발, 대학의 학과 개설, 민간경비관련 학회 및 연구소의 활성화, 경비협회의 기능강화, 경찰과의 협력치안체제 구축방안 등이 앞으로 민간경비산업의 발전에 많은 도움을 줄 것으로 예상된다.

제4절 ▸ 유해환경과 소년경찰활동

1. 유해환경과 소년비행

1) 물리적 유해환경

(1) 가정

청소년의 폭력과 약물남용으로 골머리를 앓고 있는 미국의 경우, 이들 청소년의 문제행동의 원인을 가정적 요인에서 찾고 있는 경우가 많다. 특히 부모들의 이혼률이 높아져 소년들의 성장환경이 대단히 불안하다는 것이다. 소위 '파괴된 가정'은 부부간의 잦은 불화, 자녀에 대한 무관심, 어린이 학대, 대화의 부족 등으로 만성적인 문제를 안고 있다.

우리나라의 가정환경과 생활방식도 이제는 미국과 별반 다를 바 없다는데 문제의 심각성이 있는 것이다. 일선 상담교사들에 따르면 비행청소년들은 ① 그들의 부모들이 자식의 생각, 심리적 상태, 행동, 친구관계, 여가활동, 교내외 활동 등의 제반 생활을 파악하지 못하고 있다. ② 비행이 발전하는 과정에서 옳지 않은 행동, 반사회적인 행동을 사전에 예방하고 지도하는 훈육의 기능이 점차 약화되거나 무력화되는 것을 알 수 있다. 이와 더불어 동료집단의 영향력은 점차 커져 부모의 훈육이 주는 영향력을 감소시킨다. ③ 가정 내에서 애정을 느껴 보거나 대화를 나누거나 가족과 함께 여가를 통한 바람직한 사회적 행동을 학습할 기회를 제대로 가지지 못한 경우가 많다. ④ 비행청소년의 가정은 아버지의 음주나 부모의 불화·별거·이혼 등이 가족 내의 문제로 누적되어 있는 경우도 많다고 한다.

(2) 학교

입시위주의 교육은 개인적 이기주의, 자아 정체감의 상실, 정신적 긴장, 인간미 상실, 건전한 의식과 가치관 정립의 실패, 개성과 다양성의 소멸 등의 부작용을 갖고 있다. 특히 성적부진학생의 좌절감을 배가시킨다. 학업성취도에서의 좌절은 학교에 다니는 아이들에겐 가장 큰 좌절이다. 성적으로만 평가되는 현실 속에서 학업성취도가 낮은 학생들은 자신이 무가치한 존재라는 것을 인정하도록 강요받는다. 이러한 좌절경험은 청소년들에게 강한 불안과 분노를 경험하게 하고 나름대로의 불량서클을 통해 소속감을 확인하고 공격적인 하위문화에 편입되게 한다.

값비싼 필기구·휴대폰·옷·카세트·시계 등을 갖고 있는 학생과 그렇지 못한 학생 사이에는 위화감이 조성될 수 있으며, '갖고 싶다'라는 단순한 생각에 빼앗거나 절취하는 일이 종종 발생한다. 이 과정에서 교내폭력이 자주 일어나고, 교외폭력과 피해자를 선정할 수 있는 요인을 제공하기도 한다.

일반적으로 비행청소년은 폭력을 행사하는 집단으로 생각되어 왔을 뿐 이들이 폭력의 대상이 되거나 되고 있다는 사실을 간과할 때가 많다. 이들은 가정에서 부모나 형제에게 맞고, 선생님들에게 맞고, 교내 선배나 써클 선배에게 맞고, 또 다른 비행청소년들에게 맞는다. '폭력은 폭력을 불러온다'는 말이 있듯이 폭력으로 받은 좌절을 폭력으로 해소하려는 경향이 있다. 한 연구결과에 의하면 학령이 낮을수록 매가 긍정적으로 작용하나 학령이 높아질수록 매는 분노감정을 일으키고 긍정적 동기화도 감소하는 경향이 있음을 보여 주고 있다.

(3) 사회

우선 들 수 있는 것이 물질만능주의와 퇴폐주의의 팽배이다. 유흥업소는 단속이 느슨한 틈을 타 청소년들의 출입을 묵인하고 나아가 청소년들을 종업원으로 고용하는 등 불법변태영업을 하고 있는 업소가 많다. 언제 어디서나 쉽게 출입하고 종업원이 될 수 있는 이런 유해환경을 통해 청소년들은 다양한 형태의 비행행위를 학습하게 된다.

둘째, 소비지향적이고 말초적인 감정에 호소하는 불건전한 광고 및 대중매체의 범람이다. 대중매체를 통하여 강도와 살인 등과 같은 강력범죄에 지향된 뉴스를 접하거나 폭력영화 혹은 음란비디오를 과다하게 시청하는 경우에는 모방과 익숙해짐 그리고 폭력행사의 충동에 대한 자제력의 약화 단계로 이어져 언어적·물리적 공격성으로 연결될 수 있다.

셋째, 학교주변 유해환경의 문제이다. 학생비행에 직접적인 영향을 미치고 있는 학교정화구역 내에 버젓이 러브호텔이나 룸싸롱이 들어서 있고, 주변에 당구장·PC방·만화가게·비디오방 등이 널려있는 현실이다.

마지막으로, 청소년 비행을 방관·묵인하는 사회풍토가 문제이다. 바로 '어른 부재현상', '아버지 부재현상', '선생님 부재현상'이다. 문제청소년들은 그들의 폭력행위를 '간혹 해 보는 장난이나 모험', '비겁하지 않기 위해' 등의 답변이 의미하고 있는 바와 같이 '이유 없는 반항'의 표시인지도 모른다. 이럴 때 청소년들에게 건전한 가치관과 규범감각을 가르쳐 주는 것이 필요하다.

2) 유해정보환경

(1) 방송매체

방송매체는 그 광파성으로 인해 사회에 미치는 영향력이 엄청나다. 더욱이 최근 들어 다채널·다매체 시대에 돌입하면서 방송사들은 음란성이나 폭력성이 짙은 프로그램을 중점적으로 편성·방송하고 있다. 이러한 방송매체는 판단력·지식·경험 등이 미숙한 청소년들의 인격형성과 정서함양에 미치는 영향이 매우 클 뿐만 아니라 청소년에게 가치부여적 기능보다는 가치박탈적인 기능을 초래하여 모방범죄를 야기할 가능성이 농후하다. 방송심의에 관한 규정이나 어린이·청소년특별위원회를 구성하여 운영하면서 청소년보호에 많은 노력을 기울이고 있지만, 현실적으로 방송사들의 철저한 상업주의를 막기는 불가능하다 하겠다. 앞으로 외국의 방송채널들이 우리 안방을 장식할 날도 가까워지고 있기 때문에 더욱 문제가 아닐 수 없다.

어린이나 청소년에게 부적합하거나 비교육적인 내용, 선정적·퇴폐적 내용, 불건전한 내용 및 저속한 표현, 비속어·유행어·외국어 등 바른생활 저해, 위법행위의 조장이나 참상 장면의 과다묘사, 잔인하거나 충격을 주는 내용, 모방범죄에 동기를 부여하는 프로 등을 여과할 수 있는 장치들을 개발하는 것이 문제로 등장하고 있다. 그러나 이것은 이미 현실적으로 불가능할 것으로 판단되므로 프로그램의 선별시청능력을 키워 주는 것이 보다 현실적인지도 모른다.

(2) 공연물

공연물이란 연극·영화·음반·비디오 등을 포함하는 것으로서 청소년들을 보호하기 위해서는 공연물의 관람등급 구분이 문제로 등장하고 있다. 공연물에 대한 만 18세 미만의 청소년 관람을 금지하는 심의와 규제는 비교적 잘 되어 있다. 하지만 소극장 설치의 자유화, 문인·예술가들의 성적 표현 영역의 확대요구(표현의 자유) 및 소극장의 연중 음란물 공연 등의 문제가 청소년의 보호에 악영향을 미치고 있는 것이 현실이다.

최근의 공연물은 양극화 현상이 뚜렷하다. 외국에서 흥행에 성공한 우수작의 초청공연 혹은 국내제작공연이 계속되는가 하면, 한편에서는 단순한 흥행만을 겨냥한 음란성이 짙은 공연물이 중소규모의 극단을 필두로 다투어 공연되고 있다. 전반적으로 수준이 떨어지는 이러한 공연물들은 상업주의로 무장한 채 청소년을 대상으로 티켓할인 및 객석채우기 등 호객행위를 서슴치 않고 있다. 물질만능주의·퇴폐향락·성개방·마약 혹은 이욕범죄·성범죄 등을 담고 있는 공연물들이 청소년들에게 모방심리를 자극할 것은 자명한 일이다.

(3) 인쇄매체

최근에 각종 불량 인쇄매체물이 범람하여 청소년의 정서함양과 인격형성에 악영향을 미치고 있다. 이런 매체들은 도서·정기간행물·만화 등으로서 정부에서는 이에 대한 심의 및 단속을 강화하고 있다. 그러나 최근에는 일본의 음란·폭력성 만화가 청소년들 사이에 유행하고 있다.

(4) 인터넷상의 불건전정보

인터넷상의 정보 중 약 10%가 음란폭력성 정보라고 한다. 청소년들에게 는 인터넷이라는 매체가 주는 영향이 다른 매체들보다 더 심각할지도 모 른다.

여타 매체들은 심의나 단속을 통하여 소기의 목적을 달성하기가 용이하지 만 인터넷은 그 특성상 청소년의 접근을 규제할 마땅한 대안이 없다는 데 문제의 심각성이 있다.

2. 외국의 소년경찰

1) 일본

(1) 소년범죄처리조직의 개관

일본은 소년비행을 예방하고 처우하기 위해 여러 기관과 조직을 갖고 있 다. 먼저 비행예방을 위한 조직을 보면, 총무청·법무성·경찰청 및 지역조직 등을 두고 있다.

비행처우를 위한 조직으로서 경찰은 비행소년을 발견하여 수사와 조사를 한 후 이들을 검찰·가정재판소·아동상담소 등에 송치 또는 통고하고 있다. 검찰은 경찰이 송치한 비행소년이나 또는 직접 발견한 비행소년을 인지하여 수사를 한 뒤 가정재판소에 처우에 관한 의견을 첨부·송치하는 한편 가정재 판소에서 역송(逆送)하여 온 사건에 대하여는 공소를 제기하고 있다. 한편, 비행소년을 수용하거나 감별하는 소년감별소, 비행소년을 수용하여 교정교육 을 실시하는 소년원, 이들을 수용하여 형집행을 하는 소년형무소 등의 소년 감별교정기관이 있고, 갱생보호위원회와 보호관찰소 등의 갱생보호기관이 있 어 대체로 우리와 조직이 비슷하다.

지역조직으로는 소년의 보도와 환경정화에 봉사하는 민간단체들로 소년보 도센타·방범협회·학교경찰 연락협의회·직장경찰 연락협의회·어머니회 등을 두 고 있다.

소년경찰활동은 지역경찰의 역할과 수사경찰의 횡적인 도움으로 거의 전 경찰조직의 협조 하에 이루어지고 있다. 따라서 경찰서 소년과는 소년경찰 의 중추적인 역할을 담당하고 있는데 조직은 우리와 거의 비슷하다.

(2) 운용

① 유해환경 정화활동

일본경찰은 가라오케·유해자동판매기·환락시설 등이 밀집해 있는 유해장소를 '소년을 지키는 환경정화 중점지구'로 지정하여 지역주민과 자원봉사자가 중심이 되어 환경정화활동을 수행하고 있고, 소년을 비행으로부터 지킬 필요성이 높은 우범지역·출입제한구역 등 '소년을 비행으로부터 지키는 시범지구'로 지정하여 소년비행의 보도활동을 강력히 추진하고 있다.

특이한 것은 초범자들이 범하기 쉬운 들치기(萬引き, shoplifting)와 자전거 절도를 방지하기 위한 대책을 강구하고 있다는 점이다. 들치기의 경우 들치기방지협의회 등을 통하여 백화점·슈퍼마켓 등에 대하여 상품 진열방법의 개선이나 보안체제의 강화 등 업계의 자주적인 방지대책을 권장하고 있고 자전거절도에 대하여는 방범등록이나 효과적인 시건장치를 설치토록 하고 있으며, 자전거방범등록·조회의 OA화 및 방치자전거방지조례 제정 등으로 대처하고 있다. 또한 관공서·역 등의 주차장을 방범공간으로 설계·건축하도록 권장하고 있다.

한편, 경찰에서는 소년복지범의 단속과 피해소년의 보호에도 노력하고 있다. 또한 경찰은 소년의 폭력단 이탈과 가입방지대책 등을 주요 내용으로 하는 소년을 폭력단으로부터 보호하는 활동을 추진하는 등 소년에 대한 폭력단의 영향을 배제하는 데 노력하고 있다.

② 소년보도활동

소년비행을 조기에 발견하고 보도활동을 통하여 소년이 다시 비행에 빠지지 않도록 하는 것이 중요하다. 일본경찰에서는 최근 소년계의 경찰관·지역경찰관 및 부인보도원을 중심으로 번화가·공원 등 비행이 행해지기 쉬운 장소에 중점을 두어 비행소년들을 보도하고 있다. 비행소년을 발견한 때에는 소년의 특성을 충분히 배려하고 보호자와 연락을 취하면서 비행의 원인·배경 등을 검토하며, 재비행 방지를 위한 처우의견을 첨부하여 관계기관에 송치 혹은 통고하고 있다. 또 불량행위소년에 대해서는 주의와 조언을 행하는 외에 필요한 경우에는 보호자 등에 대하여 지도와 조언을 행하고 있다.

③ 소년상담활동

경찰은 경찰본부 및 경찰서에 소년상담창구를 개설하고 심리학 등을 이수한 전문직원이나 경험이 풍부한 소년계의 경찰관·부인보도원을 배치하여 소년과 보호자 등의 상담을 받아 필요한 지도나 조언을 행하고 있다.

소년상담을 활성화하기 위하여 상담전용전화(young telephone corner)를 개설하는 한편 심각한 사회문제가 되고 있는 이지메에 대응하기 위해 '이지메 110번'이라는 전용전화를 개설하는 도도부현경찰도 있다. 일본경찰은 우리와 달리 비행소년 본인보다는 그들의 보호자에 대한 상담을 많이 하고 있다. 이는 보호자에게 소년을 잘못 보호하고 훈육하여 우범소년이나 불량행위소년이 되었다는 것을 각인시키는 한편, 보호자가 경찰 등의 상담에 적극 호응하여 자기 자식들을 보호하고 선도하려는 의지가 강하다는 것을 의미하기도 한다.

④ 비행소년의 처리

범죄소년은 형사소송법·소년법 등에서 규정하는 절차에 따라 필요한 수사 및 조사를 행한 후 벌금형 이하의 형에 해당하는 사건은 가정재판소에 송치하고 금고형 이상에 해당하는 사건은 검찰에 송치한다.

촉법소년은 그 보호자가 없거나 보호자가 감호하는 것이 부적당하다고 인정되는 경우에는 아동상담소에 통고하고 기타의 경우에는 보호자에게 적당한 조언을 행하는 등의 조치를 행하고 있다.

우범소년은 18세 이상 20세 미만의 경우는 가정재판소에 송치하고 14세 이상 18세 미만의 경우는 사안의 내용·가정환경 등을 판단하여 가정재판소 또는 아동상담소에 송치 또는 통고하며 14세 미만의 경우는 아동상담소에 통고하고 있다.

(3) 자원봉사활동

일본경찰은 주민과 밀착한 활동을 하고 있다. 시민으로부터 높은 신뢰를 받고 있으므로 경찰이 시민에게 협조를 요청하면 매우 적극적으로 경찰을 돕고 있으며 이런 활동들을 매우 자랑스럽게 여기는 풍토가 정착되어 있다. 따라서 여러 가지 형태의 자원봉사자들이 단체를 결성하거나 개인적으로 청소년유해환경의 정화와 건전육성을 위해 노력하고 있다.

각 도도부현 공안위원회 소속 하의 소년지도위원들이 소년의 보호를 위해 활동하고 있다. 경찰서장의 추천으로 경찰본부장이 위촉한 민간인들이 청소년들을 지원하기 위해 자원봉사하고 있다. 또한 소년보도센타에서 근무하는 소년보도위원은 매우 많은 것으로 알려져 있다. 이들은 가두보도, 소년상담이나 소년의 가정·학교·직장에의 연락 및 전문기관에의 통고, 환경정화활동, 홍보활동 등을 행하고 있다.

2) 미국

(1) 소년경찰의 환경

소년문제와 비행으로 크게 고심하고 있는 나라가 바로 미국이다. 따라서 소년비행에 대처하기 위한 경찰활동도 전 경찰부서가 담당하고 있으며 소년지원반(youth aid division)은 소년사건의 처리나 간단한 예방활동에만 관여할 정도로 그 역할이 미미하다. 이러한 사실은 아래에서 제시하는 소년문제나 비행의 정도를 보면 미루어 짐작할 수 있을 것이다.

첫째, 소년인구의 증가와 종족의 다양성이다. 2010년 현재 18세 미만의 청소년은 약 7,400만 명에 육박한 것으로 나타났다. 또, 소수민족의 인구구성비도 점차 증가하고 있다.

둘째, 청소년들이 열악한 생활환경에서 자라는 경우가 많다는 점이다. 청소년들의 생활수준이 나날이 나빠지고 있어 상당수의 소년인구가 극빈층이라고 한다. 특히, 라틴아메리카계(Hispanic)의 청소년들이 최극빈층을 이루는 것으로 나타났다.

셋째, 이혼율의 급증이다. 부모들의 이혼율이 높아져 소년들의 성장환경이 대단히 불안하다. 전체소년의 1/4이 친부모와 살지 못하고 있으며, 앞으로 아이들의 약 1/2이 홀어머니나 아버지 밑에서 성장할 것으로 보고되고 있다.

넷째, 미혼모의 문제이다. 미혼모의 숫자가 매년 늘어나고 있다는 보고가 있다. 미혼모들은 저체중이나 미성숙아를 낳을 수 있고, 양육(육아)보조금으로 어느 정도까지는 생활할 수 있으나 그 이후 계속적인 양육에는 큰 문제가 발생할 수밖에 없다.

다섯째, 청소년범죄의 심각성이다. 아래의 지표들을 보면 청소년 범죄의 심각성을 한 눈에 알아볼 수 있고, 경찰을 비롯한 형사사법기관들이 얼마나 많은 시간과 노력을 들여 청소년 비행의 예방과 선도에 심혈을 기울여야 할지 미루어 짐작할 수 있을 것이다.

① 대인범죄 피해자의 약 1/4이 청소년 범죄의 결과이다.
② 폭력범죄의 1/4, 가중폭행의 1/7을 청소년들이 저지르고 있다.
③ 청소년들은 적어도 한 번 이상 비행을 저지른 경험이 있는 것으로 드러나고 있다.
④ 흑인소년들은 백인소년들보다 법집행기관과 불미스런 접촉을 경험하는 일이 2배나 많다.

⑤ 많은 소년비행 가운데는 경력범죄자 수준의 범죄행위도 자주 발견된다. 나이가 많아지고 비행경력이 길어짐에 따라 보다 심각한 범죄행위를 저지르게 된다.

⑥ 일부 소년들의 범죄는 만성적이거나 지속적인 특징을 갖고 있다.

⑦ 대부분의 고등학교 학생들은 총기를 갖고 다니지 않지만 흑인과 라틴계의 학생들은 권총을 소지하고 있다. 총기는 아니라 할지라도 흉기는 학생들이 소지하고 있다. 총기를 소지하고 있는 학생들은 비행경험이 많고 약물남용의 전력도 갖고 있는 경우가 많다.

⑧ 소년들의 갱단 참가가 많다. 갈등적 하위문화권에서 자란 청소년들에게는 갱단 참가가 그들의 경제적인 능력을 보장해 주고 사회적인 출세의 기회도 제공해 준다고 믿을 수 있는 분위기가 만연되어 있다.

⑨ 고등학교 학생의 2/5가 불법약물을 한 번 이상 복용한 적이 있고 더 많은 수가 술과 담배를 접하고 있다.

(2) 조직과 인력

미국의 모든 도시경찰은 경찰조직의 규모, 경찰조직이 위치한 지역의 종류 그리고 지역사회에서 이용할 수 있는 자원의 양과 질에 따라 소년경찰이 다양하게 배치되어 있다.

소규모 도시경찰은 1명의 전문가를 두어 소년경찰업무를 담당하게 하는 곳도 있고 대규모 도시경찰은 관할구역 내에서 경찰간부의 책임아래 특별부서를 설치하여 소년경찰활동을 하고 있다. 소년경찰인력도 1명에서 12명까지 다양하게 배치되어 있다.

대규모 도시경찰인 시카고 경찰국의 경우 사회관계부·형사부·운용부·감찰부·관리부가 있으나 소년업무는 형사부 내의 소년과가 담당하고 있다.

LA경찰국의 경우는 경찰국장 산하의 운용부장 하에 본부직할대가 있고 본부직할대는 제복부서와 수사부서로 편성되어 있다. 제복부서는 교통지원과·전략기획과·항공지원과·도심과·통신과 등으로 구성되고 수사부서는 수사분석과·본부수사과·수사응원과·강도살인과·도범과·소년과 등으로 편성되어 있다.

현재 대부분의 미국 소년경찰은 지역사회관계·경찰체육연맹(PAL)·약물남용극복교육(drug abuse resistance education) 등 비행예방업무와 소년법원 송치업무, 경찰·학교 연락업무, 조사업무, 갱통제업무 등 법집행업무를 수행하는 조직을 운영하고 있다.

인력면에서 보면 소년경찰은 다른 부서의 경찰과는 차별성이 있어 소년비행예방과 소년선도에 특수한 기술과 재능을 가지고 있고 순찰경찰의 경험이 있는 경찰로 하여금 소년경찰에 배치하고 있다.

(3) 운용

미국의 소년경찰은 소년사건 업무처리기준이 특별히 규정되어 있지 않다. 경찰 내에서 소년경찰에 대한 근접감시와 감독이 이루어지지 않을 뿐만 아니라 그들의 임무가 엄격히 제한되어 있지 않아 소년에 대한 원조제공·상담·오락활동·소년경찰과 순찰경찰관과의 관계 등의 사안은 소년경찰의 재량에 따라 이루어지고 있다.

소년경찰이 사건에 개입하는 시기는 각 경찰조직의 정책에 따라 다르다. 어떤 조직은 소년경찰이 발견한 모든 소년을 소년과로 동행하는 반면에 어떤 조직은 순찰경찰이 비행소년을 발견하여 그들이 재량권을 행사하여 중대한 사안에 대해서만 소년과에 이송한다. 또 다른 처리절차는 순찰경찰로 하여금 지역사회에서 소년과 접촉하게 하고 소년이 경찰서에 출두하였을 때 소년경찰에 인계한다. 소년을 인계받은 소년경찰은 범죄의 성질·소년의 비행력 등을 고려하여 신병구속이 필요 없다고 판단되는 경우에는 소년을 석방하여 부모·후견인 기타 수탁자에게 인계한다. 이러한 경우 수일 이내에 법원에 출두하도록 지시한다. 또한 소년경찰은 발견한 소년을 재판 외의 처리절차에 회부하여 청소년봉사국에 위탁하여 봉사활동에 종사하게 할 수 있다. 소년을 소년법원에 송치하기까지 그 신병을 확보하여 둘 필요가 있다고 판단한 경우에는 소년을 아동상담소에 위탁하여 수용하고 있다.

(4) 선도프로그램

청소년들을 선도하기 위한 다양한 프로그램을 운영하고 있는데, 학교연락관프로그램(police-school liaison program)은 각 경찰서에서 경험이 풍부한 경찰관을 임명하여 학교·지역사회·경찰의 상호협력을 증진하고 지역사회·학교·사회단체 등에 대하여 범죄예방 및 범죄대응방법을 홍보하려는 목적에서 운영되고 있다. 이와 유사한 것으로 성직자프로그램(police-clergy program)이 있다. 이는 경찰과 성직자가 연대하고 있으며 성직자의 공공성과 시민에 대한 친화력을 활용하려는 것이다. 특히 경찰과 성직자가 합동으로 순찰활동에 참여하여 시민의 어려움을 귀담아 듣고 경찰에 대한 시민의 부정적인 이미지를 개선하려는 데 그 목적이 있다.

또한 소년경찰 프로그램(youth-cop program)이 있다. 이는 소년들에게 경찰이나 소방관의 업무를 보조할 수 있도록 기본적인 내용을 교육한 후 지역사회에서 활동하도록 하는 것이다. 소년들은 화재예방·미아찾기·교통정리·공원 등에서의 안내·학교와 유흥업소 주변의 순찰·도난차량 파악·기타 지역사회의 활동에 참가한다. 이와 유사한 것으로 경찰업무 보조프로그램(community service officer)이 있다. 이는 지역사회의 범죄율을 감소시키기 위하여 경찰활동을 보조하는 것이다. 참여자격은 17~21세인 청소년들로 구성되고 이들은 경찰과 시민과의 의사소통을 돕고 시민의 불평을 파악하며 화재 등의 긴급사태를 지원하고 절도·폭력 등의 수사를 지원하는 업무를 행하고 있다.

3. 소년경찰활동의 실태

1) 조직

경찰 전체 인력 중 40% 이상을 차지하고 있는 외근경찰이 청소년보호와 건전육성에 노력하고 있다. 형사과(수사과) 등에서도 소년문제를 취급하고 있으나, 직접적으로 소년비행의 통제를 위해 노력하고 있는 것은 경찰서의 여성청소년과이다. 경찰서의 규모(1급지·2급지·3급지)에 따라 여성청소년과의 구성이 달라지고 인원도 차이가 있다. 1급지의 경우는 과장을 포함하여 수사반과 지도반으로 나뉘어지고 10여 명 정도가 배속되어 있다. 반면에 3급지는 반으로 구성되어 있으며 인원도 2~3명으로 수사반과 지도반의 구분이 없는 실정이다.

우리나라 소년경찰도 지금까지의 처벌위주에서 벗어나 선도차원에서 대처하기 위해 소년범죄 전담수사반을 설치하고 있다. 그 구체적인 내용을 보면, 수사전담요원의 자격으로서 수사·형사경과 소지자로서 경험 있는 자나 이런 경험이 없다고 하더라도 방범과장 또는 여성청소년과장이 인정하는 자를 요건으로 하고 있다. 업무범위는 ① 청소년 지도 및 보호, ② 청소년 선도대책 업무, ③ 청소년 유해환경 단속, ④ 소년보도 및 상담, ⑤ 소년범죄 자료 수집 및 분석, ⑥ 소년범죄 수사, ⑦ 미성년자가 피의자인 고소·고발사건, ⑧ 미성년자 범죄에 대한 인지사건 수사로 한정하고 있다.

그러나 소년수사전담반에서 처리하지 않고 경찰서 내의 수사기능(형사과 혹은 수사과-죄질이 중하므로)에서 처리하는 사건은 다음과 같다. ① 살인·강도·강간·방화 등 강력사건, ② 마약·밀수 관련 사건, ③ 특수폭행사건이나 절도·폭력범 중 전과 3범 이상, ④ 성인과 미성년자가 관련된 동일 사건, ⑤ 집회 및 시위에 관한 법률 위반사건과 도로교통법 위반사건, ⑥ 보안 및 정보사건과 소재수사·기소중지 사범의 수배 및 검거동행사건, ⑦ 수사본부 설치운영을 요하는 중요사건, ⑧ 소년범죄 발생 및 신고사건의 초동수사 등이다.

2) 인력

소년범죄를 적절하게 조치하기 위해서는 우선 소년경찰요원의 확충이 중요하고 소년범죄자에 대한 처리를 일원적으로 할 필요가 있다. 몇 년 전만 하여도 소년경찰에 대한 인식부족으로 대도시 경찰서를 중심으로 배속되어 있었으나 최근에는 인원의 대폭적인 증원배치가 이루어지고 있다.

3) 운용

소년경찰은 경찰관직무집행법·소년법·형사소송법·아동복지법·청소년보호법·사법경찰관리직무규칙·범죄수사규칙 기타 법령에 따라 운용된다.

그러나 위에 예시한 많은 법규들에는 소년경찰의 활동과 운용을 구체적으로 적시하지 않고 있으므로 많은 경우 실무상 소년업무처리규칙(2009. 8. 25 예규 제403호)이 운용상의 지침이 되고 있다.

이 규칙은 총칙·비행방지지구계획·유해환경의 정화·소년의 보도·비행소년의 처우·기록·지방경찰청이 행하는 소년경찰활동 등의 7개장 53개조와 부칙으로 구성되어 있다.

① 비행방지지구 설정

각 지역의 경찰서장은 비행방지를 위하여 필요한 것으로 판단할 경우 비행방지지역을 설정하고 그 지역 내의 관계기관·단체·유지 및 주민의 협력을 얻어 환경의 정화 및 비행방지를 도모할 수 있는 계획을 수립·시행할 수 있다.

② 풍기단속과 유해환경 정화

경찰은 소년의 건전한 성장을 저해하거나 또는 비행의 직접 또는 간접적인 요인이 되는 매스컴·공연장·PC방·게임방·풍속영업소·기타 사회의 범죄성 환경을 항시 배제하고 정화하기 위하여 적절한 조치 또는 권고를 하고 있다.

또, 경찰은 불법간행물·불법비디오물·유해약물·술이나 담배 등의 판매행위·유흥주점 고용과 출입·비디오감상실 출입 등의 청소년보호법위반사범에 대해서도 단속을 집중하고 있다.

오토바이 폭주족도 문제로 등장하고 있다. 굉음을 내며 무서운 속도로 질주하는 폭주족들은 이웃 일본과는 달리 아직은 계획적이거나 조직적이기보다는 우발적인 편이 많지만 이들이 범죄 집단화할 가능성은 충분하다고 본다. 경찰은 오토바이 수리상과 철공소 등에 '오토바이 불법개조 안 하기 운동'을 홍보하고 있다. 가스배달업소나 중국음식점 종업원을 중심으로 오토바이 운전시 법규지키기에 협조해 주도록 교육과 홍보를 병행하고 있다.

③ 청소년 지원활동과 청소년의 보도

가족해체 현상이 심화되면서 소년소녀가장이 급증함에 따라 어렵고 소외된 청소년에 대한 적극적인 지원활동 또한 경찰의 중요한 역할로 자리매김하고 있다. 경찰은 청소년 선도단체와 협조하여 불우 청소년과 회원들 간 결연을 맺어주는 등 지원활동을 통해 청소년에게 자립의지를 북돋워 주고 있다. 이외에도 일선 경찰서별로 각기 지역실정에 맞는 청소년 선도 프로그램을 운영하고 있다.

경찰은 청소년들의 고민이나 애로사항을 직접 면담이나 전화 상담을 통하여 들어 주고 문제의 사전 진단과 해결을 위해 전국 경찰관서에 '청소년상담교실'을 설치·운영하고 있다. 또한 컴퓨터에 친숙한 청소년들이 쉽게 접근할 수 있는 인터넷 사이버 상담제도를 도입하고 있다. 아울러 해마다 각급 경찰관서별로 '범죄예방교실'을 운영하여 경찰관이 직접 학교를 방문, 청소년들이 범죄로부터 스스로를 방어할 수 있도록 다양한 예방교육을 실시하고 있다. 또한 중·고등학생들에게 청소년범죄의 심각성과 폐해를 인식시키고 범죄예방 교육 시 시청각교재를 활용하는 등 교육의 효과를 배가하기 위해 노력하고 있다.

소년범의 재범을 방지하기 위하여 전국 지방경찰청별로 청소년상담지원센터, 청소년수련관, 종합사회복지관 등 청소년단체와 협조하여 '사랑의 교실'을 운영하고 있다. 여기에서는 비행청소년들을 대상으로 인성교육을 실시하여 소년범죄 예방과 함께 장기적으로는 성인이 되어 범죄자가 되지 않도록 노력하고 있다.

④ 명예경찰(포돌이·포순이 소년단)과 학교폭력 방지

명예경찰 소년단은 경찰·학교·선도단체의 유기적인 협조 하에 청소년 스스로가 각종범죄 및 제반 사고로부터 자신을 보호할 수 있는 능력을 배양하고 봉사활동과 교통질서 등 기초질서 의식을 함양시키기 위해 초등학교 4·5·6학년생 중에서 선발한다.

명예경찰 소년단은 자라나는 청소년들에게 꿈과 희망을 주고 경찰과의 만남을 통해 경찰에 대한 친밀감 및 자긍심을 고취시키며 자치단체, 청소년 선도단체 및 교육기관 등과 유기적인 협조체계를 구축, 상호 보완함으로써 청소년 건전 육성을 도모하는 데에 그 의의가 있다. 명예경찰 소년단은 전국 초등학교 고학년을 대상으로 인성이 바르고 교내생활이 타 학생의 모범이 되며 학업성적이 우수하고 명예경찰활동에 의욕이 있는 희망자들 중 학교장의 추천을 받아 경찰서장이 위촉하고 있다.

경찰청에서는 명예경찰 소년단 운영전반에 대하여 지도 및 관리감독을 하고 지방경찰청은 유관기관과 협의하여 운영 및 관리, 명예경찰 소년단 행사 기획 및 진행, 경찰서 활동실적 평가 및 관리를 맡고 있으며 경찰서에서는 명예경찰 소년단 선발 및 지도교사 위촉, 경찰서 단위 유관기관과 협의 운영 및 관리, 명예경찰 소년단의 기본·특별 프로그램을 운영하고 있다.

기본 프로그램으로는 각급 경찰서에서 명예경찰 소년단을 대상으로 태권도·유도·합기도 및 심신건강 증진 종목 중 한 가지를 실시하는 명예경찰 무도학교와 명예경찰 소년단이 학교폭력에 대하여 지도교사 및 경찰관에게 신고토록 하는 학교폭력 방지활동을 들 수 있다. 또한 왕따·불우학생 및 저학년 어린이 도와주기, 교통캠페인 및 질서운동, 경찰서 방문 및 견학이 있으며 112순찰 및 도보순찰을 경찰관과 함께 하는 현장체험활동 등이 있다. 특별 프로그램으로는 지방경찰청 및 각급 경찰서에서 각 지역실정에 맞게 개발한 유적지 답사, 불우시설 봉사활동 등이 있다.

특히, 방학기간인 7~8월에는 극기 훈련, 민속놀이, 환경보호캠페인, 수상 안전·교통수신호 교육 및 여름파출소 현장체험 등의 프로그램으로 구성된 여름캠프가 운영되고 있다. 동계에는 등반대회, 청소년 선도 등을 위한 경찰관 합동근무, 불우이웃 돕기, 봉사활동 등을 실시하고 있다.

2009년 7월에는 경찰청 주관으로 경찰대학에서 수도권 지역 명예경찰 소년단 단장 120명이 참가한 하계캠프를 실시하였고, 12월에는 우수 명예경찰 소년단을 선발하여 국토 최남단인 마라도와 해안경비대 등 제주도 일대에 대한 하반기 국토순례 현장체험을 실시하였다.

⑤ 비행소년의 처우와 기록

소년경찰은 비행소년의 정확한 연령을 반드시 확인하도록 노력하고 있다.

범죄소년·촉법소년·우범소년의 각각에 대해 소년법과 소년경찰직무규칙의
관계규정에 의해 처우하고 있다. 여기서 아쉬운 점은 소년경찰에게 재량권이
거의 없다는 점이고 선도위주보다는 처벌위주로 처우가 행해지고 있는 실정
이다.

소년경찰은 청소년보도표·가두직업소년카드·소년사안철·소년카드·보호사
건송치서·비행위험성예측자료표 등 관계 서식을 작성·비치하고 있다.

4. 소년경찰 활성화

최근의 소년경찰활동은 매우 활발한 감이 없지 않다. 검찰과 경찰은 소년
보도에 중점을 두고 지속적으로 유해환경정화활동을 벌이고 있다. 뿐만 아니
라 다양한 외국의 청소년선도프로그램을 도입·시행하고 있다.

그러나 아직도 몇 가지 아쉬운 점이 발견되는데 이것은 다음과 같다.

첫째, 비행소년(범죄소년은 물론이고 촉법소년과 우범소년에 대해서도)에
대한 전건송치주의(全件送致主義)의 문제이다(소년법 제4조 2항). 경찰의 재량
권을 제약하고 있는 소년법은 물론이고 형사소송법까지도 개정하여 검찰의
선도조건부기소유예제도를 경찰단계에까지 확대할 것이 요망된다.

둘째, 보다 다양한 누범화·낙인화 방지장치이다. 미국의 경우는 소년이 형사
사법기관과의 접촉으로 야기되는 문제들을 최소화하기 위해 다양한 전환제
도를 마련하고 있다.

셋째, 시민운동의 전개이다. 청소년비행을 예방하고 통제하는 데 시민들이
앞장서고 있는 나라는 일본이다. 많은 시민들이 다양한 단체를 통하여 청소
년비행의 방지에 동참하면서 경찰의 활동에 지지를 보내고 있다.

넷째, 성인범죄자로의 전이 차단이다. 특히 관리를 필요로 하는 청소년은
가출소년(녀)들과 중퇴생들이다. 이들에 대해 비행성향·가출여부 등 개인적
인 범죄성향을 조사함과 동시에 복지적인 차원에서 취업여부·가정환경·주거
실태·보호자직업 등을 각급 학교와 관계기관의 협력을 얻어 경찰이 중심이
되어 조사하는 작업이 이루어져야 한다.

마지막으로, 소년경찰의 전문화이다. 이를 위해서는 소년경찰 전문화과정
을 신설하여 소년비행론·교육학·심리학·사회병리학·상담기술의 이론과 실
제 등을 이수하고 청소년지도자 자격증을 소지한 자를 일선에 배치하여야

할 것이다.

제5절 · 환경설계를 통한 범죄예방

1. 환경설계를 통한 범죄예방의 의의

환경설계를 통한 범죄예방(CPTED : crime prevention through environ−
mental design : 약칭 환경설계)이란 범죄로부터의 피해 제거 혹은 피해를
입을 가능성이 있는 잠재적 피해자들을 보호하기 위하여 나온 개념이다.
즉 범죄의 구성요건이 되는 가해자·피해자·대상물건·장소들 간의 상관관계
를 분석하여 범죄를 예방하거나 범죄실행을 어렵게 하거나 또는 범죄의 불
안감을 감소시키기 위한 일련의 물리적 설계를 의미한다.

이 개념은 뉴먼(Oscar Newman)의 '방어공간(defensible space)' 개념에서
출발하여 널리 알려지게 되었으며, 물리적 환경과 범죄를 연결시킨 초기의 주
요 이론가들은 뉴먼을 위시하여 제프리(C. Ray Jeffery), 가디너(Richard A.
Gardiner) 등이 유명하다.

이 개념이 나오게 된 배경은 범죄취약지역이라는 물리적 환경이 범죄학의
주요 연구대상이 되고 난 뒤이다. 즉 범죄자들이 범죄를 통해서 이익을 얻을
수 있는가, 발각위험은 없는가, 범죄를 용이하게 할 수 있는가, 범행 후 도
주는 용이한가 등을 면밀히 탐색한 후에 범행하는 경우가 많으므로 범죄취
약지구는 위와 같은 요소들을 두루 갖추고 있는 장소나 대상이라 해도 무방
하다. 분명히 범죄취약장소가 있고 사람이 있다. '왜 이런 장소와 사람들은
피해를 거듭 당할까?'라는 의문에서 출발하고 있는 것이다. 이러한 요소들을
효과적으로 제거하거나 보완한다면 범죄는 많이 줄어들 것이라는 가정에서
출발한 것이 바로 방어공간 혹은 환경설계이다.

레페토(Reppetto)가 지적하고 있듯이 범죄자는 쉽게 그들의 활동지를 바
꾸지 않으며, 범죄는 기회주의적이고, 단순한 시건장치만으로도 범죄예방효
과가 크고, 범죄자의 성격이나 행태가 주거침입강도에서 노상강도로 갑자기
변하지 않기 때문에 환경개선을 통한 범죄예방효과는 큰 것으로 알려져 있

다. 최근에는 지역사회의 환경개선을 통한 범죄예방프로그램들이 활발하게
연구·시행되고 있다. 위와 같은 환경설계 및 개선을 통한 범죄예방프로그램
은 다음의 네 가지로 나뉘어진다.

① 문이나 창문 등 범죄자의 침입루트를 보다 견고하고 안전하게 함으로써
　　물리적 안전을 확보하는 프로그램
② 도시의 공간활용을 교묘하게 하여 물리적 안전을 확보하는 프로그램으로
　　서 아파트·거리·공원·공항·터미널 등의 범죄예방을 위한 환경설계
③ 잠재적인 범죄피해자를 대상으로 한 사회기획 혹은 교육프로그램으로서
　　신원확인 프로그램, 에스코트프로그램 및 일반적인 감시프로그램
④ 각종 범죄의 범행지의 환경여건과 범죄자의 상호작용을 연구하는 물리적·
　　사회적 기획프로그램

　위와 같은 프로그램들은 미국에서 1970년대 이후에 연구되고 실시된 이래
각국에서 활발한 연구가 진행되고 있다. 이것은 환경설계가 경찰관을 더 많
이 고용하거나 지역사회 범죄예방을 위해 투자하는 자금보다 더 저렴하면서
효과적이라는 것이 밝혀졌기 때문이다.

2. 환경설계와 경찰

　최근에 우리나라도 '셉테드(CPTED) 기법'을 적극적으로 도입·시행하고 있
다. 이 기법은 신도시나 뉴타운의 건설, 도로나 가로의 배치, 아파트의 설계,
단독주택의 설계 등에서 다양한 시도들이 봇물을 이루고 있다.

　이에 따라 경찰은 과거 건축 설계 및 도시계획 수립 시 경제성과 편의성
만을 고려한 건축설계로 우범지대 발생, 범죄기회의 증가 등 범죄예방에 한
계가 드러남에 따라 도보순찰이나 차량순찰 등과 같은 인력 투입식 예방활
동에서 탈피하여 범죄를 유발하는 물리적인 환경 개선을 통하여 근본적으로
범죄를 예방하는 과학적인 범죄예방 방안인 환경설계를 시행하고 있다.

　2007년 혁신도시 건설사업 실시계획에 환경설계 반영 확대 추진 이후,
환경설계에 대한 국가표준 개발 필요성에 따라, 지식경제부 기술표준원에
표준화 연구를 요청하여 2008년도에 환경설계의 기반규격 표준을 개발·공고
하였다.

앞으로도 기술표준원과 협조를 강화하여 아파트·놀이터 등 각 용지별로 특성화된 환경설계 가이드라인 개발 연구를 추진 중이다. 또한 국내 최초로 환경설계 전문가 양성교육과정을 운영하여 연간 160명의 전문경찰관을 양성하고 지방자치단체의 환경설계 적용을 권고하며, 필요시 자문역할을 수행하도록 하고 있다.

경찰청은 앞으로 지방자치단체 등과 협의하여 각종 주거환경개선사업 및 뉴타운 사업 등에 지식경제부가 개발하는 표준안의 적용 사례를 축적하여 개선의 여지를 파악하는 한편, 환경설계를 통한 가치 창조의 경제성을 홍보하여 건설회사들의 자발적 참여를 유도할 계획이다.

① 자연적 감시를 위한 방범환경설계 적용 모습

그림 9-2 고립·사각지대 없는 단지 내 놀이터 　그림 9-3 하단을 가지치기 한 가로수 식재

아파트 내부에서도 놀이터가 조망될 수 있도록 아파트단지의 중앙에 설치되었다. 　지나다니는 통행인의 거동이 쉽게 보일 수 있게 가로수 하단 가지를 정리하였다.

그림 9-4 3방향 조명등 　그림 9-5 투시형 엘리베이터

조명이 한 방향으로만 집중되지 않도록 3방향으로 등이 향해 있어 야간의 식별력을 보다 쉽게 확보할 수 있다. 　엘리베이터 내부의 모습이 외부에서도 보일 수 있게, 또 내부에서도 외부를 볼 수 있도록 하여 감시성을 높였다.

* http://www.kic.re.kr/pub_data/publication_view.asp?idx=781&page=3 검색, 2009년 8월 18일.

② 자연적 감시를 위한 환경설계 예시도

아파트 담장

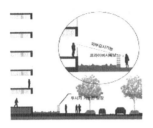

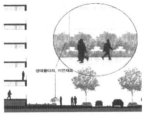

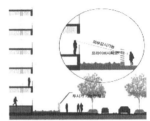

그림 9-6 투시형 담장 설치

그림 9-7 생울타리, 자연재료를 이용한 담장 설치

그림 9-8 영역성 확보를 위한 투시 가능 담장 설치

아파트 내부에서도 외부 통행인의 거동을 볼 수 있도록 투시가 가능한 재질을 사용한 담장을 설치한다.

시멘트 담장같이 시야가 차단되거나 오히려 은신처가 되지 않도록 한다.

장소의 성격을 구분 짓는 영역성은 확보하면서 시야를 확보할 수 있도록 한다.

③ 주차장(주거 및 비주거 통합)

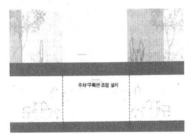

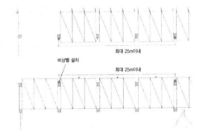

그림 9-9 차량의 인식이 용이하도록 조명 설치

그림 9-10 각 기둥마다 25m 이내 비상벨 설치

조명등을 상호 중첩되도록 설치하여 주차된 차량 사이의 그늘이나 사각을 최소화한다.

행동반경이 확보될 수 있는 거리에 비상벨을 설치하여 긴급사태 발생 시에 대응력을 높이도록 한다.

④ 아파트 복도계단

⑤ 상가 조경 식재, 시야확보

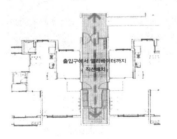

그림 9-11 출입구에서 엘리베이터까지 직선배치

그림 9-12 식재를 통한 시야 확보

중간에 시야를 가로막는 장애물이나 불필요한 건축물을 제거하여 시야확보를 최대한 살린다.

시야 확보를 염두에 두고 조경을 한다. 따라서 하단에는 키가 낮은 관상수를 심고 키가 큰 관상수는 하단 가지치기를 한다.

⑥ 단독주택 자연적 감시

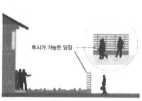

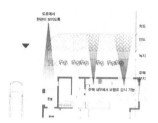

그림 9-13 생울타리 담장

그림 9-14 투시 기능 담장

그림 9-15 주택내부에서 보행로 감시가능/출입구, 현관은 도로에서 감시 가능

인공적 구조물에 의한 차폐된 담장이 아니라 자연스러운 상태로 감시가 실현되도록 한다.

영역성 확보는 가능하되 내외부에서의 시야는 확보되도록 설계한다.

내부 공간에서는 외부 통행인의 거동이 확인될 수 있도록 하고 외부에서도 출입구, 현관에 수상한 사람이 접근하는지 볼 수 있게 한다.

⑦ 도로변 가로등과 조명

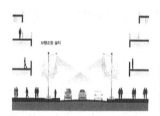

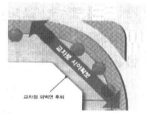

그림 9-16 차도와 보행로 각각 조명설치, 차도와 보도 조명등 높이 차이 부여

그림 9-17 보도 폭 일정 간격 이상 확보

그림 9-18 교차로 필지의 경우 외벽면 후퇴를 통한 시야 확보

차도의 조명등과 인도의 조명등을 따로 설치하는 동시에 사물의 상태를 고려하여 차도는 조명등을 높게, 인도는 사람 키에 맞추어 설치하여 야간의 식별력을 높인다.

보도의 폭을 일정 간격 이상 확보하여 복잡성을 피하여 행동의 식별을 용이하게 한다.

길거리의 모퉁이가 튀어나와 있으면 서로 반대편의 상황에 불안을 느끼는데 모서리를 없애 감시성을 높여 이를 해소한다.

⑧ 지하도

가능한한 직선형으로 계획

그림 9-19 입구에서 출구가 보이도록 직선형으로 계획

사람이 다니는 지하도는 직선으로 하여 통행인이 터널 내부에서 일어나는 일을 바로 식별할 수 있도록 설계한다.

* 서울시 홈페이지 http://spp.seoul.go.kr/main/pds/pds_material.jsp 검색, 2009년 9월 26일.

3. 사례: 강남역 남녀공용화장실 묻지마 살인사건

강남역 남녀공용화장실 묻지마 살인사건은 2016년 5월 17일 새벽 서울 서초구 서초동에 있는 노래방 화장실에서 인근 주점의 종업원 김○○(34)이 모르는 여성(23)을 주방용 식칼로 찔러 살해한 사건이다. 강남역 인근에서 발생하여 '강남역 화장실 사건'으로 명명되었다. 이 사건은 '여성혐오 범죄', '추모 쪽지 행렬', '묻지마 범죄', '피해망상', '조현병' 등과 관련된 사회적 관심을 고조시켰으나 여기에서는 셉테드(CPTED)와 관련하여 살펴보고자 한다.

화장실에서 범행을 저지르는 사람들은 왜 그곳을 선택했을까에 대한 의문을 품을 수 있다.

첫째는 화장실 위치다. 아직도 상당수의 화장실이 복도의 끝자락이나 계단참 혹은 공간 활용도가 매우 낮은 외진 곳에 설치되어 있다.

둘째는 영역감이 확보되지 않은 곳이다. 화장실 문화가 날이 갈수록 달라지고 있기는 하지만 대다수의 남녀공용화장실이 비좁고 어둡다. 더욱이 남녀의 생물학적 차이에 대한 배려를 찾아보기 어려운 곳이 아직도 많다.

셋째는 방범시설이나 안전시설이 전무한 곳이 많다. 건물주는 업소 주인들이 잠시 볼일보고 나오는 화장실에 고가의 방범시설이나 안전장치를 설치하는데 주저하는 경우가 많기 때문이다.

여기에서 셉테드기법을 활용활 필요가 있다. 이것은 범죄의 구성요건이 되는 가해자·피해자·대상물건·장소들 간의 상관관계를 분석해 범죄를 예방하려는 일련의 물리적 설계를 의미한다. 이에 따라 신도시나 뉴타운의 건설, 아파트의 설계들이 봇물을 이루고 있다.

이런 사건을 계기로 화장실 설치장소에 대한 설계기준을 달리해야 한다. 화장실은 안온하고 많은 사람의 눈길이 머물러 자연적인 감시가 가능한 곳에 설치해야 한다. 이런 가운데 남녀공용화장실에 대한 대대적인 정비가 병행되어야 할 것이다. 화장실을 더 이상 사각지대나 계단참에 설치하지 말아야 한다. 화장실에 남녀의 영역을 확연히 나누어 영역감을 확보해야 한다.

자연적인 감시가 불가능하거나 미비한 곳은 첨단 방범시설을 통하여 그 단점을 보완해야 한다. 이제 화장실은 범인들이 근접하지 못하는 밝은 빛과 안정감 그리고 자연적인 감시의 눈이 있는 곳이라고 여성들이 인식할 수 있는 공간이 되도록 해야 한다.

CONNECTIONS

1. 범죄예방을 위해 경찰의 역량 강화가 더 필요한 것인지, 아니면 개인적인 범죄예방 활동이 더 필요한 것인지에 대해서 의견을 말해 보자.

2. 매스미디어와의 교감이 없이는 하루도 살 수 없는 현실이 되었다. 매스미디어의 유해성과 범죄성은 어떠한 관계가 있을까?

3. 학교는 청소년들이 가장 많은 시간을 보내는 장소이다. 이곳에서의 일탈행위에 대한 효과적인 제재방안은 무엇이 있겠는가?

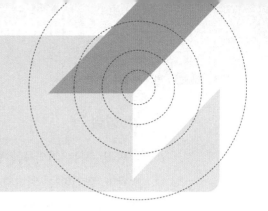

제10장

범죄수사활동

제1절 **범죄수사와 그 원칙**

1. 개념과 성질

1) 개념

범죄수사란 형사사건에 관하여 공소를 제기하고 이를 유지·수행하기 위한 준비로서 범인을 발견·보전하고 증거를 발견·수집·보전하는 수사기관의 활동을 말한다.

예를 들어, 어떤 사건이 발생했다고 하면 이 사건이 형사사건에 속하는지, 과연 범죄라고는 볼 수 있는지, 어떠한 수단과 방법에 의해 이루어졌는지, 그리고 용의자로 지목된 자가 과연 진범인지 아닌지 등 범인과 범죄사실을 분명히 해야 한다. 이러한 수사기관의 일련의 활동을 수사라고 지칭한다.

범죄수사는 형사소송법에 근거한 수사기관의 행위이기 때문에 경찰의 방범활동(사전예방과 사회질서 유지), 사설탐정(개인 혹은 단체), 행정기관의 조사행위(행정목적의 수행), 검찰의 공소제기 및 법원의 재판행위(순수한 소송절차)등과 구별된다.

2) 성질

범죄수사는 피의자를 발견·검거하고 증거를 수집·보전하여 사건의 진상을 명확히 확인하는 일련의 조사활동이다. 수사는 헌법·형사소송법·사법경찰관리집무규칙·범죄수사규칙 등에 정해진 적법절차에 기초하여 공소제기·재판 등에 있어서 형벌법령의 신속하고 적정한 적용실현을 위해 이용되므로 다음과 같은 성질을 갖고 있다.

첫째, 범죄사실의 실체를 밝히는 것이다(실체적 진실을 찾아내는 활동).

둘째, 형사소송법상의 절차이다.

셋째, 심증을 형성하는 활동이다. 수사관·검사·법관 등이 사실의 진실성에 대하여 확신에 찬 판단을 가져 자신들의 심증(心證)을 형성하여 유죄판결을 받도록 하는 것이다.

넷째, 유죄판결을 지향하는 활동이다. 범죄수사의 궁극적인 목적으로 범죄에 관하여 유죄의 판결을 받게 하는 것은 피해자의 억울함을 덜어주고, 잃은 재산을 회복시켜 주며, 사회정의를 구현하기 위한 중요한 수단이 된다.

2. 수사기관과 대상

1) 수사기관

수사기관이란 법률상 범죄수사의 권한이 인정되어 있는 국가기관을 말한다. 현행법상 수사기관은 크게 세 가지로 나눌 수 있다. 즉 ① 검사, ② 일반사법경찰관리, ③ 특별사법경찰관리가 그것이다.

검사는 수사의 주재자로서 일반사법경찰관리나 특별사법경찰관리는 검사의 지휘를 받아 수사하도록 규정하고 있다(형사소송법 제195~197조). 물론 검사는 자신이 직접 범죄수사를 할 수도 있다. 이와 같이 검사에게 사법경찰관리에 대한 수사지휘권을 부여한 것은 소추권자인 검사로 하여금 처음부터 수사를 통제하는 것이 바람직하며, 사법경찰관리의 공권력 행사를 견제하여 국민의 인권침해를 사전에 방지하고, 검찰청을 정점으로 하여 전국적인 수사체제를 통일적으로 운영하는 것이 효율적이라는 주장에 근거하고 있다. 검사는 범죄수사와 공소제기 그리고 재판집행의 지휘라고 하는 중요한 직무를 수행하는 독립관청이다.

일반사법경찰관리는 검찰청 소속의 수사관과 경무관 이하의 경찰공무원을 말한다. 경무관이라 하더라도 경찰청 및 해양경찰청에 근무하는 경무관은 형사소송법 제196조의 적용을 받지 않아 사법경찰관에서 제외된다. 경찰공무원 가운데 경무관·총경·경정·경감·경위는 사법경찰관이고, 경사·경장·순경은 사법경찰리이다. 사법경찰관은 검사의 지휘를 받아 수사를 하고, 사법경찰리는 검사와 사법경찰관의 지휘를 받아 수사의 보조를 하게 되어 있다(형사소송법 제196조).

경찰기관 중 사법경찰 업무를 전담하는 기관은 각급 경찰기관의 수사과·형사과·보안과·외사과·교통과(교통사고처리반)·생활안전과(여성청소년계)에 소속하고 있는 경찰공무원이다. 경무관 이하의 경찰관은 대부분 사법경찰관직을 겸하고 있기 때문에 경찰공무원의 대다수가 수사요원인 셈이다. 뿐만 아니라 전체 형사사건의 약 98%를 경찰공무원이 실질적으로 수사하고 있다. 그러나 우리의 현실은 경찰공무원에게 독자적인 수사권이 없다. 수사에 관한 권한이 대부분 검사에게 귀속되어 있기 때문에 내사·입건·수사의 실행·수사의 종결 등 모든 단계에서 검사에게 보고하고 검사의 지휘에 따라야 한다. 범죄수사에 관해서는 검사와 사법경찰관리는 상명하복관계에 있는 셈이다. 이러한 현실에 경찰의 불만이 가중되어 수사권 독립 혹은 수사권 분점에 대한 논의가 계속되어 왔으나, 아직 개선되지 않고 있는 실정이다. 앞서 살펴본 바와 같이 현행 형사소송법과 검찰청법은 검사가 사법경찰관리에 대한 지휘·감독권을 통해 수사권을 독점하고, 경찰은 수사보조자의 위치에 지나지 않도록 규정하고 있으며, 검사만이 판사에 대하여 영장청구를 할 수 있도록 하여 검사의 권한이 경찰의 수사활동전반에 미치도록 하고 있다.

이러한 현행 수사구조는 경찰이 대부분의 형사사건을 실질적으로 처리(수사)하고 있음에도 절차상 다시 검찰의 조사 및 지휘를 거치게 되어 피의자가 이중으로 조사를 받는 등 막대한 시간적·경제적 손실을 초래하고 있다.

범인검거에 대한 책임과 미검거시의 비난이 실질적으로 경찰에 있음에도 불구하고 법적으로는 검사의 지휘를 받는 '수사보조자'에 불과하므로 조직의 기본원리인 책임과 권한의 일치에 위배되고, 경찰 수사의 자율성·창의성 및 효율성을 제약함으로써 경찰수사 역량의 위축과 사기저하를 초래하여 수사과나 형사과 근무가 기피부서로 되어 있는 실정이다.

영·미·일 등 선진국은 경찰과 검찰의 관계가 상호 대등·협력 관계로 규정된 입법례를 가지고 있다. 영국은 경찰이 독자적인 수사권과 각종 영장청구권을 행사할 뿐만 아니라 일부 소추권도 행사하고 있다. 검사는 수사권이 없고 소추권만 행사하고 있다. 미국은 경찰이 독자적인 수사권을 가지고 수사의 실질적 주재자로서 영장 청구 등 강제처분권을 폭넓게 행사하며 검사는 원칙적으로 소추기관으로서 공소유지만 담당하고 있다. 일본의 경우는 경찰이 독자적 수사권을 가진 1차적 수사기관이고, 체포장 청구권을 포함한 강제처분권을 폭넓게 인정받고 있다. 검사는 독자적·보충적 수사권과 소추권을 보유하고 있다.

경찰의 수사권 독립과 관련한 현실화 방안과 요구사항을 보면, 경찰에도 독자적 수사권을 부여하여 경찰도 범죄의 혐의가 있다고 사료될 때에는 검사의 별도 지휘 없이 범인·범죄사실 및 증거 등을 수사할 수 있도록 하자는 것이고 이 경우에도 인신구속 등 영장청구권을 검사에게 두도록 하자는 것이다. 현재 사법경찰관이 작성한 조서의 증거능력이 배제되어 있으므로 경찰의 피의자 심문조서의 증거능력을 검사와 차등 없게 인정하여 피의자가 경찰·검찰에서 이중조사를 받게 되는 불편을 해소하고 이에 관련된 경비지출을 줄이자는 것이다. 또한 검사의 사법경찰관에 대한 지휘는 구속기준제시 등 일반적 지시권으로 개선하고 검사의 사법경찰관리에 대한 징계·해임·교체요구권 등 수사기관 간의 불평등 규정을 완화하자는 것이다.

경찰개혁의 일환으로 자치경찰의 도입과 수사권 독립의 문제가 수면 위로 떠오르자 검·경 간에 수사권을 두고 뜨거운 공방전이 벌어졌었다. 청와대로부터 논의자제지시가 내려져 있음에도 불구하고 검찰측의 대 정치권 로비, 경찰비리 파헤치기 등 경찰 무능화전략이 진행된 적이 있고, 경찰측에서도 경찰대 출신 간부들이 검찰성토대회를 갖고, 경찰간부가 검찰을 비난하는 글을 PC 통신에 띄우는 등 공방전이 가열되었다.

먼저 검찰측의 주장을 보면, 자치경찰과 수사권 독립은 별개의 문제로서 분리되어 논의할 사항이고, 경찰에 수사권을 주는 것은 경찰의 자질부족, 수사상의 인권침해소지, 공소권의 적정행사를 위해 수사지휘가 필수적이라는 등의 이유로 경찰의 요구에 거세게 반발하고 있다.

필자는 경찰에도 일정부분 독자적인 수사권을 주어야 한다고 생각한다. 최근에 우리경찰은 자질이 크게 향상되었고, 범죄사건 중 경미한 사건이 많으므로 이러한 경우까지 일일이 검사의 지휘를 받게 한다는 것은 수사권의 낭비가 아닐 수 없다. 이는 앞서 살펴본 바와 같이 영국·미국·일본 등 선진 각국이 경찰에게 독자적인 수사권을 보유하게 하고 있는 사실로서도 자명하다. 가까운 일본의 경우, 자치경찰 도입 당시에 수사권 독립문제로 많은 경찰간부가 희생하여 쟁취한 바 있다. 또한 우리나라는 1954년 형사소송법 제정 당시 국회에서 영·미의 수사제도를 받아들일 것인지 논란이 있었던 바, 중앙집권적인 국가경찰체제에서 경찰에 독자적인 수사권을 주면, 방대한 경찰조직이 무소불위의 권한을 가지므로 파쇼화할 우려가 있다는 이유로 현행 제도가 유지된 역사적 맥락을 갖고 있다.

기타 여러 가지 검찰의 주장들은 대의명분에 지나지 않고 실제로는 범죄수사를 둘러싼 이권 다툼·밥그릇 싸움이라는 비난도 많이 있다. 검찰이 수사권을 독점하여 불구속사안도 구속사안으로 엮어 피의자나 그 가족들로부터 얻는 금전적 혜택이 어마어마하다는 것이다. 사정·부정부패·비리척결의 대명사인 검찰이 오히려 사건은폐와 조작·표적수사·권력의 시녀·부정부패와 비리에 물들어 있고, 이를 견제할 수 없는 기관이 전무하다는 데서 오늘의 서글픈 부패공화국이 있다는 한탄의 소리도 들리고 있는 실정이다. 그것은 검찰이 갖고 있는 무불간섭(無不干涉)·무소불위(無所不爲)·무불통지(無不通知)의 권한 때문이라는 것이 시민단체들의 주장이다.

특별사법경찰관리는 특수분야의 수사를 담당하는 사법경찰관리이다. 교도소장·구치소장·소년원장·분류심사원장·산림보호에 종사하는 공무원·관세법상의 세관공무원·근로기준법에 의한 근로감독관·군수사기관 요원·국가정보원 요원 등이다. 특별경찰사법관리는 그 권한의 범위가 기능적·지역적으로 특정되지만 사법경찰관리로서의 권한과 지위에 있어서는 일반사법경찰관리와 다를 바 없다. 일반사법경찰관리가 범죄사건을 수사하여 검찰에 송치하듯이 특별사법경찰관리 역시 소관업무의 범위 내에서 범법사건을 수사하여 검찰에 송치하는 기능을 수행한다.

2) 수사대상

수사의 대상은 범죄사실과 법률관계를 규명하는 것이다. 즉 범죄사건의 사실적 내용을 수사하고 범죄행위의 법률적 내용을 판단하는 것이다.

먼저 범죄사건의 사실적 내용을 수사한다는 것은 과거에 행해진 범죄행위를 자세히 재현하는 것과 같은 것이다. 즉 범인·공범관계·범행시각·범행장소·범행내용·범행동기·범행방법·피해상황 등의 8가지의 형사절차상의 요증사실(要證事實)을 소상히 밝히는 것이다. 마치 범인과 그의 행위가 범죄영화를 보았을 때처럼 생생하게 묘사될 필요가 있다. 그러나 범죄자가 수사기관에 자수하거나 잡혔을 때 순순히 자백하기보다는 가급적 자신의 범행을 숨기는 경우가 많고, 증거가 인멸되거나, 피해자가 없거나, 범행동기가 불분명한 것도 많다. 이런 상황에서 범죄행위의 사실적 내용을 밝혀내기란 쉬운 일이 아니다.

이러한 점을 고려하여 과거의 범행을 재현함(범죄행위의 사실적 내용을 밝힘)에는 다음과 같은 세 가지 점을 충분히 검토하여야 한다. 즉 ① 요증사실의 충족, ② 행동의 필연성, ③ 사건의 형태성이 바로 그것이다.

요증사실의 충족은 매우 중요한 사안이다. 예를 들어, 범인을 잘못 지목하면 다른 사람이 범인으로 기소될 가능성이 있고, 위장자수 혹은 피의자의 인적사항이 조작될 수도 있다. 공범관계를 밝히는 것도 중요하다. 공범이 있는데도 불구하고 단독범행으로 처리하거나 주범과 종범이 뒤바뀌어서는 매우 곤란하다. 범행시각을 확정하는 것도 범인의 알리바이 조작을 막거나 공소시효의 계산 등에 없어서는 아니 될 요소이다. 범행장소가 중시되는 이유는 범행이 이루어진 장소와 피해가 확인된 장소 등을 명확하게 확인할 필요성 때문이다. 사람을 A지점에서 살해하여 B지점에 유기할 수도 있기 때문이다.

요증사실을 충족하였다 하여도 행동의 필연성이 구비되어야 한다. 예컨대, A라는 사람의 얼굴을 그리기 위해서는 A의 눈·코·입·귀 등에서 A 특유의 특성을 표현해야 하듯이 수사요소를 종합하여 그 사건이 다른 사건과 다른 점을 명확히 해야 한다. 즉 그 범행이 일어나지 않으면 안 되었던 조건을 묘사하여야 한다. 사람의 행동이라는 것은 이유나 원인 없이 행해지지 않는 것이며, 반드시 그렇게 되지 않으면 안 되는 상황과 조건이 따르는 것이다.

행동의 필연성과 더불어 사건의 형태성도 매우 중요하다. 수사관들이 신이 아닌 이상 범행의 전부에 걸쳐 완전한 자료(증거)를 획득하기란 어려운 일이다. 아무래도 일부의 자료로 전체의 사건을 묘사할 수밖에 없다. 그렇게 하자면 수집된 일부의 증거를 질서 있게 정리하여 사건의 형태성을 갖추게 하는 것이 중요하다. 수집된 자료는 항상 전체와 연관시켜 종합된 형태로 정비할 필요가 있다.

다음은 범죄행위의 법률적 내용을 판단하는 것이다. 범죄가 될 행동을 명확하게 하는 동시에 그러한 행동을 법률적으로 평가하여 범죄가 되는지, 그 행위가 어떠한 범죄에 해당하는지, 처벌은 할 수 있는지 등을 명확하게 하지 않으면 안 된다. 실제 수사활동에 있어서 범행사실의 수사와 법률적 판단이 시간적으로 선후가 있는 것은 아니며 상호불가분의 관계에서 진전되는 것도 아니다. 범죄행위의 법률적 내용은 범죄가 성립하는지, 처벌은 할 수 있는지 등을 알아보는 것으로서 범죄가 성립하기 위해서는 범죄의 성립조건인 구성요건 해당성, 위법성, 책임을 갖추어야 한다. 예를 들어, 13세의 소년이 가정집에 침입하여 현금 10만원을 절취했다고 하자. 이 행위는 절도죄의 구성요건을 충족하고 법률상 허용되지 않는 행위로 위법성은 있지만, 형사미성년자(14세 미만)의 행위이기 때문에 책임이 없어 벌하지 않는다(범죄가 성립되지 않음).

범인을 처벌하기 위해서는 범죄의 행위가 객관적 처벌조건을 갖추어야 하고, 인적 처벌조각사유에 해당하지 않아야 한다. 객관적 처벌조건이란 예를 들면, 사전수뢰죄에 있어서 공무원 또는 중재인이 된 때(형법 제129조 2항)를 말한다. 인적 처벌조각사유란 이미 성립한 범죄에 대하여 행위자의 특수한 신분관계로 인하여 형벌권이 발생하지 않는 경우를 말한다. 예를 들어, 친족상도례에 있어서 직계혈족·배우자·동거친족 등의 신분이 그것이다. 즉 아들이 아버지의 돈을 훔쳤다 할지라도 법적으로는 처벌할 수 없음을 의미한다.

마지막으로 범죄의 소추조건이 수사의 대상이 된다. 범죄가 성립한 다음 이에 대하여 공소를 제기하기 위해서는 소송법상 필요한 조건을 갖추어야 한다. 형법이 규정하고 있는 소추조건에는 친고죄와 반의사불벌죄가 있다. 친고죄에 속하는 범죄(강간죄·모욕죄 등)에 대해서는 피해자, 기타 고소권자의 고소가 있어야 공소제기가 가능하다. 반의사불벌죄에 속하는 범죄(폭행죄·명예훼손죄 등)에 대해서는 피해자의 의사와 관계 없이 공소를 제기할 수 있으나, 처벌을 원하지 않는 피해자의 명시한 의사에 반하여서는 처벌할 수 없다.

3. 수사의 기본원칙

1) 수사방법상의 원칙

수사관이 범죄사건을 수사할 때는 수사자료를 완전히 수집하고(수사자료 완전수집의 원칙), 수집된 자료를 정밀하게 감식·검토하여(정밀한 자료의 감식과 검토의 원칙), 이 사건의 범인이 누구일까를 적절한 추리를 통해 용의자로 지목한다(적절한 추리의 원칙). 이어서 그 용의자가 범인이라는 것을 수집된 수사자료로 검증하여(수사자료 검증의 원칙), 그 판단이 진실이라는 것을 객관적으로 증명하여야 한다(사실판단 증명의 원칙).

예를 들어, 유부녀 강도강간치사 사건이 발생했다고 하자. 수사관들은 범죄현장에서 가능한 한 많은 자료들을 수집하여야 한다. 피살된 여관방에 있는 담배꽁초·소주병·안주·거울·화장품·핸드백·모발·수건·신발·음모·휴지 등 가능한 한 많은 자료들을 수집해야 하고 현장을 잘 보존해야 한다. 이러한 자료들은 문제해결을 위한 유일한 관건이 되고, 도구가 되고, 사실을 판단하는 첩경이 되는 셈이다. 다음은 수집된 자료를 면밀히 검토하고 감식하는 단계이다. 담배꽁초나 모발 및 음모를 통하여 혈액감정을 의뢰할 수 있고, 소주병이나 거울에서 지문을 채취하여 감식할 수도 있다. 유류된 휴지나 수건에 혈흔이나 정액은 없는지 등도 유심히 살펴야 할 일이다. 피살자를 부검하여 사인이 무엇인지를 밝혀야 하고 강간의 흔적도 찾아야 한다. 단순히 수사관의 상식에 머무는 검토나 경험적인 판단에 그치지 말고 감식과학, 기타 과학적인 지식이나 시설을 충분히 활용해야 한다. 이런 단계를 거쳐 '범인은 과연 누구인가?', '범인은 전과자가 아닐까?', '동일수법 전과자 중에 이 사건과 비슷한 것은 없는가?', '범인은 혹시 치정에 얽혀 사람을 죽이고 강도사건으로 위장하지 않았는가?' 등의 추리를 해 보아야 한다. 이 추리는 수사관의 직감·과거에 경험한 사건·과학적인 감식의 결과 등을 종합하여 하는 것으로 단순한 직감 혹은 짐작수사와는 차원이 다른 것이다. 그 결과 범인은 'A'로 전과자이며, 동일수법 전과는 없으나, 피살자의 남자관계가 복잡하여 강도강간사건으로 위장하여 죽인 것으로 최종 판단하고 A를 체포해야 한다. 이러한 사실판단은 수사관에 의한 확신 있는 판단일 것은 물론이고, 검사나 판사에게도 그 판단이 객관적으로 진실하다는 것을 증명하기 위해 '피의자 A는 2009년 12월 ○○일 ○○시경에 서울 강남구 논현동 소재 ○○장 여관에서 피해자 B를 강간 후 목 졸라 살해하고, 동인 소유의 시계와 반지 등 도합 1천만 원 상당을 강취한 자이다'라고 일정한 형식으로 표현하며, 그 판단이 진실이라는 것을 증거의 제시로 증명하여야 한다.

2) 수사관의 준수원칙

수사관은 먼저 증거를 수집한 후에 범인을 검거해야 한다(선증후포의 원칙). 범죄수사는 어떠한 사안에서도 형사소송법과 범죄수사규칙 등 법령을 준수하

Ernesto Miranda
미란다 원칙을 고지하게 한
장본인

면서 적법절차에 의하여야 한다(적법절차의 원칙). 또 범죄수사는 형사사건 수사를 원칙으로 진행되어야 한다(민사사건 불관여의 원칙). 그리고 범죄수사는 단편적인 지식이나 기술, 소수의 수사관으로 모든 범죄사건을 해결할 수 있는 것은 아니다(종합수사 혹은 과학수사의 원칙).

모름지기 범죄수사는 먼저 증거를 확보한 후에 범인을 검거하는 방법이 있고, 범인을 검거한 후에 그 진술에 따라 여죄를 추궁하여 증거를 수집하는 경우도 있다. 그러나 가능한 한 먼저 증거를 수집한 후에 체포하여야 한다. 부득이한 경우(현행범의 체포)도 있지만 이 경우에도 국민의 인권이 침해되지 않도록 절대적으로 법령을 준수하고 적법절차에 따라야 한다. 확실한 증거도 없이 피의자를 지목하거나, 검거할 경우에는 이에 대한 책임을 면하기 어렵고 시민의 비난을 감수해야 한다.

적법절차의 원칙은 증거수집의 과정뿐만 아니라 피의자를 검거할 경우에도 미란다(Miranda)원칙(변호인 선임권과 진술거부권 등 피의자의 권리)을 고지한 후 검거하여야 한다. 조사시에도 묵비권을 행사할 권리가 있음을 고지해야 하고 검거하여 검찰에 송치할 때까지 모든 절차는 적법절차에 의존하여야 한다.

범죄수사는 형사사건수사를 원칙으로 진행되어야 한다. 간혹 수사관들이 그들 자신들의 권한을 남용하여 민사관계에 관여함으로써 시민들의 원성을 사는 경우가 있다. 민사사건에는 관여해서도 안 되고 할 수도 없다.

범죄수사는 결코 예단이나 서투른 판단 또는 공명심으로 해결할 수 있는 것이 아니다. 희대의 탈주범 ○○○의 경우, 한 수사관의 공명심에 의해 쉽게 잡을 수 있었던 범인을 놓쳐 수년 동안이나 도피행각을 벌이게 하여 '○○○신드롬'까지 낳고, 그가 체포될 당시 입고 있었던 '쫄티'가 불티나게 팔린 적도 있다. 얼마나 많은 수사인력의 낭비가 있었고, 시민의 비난이 있었던가! 범죄수사는 과학적이고 조직적이며 종합적으로 추진하여야 한다.

3) 수사활동상의 원칙

(1) 신속착수의 원칙

범죄수사는 범죄사건의 발생과 동시에 가급적 빠른 시간에 수사관이 현장에 도착하여 필요한 모든 조치를 신속히 취해야 사건을 쉽게 해결할 수 있다. 시간이 늦어지면, 피해자의 상처가 악화되거나 사망하는 등 인명의 손실은 물론이고 피해자로부터 얻을 수 있는 범죄단서도 놓치기 쉽다. 시간이 지남에 따라 증거가 멸실될 수도 있고, 목격자나 구경꾼이 현장을 떠나 증인조사나 참고인조사에 지장을 초래할 수도 있다.

(2) 현장보존의 원칙

범죄현장은 '증거의 보고(寶庫)'다. 그러므로 신속히 현장이 보존되고 증거가 수집되어야 사건을 해결할 수 있는 것이다. 현장보존이 잘 되지 않을 경우 수사는 미궁에 빠질 가능성이 높다. 경찰관은 현장에 도착과 동시에 범죄현장을 중심으로 관계인 이외의 출입을 금지하도록 경계선을 설정하고 표식을 설치하여야 한다. 현장의 파괴, 현장의 위장 등으로 해결할 수 있었던 사건들이 영구미제사건으로 남아있는 경우도 많다.

(3) 민중협력의 원칙

범죄수사는 민중의 협력이 절대적으로 필요하다. 범죄를 목격한 증인, 범죄의 피해자, 범인의 도주를 목격한 사람, 장물을 판매하려는 사람, 유류물을 버리는 사람, 범죄에 사용한 흉기를 판매한 사람 등 민중은 범죄와 직접 혹은 간접으로 관계를 맺고 있다는 사실을 명심할 필요가 있다. 수사관은 평소 시민과의 협력을 공고히 하고 신뢰를 쌓아 어떠한 사안에서도 협력을 얻을 수 있도록 노력하여야 한다.

빈발하는 화장실사건

화장실에서 범죄가 빈발하고 있다. 가벼운 엿보기는 물론 절도·추행·강간 심지어는 자살이나 살인까지 일어나고 있다. 여성들은 화장실 출입시 매우 조심할 필요가 있다. 아래의 사례들은 화장실이 안전지대가 아님을 보여주는 사건들이다.

(사례1) 피해자 이유라(가명, 22세, 여)는 속초에 사는 친구가 상경한다는 전화를 받고 고속버스 터미널에 도착, 친구를 기다리다 화장실에 들어갔다. 오랫동안 기다려도 피해자가 나오지 않자 그녀의 애인인 강기춘(가명, 27세, 남)은 이상하게 여겨 화장실에 들어가 보니 피해자가 참혹하게 살해되어 있었다. 이 때가 19○○년 8월 1일 새벽 2시 30분경이었다. 피해자는 앞 목에 2개소, 가슴에 8개소, 우측 겨드랑이에 2개소, 음부에 1개소 등 모두 13

개소나 흉기에 찔려 처참하게 살해된 것이다. 범인은 치명부위인 앞 목과 가슴을 겨냥해서 마구 찌른 것으로 보아 애초부터 살해하려고 마음먹었고, 또 완전히 살해했다. 늑골이 쉽게 절단되도록 찔렀고, 좌측 유방 위를 찌른 상처는 좌측 겨드랑이로 관통되어 피해자가 끝까지 반항한 것을 알 수 있었다. 더욱이 피해자가 착용하고 있는 반바지 혁대를 풀어 지퍼를 내려놓고 흉기로 음부를 겨냥해서 찔러 큰 상처를 입혀놓았다. 경찰은 이 사건의 범인을 강간전과자나 성도착자로 추정하고 피해자중심 수사, 유사사건 수사, 범죄공용물 수사, 홍보전단 등으로 심혈을 기울여 수사했지만, 아직도 범인을 검거하지 못한 미제사건으로 남아있다.

(사례2) 19○○년 7월 30일 새벽 1시 30분경 K시에 있는 5층 건물의 1층에서 음식점 영업을 하는 부인(50세)이 건물 1층에 있는 남녀공용의 화장실 앞에서 흉기에 목과 가슴 등 10개소를 찔렸고, 우측 어깨에 예리한 과도가 꽂힌 채 다량의 출혈을 하고 살해된 살인사건이 발생했다. 관할 경찰서 수사진은 치밀한 현장감식으로 범인의 범행시 행동을 파악했고, 도주시 밟은 족적을 채취한 다음 활발한 탐문수사로 사건발생 후 32일만에 범인(20세)을 검거하였다. 범인은 용돈이 궁하여 강도할 목적으로 미리 두 개의 화장실 중 한 곳에 들어가 여자가 들어오기를 기다리는 중 마침 피해자가 옆의 화장실에서 소변을 보고 나가는 것을 붙잡고 과도로 위협, 돈을 요구했으나 피해자가 소리치며 밖으로 나가려고 해 무작정 찌르고 도주했다는 것이다.

(사례3) 19○○년 11월 9일 아침 7시경, T시내 대학가 근처에 있는 노래방 옆집 담 밑에서 피투성이인 벌거벗은 여자의 시체가 엎어져 있는 것을 집주인이 발견하여 신고하였다. 수사결과 최초 사건현장은 앞집 노래방 화장실이었고 범인이 여기서 강간을 자행하고 심하게 구타하여 살해한 다음 시체와 피해자의 옷, 피를 닦은 휴지 등을 눈에 띄지 않는 옆집 담 너머로 던져 은닉한 것으로 확인되었다. 역시 이 화장실도 남녀공용이며 두 개의 변소 중 좌측변소에서 살해된 것이며, 살해할 때 변소 주위에 다량 묻은 피를 깨끗이 청소하였으나 현장감식 과정에서 문짝과 벽 등에 비산된 혈흔을 다수 발견할 수 있었다. 관할경찰서 수사요원의 치밀하고 과학적인 수사 결과 친구들과 같이 노래방에서 노래하며 놀던 휴가병(20세)을 그날 오후에 범인으로 검거했다. 범인은 소변을 보려고 화장실에 들어갔다가 마침 여자가 소변보는 소리를 듣고 순간적으로 정욕을 참지 못하여 피해자를 폭행 후 강간·살해하였다는 것이다.

<『수사연구』에서>

제2절 ◈ 수사여건 변화와 과학수사

1. 범죄의 질적 변화

　이웃끼리 모여 오순도순 살아가던 시절에는 유교적 전통과 미풍양속이 살아있어 범죄가 일어나는 것이 오히려 이상할 정도였다. 범죄가 발생하더라도 범행수법이 비교적 단순하고 치졸하여 범인을 검거하기는 그다지 어렵지 않았다. 범인이 범행 후에 양심의 가책을 느껴 자수하거나 자살하는 일도 많았다. 어려운 살림살이 때문에 생계형 범죄들이 주를 이룬 가운데 간혹 격정에 의한 폭행 혹은 상해사건들이 일어나곤 했다. 살인사건은 극히 드물었고, 일어난다 해도 대부분 가족관계나 치정관계였다.

　그러나 오늘날은 과거와는 전혀 다른 범죄양상을 보이고 있다. 연간 200만 건 이상의 범죄가 발생하고 범인으로 검거되는 인원만도 210만 명을 넘어서고 있다. 범죄의 양적 증가는 수사수요를 산술적으로 증대시킨다. 그런데 문제가 되는 것은 범죄의 질적 변화이다. 이것은 수사 수요를 기하급수적으로 증대시킨다고 해도 과언이 아닐 정도이다. 자본주의가 발달함에 따라 금전만능주의, 쾌락주의, 찰나주의가 확산되는 가운데 극단적인 개인적 이기주의가 횡행하고 인명경시풍조가 우리 사회를 뒤덮고 있다. 인면수심(人面獸心)의 범죄를 저질러 놓고도 태연히 사회생활을 하거나, 고위층들이 자신의 지위나 권한을 이용하여 부정부패를 일삼고, 첨단 전문지식을 활용하여 교묘한 방법으로 범죄를 저지르는 경우도 있어 수사활동은 그만큼 더 어렵게 되었다. 이하에서는 수사활동에 장애물로 등장하고 있는 범죄의 질적 변화양상들을 기술하고자 한다.

　첫째, 재범율의 상승이다. 살인·강도·강간·방화 등 강력범의 경우 재범율이 매우 높다. 중요범죄의 재범률 중에서는 방화, 살인, 강도 등의 재범률이 60% 이상으로 나타나는 등 강력범죄의 재범률이 높게 나타나 이에 대한 사회적 문제의식 및 재범 교화 프로그램이 절실한 것으로 나타났다. 교도소에 입소하는 범죄자들의 배경을 분석해 보면, 초범은 거의 없고, 대다수가 재범 이상자들이다. 갓 20살을 넘긴 자들이 전과 7~8범은 보통이다. 수감 동료들과 함께 어떻게 범죄를 저지를지를 논의하고 연구한다. 누구나 어떤 일을 오래하다 보면 그 분야의 전문가가 되듯이 범죄 역시 전문가가 많다. 날로 그 수법이 교묘해지고, 대담·잔인해지는 양상을 볼 수 있다. 이들은 경력 혹은 직업범죄자로서 베테랑 수사관들조차 이들의 범행현장에서 증거를 찾기가 점점 더 어려워진다고 술회하고 있을 정도이다.

둘째, 범행의 무차별화이다. 예를 들어, 강도사건을 보면 과거에는 강도들이 흉기(야구방망이나 칼 등)를 들었어도 실제로 사람을 두둘겨 패거나 찌르는 경우는 적었다. 그런데 최근에는 피해자가 반항할 기미를 보이지 않는데도 먼저 야구방망이로 두둘기거나 칼로 찔러 놓고 현금이나 카드를 빼앗는 경우가 많아지고 있다. '아리랑치기'는 그 대표적인 예로 불량청소년 서너 명이 취객 등뒤로 은밀히 접근하여 야구방망이로 무작정 머리를 내리쳐 놓고 현금을 강취하는 사례가 많다. 돈을 빼앗긴 것도 억울한데 머리에 치명적인 상처를 입고 일생 동안 고통을 당할 피해자와 그 가족의 원한을 누가 보상해 주겠는가! 과거에는 강도를 결심하고 대상을 물색하여 재물의 탈취가 용이하도록 위협하는 수준에서 소극적인 폭력을 휘둘렀다. 그러나 지금은 순간적 혹은 즉흥적으로 지나가는 아주머니나 회사원 혹은 할아버지 등을 가리지 않고 강도행각을 일삼는 경우가 많다. 사람의 이목이 뜸한 장소나 야간에 강도를 기도하던 자들이 최근에는 백주 대낮에 그것도 번화가에서 대담하게 강도짓을 하는 사례도 많다.

셋째, 반인륜성 범죄의 급증이다. 아버지가 아들을, 아들이 어머니를 폭행 혹은 살해하는 사건들이 늘어나고 있다. 아버지가 자신의 친딸들을 차례로 강간한 사건들도 보도되고 있다. 제3자가 보는 앞에서 버젓이 강간을 일삼고, 자신의 딸보다 어린 여학생과 청소년성매매를 하며, 임신 중인 부녀를 대상으로 변태적인 방법으로 추행하기도 한다. 젊은 여성들에게 돈을 꿔준 악질 사채업자들이 신체포기각서를 받아놓고 빚을 갚지 않는 여성들을 집단폭행하거나 생매장한 사건도 보도되고 있다. 또 도박판에 가정주부를 끌어들여 돈을 잃게 하고 빌려준 돈을 갚지 않는다는 이유로 사창가나 도서지방 혹은 티켓다방으로 팔아 넘기는 일들이 비일비재하다. 아르바이트를 찾아 나선 소녀가장을 일명 '티코맨'이 24시간 감시하며 노예매춘에 몰아 넣기도 하는 세상이 되었다.

넷째, 신종범죄 혹은 지능범죄의 증가이다. 최근에 컴퓨터관련범죄는 폭발적으로 늘어나고 있으며 전문기술을 이용한 지능범죄도 증가하고 있다. 한때 '베테랑 수사관' 혹은 '포도왕'으로 불리던 수사관들도 이런 범죄 앞에서는 속수무책이다.

우리나라 인터넷 사용인구는 2008년 기준 약 3,536만 명으로 2000년 1,940만 명에서 8년간 86% 증가하였다. 초고속 인터넷가입자는 2008년 기준 1,548만 명, 2016년에는 2,000만 명을 넘는 등 명실 공히 세계적인 정보화 강국임을 보여주고 있다. 또한 무선인터넷이 일상화되고 있으며, 서울을 비롯한 수도권에서는 와이브로 서비스가 상용화되는 등 유비쿼터스 환경이 본격화되고 있다. 그러나 한편으로는 이러한 정보통신 기술 발달을 악용한 해킹·악성코드 유포행위, 인터넷을 통한 청부살인, 장물·마약 거래행위 등 인터넷을 통한 범죄가 심각한 사회문제로 대두되고 있다.

신용카드범죄, 컴퓨터범죄, 전자상거래관련범죄, 인터넷활용범죄, 지적재산권범죄 등과 같은 신종범죄는 그렇다고 치더라도 전통적인 범죄들조차도 과학기술을 응용하고 첨단장비를 사용한다. 내시경카메라를 이용하여 아파트의 출입문을 열고, 첨단인쇄기술로 위조화폐(일명 슈퍼노트)를 만들며, 도박판에 CCTV를 설치하고 콩알만한 칩을 귀에 넣어 의사소통을 하는 것 등은 범죄의 과학화 추세를 보여 주는 단적인 예들이다.

다섯째, 범죄의 기동화, 광역화, 국제화이다. 다양한 교통수단들이 범행도구나 도주를 위한 수단으로 이용되면서 범인을 추적하는 일이 한층 더 어려워졌다. 수사관이 미행하는 기미가 보이면, 버스에서 택시로, 택시에서 지하철로, 지하철에서 주변에 세워 둔 승용차를 절취하여 달아나니 범인을 잡다 놓치는 경우도 흔히 있다. 신속하고 안전한 이동수단들이 국내에만 있는 것도 아니다. 해외여행 자유화조치는 범죄자들에게도 도주의 자유를 허용한 결과를 낳았다. 출국금지조치가 내려졌다 해서 안심할 수도 없다. 3면이 바다로 싸인 우리의 항포구에는 외국선박들이 즐비하게 늘어서 있고, 자금만 두둑하면 국내선박을 용선해서라도 공해상에서 외국선박으로 얼마든지 갈아탈 수 있는 세상이 되었다.

그 밖에도 환경범죄·마약범죄·외국인범죄·국제테러·장기밀매·조직범죄·무기암거래·교통사고 등이 수사여건을 복잡다단하게 하고 수사수요를 증대시키고 있어 수사기관에 커다란 부담으로 다가오고 있는 범죄들이다.

2. 적정절차와 증거

과거에는 '고문기술자'가 있었다. 이들은 중요사건이 발생하면 차출되어 전문적으로 고문을 행했다. 아주 특별한 취급을 받기도 한 모양이다. 많은 민주인사들이 당했고, 학생활동을 하던 이들이 수모를 겪었으며, 내노라하는 전과자들도 이들 앞에서는 고양이 앞의 쥐였다. 고문기술자가 아니더라도 대다수의 수사관들이 피의자에 대한 가공할 위협과 교묘한 유도심문 그리고 혹독한 고문으로 증거를 수집했고 여죄를 추궁했던 적도 있었다. 이런 짓을 잘하는 수사관이 능력 있는 사람으로 대우받기도 했다. 수사기관에 끌려가면 그 때부터는 사람이 아니라는 말도 있었다. 흠씬 두들겨 맞는 것은 예사였고, 손톱과 발톱을 빼기도 하고, 생이빨을 뽑기도 하였다. '통닭구이'라는 희한한 고문도 있었고, 거꾸로 매단 채 고춧가루를 탄 물을 코에 쏟아 붇기도 했다. 큰 사회적 파문을 몰고 온 박○○군의 '물고문' 사건은 미국의 미란다 판결 만큼이나 우리사회에 충격을 주었다. 헌법에 명시된 적정절차를 무시하고 불법으로 수집된 증거를 바탕으로 재판을 받아 오던 관행에 쐐기를 박은 셈이다.

우리 헌법 제12조 1항은 '모든 국민은 법률에 의하지 아니하고는 체포·구속·압수·수색 또는 심문을 받지 아니한다'라고 규정하고 있다. 동조 2항은 '모든 국민은 고문을 받지 아니하며, 자신에게 불리한 진술을 강요당하지 아니한다'고 규정하고 있다. 적정절차의 원칙, 즉 '근본적인 공정성'을 명문화하고 있다. 이를 구체적으로 실현하기 위하여 형사소송법에 관련규정을 두고 있다. 묵비권·영장주의·변호인의 도움을 받을 권리·구속적부심사제도·신속한 공개재판을 받을 권리·무죄추정권·형사보상청구권 등이 그것이다. 헌법과 형사소송법에 명시된 이러한 원칙과 장치들은 국민의 자유와 권리를 보호하는 데 크게 기여한다. 그러나 인권보호를 위한 적정절차를 중시하는 분위기가 확산될수록 수사가 더욱 어려워질 것은 불문가지이다.

헌법 제17조에 규정된 '사생활의 자유'는 수사활동을 제한하는 또 다른 요인이다. 범죄수사를 하다 보면 개인의 사생활을 속속들이 파헤치지 않을 수 없는 경우가 많다. 예를 들면, 고위층의 부정부패를 수사하기 위해서는 계좌추적이 필수이다. 또 도청을 하지 않을 수도 없다. 증거를 확보하기 위하여 가택수색을 해야 하는 경우도 있다. 이런 경우에 헌법 제17조는 수사활동에 많은 제약을 가하는 것이 된다. 수사기관으로서는 한시가 급한데 금융실명거래 및 비밀보장에 관한 법률에 규정된 요건들을 충족하면서 합법적으로 계좌추적을 함에는 많은 난관이 있고 시간이 소요된다. 도청수사 또한 만만한 것이 아니다. 통신비밀보호법에 규정된 요건들이 복잡다단하고 범죄수사를 위한 통신제한조치의 허가요건과 절차 역시 무척 까다롭다.

형사소송법 제307조는 증거재판주의를 증거법의 기본원칙으로 규정하고 있다. 사실의 인정은 증거에 의하여야 한다는 원칙이 증거재판주의이다. 즉, 공소사실 등 주요사실을 인정함에는 법관의 자의에 의해서는 안 되며 증거능력이 있고 적법한 증거조사를 거친 증거에 의하여야 한다는 증거법상의 원칙이다. 이 또한 수사관의 수사활동에 매우 큰 부담이 된다. 범죄사건에서 결정적인 물증을 찾는다는 것이 말처럼 쉬운 일이 아니기 때문이다. 수사활동을 통해 작성된 공소장에 있는 공소범죄사실·처벌조건·형의 가중과 감면의 사유가 된 사실·간접사실·경험법칙이나 법규 등은 엄격한 증명의 대상이 되고 있는 실정이다.

위와 같이 변화된 수사여건에 적응하고 날로 성숙되고 있는 시민의식에 대응하기 위해서는 경찰과 검찰의 수사체제를 획기적으로 발전시켜 수사의 적법화와 과학화를 도모해야 한다.

3. 과학수사

범죄의 질적 변화와 적정절차 및 증거재판주의는 과학수사의 촉진제가 되었다. 범죄가 날로 전문화·무차별화·기동화·국제화되고, 적정절차와 증거재판주의의 요구를 수용할 수밖에 없는 상황에서 수사기관이 선택할 수 있는 길은 오직 수사의 과학화뿐이다. 과학수사는 육감수사 혹은 짐작수사와는 반대되는 것으로 수사에 임하는 태도·방법·절차면에서 과학성을 중시한 수사방법을 일컫는다.

과학성을 중시한다 함은 여러 가지 자료를 관찰이나 실험을 통하여 수집하며, 수집된 자료들이 과학적인 과정을 거쳐 감정 혹은 판독되어야 함을 의미한다. 그리고 이러한 자료들이 반드시 범죄에 관계 있다는 것이 과학적으로 검증되어야 하는 것이다.

일반적으로 경찰(검찰)의 과학수사부서에서는 범죄현장에서의 증거발견·수집에 과학장비를 사용하며, 지문감식·몽타주 작성·족흔적 감정·거짓말탐지

기 검사 및 CCTV 녹화테이프 판독 등을 담당하고 있다. '과학수사의 현장'
이라 불리는 국립과학수사연구원에서는 사체부검·혈흔·정액·타액·모발·유
전자 분석·슈퍼임포오즈·독극물·마약·총기·화약류·화재·폭발사고·음성분
석·교통사고 감정·필적·영인 감정 등 보다 전문적인 감정을 맡고 있으며,
사건해결을 위해 검찰이나 경찰의 과학수사부서와 상호 유기적으로 협조하고
있다.

위에서 본 바와 같이 과학수사란 실로 엄청난 분야에 걸쳐 다양한 방법으로
진행되기 때문에 일일이 소개하기란 불가능하다. 따라서 여기서는 지문감식,
거짓말탐지기, CCTV 영상사진 판독시스템, 컴퓨터몽타주그래픽, 유전자분석
등에 대해 간략하게 소개하기로 한다.

1) 지문감식

과거에는 범죄현장의 유류지문을 채취하여 용의자나 사건관계자의 신원을
확인하는 절차가 매우 번거로울 뿐만 아니라 정확성에도 문제가 있었다. 즉,
사건관계인이나 용의자의 ① 주민지문 대조, ② 일지지문 대조, ③ 수법원
지 지문대조의 과정으로 진행되었는데, 이 과정은 많은 인력과 시간을 요하
는 것이었다. 여기서도 신원이 확인되지 않을 경우 동일 유형의 지문목록을
전산으로 출력하여 주민지문의 원본과 육안으로 일일이 대조·검색하였다.
또 주민원지에 있는 지문(주민등록증을 만들 때 받은 10지지문)들을 분류하
여 넣는 일도 엄청난 시간과 인력을 필요로 하였다.

위와 같은 문제점을 해결하기 위하여 경찰청 과학수사과는 1990년부터
'지문자동검색시스템(AFIS: automatic fingerprint identification system)'을
도입하였다. 지문자동검색시스템은 지문자료를 디지털 이미지와 데이터 베이
스로 구축하여 각종 사건사고 현장에서 채취한 유류지문과 주민원지상의 지
문을 비교·검색하여 신원을 확인하는 시스템이다.

1991년에 지문자동검색장치 16대를 도입·설치한 바 있다. 이 장치는 1일
약 50매의 지문을 입력할 수 있고, 입력된 자료와 유류지문을 대조할 경우
약 1~10분이 소요되어 시간을 다투는 신원확인문제를 신속히 해결할 수
있게 되었다. 그 이후로 지문자동검색장치가 많이 도입·설치되었고, 이 장비
의 성능을 증가시키는 각종 부대장비들이 속속 보강되었다. 또 소프트웨어에
서도 계속된 업그레이드를 통해 신속·정확한 감정결과를 회시할 수 있을

정도로 크게 개선되었다. 이 시스템은 주민등록원부에 날인된 지문을 자동으로 읽어 지문문형별로 전산화하고 있다. 또 전과자들의 지문도 자동으로 읽어 지문의 문형별·특징별로 전산화하고 있다. 수사기관이 범죄현장에서 유류지문을 채취·신원확인 의뢰가 들어오면, 신원확인용 지문을 자동으로 읽어서 기존의 데이터베이스화된 지문 가운데서 동일지문을 자동검색함으로써 업무수행에 신속성과 효율성을 기하고 있다. 이 시스템은 신원불상변사자 및 타 수사기관의 수사업무 지원으로 과학수사의 근간이 되고 있다. 과학수사요원에 대한 적극적인 교육과 24시간 현장감식체제를 구축함으로써 지문감식 의뢰건수와 감식에 의한 용의자 신원확인율이 증가되고, 과학적 수사기법에 대한 범인 검거 증가로 수사경찰에 대한 신뢰도 제고 및 체감치안효과 향상에 기여하고 있다. 1990년부터 운영해오던 지문검색시스템을 1997년에 AFIS 시스템으로 확대 구축하였으며, 2001년부터 전국 지방경찰청과 경찰서, 해양경찰관서에 AFIS단말기를 확대 보급하였다. 이후 2003년부터 2005년까지 지문 특징점 재추출 작업을 실시하였으며, 2006년 10월부터 가출인·수배자 등의 자료와 연계하여 다양한 검색조건을 도입하였다. 또한 최신 지문알고리즘 도입을 통해 보다 신속한 수사지원체제를 구축하기 위해 '과학수사 지문DB 및 공유서비스 체계 구축' 3개년 사업 (2007~2009년)을 추진함으로써 디지털 증거분석 체계를 통한 신속한 범인검거에 기여하였다.

2009년 AFIS를 활용한 검색실적은 총 27,958건으로 전년도 28,213건에 비해 0.9% 감소하였으나, '과학수사 지문 DB 및 공유서비스 체계 구축' 3개년 사업 완료에 따른 시스템 성능 향상과 검색요원에 대한 전문성 강화로 신원확인건수는 15,231건으로 전년도 13,466건에 비해 13.1%가 증가하였다.

이후 매년 유사한 정도의 건수가 지문감정이 이루어지고 있다. 2016년은 16,326건을 처리하여 그 중 9,449건(57.9%)이 신원확인 되었으며, 그 외 건수 중에는 검색되지 않았거나 감정불능인 경우 등이 있었다.

2) 거짓말탐지기

오늘날 거짓말탐지기(polygraph)가 가장 많이 활용되고 있는 나라는 미국이다. 거짓말 탐지기는 거짓말을 할 때 나타나는 생리반응을 측정하여 진술의 진위를 확인하는 장비로 형사 사건과 교통사고 조사 등에 활용되고 있다. 미국은 진실과 거짓을 가려내기 위한 노력을 게을리 하지 않은 결과, 제2차 세계대전시에 벌써 신뢰도가 97%에 이르렀고, 현재 미국 대부분의 주에서 거짓말탐지기 검사결과가 증거능력을 인정받고 있다.

최근에는 미국 법무부와 재무성 범죄수사국이 13년간에 걸쳐 개발한 신형 거짓말탐지기를 활용하여 검사결과의 신뢰도를 더 높이고 있다. 이것은 컴퓨터가 일반적인 질문작성과 챠트를 판독하기에 검사관의 주관을 최소화할 수 있어 검사결과의 객관성을 제고시키며, 검사질문 및 챠트 등을 컴퓨터 저장장치에 담아 보관할 수 있도록 되어 있다.

우리나라는 1960년도에 미국으로부터 기기와 기법을 도입하여 운용한 지 약 50여 년이 지났다. 현재 국내의 주요 수사기관에서 거짓말탐지기를 범죄수사에 활용하여 신뢰도 95% 이상이라는 성과를 올리고 있다. 이제 우리나라도 거짓말탐지기 테크닉(장비, 검사관 자격, 경력, 검사결과 정확도 등)에서 종주국인 미국이나 일본 등과 비교하여도 전혀 손색이 없을 정도이다. 그러나 아직도 직접적인 증거로는 채택되지 않고 있다. 다만 판사의 심증형성을 도와 간접적인 증거로 채택되는 경우가 대부분이다. 근자에는 일부 하급심에서 직접증거로 인용되기도 하는 등 검사결과의 효용성에 대한 인식이 점차 달라지고 있는 추세이다.

2000년도에는 2,910명을 상대로 컴퓨터거짓말탐지기 검사를 실시하여, 그 중 38%인 1,107명이 혐의반응을 나타냈다. 의뢰사건 중에는 살인·강도·강간·방화·절도·교통사고처리특례법 등과 관련한 사범들이 많았다. 이 기종은 전술한 미국의 신형거짓말탐지기를 1995년 이후에 도입·배정한 것이다. 최근 2009년에는 3,731건 총 3,246명을 대상으로 거짓말 탐지 검사를 실시하여 그 중 43.5%인 2,283명에게서 거짓반응을 확인하였다.

점차로 거짓말탐지기의 활용은 증가하고 있으며, 2016년에는 9,845건에 대하여 거짓말탐지기 검사가 실시되었다.

3) 영상증거물 분석시스템

최근 우리 사회는 교통관제, 범죄예방 등의 목적으로 CCTV 설치가 날로 증가하고 있다. 범죄현장 주변에 설치된 CCTV 분석을 통해 범인 검거에 결정적인 단서를 얻기 위해 경찰은 '영상증거물 분석시스템(Forensic Image

Analysis System)'을 각 지방경찰청에 구축하여 범인 검거 및 공조 수사에 적극 활용하고 있다.

과거 경북 청송 일원에서 CCTV에 잡힌 고양이과 동물이 호랑이인지 아닌지에 대한 논란을 보도를 통해 본 바와 같이 화면이 부실한 경우가 많은 것이 문제이다. 이러한 문제점을 해결하기 위하여 CCTV 설치기관에 CCTV 운용에 대한 문제점을 홍보하고 범인검거 사례를 수집, 경찰관 직무교육시 활용함으로써 큰 성과를 거두고 있다.

2008년 영상증거물 분석 실적이 주요 5대 범죄를 기준으로 살인 12건, 강간 21건, 강도 71건, 절도 262건, 사기 25건 등으로 총 510건으로 나타났는데 2009년에는 살인 20건, 강간 20건, 강도 73건, 절도 502건, 사기 13건 등으로 전년도 대비 실적이 급증하였고 총 실적 역시 856건으로 전년 대비 약 67% 증가하였다.

2016년에는 중요한 쟁점이 있는 사건에 대해서 이루어지는 영상분석이 국립과학수사연구원에서만 9,320건의 분석이 있었고, 수사·교통 분야를 비롯한 다양한 경찰 기능에서는 경찰서 단위로 영상증거물에 대한 분석이 일상적으로 이루어지고 있는 상황이다.

사례

■ 연쇄살인 사건

강○○은 2009년 1월 27일, 2008년 12월 경기도 군포시에서 실종된 여자 대학생을 살해한 혐의로 경찰에 체포되었다. 이후 추가 수사에서 2006년 12월부터 2008년 12월까지 경기도 서남부 일대에서 여성 7명이 연쇄적으로 실종된 사건의 유력한 용의자로 지목되었다. 처음에는 연쇄살인을 부인하다 경찰이 증거를 제시하자 군포 여대생을 포함해 7명을 살해했다고 털어놓았다.

그가 살해했다고 밝힌 부녀자는 노래방 도우미 3명, 회사원 1명, 주부 1명, 여대생 2명이었다. 2009년 2월 17일에는 2006년 강원도 정선군에서 당시 군청에서 근무하는 여성 공무원 1명을 살해했다고 자백했다. 또한 2005년 10월 경기도 안산시 상록구 장모 집에 불을 질러 자신의 장모와 처도 살해했다고 자백해 충격을 안겨 주었다.

경찰 수사 결과 모두 10명의 부녀자를 살해한 것으로 확인되었다.

이 사건에 대해 2009년 1월 31일 조선일보와 중앙일보는 그의 얼굴을 공개하였다. 이후 흉악범에 대한 얼굴 공개 논란이 확산되었다. 공익을 위해서 필요하다는 주장과 피의자의 인권보호가 중요하다는 의견들이 팽팽히 맞서면서 사회적 관심을 고조시킨 바 있다.

사례

■ 이천시 비료살포기 절취 사건

2009년 7월 30일 09:30분경 경기 이천시 부발읍 가좌리소재 ○○공업사에서 불상의 화물 차량이 들어와 천막 안에 있던 피해품(비료살포기 1대)을 절취하여 불상지로 도주한 사건에서 피해장소에 설치된 CCTV 녹화자료를 영상 분석 시스템을 통해 차량을 확인하여 차량 소유주인 피의자를 2009년 8월 13일 검거

4) 컴퓨터몽타주그래픽

이 수사기법은 매우 낯익은 것이다. 그간 '사건 25시'를 통해서 컴퓨터그래픽을 이용한 몽타주들이 많이 공개되었다. 현재 경찰에서는 각 시도지방경찰청에 컴퓨터몽타주시스템을 보급하여 초동수사단계부터 목격자를 상대로 몽타주를 작성하고 이를 수사에 적극 활용하고 있다. 시간이 경과할수록 목격자의 용의자에 대한 인상이 흐릿해지기 때문에 가능한 한 빨리 목격자와 접촉하여 보다 정확한 몽타주를 작성하고자 노력하고 있다.

작성된 몽타주와 수법영상자료 열람을 병행하여 과학적·효율적인 수사활동을 전개하고 있다. 이 몽타주 활용수사는 용의자나 범인의 행동제약, 재범방지에도 큰 효과가 있다.

2005년부터는 몽타주 시스템이 장착된 이동식 노트북을 경찰청 및 각 지방경찰청에 보급하여 몽타주 활용도 향상을 도모하였으며, 초동수사의 기본적인 수단으로 활용되고 있다. 2009년도 컴퓨터몽타주그래픽 활용실적은 전년도 351건에 비해 20% 정도 감소하였으나 2001년부터 2009년에 이르기까지 연도별 강력범죄 사건의 증감정도를 고려해볼 때, 몽타주 시스템의 활용정도도 정도의 차이를 보이고는 있지만 대체로 활용건수가 증가한다고 볼 수 있다.

몽타주를 이용한 범인의 검거율은 20% 미만으로 사건 해결에 도움을 주는 단서 중으로 하나로 인식해야 한다. 초창기에 들여온 컴퓨터몽타주그래픽은 서양인을 기준으로 만들어졌는데, 2000년 이후부터 많은 개정 작업을 거쳐 한국인의 얼굴을 표현하는데 적합하게 수정되었다. 최근에는 3D 몽타주 프로그램을 개발하고 있는데 기존의 몽타주보다 더 정확성을 높인 것이다.

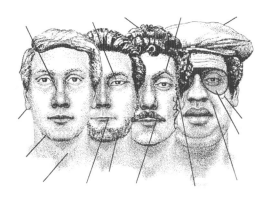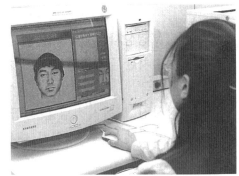

그림 10-1 목격자나 사건 관계자에게 다양한 인상적 특징이 있는 사진들을 보여 준 후 몽타주를 작성하는 모습

사례

■ **광주 쌍촌동 노래방 강취 사건**

2009. 8. 26. 광주 서구 쌍촌동 소재 ○○ 노래방에서 손님으로 가장하여 침입한 범인이 피해자의 얼굴 등을 폭행한 후 현금 및 금반지 등 150만원을 강취 도주한 사건에서 피해자의 진술을 토대로 몽타주를 작성, 현장주변 탐문 수사 하던 중 몽타주와 비슷하다는 PC방 업주 2명의 진술을 확보 후, 피의자의 인터넷 접속기록 확인 및 실시간 추적 기법을 통해 PC방에서 게임을 하고 있던 피의자를 검거하였다.

5) 유전자 분석

'과학수사의 혁명' 혹은 '과학수사의 정수'라 불리는 유전자분석(DNA Analysis)은 특히 강력범 수사에 획기적인 감정기법으로 전세계적인 관심사가 되고 있다. DNA에 대한 연구는 이미 수십 년 동안 분자생물학자들에 의해 다양하게 연구되어 왔으며, 최근에는 일란성 쌍생아를 제외한 모든 개인들의 유전자가 각기 다르다는 것이 밝혀졌다.

1985년 영국·미국의 법과학자들은 사람의 DNA 중에는 다양하게 변화된 구조를 보이는 부위를 발견하였다. 이 부위를 범죄수사에 적용하게 되면 종래에 혈액형이나 기타 감정물로 해결이 어려웠던 사건들을 확증하는 데 절대적일 것으로 확신하고, 그 실험법 확립에 박차를 가하게 되었다. 마침내 범죄현장의 혈흔·정액·모발 등에서 DNA 분리를 시도하여 DNA형을 검출하는 과학수사 감정기법을 확립하였다. 이를 개인식별에 적용하여, 1987년 10월 미국 FBI 유전자분석실에서 강간사건을 해결한 것이 그 시초가 되었다.

그 후로 영국·캐나다·독일·프랑스·일본 등에서 이 DNA 감정기법을 도입·개발하여 사건해결에 적용, 성과를 올리기 시작했다. 국내에서는 1981년 8월 1일 국립과학수사연구소(이하 '국과수') 생물학과에 유전자 분석실을 설치하고 본격적으로 사건해결에 적용, 오늘에 이른 것이다. 1992년 5월 의정부에서 어린 소녀를 강제추행한 혐의로 DNA 지문법을 적용, 범인을 지목하여 자백을 받은 것이 최초가 되었으며, 그 후로 사소한 폭행부터 강도·강간·살인사건은 물론 항공기 추락사고, 백화점 붕괴사고 등과 같은 대형참사에서 뼈만 남은 시신의 신원확인 등에 크게 기여하여 왔다. 최근에는 범죄사건뿐만 아니라 모자 및 남매관계 감정, 친부 혹은 친모관계 감정 등에도 널리 활용되고 있다.

유전자분석은 신뢰도가 극히 높아 강력범죄의 범죄자 식별능력이 탁월하다. 혈액·혈흔·정액·모근·구강세포·장기·뼈 등에서 DNA검출이 가능하므로 범죄현장에서 이런 자료들이 잘 수집된다면 유전자지문감식으로 용의자를 특정할 수 있다. 이론상 감정물에서 세포 몇 개만 확보한다면 감식이 가능하므로 미량의 시료로도 움직일 수 없는 증거를 확보할 수 있다. 그러나 유전자감식은 감식에 고도의 전문지식과 시설 및 장비가 있어야 한다. 또 감식기일이 5~20일 정도 소유되어 단시일 내에 확인하기가 곤란하다는 단점이 있다.

그림 10-2 유전자분석 과정

한편 2010년 1월 25일에 디엔에이 신원확인 정보의 이용 및 보호에 관한 법률(이하 DNA법)이 제정되어 디엔에이신원확인정보의 수집·이용 및 보호에 필요한 사항을 정하였다. 범죄수사 및 범죄예방에 관한 자료 수집·활용도를 높임으로써 주요 강력범죄자의 유전자형을 전산관리하면서 사건현장의 유류물을 분석, 대조함으로써 범죄자를 검거할 수 있도록 되었다.

DNA법은 살인이나 강간·강도 등 11개 유형의 흉악범죄를 저지른 피의자 중 구속된 피의자에 한해 DNA를 채취, 이를 국립과학수사연구원 유전자감식센터에서 감정하고 영구 보관할 수 있게 규정하고 있다. 이러한 법률의 시행과 동시에 한달만에 경찰의 미제사건 47건을 해결하는 등 다방면에서 효과를 보고 있다.

예를 들어, 경찰청 과학수사센터가 2010년 1월 26일부터 DNA법이 시행됨에 따라 한 달간 살인, 강간·추행, 아동·청소년 성폭력, 강도, 방화 등 주요 11개 범죄를 저질러 구속된 피의자 1천145명의 DNA를 채취했고 이들의 DNA를 국립과학수사연구원 유전자감식센터에 보내 감정을 의뢰한 결과 이들 중 30명이 미제사건 47건의 범인이라는 사실을 확인되는 등의 신속하고 정확한 성과를 보이고 있다.

이러한 다양한 자료를 토대로 DNA 은행에 흉악범과 강력범 자료를 꾸준히 쌓으면 더 많은 미제사건을 해결할 것으로 기대된다. 이와 더불어 경찰은 DNA 감식의 효율성과 국제 범죄 대처능력을 높이고자 세계 54개국 경찰이 참여한 '인터폴 DNA 게이트웨이'에 가입해 DNA 감식 국제공조 체제를 구축했다. 이를 통해 국제 범죄 사범의 DNA 자료를 통해 신원확인 업무를 공조할 수 있고, 각종 재난·재해로 인한 변사자 신원을 확인하는 데도 도움이 될 것으로 기대되어 앞으로 유전자 분석과 관련된 분야의 발전이 더욱 기대된다.

사례

■ 분만 때의 남자아이가 퇴원 때는 여자아이로

19○○ 8월 ○○산부인과 병원에서 한 산모가 분만 당시 병원 측으로부터 "고추를 낳았다"고 축하인사를 받았다. 그런데 퇴원시 병원 측에서 돌연 남자아이가 아닌 여자아이를 인계해 주자 산모는 아이가 뒤바뀌었다고 주장하며 병원장을 상대로 고소하였다. 산모, 산모의 남편, 신생아 등의 혈액을 대상으로 유전자분석 결과 문제의 신생아(여아)는 산모의 친생자로 확인되어 병원장은 무혐의로 판명되었다.

사례

■ 불에 탄 두개골의 신원확인

19○○년 9월 K씨 부부가 지존파라는 범죄조직 일당에 의해 납치 살해된 사건이 발생했다. K씨 부부는 살해된 뒤에 불에 완전히 태워져서 두개골만 남은 상태였다. 검거된 범인들의 자백에 따라 K씨 부부의 두개골이 확실한지 과학적 입증이 필요했다. 그래서 불에 태워지기 전 흘린 현장의 혈흔에서 분석된 혈액형 및 유전자형과 K씨 부부의 자식과 형제들의 혈액에서 분석된 혈액형 및 유전자형을 검토한 결과 친생자관계는 물론 형제관계 등이 성립되었다. 이로써 불에 탄 두개골의 신원이 과학적으로 밝혀졌다.

제3절 ﹠ 주요 수사기법

1. 초동수사와 현장관찰

1) 초동수사

초동수사란 범죄사건이 발생했을 때 최초로 행하여지는 현장을 중심으로 하는 수사활동을 말한다. 범죄가 발생한 후 시간이 경과하면 할수록 증거는 인멸되기 마련이고, 범인은 먼 곳으로 도주하기 쉽다. 따라서 사건해결은 그만큼 더 어려워진다. 그런 만큼 가능한 한 빨리 현장에 도착하여 범인을 체포하고 범죄현장을 보존하여 현장에 있는 증거물 혹은 목격자나 참고인의 진술 등의 수사자료를 확보할 필요가 있다. 범인이 도주하는 상황이라면 긴급배치를 하여 범인의 도주로를 차단·검거하여야 한다.

초동수사의 성패는 초동수사체제가 얼마나 잘 정비되어 있는가에 달려있다. ① 신속하고 정확한 연락체계 및 보고, ② 수사관의 근무체제 확립, ③ 기동력의 확보, ④ 수사용 장비 및 통신시설 기재 등의 이용, ⑤ 긴급배치 계획의 수립, ⑥ 기초자료의 수집·정비, ⑦ 다른 기관 및 교통관계기관과의 협력체제 확립 등이 바로 그것이다. 확고한 초동수사체제는 특히 흉악·중요사건이 발생했을 때 효과적이다. 흉악·중요사건이라 함은 살인·강도·강간·방화 등의 사건, 미성년자의 약취·유인사건, 조직폭력배의 난동 혹은 집단폭력사건,

수형자 또는 구속 피의자·피고인의 도주사건, 집단 혹은 고액 등의 특이 절도사건, 사고야기 후 도주차량, 폭발물 사고사건, 기타 사회적으로 영향이 큰 중요특이사건 등이다.

초동수사는 철저하게 이루어져야 한다. 사건의 경중이나 종별을 떠나서 모든 사건에 대하여 반드시 적용되지 않으면 안 될 중요한 원칙이라 할 수 있다. 더욱이 앞서 예시한 바와 같은 흉악·중요사건에 있어서는 사람의 생명·인체에 중대한 위해 또는 위협이 미칠 염려가 크기 때문에 그에 따른 인명구조나 범죄의 진압, 범인의 체포를 위해서도 긴급한 조치가 필요한 것이다.

2) 현장관찰

현장관찰이란 범죄현장에 존재하는 자료나 현상을 면밀히 관찰하여 어떤 사람에 의하여 어떠한 범죄가 행하여졌는가를 명백히 하기 위한 수사활동이다. 현장은 '증거의 보고(寶庫)'라는 말처럼 범죄현장에는 많은 물증들이 있을 수 있다. 초범은 말할 것도 없고 용의주도한 전과자들이라 할지라도 범행과정에서는 흥분할 수밖에 없으므로 사건의 실마리를 풀어 줄 해결의 열쇠가 반드시 있다는 것이 베테랑 수사관들의 증언이다.

따라서 범죄현장을 관찰함에 있어서는 ① 범죄현장은 곧 증거의 보고라는 신념을 가질 것, ② 냉정하고 침착한 관찰, ③ 선입감이 없는 객관적인 관찰, ④ 질서정연한 관찰, ⑤ 광범위한 관찰, ⑥ 치밀하게 반복하는 관찰, ⑦ 모든 관찰수단의 동원, ⑧ 보다 집중적인 관찰, ⑨ 현장관찰은 수사지휘관의 통제에 따를 것, ⑩ 모순과 불합리한 점 발견에 힘쓸 것 등과 같은 현장관찰상의 유의사항을 철저히 지켜야 한다.

그림 10-3 현장보존 표식 설치

현장관찰시에는 다음과 같은 사항에 주안점을 두어야 한다. ① 범인에 관련된 사항, ② 범행일시에 관련된 사항, ③ 범행장소에 관련된 사항, ④ 범행동기에 관련된 사항, ⑤ 범행의 방법이나 수단에 관련된 사항 등이다.

범인에 관련된 사항들은 무수히 많다. 우선 범인의 신체·생리적 특징에 대해 살펴보자. 범죄현장에 유류지문은 없는가, 장문이나 족적은 없는가 등을 살펴야 한다.

범행일시에 관련된 사항도 중요하다. 범행일시는 곧 사실의 진실성을 뒷받침하기 위해 필요할 뿐만 아니라 어떤 자가 용의자로 떠올랐을 때 그 사람에 대한 소재수사나 알리바이수사를 위해서라도 절대 필요하다. 범죄현장을 관찰하다 보면 흔히 각종 시계(팔목·목걸이·탁상·괘종)가 정지되어 있는 경우가 있다. 이럴 경우 현장 또는 기타 정황을 고려하여 범행 시에 그것이 정지되었다는 것이 추정된다면 정지한 시계에 표시된 시간을 곧 범행시간으로 볼 수 있을 것이다.

범행동기에 관련된 사항은 대부분의 범죄가 의식적으로 행해지고 반드시 어떤 동기가 숨어 있기 마련이라는 점을 들 수 있다. 특히 살인사건이나 방화사건의 경우에는 그 범행의 동기를 이해하지 못하고선 수사방침조차 세우기 힘드는 것이 사실이다. 예를 들어, 살인사건의 현장에서 범인이 물색한 상황이 인정되고 금품의 피해가 있으면, 일단 물욕에 의한 범행으로 추정해 볼 수 있다. 반면에 물색한 흔적이나 피해품이 없을 때는 일반적으로 원한 또는 치정으로 추정한다. 전과자들의 경우는 현장을 조작하여 치정 때문에 사람을 죽이면서도 물욕에 의한 범행처럼 위장해 놓기도 한다.

범행방법에 관련된 사항을 아는 것은 그 범죄사실의 핵심이 되는 매우 중요한 부분이다. 범행방법을 파악하면 범죄수법자료를 이용하여 범인을 직접 찾아낼 가능성이 높고, 또 범인을 체포하여 조사할 때에도 진실에 가까운 진술을 얻을 수 있다. 예를 들어, 침입구의 특이성 유무로 범인을 추정하는 경우도 갖가지이다. 범인이 침입구를 파괴하였다던가, 잠겨 있지 않는 문을 노려 침입했다던가, 유리창문에 테이프를 붙이고 소리나지 않게 유리를 절단·침입하였다던가, 유리창문을 드라이버를 이용하여 열었다던가 등이다. 범죄자 중에는 수법이 고정되어 자기가 잘 쓰는 용구만을 사용하는 경향이 있다. 대도로 유명한 조○○은 드라이버만을 고집한다고 한다. 목적물의 특이성 유무도 중요하다.

상습절도범은 대개 현금만을 노린다. 환금성이 있는 물건이 도처에 있는데도 불구하고 현금만 노렸다면 전문 절도범의 소행으로 봐도 무방하다. 범죄자 중에는 특이한 행동을 하는 자도 많다. 범행현장에서 흡연이나 음주를 하기도 하고, 대소변을 꼭 보는 자들이 있으며, 돌을 던져 가족의 부재를 확인하는 습성이 있는 자들도 있다.

2. 미행과 잠복

1) 미행

미행은 수사자료의 수집, 범죄에 대한 증거의 수집, 범인의 체포, 용의자의 발견 등을 위해 또는 범죄를 실행할 우려가 있는 사람이나 관계자에 대해 상대가 눈치채지 못하도록 뒤따르며 감시하는 수사방법을 말한다. 특히 미행은 세심한 주의가 필요하다. 누가 뒤에서 따라오는 기미를 재빨리 알아차리는 사람이 있는 반면에 그렇지 못한 사람도 있는 것은 사실이지만 항상 긴장하고 있는 범인들은 혹여 미행 당하지나 않는가 하고 주위를 두리번거리거나 보행속도를 조절하면서 앞뒤의 상황을 예의주시하기 때문이다.

미행을 하는 형사들은 주위 환경에 따라 자연스러운 행동을 하여 대상자에게 감지당하지 않도록 주의하여야 한다. 설령 대상자가 감지한 것 같은 태도를 취하더라도 즉시 감지되었다고 포기하지 말고 신중하면서도 침착하게 판단하여 행동하여야 한다. 미행 중에는 끊임없이 대상자를 시선 안에 두어야 하며, 체포할 때를 제외하고는 절대로 뛰지 말아야 한다.

상황에 따라서는 대담하게 행동할 필요가 있다. 또 공동미행을 할 때에는 미행원들끼리 너무 접근하거나 잡담을 주고받아선 곤란하며 미행원 간의 연락사항은 사전에 정한 암호에 따라 은밀하게 전달되어야 한다. 야간에 미행할 때에는 밝은 곳은 반드시 피해야 한다. 또한 대상자의 보행 중의 습관, 예컨대, 교차로나 길모퉁이를 돌아갈 때에 주위를 한 번쯤 둘러본다던가 때론 뒤돌아본다던가 하는 등의 습관을 재빨리 파악하여 그 습관에 따른 신중한 대응이 있어야 한다.

2) 잠복

잠복도 미행과 같은 목적으로 범죄자나 용의자의 발견, 체포를 위해 필요한 장소에서 계속적으로 은신하여 비밀리에 감시하는 수사방법이다. 예를 들어, 범인의 배회처 주변에서 잠복하여 외부감시를 한다고 하자. 이때 형사들은 범인들이 감지하지 못하도록 하기 위해서 인근 건물이나 기타 적당한 장소를 선택해야 하는데, 장시간을 요하는 경우에는 인근 건물의 옥상을 빌려서 이용하는 것이 이상적인 방법이다. 그럴 때에는 망원경이나 카메라 등을 설치하여 24시간 외부감시가 가능하도록 하여야 한다. 만약 겨울이라면 수사관들의 고충이 얼마나 극심할까? 그만큼 잠복은 끈질긴 인내력을 요하는 작업이다.

외부감시는 단지 범인의 출입에만 주의를 기울일 것이 아니라 범인의 가족·애인·친구 등의 출입에도 주의하고 이를 확인할 필요가 있다. 범인은 항상 경계심이 강하기 때문에 자신이 직접 행동을 하지 않고 타인에게 용무를 의뢰하는 경우가 많은데, 대개 가족이나 애인(내연의 처)이 범인과 직간접으로 연락을 취하기도 한다. 특히 전과자들은 잠복감시의 유무를 확인하기 위하여 정부(情婦)나 친척 등을 이용해서 그 사실을 조사하는 경우도 있다. 그렇기 때문에 특별히 범인과 친한 자가 방문하거나 외출을 할 때에는 공모 여부를 파악할 수 있도록 주의하여야 한다.

3. 압수와 수색

1) 개념

압수란 증거물 혹은 몰수해야 할 물건으로 생각되는 것에 대해 그의 소유자, 소지자 또는 보관자로부터 의사에 관계 없이 강제력을 사용해서 그 물건의 점유를 취득하는 처분을 말한다. 그리고 수색이란 범인, 증거물 또는 몰수해야 할 물건이라고 생각되는 것, 유류품, 범죄흔적 등을 발견하기 위하여 잠복 또는 은닉되어 있을 것으로 추정되는 장소인 피의자·피해자 및 제3자의 주거·신체·물건, 그 외의 장소 등에 대해서 실시하는 강제처분을 말한다.

2) 수색의 유형

수색은 크게 사람에 대한 수색과 물건의 수색으로 나뉘어진다. 사람에 대해서는 체포하여야 할 피의자를 발견하기 위하여 범인이 은신하고 있을 것으로 추정되는 장소를 찾아 탐색하는 활동으로 반드시 영장을 필요로 한다(압수수색영장). 수색은 피의자의 체포행위에 착수하여 체포를 완료하기까지의 모든 시간적 단계를 두고 허용된다. 피의자 이외의 제3자의 주거와 타인의 장소에 들어가는 경우에는 피의자가 있다는 것에 대해서 고도의 개연성이 있는 경우에만 인정된다. 이런 경우 단순히 수사기관의 주관적 판단만으로는 충분치 않고 객관적으로도 필요가 인정될 수 있는 경우를 요한다. 사람을 수색할 경우 수색영장에 의하여 사람의 주거, 사람이 간수하는 저택, 건조물 혹은 선박 내에 들어가서 피의자를 수색할 수 있다.

3) 압수시 유의사항

압수시에는 증거보전과 증거물의 확보에 주력하여야 한다. 그 물건이 있던 장소와 발견되었을 때의 상황을 구체적으로 기록하여 그 물건의 증명력을 높여야 한다.

어떤 물건에 대한 압수시에는 지문, 그 외의 부착물이 파괴되지 않도록 주의하고 가능한 한 원상태로 보존조치를 하여야 하며, 멸실이나 변형에 주의해야 한다. 용기에 들어있는 것은 용기에 남아있는 이물질과 섞이거나 혼동되지 않도록 한다.

수색이나 압수 중 영장 기재물 이외의 물건을 압수해야 할 경우가 종종 있다. 이런 경우 그것이 영장발부의 기초가 된 범죄사실에 관계가 있는 물건이라도 압수하는 물건으로 영장에 기재되지 않은 경우에는 그 영장으로 압수할 수 없다. 이런 경우 임의제출을 받든지 새로 영장을 발부받아 압수해야 한다.

4. 탐문수사

1) 탐문수사의 의의

탐문수사란 수사관이 범죄를 탐지하거나 또는 범죄수사를 실시하는 데 있어 범인 이외의 제3자로부터 범죄에 대해서 견문 또는 직접 체험한 사실을 듣기 위하여 실행하는 수사활동을 말한다. 범죄가 발생하면 으레 그 범죄를 중심으로 적지 않은 사회적 파문이 일어나므로 많은 사람들이 직접 또는 간접으로 그 사건에 대한 지식이나 경험을 가지고 있다. 탐문수사는 곧 이러한 일반인의 체험이나 지식 등의 모든 정보를 탐지하기 위한 활동으로서 수사자료 수집에 있어 가장 전형적인 방법이며 가장 중요한 수사활동이라고 할 수 있다.

탐문을 하는 수사관들은 성실한 자세로 인내와 정성을 기울여 탐문해야 한다. 상대방의 인격을 존중하면서 냉정하고 온화한 태도로 탐문에 임해야 한다. 특히 탐문시의 유혹에 주의해야 한다. 탐문은 상대와의 접촉이 거의 실내에서 이루어질 경우가 많아 유혹을 받을 기회도 그만큼 많은 것이 사실이다.

2) 탐문수사의 방법

탐문상대와 대화를 나누다 보면 그 사람의 심리작용은 안색·표정·행동 등에 나타나기 마련이므로 그것을 정확하게 관찰하여 그 내용의 진위와 마음의 동요 등을 간파할 수 있는 판단력을 키우는 것이 베테랑 수사관이 되는 지름길이다. 또 탐문에 의한 정보가 와전된 것은 아닌지 세심하게 그 근원을 찾아보아야 하고 상대의 사정도 이용하면 도움이 된다. 이를테면 폭력조직 간에 분쟁이 있는 경우 상대의 심리나 사정을 이용하면 의외의 정보를 획득할 수도 있다.

탐문하는 방법은 주로 직접탐문과 간접탐문에 의존한다. 직접탐문을 할 경우 수사관들이 신분을 밝히고 하는 경우와 숨기고 하는 경우가 있다. 앞의 경우는 탐문의 상대가 범인과 통모하거나 증거를 인멸할 염려가 없을 때 혹은 차후의 수사에 지장이 없다고 판단될 때 사정을 고지하고 협력을 구하는 방법이다. 뒤의 경우는 상대가 경찰관이라는 사실을 알게 되면 경계를 하게 되고, 나아가 사실대로 말하지 않을 우려가 있거나, 범인에게 알려줄 위험이 있을 경우이다. 신분을 꼭 숨겨야 할 경우는 ① 피의자의 가족이나 친족 또는 사건에 대한 이해관계인, ② 피의자의 내연의 처(남), ③ 조직폭력배나 마약범죄자, ④ 전과자나 장물취급자 혹은 그들의 집합장소, ⑤ 선거사범이나 독직사건 등에 대한 탐문 때이다. 신분을 숨긴다는 것은 다른 직업을 가진 사람으로 위장하는 것으로 때로는 상인이나 건달로 행세하기도 하고 교육자나 고위층인 것처럼 언행을 하기도 하여 접근·탐문하는 것이다.

5. 수배수사

1) 수배수사의 의의

수배수사란 범인을 체포하기 위하여 혹은 피의자 및 수사자료를 발견·확보하기 위하여 다른 경찰관서에 대해서 수사상 필요한 조치를 의뢰하거나 협력을 구하는 수사활동으로 경찰의 조직력을 최대한 광범위하게 활용하여 실시하는 수사방법이다.

이 수배수사는 범죄의 기동화·광역화에 대비하기 위한 것으로 경찰기관 사이에 상호 신뢰와 협력을 기초로 하는 조직적인 수사이다. 따라서 수사경찰관은 수사에 필요하다고 인정할 때에는 피의자의 체포, 출석요구 또는 조사, 장물 기타 증거물의 수배, 압수·수색 또는 검증과 참고인의 출석요구 또는 조사, 기타 필요한 조치를 다른 경찰서에 의뢰할 수 있으며, 의뢰를 받은 경찰서에서는 성실하게 이에 응하여야 한다.

2) 수배수사의 방법

수배수사는 실로 다양하다. 긴급사건수배·사건수배·지명수배·지명통보·주요지명피의자종합수배·장물수배·조회·긴급조회·컴퓨터조회 등의 방법이 있다.

긴급사건수배는 예컨대, 서울 양재경찰서 관내에서 강도살인한 피의자가 영동고속도로를 타고 원주경찰서 관내로 도주하는 중이라고 인정될 때에는 양재경찰서는 원주경찰서에 대해 그 관내에 경찰관의 긴급배치 등의 조치를 취하도록 의뢰하는 수배를 말한다. 의뢰를 받은 원주경찰서는 신속히 수배에 응하는 조치를 취하여 범인의 차량위치 파악에 주력하고 예상도주로가 될 수 있는 모든 곳에 경찰관을 배치·범인 검거에 주력하는 것이다.

사건수배는 수사 중에 있는 사건의 용의자 및 수사자료 기타 참고사항에 관하여 통보를 요구하는 수배를 말하는 것으로 그 양상이 매우 다양하고 또한 수사상의 필요에 따라 통보를 요구하는 내용도 일정치 않다. 예를 들면, A 경찰서가 다양한 범죄사건을 수사하면서 B 혹은 C 경찰서에 다양한 내용의 통보를 요구하는 것이 바로 사건수배이다.

지명수배는 비교적 중범(법정형이 사형, 무기 또는 3년 이상)을 저지른 특정한 피의자(예, 홍길동)에 대하여 그의 체포를 의뢰하는 수배를 말한다.

지명통보는 피의자가 발견될 경우 신병의 인도를 요구하지 않고 그 사건의 처리를 당해 경찰에 위임하는 수배이다. 지명통보의 대상은 ① 법정형이 장기 3년 미만의 징역, 금고 또는 벌금에 해당하는 죄를 범하였다고 의심할 만한 상당한 이유가 있고, 수사기관의 출석요구에 응하지 아니하고 소재수사 결과 소재 불명인 자, ② 사기·횡령·배임죄 및 부정수표단속법 제2조에 정한 죄(부정수표 발행인)의 혐의를 받은 자로서 초범이고 그 피해액이 100만원 이하에 해당하는 자, ③ 구속영장을 통보하지 아니하거나 발부받지 못하여 긴급체포되었다가 석방된 지명수배자 등이다.

주요지명피의자종합수배는 지명수배피의자 중에서 전국적으로 강력한 조직적 수사를 행할 필요가 있다고 인정되는 중요흉악범죄의 지명수배피의자에 대하여 경찰청의 중요지명피의자종합수배에 등재하여 행하는 수배를 말한다. 이것은 강력범, 중요 폭력 및 도범, 기타 중요범죄의 피의자로서 지명수배 후 6개월이 경과되어도 체포하지 못한 자에 대하여 최근의 사진·성명·연령·죄명·본적·주소·특징 등을 적시하여 전국에 공개수배 하는 것이다. 공개수배 전단은 전국의 경찰관서 기타 다중이 왕래하는 장소에 게시하여야 한다.

장물수배란 현재 수사 중에 있는 사건의 장물에 관하여 다른 경찰관서에 그 발견을 요구하는 수배를 말한다. 이러한 장물수배는 경찰 상호간의 의뢰이다. 경찰이 고물상이나 전당포업자에 대해서 해당 장물의 발견을 의뢰하는 것은 여기서 말하는 장물수배가 아닌 장물수사에 해당한다. 장물수배의 요령은 장물의 명칭·모양·상표·품질·품종·기타 특징 등을 분명히 하여야 하며 필요한 때에는 사진·그림 또는 동일한 견본 조각 등을 첨부하여 수배하여야 한다.

조회란 범죄수사의 목적을 달성하기 위하여 미확인된 범죄의 의심 있는 사실을 발견한 후에 평소 수집·분석하여 놓은 자료와 대조·확인함으로써 범죄사실 등을 확실히 하는 활동을 말한다. 조회는 어떤 사건의 수사의뢰가 아니라는 점에서 수배와 구별된다. 수배는 용의자 또는 수사자료를 이미 확보한 후에 구체적으로 그러한 용의자 또는 수사자료가 진실로 범죄사실과 관계된 것인가를 확인하는 것이다.

6. 알리바이수사

1) 알리바이의 의의와 중요성

알리바이(Alibi)란 범죄의 혐의자가 범죄가 발생한 시간에 범죄현장 이외의 장소에 있었다는 사실을 명확히 하여 범죄현장에 있지 않았다는 것을 증명하는 현장부재증명(現場不在證明)을 말하며, 혐의자가 주장하는 알리바이의 존재 여부를 확인하는 수사활동을 알리바이수사라고 한다.

만일 현장부재증명이 사실이라면 한 사람이 물리적으로 같은 시간에 두 군데 장소에 있을 수 없기에 결과적으로 혐의자는 범죄를 저지르지 않았다는 결론을 내릴 수 있다. 그러나 현장이 없는 범죄도 상당수 있으므로(컴퓨터범죄·교사범 등) 알리바이수사는 범죄현장이 있는 범죄들에 한정될 수밖에 없다.

수사관이 갖은 노력을 하여 어떤 자를 범인으로 추정하기에 이르렀을 때 그 동안 수집된 자료 혹은 증거가 정황증거만 수북하고 직접증거가 없으며 그 혐의자가 알리바이를 입증하지 못한다면 범인으로 몰릴 가능성이 충분하다. 수사관은 범죄의 혐의자가 여러 명 있을 경우 이들 한 사람 한 사람의 알리바이의 존재를 탐구하여 알리바이가 성립하는 자는 제외시켜야 한다. 그러나 혐의자 혹은 범인은 누구라도 한 번쯤은 알리바이를 주장하고 변명하는 것이 상례이기 때문에 일견 알리바이가 성립하는 것처럼 보여도 주의하여야 한다.

2) 알리바이의 형태별 수사

알리바이의 형태는 절대적 알리바이, 상대적 알리바이, 위장 알리바이, 청탁 알리바이 등이 있다. 절대적 알리바이는 범죄혐의자로 몰린 A가 범죄가 저질러진 시각에 범죄현장 이외의 다른 장소에 있었다는 사실이 현실적으로 정확히 입증되는 경우이다. 이럴 경우 알리바이의 반증(反證)이 없는 한 수사대상에서 제외시켜야 한다. 상대적 알리바이는 예를 들어, 부산에서 일어난 살인사건 현장에 서울에 살던 A가 범행시각에 그 장소까지 도저히 도달할 수 없을 경우의 알리바이이다. 이 경우에 수사관은 범죄의 실행이 있기 전에 나타난 장소와 시간 또는 범죄가 실행된 이후에 혐의자가 최초로 나타난 장소와 시간을 정확하게 파악하려는 노력을 게을리해서는 안 된다. 위장 알리바이는 사전에 치밀한 계획을 세워 자신의 존재를 확실하면서도 인상깊게 심어놓은 뒤 그사이 지극히 짧은 시간 안에 범죄를 감행하는 것을 말한다. 이 경우는 범죄현장과 용의자가 알리바이를 주장하는 장소가 가까워 시간적으로 볼 때 단 시간 안에 왕복이 가능한 경우이다. 이럴 경우 수사관은 혐의자가 알리바이의 공작을 위해 교묘한 방법으로 교묘한 행위를 하지 않았는지 혹은 범죄발생시각에 실재하고 있었다는 장소와 범죄현장 사이의 거리관계, 이동수단, 이동시 소요되는 시간 등을 면밀히 분석할 필요가 있다. 청탁알리바이는 범죄를 저지른 다음 자신의 존재를 은폐하기 위하여 가족이나 친지, 동료에게 시간과 장소를 짜고서 약속하거나 혹은 청탁해 놓은 경우의 알리바이를 말한다. 이 경우에도 수사관은 위장알리바이와 같은 주의를 기울일 것은 물론이다. 알리바이 주장에 동원된 사람과 혐의자와의 관계를 살필 필요가 있고, 치밀하게 협의한 흔적을 찾아(보이지 않는 작은 곳에서의 각 관계인 주장의 불일치) 알리바이 공작 유무를 검토하여야 한다.

쉼 터

완전범죄의 조건

범죄자라면 누구나 한 번쯤은 완전범죄를 꿈꾸어 본다. 간혹 학생들도 완전범죄 이야기를 해달라고 조르기도 한다. 완전범죄는 가능할까? 가능하다면 그 조건은 무엇일까? 많은 미제사건들이 완전범죄에 해당하거나 그에 가까운 것이 아닐까? 범죄의 종류에 따라 다르지는 않을까?

강도나 살인사건의 경우 다음과 같은 조건이 구비되어야 완전범죄에 해당한다고 한다.

① 흉기는 철저하게 현장에 있는 것을 활용한다.

② 알리바이를 완벽하게 위장한다.
③ 피해자를 완전히 살해한다.
④ 특징 있는 물건에 손대지 않는다.
⑤ 범죄현장에 일체의 증거를 남기지 않는다.
⑥ 일면식도 없는 사람을 피해자로 선정한다.

위와 같은 조건들을 충족하는 것은 현실적으로 쉬운 일이 아니고 불가능에 가깝다. 많은 범인들이 특징 있는 흉기 때문에 잡힌다. 또 자신의 손에 익은 흉기를 사용하기 때문에 잡힌다. 알리바이를 위장하려 하면 할수록 생각지도 않은 곳에서 구멍이 생길 수도 있다. 피해자를 완전살해하는 일도 매우 어렵다. 사람을 단번에 죽이는 일은 쉬운 것이 아니어서 유명한 킬러들도 실패할 때가 많다. 피해자뿐만 아니라 목격자도 살해해야 하는 부담이 생긴다. 누가 자신의 범행을 목격했는지 신이 아닌 이상 알기 어렵다. 특징 있는 물건일수록 고가이고 희귀품이어서 더욱 탐이 난다. 범죄현장은 증거의 보고이므로 일체의 증거를 남기지 않는다는 것은 말처럼 쉬운 일이 아니다. 전혀 모르는 사람을 범행대상자로 선정할 이유는 별로 없지 않는가?

그래서 베테랑 수사관들은 완전범죄는 없다고 단언한다. 그런데도 현실적으로는 많은 미제사건들이 있다. 특히 절도사건은 세계 어느 나라도 50%의 해결률 넘어서는 나라가 없다. 절도를 당했는지 조차 모르고 살아가는 사람들도 많다. 범인이 밝혀지고 범행전모가 드러나도 아직도 잡히지 않고 있는 사람도 많다. 범죄혐의가 충분하여 재판에 회부되어도 계속 직접증거가 없다는 이유로 무죄가 선고되는 예들도 있다. 그런 의미에서 완전범죄는 있지 않을까!

7. 수법수사

1) 수법수사의 의의와 특성

수법수사란 범행시간과 장소 그리고 범죄행위에 표현된 수단·방법·습성 등을 토대로 하여 범인을 식별하기 위해 범죄수법을 유형화한 것을 말한다. 대부분의 상습범은 범행을 수행하면서 자신도 모르게(하나의 습성처럼) 동일한 수단이나 방법을 반복하는 경우가 많다. 이러한 범죄방법은 늘 동일한 형태 혹은 유사한 형태로 범죄현장에 잔류하기 마련이다. 이와 같은 범인의 습벽이나 범죄방법을 수사에 활용한 것이 바로 수법수사이다. 특히 상습범 혹은 직업절도범들은 그들의 범죄수법이 ① 일정한 형태로 고정, ② 쉽사리 변경되지 않음, ③ 반복성, ④ 개인 특유의 습성 내지 특징 등을 갖고 있다. 이와 같은 수법의 반복성과 관습성 및 잔존성을 활용하여 이미 범죄자로 체포된 자의 특징들을 기록·보관하여 차후에 일어난 범죄들에서 수사자료를 수집하여 보관된 데이터에서 동일수법자를 찾아 비교분석 하면 의외로 쉽게 용의자가 압축되는 경우가 많다. 이 데이터가 바로 범죄수법자료이다. 강도·절도·사기·위조 및 변조(통화·유가증권·우표·인지·인장·문서)·약취유인·공갈사범·기타 경찰청장 및 지방경찰청장이 지정하는 범죄들이 그 대상이 되는 범죄들이다. 경찰은 이런 범죄들을 저지른 것으로 드러난 피의자를 검거하였거나 인도받아 조사·송치할 때는 수법원지를 작성하여 데이터베이스화 한다. 수법원지에는 범죄자의 수법뿐만 아니라 범인의 이명(異名), 신체의 특징, 지문이나 필적 등 많은 사항들이 자세히 기재된다.

위에서 본 바와 같이 수법수사의 대상이 되는 범죄들도 많고, 각 범죄들마다 그 범죄의 범행시간, 장소, 범죄행위의 수단과 방법 등이 매우 다양하므로 수법의 분류는 대단히 상세하게 되어 있다. 지면상 일일이 소개할 수 없으므로 이하에서는 치기배들의 유형과 수법에 대해 알아보기로 한다.

2) 치기배들의 특징과 수법

(1) 치기배들의 특징

각종 치기배들은 소매치기·날치기·들치기 등을 말하는 것으로 현재 절도범 가운데서 그 발생률이 가장 높을 뿐만 아니라 범죄증거의 포착이 어렵고, 범행수법 또한 대담·교묘하여 피해자가 감쪽같이 속거나, 알아차리지 못하거나, 설령 알아도 손을 쓸 수 없게 하여 범행을 하는 자들이다. 특히 이러한 치기배들은 상당한 조직력(대개 2~10명, 두목·고문·기술자·바람잡이·장물아비·경호원 등으로 구성)을 가지고 범행을 하는 경우가 많고 단독범은 드물다. 범행을 하다 발각되면 면도날을 휘두르거나 주변의 사람들에게 폭력을 행사하기도 하고 수갑을 채우려 하면 심지어 경찰관의 손목을 칼로 찌르는 등 상당한 저항을 하기도 한다. 치기배들의 조직체계는 조직폭력과는 좀 다른 면이 있다. 즉, ① 미성년자에게 범행을 교사한다. ② 범행방법을 후배들에게 습득시킨다. ③ 범행 후 특정한 집합장소를 사전에 모의해 둔다. ④ 범행에 성공하면 서로가 분배한다. ⑤ 흔히 전과가 가장 많은 자가 두목이 되고 두목이 직접 범행에 가담하는 일은 적다. ⑥ 가능하면 수사관들을 매수하고 이용한다. ⑦ 태권도나 권투 등 평소 무술을 익혀 둔다. ⑧ 마약중독자가 많다. ⑨ 범행의 기회나 대상이 부적당할 경우 과감하게 포기한다.

한편 이들의 활동무대를 보면, 은행창구·극장·엘리베이터·시장·경기장·

기차·버스·자동차·여객선·백화점·공원·각종 행사장 등 사람들이 모이는 곳이라면 때와 장소를 가리지 않는다. 또한 이들은 각기 자기 조직의 활동지역을 정하고 있는가 하면, 서로가 상대조직의 활동지역을 침범하지 않는다는 불문율을 정해 놓기도 한다. 특히 이들은 경찰서의 관할구역 경계선을 노려 범행하기도 하고, 자신들의 범행을 신고하는 자를 찾아 보복을 하기도 하는 등 매우 지능적이며 대담하다.

(2) 치기배들의 수법
① 소매치기

전 세계 어느 도시에서나 흔히 볼 수 있는 범죄인 소매치기는 그 역사가 가장 오래된 범죄라고 한다. 소매치기의 특징은 범행대상자를 물색하고(물색단계), 접근하여(접근단계), 주위를 혼란스럽게 하고(혼잡단계), 피해자를 방심하게 한 후(방심단계), 순간적으로 목표물을 절취하며(착수단계) 신속히 자리를 뜬다(이동단계). 조직원들은 각 단계마다 사전에 조율된 눈빛이나 제스처로 의사전달을 하고 자신이 맡은 바 역할을 교묘하고도 한치의 오차도 없이 수행하므로 현장에서 증거를 포착하기란 대단히 어렵다.

전통적인 소매치기는 순수하게 손만 사용한다. 주로 인지와 중지(중지와 약지를 이용하는 경우도 있음)를 이용하며 다른 손가락은 손바닥에 완벽하게 붙여 범행 시에 옷이나 주머니에 걸리지 않도록 한다. 카드 도박사 이상으로 손놀림이 민첩하여야 하므로 하루아침에 기술자가 될 수는 없고 상당한 기간에 걸쳐 스승(?)으로부터 피나는 훈련을 전수 받아야 가능하다. 안창따기나 백따기도 정도의 차이는 있다할지라도 기술의 전수 없이는 불가능한 경우가 많다. 기술자들은 어린 나이에 혹독한 과정을 거쳐 기술을 연마하여 실전에 투입되므로 이들 중에는 의외로 미성년자들이 많다. 두어 명이 신문지나 잡지 등을 들고 다가와 어깨를 밀거나 발등을 밟아서 주의력을 분산시킬 때가 소매치기를 당할 위험이 가장 높을 때이므로 주의해야 한다.

② 날치기

이 범행은 2~3명이 무리를 지어 바람잡이가 서로 싸우거나 범행대상자의 진로를 막을 때 일꾼이 순간적으로 목적물을 탈취하므로 탈취범이라고도 한다. 이들은 목적물을 서로 확인한 뒤 주위와 호흡이 맞도록 자연스럽게 행동하면서 범행할 적당한 시간과 장소를 선택한다. 주위에 목격자가 있을 수 있는 경우는 신문이나 잡지 등으로 목격자의 감시를 피하면서 범행대상자의 주의력을 분산시킨다. 가령 구두를 밟는다든지, 시비를 걸거나 부축하는 척 하면서 날치기를 한다. 범행 역시 순간적으로 이루어지고 릴레이식으로 동료 들에게 전달된다. 피해자에게 발각당하여 피해자가 고함을 지르면 주위에 있 던 공범들이 모여들어 범인추격을 가장하여 오히려 범인이 도주할 기회를 만들어 준다. 범인 자신이 지적되어 추격을 당하게 되면 범인 역시 전혀 무 관한 사람을 도둑이라고 고함질러 자신은 범인이 아니라는 것을 가장하고 도주한다. 추격능력이 없는 노인이나 부녀자를 선택하여 그들의 소지품을 노 리는 경우도 많다. 만취한 자를 택시나 근처의 여관으로 인도하는 척 부축하 면서 범행하기도 하고 자동차나 오토바이를 타고 가면서 길을 걸어가고 있 는 여자의 핸드백을 날치기하는 소위 '차치기' 등도 있다.

펵치기는 일당 5~6명이 혼잡한 곳이나 은행 앞 길거리에서 현금을 찾아 나오는 자를 대상으로 날치기하는 수법이다. 일당이 바람을 잡는 사이 일꾼 이 돈뭉치를 날치기하여 도주하면 바람잡이들은 엉뚱한 사람을 범인으로 지 적하면서 '도둑 잡아라' 하고 고함을 쳐 피해자나 주변에 있던 사람들이 그 사람을 뒤쫓는 사이 범인과 공범은 유유히 현장을 벗어난다.

굴레치기는 공범들이 곁에서 바람을 잡는 사이 금목걸이를 날치기하는 수법이다. 흔히 바람잡이들이 피해자 앞에 지폐를 떨어뜨릴 때 피해자가 그것 을 주우려는 순간 목걸이가 밖으로 늘어지는 것을 순간적으로 챈다. 또 전철 출발 직전에 목걸이를 갑자기 탈취하여 문이 닫히는 동시에 유유히 사라진다.

핸드백치기는 한적한 골목길을 걸어가고 있는 부녀자의 핸드백을 뒤에서 날치기하는 수법이다. 특히 자동차나 오토바이를 이용한 차치기가 많다.

③ 들치기

들치기는 폭력을 사용하지 않으면서 주위의 상황에 따라 상대의 주의력을 적절히 분산시킨 후 목적물을 들고 나간다.

대상물에 흠집내기는 대상물에 흙칠이나 가래침 등의 오물을 튀겨 그것을 닦아주는 척하다가 물건을 집어들고 도주한다.

바꿔치기는 비슷한 대상물을 살짝 바꿔치기한 다음 가져간다.

틈새노리기는 대상자가 졸고 있을 때, 화장실이나 또는 전화를 걸고 있는 틈새를 노린다.

들창들치기는 일명 '낚시질'로 불리는 것으로 창 밖에서 막대기나 낚싯대 를 창문으로 넣어 방에 걸려있는 물건들을 절취하는 수법으로 여름철에 많 이 발생한다.

들치기 역시 2~3명이 일당을 이루는 경우가 많다. 이들도 다른 치기배와 마찬가지로 사람이 붐비는 곳을 노려 대상자가 자신의 소지품에서 한눈을 파는 사이 집어들고 도주하거나 진열대에서 물건을 고르는 척하면서 바꿔치기하여 도주한다.

8. 감식수사

1) 감식수사의 의의와 조직

감식수사란 자연과학 혹은 정신과학 등의 지식 및 기술을 응용하거나 조직적인 자료와 시설을 활용하여 범죄를 증명하고 범인을 식별하는 수사기관의 활동이다. 범죄감식이라 함은 기술에 의한 감식과 조직자료에 의한 감식으로 나뉘어진다.

전자는 예를 들어, 자외선을 조사함으로써 육안으로 판독할 수 없는 변조문자 혹은 말소문자를 현출시키거나 루미놀 시약을 뿌려 현장을 세척한 곳에서 혈흔을 판별하는 것 등과 같다. 현대과학의 지식·기술을 응용하여 오감으로 파악할 수 없는 대상물을 포착하여 이것을 증거로 범인을 발견하고 범죄를 증명하기 위해 공헌하는 방법이다.

따라서 법의학·화학·물리학·전기학·사진공학 등의 학문적 성과들이 응용되는 것이다. 후자는 지문제도로 대표되는 것처럼 전국적으로 통일된 방법에 따라 자료를 수집하고 이것을 일정한 기준에 따라 분류·보관해 두었다가 개개의 범죄현장에서 채취한 자료와 대조·검색하여 피의자를 색출 해내는 등 주로 조직자료를 활용하는 것을 말한다.

감식수사를 담당하는 조직들은 경찰청 수사국 과학수사과(주로 지문), 국립과학수사연구원(법의학, 생물학, 약독물학, 마약분석, 화학분석, 물리분석, 총기·탄환류, 위조통화 등), 지방경찰청 감식계(현장지문·족흔적·사진·법의 및 이화학분야·거짓말탐지기 등), 경찰서 감식반(범죄현장 출동, 현장자료 채취) 등이 있다.

쉼터

루미놀 시약의 위력

얼마 전 S라는 소도시에서 강간살인사건이 발생하였다. 나는 현장출동 요청을 받고 루미놀 용액을 휴대하고 수사본부에 도착하여 십여 명의 수사요원들과 인사를 나누었다. 수사요원들은 범인체포는 시간문제인 양 자신감과 의욕에 차 있었다.

사건인즉, 여학생이 강간을 당하고 액살(손으로 목을 눌러 질식시켜 죽이는 것)에 의한 시체로 발견된 것으로 사건내용과 수사상황을 설명 들었다. 시체가 유기된 장소와 범행현장과는 다른 것으로 판단되며, 피해자의 책가방·운동화·옷가지 등의 휴대품이 여기 저기 널려 있어 범인이 범죄를 은폐하려 애쓴 것 같다고 하였다.

의사의 시체검안소견서에는 피해자는 코피를 흘려 얼굴에 많은 피가 얼룩져 있었으며, 하체에서도 많은 양의 출혈이 있었던 것으로 기재되어 있었다. 피해자는 학교에 등교하기 위해 아침 일찍 집을 나선 후 끝내 집으로 돌아오지 못 하고 만 것이다.

피해자의 행적조사로 피해자가 등교 도중에 물건을 사기 위해 들른 D라는 상점의 주인이 용의자로 추정되었다. D 상점 주인은 전과자였으며 특히 여자관계가 문란하였고, 한 가정의 가장으로서 정상적인 가정생활을 영위치 않고 늘 상점에서 잠만 잔다고 하였다.

수사진들은 여러 가지 정황을 고려하여 이 자를 용의선상에 올려놓고 그의 일거수 일투족을 빈틈없이 관찰함은 물론 범행장소가 D 상점 내부에 비닐장판을 깐 마루방일 것으로 추정하기에 이르렀다.

수색영장을 용의자에게 보이고 혈흔 탐색작전에 들어갔다. 크고 작은 비산된 혈흔이 생활용품에서 발견되기 시작했다. 흑색매직으로 표시를 하고 동네 반장을 입회시킨 가운데 일일이 사진촬영을 해 놓았다.

마침내 루미놀 용액을 사용할 시간이 임박했다. 우선 한낮이기 때문에 상점의 셔터문을 완전히 내리고, 전등불을 꺼 훌륭한 암실을 만들었다. 먼저 범행이 이루어졌으리라 추정되는 마루방 비닐장판에 루미놀 용액을 분무하였으나 형광의 빛이 나타나지 않았다. 그러나 지나쳐 버리기 쉬운 곳이 있었다. 바로 비닐장판과 장판이 서로 연결되어 겹쳐져 있는 부분을 뜯어 올리고, 루미놀을 분무하였다. 비닐장판이 겹쳐져 있던 부분을 따라 길게 루미놀 형광의 빛이 뚜렷하게 나타났다. 혈액성분이 남아 있다는 증거이다. 루미놀 용액이 분무될 때, 극미량(1/20,000)의 혈액성분이 남아 있을 경우 형광의 빛을 발하게 된다. 마치 여름밤 농촌 들녘에서 반딧불의 파란빛을 연상하면 된다. 끝까지 태연하게 모든 상황을 지켜보던 용의자는 장판의 겹친 부분에서 형광의 빛이 발산되는 것을 보고 갑자기 고개를 떨구었다. 용의자에서 진범으로 밝혀지는 순간이다. 루미놀 반응이 있는 장판 일부를 절단·감정하여 인혈(人血)의 존재를 입증하고, 혈액형을 검사한 바 피해자의 혈액형과 일치하였다. 그날 저녁 용의자도 범행일체를 자백하였다.

< 최상규의 『현장수사－이론과 실제』에서 >

2) 현장감식과 현장지문

현장감식이란 범죄현장에서 범죄와 관계있는 유형·무형의 자료를 발견하고 수집함과 동시에 범죄현장의 상황을 정확히 파악하고 각종 현장자료를 과학적이고 합리적으로 검토하여 사건의 판단과 해결에 필요한 정보와 증거를 입수하는 행위를 말한다. 따라서 현장은 증거의 보고이며, 현장감식은 현장에서 증거를 찾는 행위이므로 수사의 출발점이자 수사의 성패를 좌우하는 매우 중요한 활동이다.

특히 중요긴급사건이 발생하면 수사 및 감식요원이 즉각 현장에 투입되어 현장에 유류되어 있는 각종 증거들을 채취하고 이를 보전하여 신속한 감정·검사를 실시한다. 이 결과를 정확하게 관리·판단하여 범행의 전모와 범인이 누구인지를 밝혀낸다. 감식요원들은 자료를 채취할 때에 반드시 범죄와 무관한 사람을 입회인으로 세워 장래 재판시에 지장을 초래하는 일이 없도록 하여야 한다. 현장의 모습을 사진촬영하여 채취자료의 존재상태를 객관적으로 명백히 하며 이들 자료들에 대한 존재위치·상태·수량·경위 등을 명확히 기록해 두어야 한다. 자료를 보전함에 있어서도 과학적인 채취와 자료의 경합에 의한 파괴·변질 및 멸실에 주의하여야 한다. 채취된 자료는 가능한 한 가장 빠른 시간 내에 감정의뢰하도록 하여야 한다.

현장지문이라 함은 현장에 유류된 지문으로 유류된 형태가 천차만별이다. 선명하게 유류된 지문이 있는가 하면, 육안으로 식별이 곤란한 것들도 있고, 지문의 전체가 잘 나와 있는 것과 일부분만 인상된 것 등이 있다. 현재지문은 육안으로 식별되는 지문으로 인상된 상태에 따라 정상지문과 역지문이 있다.

정상지문은 우리가 인주를 손가락에 묻혀 찍을 때와 같이 인상된 것으로 혈액·잉크·인주·먼지 등에 의하여 피사체에 인상된 지문이다. 역지문은 연한 점토 혹은 마르지 않은 도장면(페인트칠) 등에 강한 압력으로 인상된 지문을 말하는 것으로 이 경우 지문의 융선이 반대로 나타나므로 이렇게 부르고 있다. 잠재지문은 인상된 그대로의 상태로는 육안으로 식별되지 않고 이화학적 가공을 하여야 비로소 가시상태로 되는 지문을 말한다.

제4절 국제형사사법공조

1. 국경 없는 범죄

오늘날의 지구촌은 국제적 금융혼란, 인터넷을 통한 전자상거래 등 디지털 경제시대로의 진입, 범죄조직의 세계화, 국가 간 시장개방의 가속화 등으로 무국경화 경향이 확산되고 있다. 이에 따라 국가 간 교류와 내외국인 출입국자가 계속 증가하고 있는 가운데 경찰을 비롯한 형사사법기관은 국제적 치안수요의 증가에 대비하지 않을 수 없다.

2001년에는 뉴욕의 세계무역센터빌딩이 2대의 민항기를 납치한 테러범에 의해 파괴되는 가공할 만한 사건이 발생하였다. 이슬람원리주의자 오사마 빈 라덴이 배후로 지목된 가운데 미국 부시정부는 '테러와의 전쟁'을 선포하고 아프카니스탄을 공격하였다. 라덴을 비롯한 테러배후조정자를 색출·검거하기 위해 가능한 모든 수단을 동원하였다.

동구권 공산체제의 붕괴와 더불어 발호한 러시아 마피아는 전세계로 활동영역을 급속히 팽창하여 세계 최대의 범죄조직으로 급부상하고 있다. 종래 홍콩을 근거지로 각국의 차이나타운을 중심으로 활동하고 있던 트라이어드(Triad: 삼합회)는 홍콩의 중국반환을 계기로 주요활동무대인 싱가포르·동남아 지역은 물론, 일본·캐나다·호주·뉴질랜드·남아공화국 등에까지 진출한 것으로 나타나고 있다. 이탈리아의 마피아, 일본의 야쿠자, 미국의 신디케이트들이 건재한 가운데 나이지리아인들을 주축으로 한 아프리카 범죄조직들도 미국과 멕시코 등 흑인거주지역을 중심으로 활동하고 있다. 뿐만 아니라 소수민족을 중심으로 한 민족성 범죄조직이 자국의 교포들을 보호한다는 미명하에 미국 전역에서 활개치고 있다. 여기에 최근에는 우리 나라 교포나 내국인들도 호주·미국·중국 등지로 진출하여 현지에 체류하면서 유흥가를 무대로 범죄조직을 형성하여 활동한다는 정보들이 들어오고 있는 실정이다.

이와 같은 범죄조직의 영역확대는 불법 돈세탁과 밀접한 관계가 있다. 이들 범죄조직들은 기존의 자금조성방법인 마약밀매·매춘·포르노제작 등의 수법을 변경하여 합법적인 기업활동을 위장하여 돈세탁을 하고 있다. 인체장기·각종 무기 심지어는 핵물질 밀매에도 관여하고 있는 것으로 드러나 심각성을 더하고 있다.

국내에도 외국인의 불법입국과 체류가 증가하고 있는 가운데, 이들에 의한 범죄가 증가하고 있다. 그 양상도 점차 지능화·조직화되고 있다. 일본의 야쿠자, 홍콩의 트라이어드, 러시아의 마피아가 국내 범죄조직과 결탁하거나 국내에 조직망을 구축하여 활동할 가능성이 있을 것으로 예상된다. 또한 이들은 자국 내에서 마약밀매뿐만 아니라 돈세탁·무기밀매·위조통화·신용카드복제·불법음반과 비디오·인신매매 등에 이르기까지 그 범죄양상이 날로 다양해지고 있다. 최근에 부산지역을 근거지로 러시아상인, 주한미군 및 직업여성을 대상으로 조직을 갖추어 마약을 밀매하던 러시아 마피아의 두목이 검거된 사실은 이러한 우려를 단적으로 증명해 주는 것이다.

사이버상에서도 악성바이러스가 날로 기승을 부리는 가운데, 세계 각국의 해커들이 자국에서 제3국을 경유하여 몇 번이고 경로를 바꾸면서(추적 회피) 목표국의 주요 국가시설이나 보안시설 혹은 연구시설 등에 침투하여 귀중한 정보를 절취하거나 훼손시키고 있다. 특히 국내 정보시스템의 보안이 허술하여 국외 해커들의 손쉬운 해킹 경유지로 이용당하고 있거나 국외 해커들에게 좋은 '사냥감'이 되고 있기 때문이다. 최근 한국정보보호센터(KISA)의 정현철 연구원이 '국내 침해 사고 동향 및 현황'이란 제목의 논문에서 해킹 피해경로를 분석한 결과에 따르면, 국내에서 국외로의 해킹 시도 및 공격은 24건(4.0%)인데 반해, 국외에서 국내 시스템에 대한 해킹 시도 및 공격은 그보다 11배가 넘는 274건(45.3%)에 달하고 있다. 피해경로를 분석할 수 없는 사례도 250건(41.9%)인데, 이는 공격자가 추적을 피하기 위해 로그를 삭제하거나 피해기관에서 자체적으로 분석한 것이어서 이들 가운데도 많은 부분이 국외에서 국내로 침입한 것으로 추정된다.

뉴테러리즘

미국에서 벌어진 9·11테러 참사는 21세기형의 새로운 전쟁을 예고하고 있다. 전쟁의 양상은 인류문명의 발달과 함께 변화돼 왔다. 제1차 세계대전이 탱크를 앞세운 진지전(陣地戰)이었다면 제2차 세계대전은 전투기를 동원한 공중전(空中戰)이 중심이었다. 마지막에 핵폭탄을 사용해 인류가 멸망할지도 모른다는 우려가 나왔다. 그 후 베트남에서 게릴라전이 벌어졌고, 최근에는 이라크를 상대로 첨단무기를 총동원한 전자전(電子戰)이 등장했다.

이번 사태로 전쟁의 개념은 다시 한 번 변화할 것이 분명하다. 이제 국가 간의 재래식 군사충돌

이외에 테러, 환경파괴, 마약거래 등을 자행하는 소수집단을 상대로 평화를 지키는 일이 중요해졌다. 특히 대 테러전은 종교적인 신념이나 절대적인 진리를 위해 목숨을 버리기로 결심한 자들을 상대로 언제, 어디서 터질지 모르는 기습공격에 대비해 예측 불가능한 싸움을 전개해야 한다.

이번 사태로 미국은 분노에 차 있다. 테러리스트들은 역사상 한번도 미 본토가 적으로부터 공격당한 적이 없다는 '신화'를 깨뜨렸다. 무너진 세계무역센터와 펜타곤의 처참한 모습은 세계 최강국인 미국의 자존심을 여지없이 무너뜨렸다.

〈동아일보, 2001. 9. 17일자에서〉

그림 10-4 테러로 무너지는 세계무역센터

2. 국제공조의 의의와 내용

형사사법분야에서의 국제협력을 지칭하는 국제형사사법공조는 초기에는 테러범의 국가 간 인도를 목적으로 발전하기 시작하였다. 국제테러에 대해서는 세계주의에 입각하여 많은 나라들이 테러의 불법성과 야만성 그리고 비인도성에 대해 공동 대처할 필요성이 증가하였다. 이리하여 많은 나라들은 테러범에 대해서는 수사공조, 테러범 인도 등에 상호협조하고 있다.

조직범죄나 일반범죄에 대해서도 국제협력이 본격적으로 필요로 하게 된 시점은 1990년대 이후부터이다. 국제화시대에 본격적으로 진입하면서 세계 각국, 특히 선진국들은 외국인 범죄의 급증, 밀입국자와 불법체류자의 증가,

국제조직범죄의 침투, 내국인의 외화 밀반출, 범죄 후의 해외도피 등으로 국제공조가 필요한 사안이 급증하였다. 이에 대한 결실로 1990년 12월 UN은 형사사법공조모델(Model Treaty on Mutual Assistance in Criminal Matters)을 채택하였다. 그 내용은 증언이나 진술청취, 피구금자의 증언, 수사협조, 법원서류송달, 압수·수색, 물건 및 현장에 대한 조사, 정보·증거물의 제공, 관련서류·기록제공 등을 국가 간의 형사사법공조의 내용에 포함시키고 있다. 이 모델은 권고나 글자 그대로 국제형사사법공조의 모델을 제공할 뿐이다. 왜냐하면, 이 분야의 국제협력은 국가마다 형사사법제도가 다르고, 문화와 전통이 다르며, 사안에 따라 국가 간의 이해관계가 상충되는 경우가 많은 관계로 모든 국가들이 참여하기는 어렵다. 그래서 이해관계가 일치하고 공동대응이 필요한 사안에 대하여 인접국가나 범죄인인도조약 등을 맺은 나라끼리 협력하는 개별협력이 많다.

개별협력 수준은 일층 진보하여 범죄인의 국가 간 인도는 물론이고, 수사공조·재판공조·형사소추의 이송·외국판결의 자국 내 집행·수형자 이송 및 외국에서 형의 조건부 유예판결을 받은 자의 보호관찰 등으로 확대되고 있다.

이러한 국제추세에 대응하여 우리 나라도 1988년에 범죄인 인도법을 제정하였고, 이후 지금까지 미국·호주·캐나다 등 24개국과 범죄인 인도조약을 체결하였다. 1991년 3월에 형사사법 공조법이 제정된 이후 미국·프랑스·캐나다 등 형사사법 공조조약은 2009년 19개 국과 발효 중이었으나 2017년 현재 66개 국으로 늘어났다. 그 중요한 이유는 사형집행을 하지 않는 국가로 분류되었고, 2011년 유럽평의회에 사형집행을 하지 않겠다는 서약서를 보냄으로써 많은 유럽 국가들과 범죄인 인도조약 및 형사사법 공조조약을 체결하게 되었다. 그 결과 캄보디아·영국·이탈리아·네덜란드·벨기에·룩셈부르크·덴마크·노르웨이·스웨덴·아일랜드·그리스·터키·아이슬란드·독일·오스트리아·키프로스·스위스·몰타·포루투갈·스페인·리히텐슈타인·산마리노·핀란드·헝가리·폴란드·불가리아·에스토니아·리투아니아·체코·슬로바키아·루마니아·안도라·라트비아·알바니아·몰도바·마케도니아공화국·우크라이나·러시아·크로아티아·조지아·아르메니아·아제르바이잔·보스니아·헤르체코비아·세르비아·모나코·몬테네그로 등과 2011년 한 해에 모두 조약을 체결하였다.

범죄인 인도법은 범죄진압에 있어서 국가 간의 협력을 증진하고, 범죄를 저지르고 해외로 도피하는 자들을 조기에 검거하여 처벌하고, 주변국가들과 범죄인인도조약을 체결하는 데 필요한 제반 내용을 담고 있다.

범죄사건의 수사 또는 재판과 관련하여 국제협력의 필요성이 증대됨에 따라 제정된 국제 형사사법 공조법은 외국의 요청에 의한 공조의 범위와 절차 및 외국에 대한 공조요청에 대한 절차 등 국제공조에 필요한 내용을 주로 담고 있다. 정보 및 자료의 교환, 사람과 물건의 소재파악, 서류의 송달, 증거수집과 진술청취, 수색 및 압수요청의 집행, 서류와 기록의 제공, 범죄로 취득한 물건 및 증거물의 소재파악, 압수 및 몰수, 수형자 등에 대한 재판 혹은 수사협조명령, 기타 수사나 재판의 목적을 달성하기 위하여 필요한 사항들이 광범위하게 규정되어 있다.

예를 들어, 수사공조에 관해서는 요청국에서 공조요청서를 보내 오면 외무부장관이 이를 접수하여 법무부장관에게 송부하고, 법무부장관은 공조여부를 결정한 후 관할검찰청 검사장에게 공조자료수집을 지시하여 자료를 받은 후 외무부를 경유하여 공조자료를 요청국에 송부하도록 되어 있다. 우리가 외국에 대하여 수사공조를 요청할 경우에는 수사기관이 법무부장관에게 공조요구서를 송부하면, 법무부장관은 외무부를 경유하여 해당국에 공조요청서를 송부하도록 되어 있다. 공조요청서를 송부받은 외국은 관계절차를 거쳐 수사자료를 수집하여 우리 나라에 다시 송부해 주는 것이다.

범죄인인도조약에서는 자국민 불인도의 원칙, 정치범 불인도의 원칙, 쌍방가벌성의 원칙, 특정성의 원칙, 일사부재리의 원칙, 상호주의 원칙 등 국제법의 원리들이 중요한 구성요소를 이루게 된다. 좁은 의미의 형사사법공조인 증인 및 감정인의 심문·압수·수색·검증·소재추적·문서송달 등에 있어서는 해당국과 체결한 조약(형사사법공조조약)에 따라 탄력적으로 적용된다.

국가 간에 상호보증이 있는 경우에는 범죄인인도조약이나 형사사법공조조약이 체결되지 않았더라도 범죄인의 인도가 가능하고 수사공조가 가능하다는 것이 국제법의 입장이다.

3. 국제성 범죄에의 대처

1) 국제 경찰교류와 협력

우리나라를 비롯한 세계 각국은 국제성 범죄에 대처하기 위해 경찰 상호 간의 협조업무를 원활히 하고 각종 범죄관련 정보를 수집·교환하기 위해 국제 경찰교류 및 협력을 강화하고 있다.

우선 우리 경찰의 해외주재관 활동을 들 수 있다. 외국에 나가 있는 교민들의 형사상 권익보호와 주재국 법집행기관과의 수사공조 및 정보협력 등의 임무를 수행하기 위하여 북미·일본·중국·아시아·유럽·중남미·오세아니아·아프리카 등 세계 각지에 **경찰 해외주재관**을 파견하고 있다.

다음으로는 외국경찰기관과의 친선교류를 들 수 있다. 이를 위해 외국경찰 수뇌부와 상호교류방문을 지속적으로 추진하는 한편, 각종 경찰관련 국제회의에 적극적으로 참여하고 있다. 특히 아세안 10개국(인도네시아·싱가폴·필리핀·말레이시아·태국·브루나이·미얀마·라오스·캄보디아·베트남)은 1981년부터 경찰협력 증진 및 공조수사 강화를 위해 회원국들이 순차적으로 경찰기관장간 연례회의를 개최하여 상호우호 증진 및 치안협력 네트워크 구축을 위한 방안을 논의해 왔다.

2009년 5월 경찰청 대표단은 베트남 하노이에서 열린 '제29차 아세아나폴 회의'에 참석하여 아세안 경찰기관과의 우호 협력증진과 국제 조직범죄 공동대응 및 급증하는 경제·사이버범죄 대응방안 등에 대하여 활발한 논의를 하였다.

2009년 10월에는 경찰청 대표단이 태국 왕립경찰청을 방문하여 교류협력 증진 방안을 논의하고, 국제성 범죄 공동대응 및 재외국민 보호 역량을 강화하기 위해 카타르 내무부와 치안협력약정(MOU)을 체결하였다.

또한 2009년 4월에는 파라과이 내무부 차관과 경찰청장이 우리 나라 경찰청을 방문하여 양국 경찰기관 간 교류협력 증진 방안을 논의하였고, 10월에는 터키경찰대학장이 경찰청과 경찰대학을 각각 방문하여 양국 경찰대학 간 학술교류를 통한 경찰학문 발전 및 양국 경찰기관 간 교류협력 증진 방안을 논의하는 등 그 어느 때보다도 활발한 교류를 실시하였다.

2017년 10월에는 서울에서 인터폴 14개 회원국의 국제공조수사 담당자 등이 참석한 국제회의를 개최하여 늘어나는 국제범죄에 대응하고자 하였다.

2) 인터폴을 통한 국제공조

① 인터폴의 역할과 기능

국제범죄의 예방과 진압을 위해 자체 헌장과 국내법이 허용하는 범위 내에서 회원국 상호간 필요한 자료와 정보를 교환하고 범인체포 및 인도에 협력하는 인터폴은 국제형사기구(ICPO: international criminal police organization)의 약칭이다. 인터폴은 범죄의 무국경화 양상이 대두됨에 따라 국가 간 상호협력의 필요성이 제기되면서 1923년 오스트리아 비엔나에서 국제기구인 '국제형사경찰위원회'로 창설, 1956년 현재의 기구로 변경되었다. 1989년 본부를 프랑스 리용으로 옮겼다.

우리나라는 1964년 기구 가입과 동시에 중앙경찰기관에 '인터폴 대한민국 국가중앙사무국(KNCB: Korean National Central Bureau)'을 설치하여 운영하며 전 세계 경찰기관과의 광범위하고 실질적인 공조수사 체제를 통하여 국외 도피사범 송환, 테러정보 수집 등을 비롯한 각종 국제성 범죄에 대응해 오고 있다.

한편, 일본·중국·베트남 등 주변국과는 매년 '인터폴 실무자회의'를 개최하여 국제범죄 공동대응과 국제성 범죄 자료 및 정보의 공유를 위한 방안을 모색하는 등 긴밀한 협력체제를 유지하고 있다.

현재 경찰청에 설치·운영하고 있는 KNCB는 한국을 대표하는 경찰기구이며 인터폴 사무총국 및 다른 회원국 간의 연락과 협조 요청의 창구로서 활발한 역할을 위하여 전 회원국과 초고속으로 정보를 송·수신할 수 있는 원거리통신망(X-400)과 자동검색장치(ASF)가 구축되어, 각종 범죄기록·국제범죄자의 지문·사진자료의 분석·정리 등을 통해 범죄의 예방과 진압에 대한 회원국 상호간의 협조를 도모하고 있다.

아울러 인터폴에서는 보다 효과적으로 국제성 범죄에 대응하기 위해 '국제수배서'를 발행하고 있으며, 이를 통해 해외 도피범·실종자·우범자·장물 등 인적·물적 사항에 대한 정확한 자료를 각 회원국에 통보하는 등 공동 대처하고 있다. 그러나 활동 대상이 각국의 사람·재물·문화재·경제·마약 밀거래 등 일반범죄와 관련된 사안으로 국한된다. 정치·군사·인종·종교문제와 관련된 사안은 엄격히 제외되고 있다.

표 10-2 인터폴의 활용방법

구 분	활용방법
외국인 피의자 수사	* 피의자의 인적사항 등을 명시하여 지방청을 경유, 경찰청에 피의자에 대한 국제공조수사 의뢰, 경찰청은 상대국 인터폴 관련사항 확인 및 전과조회 요청
해외도피사범 송환	* 피의자의 인적사항·범죄사실·도주예상국 등을 명시한 서류를 지방청을 경유하여 경찰청에 국제공조수사요청 * 경찰청은 도주예상국에 소재수사 및 강제추방 요청 * 상대국에서 피의자 발견시 　－범죄인 인도조약 체결국가의 경우 : 법무부장관에게 외교경로를 통한 범죄인 인도요구 협조요청 및 상대국 인터폴에 긴급인도 구속요청 　－범죄인 인도조약 미체결국가의 경우 : 상대국 인터폴과 협조해 한국으로 강제추방 되도록 유도, 해외주재관을 통해 상대국과 강제송환 협의
내국인의 국외범죄	* 피의자 인적사항 등을 명시하여 지방청 경유, 경찰청에 상대국에서의 피의자 범죄사실 및 관련수사기록 송부 의뢰, 상대국 인터폴로부터 수사기록 입수
각종 인·허가관련 국내 거주 외국인에 대한 신원 및 범죄 경력 조회	* 대상자의 여권사본을 첨부한 조회사유서류를 지방청 경유, 경찰청에 신원 및 범죄경력 조회의뢰, 상대국 인터폴로부터 조회결과 입수

② 인터폴의 적극적인 활용

인터폴 외에도 국제 공조수사를 위해 활용할 수 있는 제도에는 국제조약인 범죄인인도조약 및 형사사법공조조약이 있으나, 이러한 조약은 체결국가가 소수이고 그 내용상 한계와 절차상 지연으로 신속한 대응에는 미흡한 면이 많다.

이에 반해 인터폴은 각국의 경찰협력기구로서 국가이념이나 국제조약이라는 형식에 구애받지 않고, 24시간 전 세계 구석구석까지 광범위하고 실질적으로 공조수사활동을 지원하고 있어 그 활용도가 높다고 하겠다.

인터폴 이용 경로는 일반적으로 피의자 및 대상자의 인적사항·범죄사실·도주예상국 등을 명시한 자료가 지방경찰청을 경유, 경찰청 KNCB에 제출되면, KNCB에서 상대국 인터폴에 관련사항을 확인하고 국제공조수사를 요청하는 절차를 밟게 된다. 경찰청에서는 일선기관에서 보다 적극적으로 인터폴을 활용할 수 있도록 이에 대한 이해와 그 이용방법 등에 대한 홍보를 강화하고 있다.

CONNECTIONS

1. 수사권 현실화에 대한 논의는 검찰과 경찰조직의 힘겨루기로 비춰지기도 한다. 실제로 근무하는 사람들의 의견을 들어보도록 하자.

2. 과학수사의 발전으로 인해 범인 검거 능력도 발전하지만 첨단 장비를 이용한 범죄자들의 지능적인 범죄를 어떻게 차단할 것인가?

3. 추리소설에서 단골로 등장하는 것이 '완전범죄'다. 범죄자는 완전범죄를 꿈꾼다. 한 편의 추리소설을 읽고 감상문을 써 보도록 하자.

제**11**장

범죄처리절차와 그 내용

1. 형사사법체계

사람이 범죄를 저지른 혐의가 있거나 범죄자로 판명되면 형사사법기관과 접촉하게 된다. 형사사법기관은 경찰·검찰·법원·교정기관을 말한다. 각 기관들은 형사사건을 처리하기 위해 상호유기적으로 연결되어 있으며 하나의 시스템을 이루고 있다 하여 형사사법체계(criminal justice system)라 부른다. 예컨대, 어떤 사람이 현행범으로 수사기관에 의해 체포되었다 하더라도 그 사실만 가지고 곧바로 교도소로 직행하여 형벌을 받는 것은 아니다. 형사사법체계와 그 절차는 매우 다양한 범죄자(범죄) 처리과정을 담고 있다. 사안이 경미할 경우에는 경찰이나 검찰단계에서 풀려 나와 사회에 복귀하게 된다. 사안이 중대하여 정식재판에 회부할 필요가 있을 경우에는 법원이나 교정단계를 거치게 된다. 즉, 민주법치국가에서는 반드시 법이 정한 일정한 절차에 따라 권한 있는 국가기관에 의하여 범죄사실이 밝혀지고 유죄의 확정판결을 받은 경우에만 그 범죄자는 교도소에서 형벌을 집행받게 된다. 그 이전에는 사실상의 범죄자라 하더라도 법적으로는 무죄로 추정될 뿐이다.

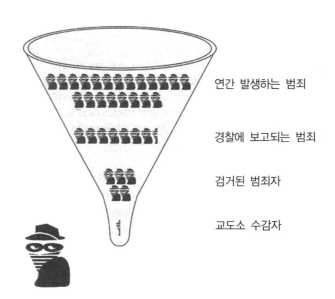

연간 발생하는 범죄

경찰에 보고되는 범죄

검거된 범죄자

교도소 수감자

그림 11-1 여느 깔때기와는 달리 옆으로 새는 것이 너무 많은 범죄 깔때기

　전자가 소위 형사절차법정주의(刑事節次法定主義)로 우리 헌법 제12조는 "누구든지 법률에 의하지 아니하고는 체포, 구속, 압수, 수색 또는 심문을 받지 아니하며, 법률과 적법절차에 의하지 아니하고는 처벌, 보안처분 또는 강제처분을 받지 아니한다"라고 하여 반드시 법이 정한 일정한 절차를 따르도록 하고 있다.

　그리고 후자는 우리 헌법 제27조 4항에 규정된 것으로 "형사피고인은 유죄의 판결이 확정될 때까지는 무죄로 추정된다"라고 하여 무죄추정의 원칙을 천명하고 있다.

　형사사법체계는 형법이라는 실체법을 실제로 실현해 나가는 과정(절차)에 있는 기관들을 말하는 것으로 크게 수사단계 → 기소단계 → 재판단계 → 형집행단계로 나뉘어진다. 각 단계마다 헌법과 법률에 정해진 임무를 수행한다. 수사·기소·재판단계는 주로 형사소송법에 의해서 규율되고, 형집행단계는 주로 형의 집행 및 수용자의 처우에 관한 법률에 의해 규율된다.

　범죄자가 성인이든 소년이든 불문하고 위와 같은 형사절차를 밟아 사건이 처리됨은 물론이다. 하지만 소년에 대해서는 소년사법의 이념에 따라 처벌보다는 보호적 관점에서 사건을 처리하도록 되어 있으므로 제2절에서 상세히 다루도록 한다.

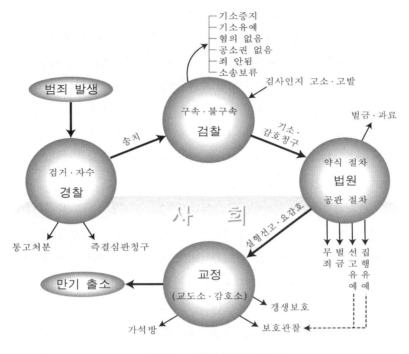

기소중지
기소유예
혐의 없음
공소권 없음
죄 안됨
소송보류

검사인지 고소·고발

범죄 발생

구속·불구속
검찰

송치

벌금·과료

기소·
감호청구

검거·자수
경찰

약식 절차
법원

공판 절차

사 회

통고처분   즉결심판청구

집행선고·요감호

무죄 벌금 선고유예 집행유예

만기 출소

교정
(교도소·감호소)

갱생보호

가석방   보호관찰

그림 11-2 형사법체계와 과정

2. 경찰의 수사단계

시민들은 경찰관서에 범죄신고를 하거나 진정서를 넣거나 고소·고발을 하거나 현행범을 체포하여 넘기기도 한다. 또 경찰은 불심검문이나 각종 기사·소문·변사자 검시 등을 근거로 하여 범죄수사를 개시·진행한다. 즉, 현행범인의 체포, 변사자 검시, 불심검문, 기사, 소문, 고소·고발, 자수, 진정, 범죄신고 등은 수사의 단서인 셈이다.

그림 11-3 수사관의 요람 FBI 아카데미

수사단서를 근거로 경찰(검찰)이 행하는 수사방법은 임의수사와 강제수사가 있다. 임의수사는 상대방의 동의나 승낙을 받아 행하는 것으로 원칙적인 수사방법이다. 예컨대, 경찰서 조사계에 사기혐의로 A라는 자가 고소되었다고 하자. 조사계 형사는 A에게 출두요구서를 발부하여 A가 출두하면 피의자를 심문하여 조서를 꾸민다. A를 고소한 자를 불러 의견을 청취하기도 하고, A의 사기사건에 관계 있는 참고인을 불러 참고인조사를 행한다. 필요할 경우에는 검사의 지휘를 받으며, 증거와 수사서류가 완성되면 사건을 검사에게 송치한다. 이러한 조사계 형사의 수사활동은 임의수사로 가능하다.

그러나 사법경찰관이 임의수사만으로 실체적 진실을 완벽하게 밝힌다는 것은 거의 불가능에 가깝다. 범죄자에 따라서는 경찰의 출두요청에 응하지 않는 경우도 허다하다. 범죄를 저지르고 도주하거나 증거를 인멸하거나 하여 수사를 어렵게 하기도 한다. 이러한 범죄자에게 효과적으로 대처하기 위해서는 강제수사가 필요하다. 그러나 강제수사는 강제처분을 과하는 것으로 피의자의 기본권을 침해하는 것을 내용으로 하는 것이기 때문에 필요악으로서 필요한 최소한도에 그쳐야 한다. 이를 반영하는 것이 강제수사법정주의이다. 이에 따라 형사소송법은 강제처분의 종류·절차·형식 등에 관하여 자세히 규정하고 있다. 우리 형사소송법이 규정한 강제처분의 종류로는 체포(현행범체포·긴급체포·영장체포), 구속(구인·구금), 압수, 수색, 검증, 감정유치, 감정처분이 있다. 그리고 통신비밀보호법 상의 도청과 서신검열도 일종의 강제처분으로 보고 있다.

형사소송법이 강제처분을 통제하는 대표적인 내용은 영장주의(令狀主義)라고 할 수 있다. 즉, 수사기관이 강제처분을 하기 위해서는 원칙적으로 법관이 발부한 사전영장(체포영장, 구속영장, 압수영장, 수색영장, 검증영장, 감정유치장, 감정처분허가장, 통신제한조치허가서 등)을 제시하여야 한다. 그러나 긴급한 경우에는 영장 없이 일단 강제처분을 하고 사후에 법관으로부터 영장을 발부 받게 한다.

사법경찰이 범죄자를 입건하여 필요한 수사를 행한 이후에는 대부분의 사건을 검찰에 송치하여야 한다. 송치시에는 불구속송치가 원칙이지만 피의자가 도주하거나 증거를 인멸할 우려가 있다고 판단되면 피의자를 구속하여 송치하게 된다. 다만 통고처분사건과 즉결심판사건은 검사에게 송치하지 아니한다. 이 두 사건들은 사안이 매우 경미한 것들이다.

통고처분사건(조세범처벌절차법 제9조, 관세법 제227조, 출입국관리법 제

102조, 도로교통법 제118조, 경범죄처벌법 제6조 등)은 범죄자의 범법행위에 상응한 범칙금의 납부를 통고하는 것이다. 예컨대, 앞지르기 금지장소에서 앞지르기를 하다 적발될 경우 범칙금납부통고서를 발부받는 경우이다. 즉결심판 사건은 20만원 이하의 벌금·구류·과료에 처할 수 있는 경미한 범죄이다. 경범죄 처벌법에는 흉기소지·오물방치·과다노출·음주소란·관공서에서의 주취소란·거짓신고 등 46가지가 있다. 또 도로교통법상의 자동차주정차금지위반이나 향토 예비군 설치법상의 예비군훈련불참자 등의 행정법규위반사항이나 폭행죄, 단순도박죄 등 형법위반사건도 즉결심판의 대상이 된다.

3. 검찰의 수사 및 기소단계

검사는 사법경찰로부터 송치받은 사건과 직접 인지하거나 시민들의 고소·고발로 수사를 개시·진행한다. 이를 위한 수사단서들은 경찰단계와 별반 다를 바 없으며, 수사방법 역시 비슷하다. 검사는 수사를 진행한 이후에 적절한 시점에서 수사를 종결한다. 그러나 수사종결 이후에도 공소유지를 위하여 필요할 경우에는 수사(보강수사·재수사)가 가능함은 물론이다.

그림 11-4 구속되어 괴로워하는 피의자

수사종결의 대표적 내용은 공소의 제기 또는 불기소처분이다. 공소의 제기라 함은 검사가 법원에 대하여 특정한 형사사건의 심판을 요구하는 것으로 형사소송법상 공소제기와 관련하여 국가소추주의(國家訴追主義: 공소의 제기는 검사가 제기하여 수행한다 - 형사소송법 제246조), 검사기소주의 및 기소독점주의(起訴獨占主義: 국가기관 중에서도 검사만이 공소를 제기하고 수행할 수 있는 권한)가 적용된다. 공소제기된 사건들(법원에 공소장이 제출된 사건들)은 법원의 공판절차를 거치게 된다.

또 검사는 범죄자 중에서 재범의 위험성이 있거나 특수한 교육·개선·치료가 필요하다고 인정되는 자(상습범·범죄단체의 두목과 간부·심신장애자·마약 또는 알코올 중독자 등)에 대하여는 사회방위 및 이들의 사회복귀 촉진을 위하여 보호처분을 과할 것을 취지로 감호청구를 할 수 있다. 감호청구는 다시 보호감호·치료감호·보호관찰의 3종류로 나누어진다. 보호감호란 상습범 혹은 조직폭력범을 대상으로 하여 피보호감호자를 감호시설(경북북부제3교도소) 내에 수용하여 감호·교화시키는 보호처분을 말한다. 치료감호란 심신장애자·마약중독자·알코올중독자 등을 치료감호시설(진주교도소 − 정신질환치료중점교도소) 내에 수용하여 치료에 필요한 조치를 취하는 보호처분을 지칭한다. 보호관찰이란 가출소자·가석방자·치료위탁을 받은 자 등에게 일정한 준수사항을 부과하고 보호관찰담당자의 지도와 감독에 응하도록 하는 보호처분을 일컫는다. 감호처분이 청구된 사건들도 법원의 심리절차를 거침은 물론이다.

불기소처분과 이에 유사한 것에는 여러 가지가 있다. ① 기소유예, ② 혐의없음, ③ 공소권 없음, ④ 죄 안 됨, ⑤ 공소보류, ⑥ 기소중지 ⑦ 참고인 중지 ⑧ 타관송치 등이다.

기소유예는 검사가 기소편의주의를 근거로 하여 범죄가 성립함에도 불구하고 범죄자의 연령·성행·지능·환경·피해자에 대한 관계·범행의 동기·수단·결과·범행 전후의 정황 등을 참작하여 범죄자를 처벌할 필요성이 적다고 판단하여 기소를 미루는 처분이다. 혐의없음은 피의사실이 인정되지 않거나, 피의사실을 인정할 만한 충분한 증거가 없는 경우이거나 피의사실이 범죄를 구성하지 않는 경우에 내리는 처분이다. 공소권없음은 소송조건이 결여되거나 형이 면제된 경우로 고소취하나 시효소멸 등으로 내리는 처분이다. 죄가 안됨은 법률상 범죄성립조각사유(위법성 또는 책임조각사유)가 있어서 범죄를 구성하지 않는 경우이다. 공소보류는 국가보안법상에 규정(동법 제20조)된 것으로 기소유예와 비슷하며 다만 일정한 유예기간이 설정되어 있는 점이 다르다. 기소중지는 피의자의 소재불명이거나 후술하는 참고인 중지 사유 외의 사유로 수사를 종결할 수 없는 경우에 내리는 수사중지처분이다. 참고인 중지는 참고인·고소인·고발인 등의 소재불명으로 수사를 종결할 수 없는 경우에 그 사유가 해소될 때까지 하는 처분이다. 타관송치는 검사의 소속검찰청의 관할에 속하지 아니하는 사건의 경우에 해당 관할 검찰청으로 송치하거나 군사법원에 송치하거나 소년부에 송치하는 것을 말한다.

검사의 불기소처분은 수많은 범죄사건들을 모두 예외 없이 정식재판에 회부할 수 없다는 소송경제의 측면도 있다. 피의자의 측면에서는 매우 좋은 것임에는 틀림없지만, 검사의 소추재량권의 일탈이나 남용, 피해자 측면에서의 기본권의 침해나 불만 등이 문제될 수 있다. 이에 검사의 불기소처분에 대해 몇 가지 규제책이 마련되어 있다. ① 고소·고발인이 검찰청에다가 불복을 구하는 항고·재항고제도, ② 특정범죄의 고소·고발인이 고등법원에다가 불복을 구하는 재정신청제도, ③ 검사의 불기소처분이라는 공권력행사로 자신의 헌법상의 기본권이 침해되었다고 주장하는 자가 최후의 수단으로 헌법재판소에다가 불복을 구하는 헌법소원제도가 바로 그것이다.

4. 법원의 재판단계

검사가 법원에 공소를 제기하면 공판절차가 개시된다. 검사가 사건을 기소하는 방식에는 정식기소와 약식기소가 있다. 정식기소는 헌법과 형사소송법이 정한 공판절차에 따라 재판을 진행해 줄 것을 요구하는 방식이며, 약식기소는 벌금이나 과료가 선고될 것이 명백한 사건에 대하여 피의자의 출석 없이 사건기록만을 토대로 형의 선고를 구하는 방식이다. 검사에 의해 기소가 이루어지면 기소된 사람의 법적 신분이 '피의자'에서 '피고인'으로 변경된다.

정식기소에 의해 법정에서 공판심리가 시작되면 검사가 원고가 되고 피고인과 변호인이 피고가 되어 상호공방이 있게 된다. 법정에서의 공판심리는 우선적으로 공개재판의 원칙이 적용된다. 헌법 제27조 3항에 공개재판을 받을 권리와 동법 제109조에 공개재판의 원칙을 선언하고 있다. 법원조직법 제57조 1항도 재판의 심리와 판결은 공개한다는 규정을 두고 있다. 공개주의는 법치국가의 기본제도로서 그 기능은 법원의 심판절차를 국민의 감시 하에 두어 재판의 공정성을 보장하고 재판에 대한 국민의 신뢰를 확고히 하는 데 있다. 그 이외에 구두변론주의(당사자의 구두에 의한 공격·방어로 심리·재판함), 직접주의(공판정에서 직접 조사한 증거만을 재판의 기초로 함) 및 집중심리주의(심리에 2일 이상을 요하는 사건은 연일 계속 심리해야 함) 등이 공판심리의 원칙으로써 적용된다. 공판절차를 거쳐 확정판결이 내려지면 일사부재리의 원칙에 따라 동일한 사건을 다시 재판할 수 없도록 되어 있으나, 재심이라는 제도를 통해 재판을 다시 진행하게 되는 경우도 있다. 증인이 위증죄로 처벌받은 경우, 위조된 서류가 증거로 사용된 경우, 자격 없는 법관이 재판을 한 경우처럼 재판과정에 중대한 하자가 있었음이 밝혀진 경우에는 예외를 인정하고 있는 것이다. 그러나 요건이 매우 까다로워 재심청구가 실제로 받아들여지는 경우는 드물다. 공판결과는 무죄선고 또는 유죄확정으로 나타난다. 무죄가 선고되면 피고인을 즉시 석방하게 되지만 유죄가 확정되면 형의 선고가 뒤따른다. 선고형이 1년 이하의 징역이나 금고, 자격정지 또는 벌금에 해당할 때에는 선고를 유예할 수 있다. 선고형이 3년 이하의 징역이나 금고에 해당할 때에는 1년 이상 5년 이하의 기간 동안 형의 집행을 유예할 수 있다. 선고유예란 범정(犯情)이 경미한 범죄자에 대하여 일정기간 동안 형의 선고를 유예하고 그 유예기간이 경과한 때에는 면소(免訴)된 것으로 간주하는 가벼운 형사제재라고 말할 수 있다. 집행유예는 정상을 참작하여 형의 선고에 따른 집행을 유예(1~5년)하여, 유예가 취소됨이 없이 무사히 그 기간을 경과한 때에는 형의 선고가 그 효력을 잃는 제도이다. 집행유예를 받은 자가 그 기간 내에 다시 죄를 범하면 유예는 취소되어 실형을 받아야 한다.

그림 11-5 '법 앞에 평등'의 상징 미 대법원

정식재판인 공판절차가 원칙이지만 현실적으로 처리되는 형사사건들은 예외적 특별절차(약식절차·즉결심판절차)가 압도적 다수를 차지하고 있다. 그 중에서도 현실적으로 일반 시민들과 가장 관련이 깊은 재판절차는 약식절차이다. 약식절차는 지방법원의 관할사건에 대하여 검사의 청구(약식기소)가 있을 때 공판절차에 의하지 않고 검사가 제출한 자료만을 조사하여(書面審理) 약식명령으로 피고인에게 벌금·과료 또는 몰수의 형을 과하는 간이 재판절차를 말한다. 피고인이 공판정에서 공소사실에 대하여 자백한 때에 형사소송법이 규정하는 증거조사절차를 간이화하고 증거능력의 제한을 완화하여 심리를 신속하게 하는 간이공판절차와는 증거조사나 직접심리주의, 전문법칙의 배제 등에서는 같으나 서면심리를 원칙으로 하는 절차라는 점에서 다르다. 따라서 약식절차에서는 공개재판주의가 배제됨은 물론이고 검사가 제출한 서류 및 증거물에 대한 서면심사만을 한다. 그러나 약식절차도 형사절차의 일종으로 진실발견을 목적으로 하므로 서면심사만으로는 약식명령의 당부를 결정하기 어려운 경우에는 사실조사를 할 수도 있다. 약식절차는 간이·신속·비공개재판이라는 점에 특색이 있다. 따라서 사실조사가 허용된다고 하더라도 조사에 시일을 요하지 않고 약식절차의 본질을 해하지 않는 범위 내에서만 허용된다. 조사를 위하여 피고인이 증거를 제출하거나 검사가 보충증거를 제출하는 것은 허용되지 않으며, 공소장 변경도 인정되지 않는다. 법원은 약식명령청구를 심리한 결과 약식명령으로 하는 것이 적당하다고 인정하는 경우에는 약식명령청구가 있은 날로부터 14일 이내에 약식명령 하여야 한다. 약식명령에는 범죄사실·적용법령·주형(主刑)·부수처분과 약식명령의 고지를 받은 날로부터 7일 이내에 정식재판을 청구할 수 있음을 명시하여야 한다. 약식명령에 불복하는 경우에는 동일심급의 법원에 대해 원재판의 시정을 구하는 정식재판을 청구할 수 있는데 청구권자는 검사와 피고인이다.

즉결심판이란 경찰서장의 청구에 의하여 지방법원 지원 또는 시·군법원의 판사가 공판절차에 의하지 아니하고 즉결심판에 관한 절차법에 의해 신속하게 처리하는 심판절차를 말한다. 즉결심판절차는 ① 경미한 형사사건의 신속·적절한 처리를 통하여 소송경제를 도모하려는 데 주된 목적이 있으며, ② 다른 한편으로는 피의자·피고인의 시간적·정신적 부담을 덜어준다는 의미에서 피고인의 이익보호도 고려한 것이다. 즉결심판은 경미한 사건을 신속하게 처리하기 위하여 확정판결과 동일한 효력이 부여된다는 점에서, 피고인 보호를 위해 정식재판청구권이 보장되어 있다는 등의 면에서 약식절차와 같지만 <표 11-1>에서 보는 바와 같은 점은 약식절차와 구별된다.

표 11-1 약식절차와 즉결심판절차의 비교

	즉결심판절차	약식절차
청구대상	20만원 이하의 벌금·구류·과료에 처하는 사건	벌금·과료·몰수에 처할 사건
청구권자	경찰서장	검사
심리형태	공개주의(피고인 출석)	서면심리주의(피고인 불출석)
선고형	구류형 선고 가능	재산형만 부과가능
자백의 보강법칙	부적용	적용
정식재판청구 권자	피고인, 경찰서장	피고인, 검사

만약 A라는 자가 음주소란으로 즉결심판을 받는다고 하자. 판사는 A가 출석한 경우(불출석심판을 청구할 수도 있음) A의 신분을 확인하고 벌금 또는 과료를 선고하는 경우에는 대체로 피고인의 진술을 듣지 않고 벌금 ○○원이라고 선고한다. 만약 구류를 선고하는 경우에는 피고인이 일정한 주소가 없거나 도망할 염려가 있을 때에는 5일을 초과하지 않는 범위 내에서 경찰서 유치장에 유치할 것을 명령(유치명령)할 수 있다. 유치기간은 본형(구류)에 산입한다. 구류는 1일 이상 30일 미만을 구류장(대부분 경찰서 유치장, 그 외 구치소 또는 교도소)에 구금하는 것이다. 즉결심판의 청구권자와 형의 집행권자가 경찰서장이라는 점에 특징이 있다(기소독점주의의 예외).

5. 재판의 집행단계

유죄판결의 집행인 형의 집행은 재판집행 중의 가장 중요한 일부분을 이루는 것이다. 재판의 집행이란 재판의 의사표시내용을 국가권력에 의하여 강제적으로 실현하는 것을 말한다. 재판의 집행에는 ① 형의 집행뿐만 아니라, ② 추징·소송비용과 같은 부수처분, ③ 과태료·보증금의 몰수, ④ 비용배상, ⑤ 강제처분을 위한 영장집행 등이 포함된다. 형의 집행 중에서 특히 자유형의 집행이 매우 중요한데 이를 행형(行刑)이라고 한다.

재판은 형사소송법에 특별한 규정이 없으면 유죄를 확정한 후 즉시 집행한다(즉시집행의 원칙). 재판의 집행은 그 재판을 한 법원에 대응한 검찰청 검사가 지휘한다.

사형선고를 받은 자는 구치소 또는 미결수용실에 수용한다. 사형을 선고한 판결이 확정된 때에는 검사는 지체없이 소송기록을 법무부장관에게 제출하여야 한다. 법무부장관이 사형집행을 명한 때에는 5일 이내에 집행하여야 한다. 사형은 교도소 또는 구치소 내에서 교수(絞首)하여 집행한다. 사형의 집행에는 검사, 검찰청 서기관과 교도소장 또는 구치소장이나 그 대리자가 참여하여야 한다. 군형법 및 군사법원법의 적용을 받는 사건의 경우 국방부장관의 명령에 의해 사형을 집행하며 소속 군참모총장 또는 군사법원의 관할관이 지정한 장소에서 총살에 의한다.

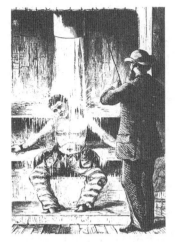

그림 11-6 물고문 장면
(Sing Sing 교도소)

자유형(징역이나 금고)의 집행은 검사가 형집행지휘서로 지휘한다. 자유형은 교도소에 구치하여 집행하며 검사는 자유형의 집행을 위하여 형집행장을 발부할 수 있다. 자유형을 집행할 때에는 형기를 준수하여야 한다. 형기는 판결이 확정되는 날로부터 기산한다. 그러나 불구속 중인 자에 대해서는 형집행지휘서에 의하여 수감된 날을 기준으로 형기를 기산하여야 한다. 형집행의 초일(初日)은 시간을 계산함이 없이 1일로 산정한다. 석방은 형기종료일에 하여야 한다. 물론 형기종료 전이라도 가석방할 수 있음은 물론이다.

자격형(자격상실이나 자격정지)의 집행은 이 선고를 받은 자를 수형자원부에 기재하고 지체없이 그 등본을 수형자의 본적지와 주거지의 시·구·군·읍·면장에게 송부하여야 한다.

재산형(벌금·과료·몰수·추징·과태료·소송비용·비용배상·가납명령 등)의 집행은 검사의 명령에 의하여 집행한다. 이 명령은 집행력 있는 채무명의와 동일한 효력이 있다. 이 집행에는 민사소송법의 집행에 관한 규정을 준용한다. 재산형 및 재산형에 준하는 각종 제재도 그 재산형을 선고받은 본인, 즉 수형자의 재산에 대해서만 집행할 수 있다.

제2절 소년범 처리

1. 소년사법의 이념

1) 소년사법의 특성

중세 유럽에서는 소년의 나이 14세 정도면 이미 성인으로 보았고, 결혼도 가능하였다. 아마도 이러한 풍습의 영향으로 형사미성년자가 14세 미만으로 설정되지 않았나 생각된다. 14세 이상이면 형사상으로는 성인이다. 그러나 민사상으로는 만 20세가 된 자를 성인으로 보고 있다. 세계 각국도 성년(成年)의 연령을 주로 18~20세를 기준으로 잡고 있다. 아무튼 14세 이상 20세 미만에 있는 청소년들은 그들의 법적 지위가 민형사상으로 이중의 지위를 가지고 있는 셈이다. 이들이 범죄행위를 저질렀을 때에는 성인과 같은 정도로 처벌받아야 하지만, 민사상의 법률행위를 할 때에는 친권자 또는 후견인의 동의를 얻어야 하며 동의 없이 법률행위를 했을 경우에는 미성년자 자신 또는 친권자 등이 이를 취소하여 무효로 할 수 있다.

이렇게 불안정한 지위에 있는 청소년에 대해서 형사사법의 측면에서 소년을 성인과 달리 취급할 필요가 있다는 사상들이 대두하게 되었다. 소년들에 대해서는 국가가 부모로서의 책임을 느끼고 보호자의 역할을 수행하는 데 소홀함이 없어야 한다는 이른바 '국친사상(國親思想: parens patriae)'이 바로 그것이다. 곧 소년은 성인에 비해서 정신기능의 발달이 미숙하고 책임능력이 결여되어 있기 때문에 보호를 요하는 소년에 대해서는 국가(국왕)가 자진해서 그 보호자가 되어야 한다는 사상이다. 당시의 이 사상은 국왕이 소년의 아버지와 같은 역할과 권한을 갖고 있다는 것을 의미하는 것으로 소년의 생사까지도 포함하는 절대적인 것이었다. 따라서 간혹 범죄소년에 대해 과도하게 엄격한 징벌도 가하였으므로 이들의 부모들은 문제소년을 가정 내에 숨기거나 해외로 보내어 징벌을 회피하기까지 하였다. 그러나 국친사상은 소년의 보호와 국가의 후견기능을 담고 있으므로 소년의 건전한 육성을 도모한다는 소년사법의 이념을 제공한 모태임에는 틀림없다.

근대에 이르러 국친사상과 보호모델이 퇴조하고 대신 범죄통제모델이 등장하여 소년은 단순한 보호의 대상이 아니라 책임과 권리의 주체라는 점이 부각되었다. 따라서 소년도 성인과 같이 자기의 범죄에 대하여 책임을 져야 한다는 분위기가 점차 강해져 범죄로부터 사회를 보호하기 위해서는 소년도 응보로써 엄격하게 다스려야 한다는 사상이 1970년대까지도 이어졌다.

그러나 이 당시부터 다른 한편으로는 소년에 대해 지위비행의 비범죄화, 전환제도(diversion)의 활성화 등을 추진하면서 비행소년을 형사절차에 개입시키지 않으려는 일련의 노력들이 나오게 되었다. 소년을 형사절차에 개입시키게 되면, 소위 '낙인효과'로 말미암아 소년 자신이 자포자기하게 된다. 사회 일반인이 그 소년에 대해 색안경을 끼고 보게 되므로 오히려 그 소년의 성행이 개선되기보다는 더욱 나빠진다는 것이다. 즉, 재범의 가능성이 그만큼 더 높아 성인이 되면 상습범이 되거나 직업범죄자로 전락할 가능성이 매우 높다는 우려를 하게 되었다. 소년이 저지르는 사소한 비행인 가출이나 무단결석, 혼숙 등의 이유로 낙인을 찍기보다는 이를 적절한 사람이나 기관의 보호관찰에 붙이거나 비범죄화하는 편이 오히려 더 효과적이라는 판단이 설득력을 얻게 되었다. 마찬가지 이유로 소년을 교도소에 장기 구금하여 사회로부터 격리시키는 것도 교도소로부터의 악풍감염, 사회적응 능력의 상실 등으로 소년의 재사회화와 재범방지에 효과가 의문이라는 점도 부각되었다.

그림 11-7 Boot camp에서 호된 얼차례를 받고 있는 소년범들

소년에 대해서는 형사처벌과 자유박탈이 필요한 최소한도에 그쳐야 한다는 사상들이 등장하였다. 소년비행에 대해서는 장차 재비행을 예방하는 데 목적(예방주의)을 두고, 소년이 저지른 비행보다는 소년 개개인의 환경과 성행에 중점(개별주의)을 두어야 하며, 전문지식과 방법(과학주의)으로 소년의

인격 및 행동의 변화(교육주의)를 도모하며 소년의 명예와 정조 등 인권을 존중하고 장차의 성장가능성을 중시하여 낙인으로 인한 사회적 배척으로부터 소년을 보호(비범죄화, 비시설화 등)해야 한다는 것이다.

그런데도 실제로 소년범을 처리함에 있어서는 중범을 저지른 경우는 실형을 선고하여 장기간 사회로부터 격리시키는 경향이 있고, 경미한 범법행위에 대해서는 전환제도나 보호처분을 선택하는 경향이 농후하다. 이러한 점은 선진 외국도 우리나라와 마찬가지이다.

2) 주요법령 소개

소년사법의 이념이 잘 반영되어 있는 법은 소년법이다. 소년법 제1조는 "반사회성 있는 소년에 대하여 그 환경의 조정과 성행의 교정에 관한 보호처분을 행하고 형사처분에 관한 특별조치를 행함으로써 소년의 건전한 육성을 기함을 목적으로 한다"라고 규정하고 있다. 소년사법에 관련된 법들은 소년법을 필두로 아동복지법, 청소년보호법, 아동·청소년의 성보호에 관한 법률, 모자보건법, 근로기준법, 교육법, 보호시설에 있는 고아의 후견직무에 관한 법률, 가정폭력범죄의 처벌 등에 관한 특례법 등이 있다. 여기서는 주요 법률 네 가지만을 개관하기로 한다.

(1) 소년법

소년의 건전한 육성을 기함을 목적으로 하는 소년법은 제4조에서 ① 죄를 범한 소년(범죄소년: 14~20세 미만), ② 형벌법령에 저촉되는 행위를 한 10세 이상 14세 미만의 소년(촉법소년), ③ 보호자의 정당한 감독에 복종하지 않는 성벽이 있거나, 정당한 이유 없이 가정에서 이탈하거나, 범죄성이 있는 자 또는 부도덕한 자와 교제하거나 자기 또는 타인의 덕성을 해롭게 하는 성벽이 있는 것(우범소년)을 보호의 대상으로 하고 있다. 제12조에서는 정신과의사·심리학자·사회사업가·교육자 기타 전문가의 진단 및 소년분류심사원의 분류심사결과와 의견을 소년부가 참작하도록 하고 있다. 제25조에서는 소년부의 심리에 대한 조사관·보호자 및 보조인의 의견진술을, 제28조에서는 소년부판사가 모든 행정기관, 학교, 병원 기타 공사단체에 대하여 필요한 원조와 협력을 요구할 수 있음을, 제29조에서는 심리의 결과 보호처분을 할 수 없거나 할 필요가 없다고 인정할 때에는 불처분 결정하여야 함을 명시하고 있다.

제32조에서 제42조에 걸쳐 보호처분을, 제48조에서 67조에 걸쳐 형사처분을 각각 명시하고 있는 바, 소년사건의 처리를 전체적으로 조망하면서 다음에 소개하기로 한다.

(2) 아동복지법

이 법은 아동이 건강하게 출생하여 행복하고 안전하게 자라나도록 그 복지를 보장함을 목적으로 제정된 법이다. 동법에서는 18세 미만의 자를 아동으로 정의하면서 그를 특별히 보호하는 입법조치를 취하고 있다. 즉, 제3조는 ① 아동은 자신 또는 부모의 성별, 연령, 종교, 사회적 신분, 재산, 장애유무, 출생지역 등에 따른 어떠한 종류의 차별도 받지 않고 자라나야 한다. ② 아동은 안전하고 조화로운 인격발달을 위하여 안정된 가정환경에서 행복하게 자라나야 한다. ③ 아동에 관한 모든 활동에 있어서 아동의 이익이 최우선적으로 고려되어야 한다라고 하여 아동복지의 기본이념을 천명하고 있다. 특히 동법 제10조는 아동보호조치의 제도를, 제12조는 법원에서의 친권제한·상실의 청구제도를, 제26조는 누구든지 아동학대를 알게 될 때에는 아동보호기관 또는 수사기관에 신고할 수 있고, 특정인에게는 신고의무가 있음을, 제27조는 신고를 접수한 아동보호기관 직원과 사법경찰관리의 응급조치의무를, 제28조에서는 소년부심리과정에서 요구되는 보조인의 선임을, 제29조는 아동을 학대하는 각종 행위의 금지를, 제40조 내지 제43조는 형사벌칙조항을 각각 규정하고 있다.

(3) 청소년보호법

이 법은 청소년에게 유해한 매체물과 약물 등이 청소년에게 유통되는 것과 청소년이 유해한 업소에 출입하는 것 등을 규제하고, 청소년을 청소년폭력·학대 등 청소년유해행위를 포함한 각종 유해한 환경으로부터 보호·구제함으로써 청소년이 건전한 인격체로 성장할 수 있도록 함을 목적으로 한다. 이 법에서 청소년이라 함은 19세 미만의 자를 말한다. 다만 당해 연도 중에 만19세가 되는 자는 청소년에서 제외된다. 동법 제3조는 가정의 역할 및 친권자의 제지의무를, 제6조는 이 법이 청소년유해환경의 규제에 관한 형사처벌에 있어서 다른 법률에 우선하여 적용함을, 제8조는 청소년유해매체물의 심의·결정을, 제12조는 유해매체물의 자율규제를, 제15조는 청소년유해매체물에 대해서는 이를 포장하여야 함을, 제24조는 청소년 고용금지 및 출입제한을, 제25조는 청소년통행금지·제한구역의 지정 등을 각각 규정하고 있다.

특히 제26조의2는 청소년대상 유해행위를 금지하고 있는 바 이를 자세히 소개하면 다음과 같다. ① 영리를 목적으로 청소년으로 하여금 신체적인 접촉 또는 은밀한 부분의 노출 등 성적 접대행위를 하게 하거나 이러한 행위를 알선·매개하는 행위, ② 영리를 목적으로 청소년으로 하여금 손님과 함께 술을 마시거나 노래 또는 춤 등으로 손님의 유흥을 돋우는 접객행위를 하게 하거나 이러한 행위를 알선·매개하는 행위, ③ 영리 또는 흥행의 목적으로 청소년에게 음란한 행위를 하게 하는 행위, ④ 영리 또는 흥행의 목적으로 청소년의 장애기형 등 형상을 공중에게 관람시키는 행위, ⑤ 청소년에게 구걸을 시키거나, 청소년을 이용해서 구걸하는 행위, ⑥ 청소년을 학대하는 행위, ⑦ 영리를 목적으로 청소년으로 하여금 손님을 거리에서 유인하는 행위를 하게 하는 행위, ⑧ 청소년에 대하여 이성혼숙을 하게 하는 등 풍기를 문란하게 하는 영업행위를 하거나 그를 목적으로 장소를 제공하는 행위, ⑨ 주로 다류(茶類)를 조리·판매하는 업소에서 청소년으로 하여금 영업장을 벗어나 다류를 배달하는 행위를 하게 하거나 이를 조장 또는 묵인하는 행위 등이다.

위와 같은 청소년보호업무를 보다 강력하게 수행하기 위하여 국무총리 소속 하에 청소년보호위원회가 설치되었다. 동 위원회는 위원장 1인을 포함한 11인 이내의 위원으로 구성한다. 청소년폭력·학대 등 유해환경으로부터 청소년을 임시로 보호하기 위하여 여성가족부에 청소년보호센터를 둘 수 있다. 청소년폭력·학대 등의 피해·가해청소년 및 약물로부터 고통을 받는 청소년의 재활을 위하여 여성가족부에 청소년재활센터를 둘 수 있다.

(4) 아동·청소년의 성보호에 관한 법률

이 법은 아동·청소년대상 성범죄의 처벌과 절차에 관한 특례를 규정하고 피해 아동·청소년을 위한 구제 및 지원절차를 마련하여 아동·청소년대상 성범죄자를 체계적으로 관리함으로써 아동·청소년을 성범죄로부터 보호하고 아동·청소년이 건강한 사회구성원으로 성장할 수 있도록 함을 목적으로 하고 있다. 여기서 '아동·청소년'이라 함은 19세 미만의 남녀를 말한다. 그리고 '아동·청소년의 성을 사는 행위'라 함은 아동·청소년, 아동·청소년의 성을 사는 행위를 알선한 자 또는 아동·청소년을 실질적으로 보호·감독하는 자 등에게 금품 기타 재산상 이익이나, 직무·편의제공 등 대가를 제공하거나 이를 약속하고 ① 성교행위, ② 구강·항문 등 신체의 일부 또는 도구를 이용한 유사 성교 행위, ③ 신체의 전부 또는 일부를 접촉·노출하는 행위로서 일반인의 성적 수치심이나 혐오감을 일으키는 행위, ④ 자위행위 등을 말한다. 또 '아동·청소년이용음란물'이라 함은 아동·청소년이 등장하여 성교·유사 성교 행위를 하거나, 아동·청소년의 수치심을 야기 시키는 신체의 전부 또는 일부 등을 노골적으로 노출하여 음란한 내용을 표현한 것으로서, 필름·비디오물·게임물 또는 컴퓨터 기타 통신매체를 통한 화상·영상 등의 형태로 된 것을 말한다. 이러한 행위와 관련하여 동법 제9조 아동·청소년 매매행위, 제10조 아동·청소년의 성을 사는 행위, 제11조 아동·청소년에 대한 강요행위 등, 제12조 알선영업행위 등에 대해 각각 형사벌칙조항을 두고 있는데, 제9조 및 제11조는 5년 이상의 유기징역, 제12조는 7년 이상의 유기징역에 처한다고 하여 엄벌하고 있다.

여기서 대상 청소년은 원칙상 소년법에 의한 보호사건으로 처리된다. 대상청소년이 있을 때에는 사법경찰관은 신속히 사건을 수사하고, 보호사건으로 처리함이 상당한지 여부에 관한 의견을 첨부하여 이를 검사에게 송치하여야 한다. 대상 청소년을 발견한 보호자 또는 학교와 사회복리시설의 장은 관할 소년부에 통고할 수 있다. 검사는 소년법에 의한 보호처분에 처함이 상당하다고 인정할 때에는 소년부의 보호사건으로 처리할 수 있다. 이 경우 검사는 당사자의 의견을 존중할 수 있다.

이 법의 특이한 사항은 제33조 이하에서 아동·청소년대상 성범죄로 유죄판결이 확정된 자의 신상정보 등록 및 공개와 취업제한 등에 대해서 규정하고 있는 점이다. 동법 제38조에서 법원은 아동·청소년대상 성폭력범죄를 저지른 자 등 공개대상자에 대해서, 성명, 나이, 주소, 신체정보, 사진, 아동·청소년대상 성범죄 요지 등의 공개정보를 정보통신망을 이용하여 공개하도록 하는 명령(공개명령)을 선고하여야 한다고 규정하고 있다.

2. 소년사건 처리 개관

소년사건에 대한 사법절차는 성인사건에 대한 사법절차와는 여러 가지 면에서 다르고 일견 매우 복잡하게 보인다. 그러나 소년사건의 처리도 일반 형사사건과 마찬가지로 형사사법기관인 경찰·검찰·법원·교정에 의하여 처리된다. 다만 소년사건을 소년보호사건과 소년형사사건으로 이원화하여, 소년

보호사건은 가정법원 소년부나 지방법원 소년부에서 담당하며, 소년형사사건
은 일반 형사사건과 동일하게 형사법원에서 처리된다. 아래의 도표는 소년사
건의 처리절차를 개관한 것이다.

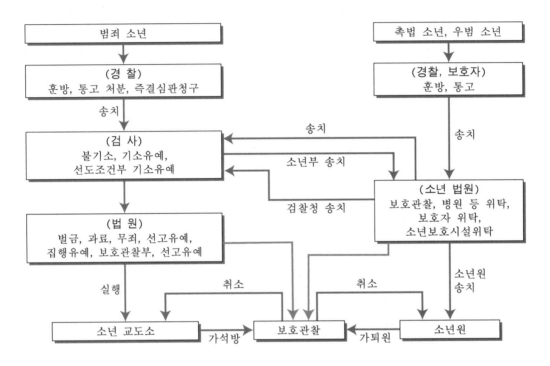

그림 11-8 비행소년에 대한 사법절차

3. 소년형사사건

1) 소년형사범과 그 처리절차

소년법에 의하여 소년형사범으로 특별 취급되는 소년은 14세 이상 19세 미만
의 범죄소년으로서 금고 이상의 형사처분을 할 필요가 있다고 판단되는 범죄
사건만 형사처벌의 대상이 된다. 이러한 사안에 대해 검사가 형사법원에 기
소하면 일반 성인범죄자와 마찬가지로 형사사건으로 처리한다. 범죄소년이라
하더라도 벌금 이하의 형에 해당하는 경우에는 소년보호사건으로 처리되어
관할 소년부(가정법원 소년부, 지방법원 소년부)가 관여한다.

최근에는 소년범죄가 더욱 강력범죄화·흉포화·잔인한 모습을 보여주면서

소년형사범에 대해서 보다 강한 처벌을 요구하게 되었다. 이에 따라 소년형사범의 하한 연령을 13세 또는 12세로 하향 조정하자는 논의가 제기되고 있다. 하지만 소년범죄 전문가들은 소년들이 처벌의 대상이 아니라 교육과 개선의 대상이라고 여전히 주장하고 있다.

소년에 대한 형사사건의 처리는 원칙적으로 형사소송법이 적용되지만, 소년법은 반사회성 있는 소년에 대하여 소년의 건전한 육성을 기하려고 형사처분에 관한 특별조치를 규율하고 있다. 따라서 소년범에 대해서는 수사상, 공판절차상, 양형상의 특칙이 있다.

먼저 수사상의 특칙을 보면, 범죄사건이 아닌 기타의 소년비행사건은 경찰서장이 직접 관할 소년부에 송치할 수 있지만, 소년범죄사건은 일단 검사에게 송치되어 검사의 판단을 받게 되어 있다(검사선의주의, 檢事先議主義). 소년범에 대한 구속영장은 부득이한 경우가 아니면 발부하지 못하며, 소년을 구속하는 경우에는 특별한 사정이 없으면 다른 피의자나 피고인과 분리하여 수용하여야 한다.

검사는 소년에 대한 피의사건을 수사한 결과, 벌금 이하의 형에 해당하는 범죄이거나 보호처분에 해당하는 사유가 있다고 인정한 때에는 사건을 관할소년부에 송치하여야 한다. 소년부는 검사가 송치한 사건을 조사·심리한 결과 그 동기와 죄질이 금고 이상의 형사처분을 할 필요가 있다고 인정할 때에는 결정으로써 당해 검찰청 검사에게 송치할 수 있다. 검사는 소년피의자에 대해서도 기소유예처분을 할 수 있는데, 이 경우 일정한 자의 선도를 조건으로 소년피의자를 기소유예하는 방안이 활용되고 있다(선도조건부 기소유예, 善導條件附 起訴猶豫).

검사는 소년피의사건을 조사한 결과, 금고 이상의 형에 해당하는 범죄사실이 발견되고 그 동기와 죄질이 형사처분을 필요로 한다고 판단한 경우에는 공소를 제기하게 된다.

다음으로 공판절차상의 특칙을 보면, 재판장은 피고인이 소년인 형사사건에 관하여 공소제기가 있는 때에는 지체없이 다른 사건에 우선하여 제1회 공판기일을 지정하여야 한다. 수소법원(受訴法院)은 소년에 대한 피고사건을 심리한 결과 벌금 이하의 형에 해당하는 범죄이거나 보호처분에 해당할 사유가 있다고 인정한 때에는 결정으로써 송치받은 사건을 관할소년부에 송치하여야 한다. 수소법원은 소년에 대한 형사사건에 관하여 그 필요사항의 조사를 조사관에게 위촉할 수 있다. 소년에 대한 형사사건의 심리는 다른 피의사건과 관련된 경우에도 심리에 지장이 없으면 그 절차를 분리하여야 한다. 소년사건에 대한 형사사건의 심리는 친절하고 온화하게 하여야 한다. 그 심리에는 소년의 심신상태·성행·경력·가정상황·기타 환경 등에 대하여 정확한 사실을 규명함에 특별한 유의를 하여야 한다.

마지막으로 양형상의 특칙을 보면, 범죄 당시 18세 미만의 소년에 대하여는 사형 또는 무기형에 처할 것일 때에는 15년의 유기징역으로 한다. 다만 18세 미만의 소년이 특정강력범죄의 처벌에 관한 특례법에서 규정한 특정강력범죄를 범한 때에는 20년의 유기징역으로 한다. 소년이 법정형 장기 2년 이상의 유기형에 해당하는 죄를 범한 때에는 그 형의 범위 안에서 장기와 단기를 정하여 선고하여야 한다(부정기형, 不定期刑). 다만 장기는 10년을 단기는 5년을 초과하지 못한다. 18세 미만의 소년이 특정강력범죄의 처벌에 관한 특례법에서 규정한 특정강력범죄를 범한 때에는 장기는 15년, 단기는 7년을 초과하지 못한다. 또 소년의 특성에 비추어 상당하다고 인정할 때에는 소년범의 형을 감경할 수 있다.

부정기형을 선고함에 있어서 소년의 기준시점은 원칙적으로 재판시가 된다. 기타 불이익변경금지의 원칙이 적용되고 미결구금일수는 산입하며, 벌금 또는 과료를 선고하는 경우에는 벌금액 또는 과료액의 미납에 대비한 노역장유치의 선고를 하지 못한다.

2) 소년형사범의 형의 집행

징역 또는 금고의 선고를 받은 소년에 대하여는 특별히 설치된 교도소 또는 일반 교도소 내에 특히 분계된 장소에서 그 형을 집행한다. 소년교도소는 천안과 김천 2개소에 설치되어 운영되었으나, 2010년 천안교도소가 '천안외국인교도소'로 운영되면서 2018년 현재 소년교도소는 '김천소년교도소'가 유일하게 소년교도소로 운영 중이다.

소년교도소에서는 남자 청소년만을 수용하고 있다. 다만 소년이 형의 집행 중에 23세에 달한 때에는 일반 교도소에서 집행할 수 있다. 보호처분 계속 중에 징역, 금고 또는 구류의 선고를 받은 소년에 대하여는 먼저 그 형을 집행한다.

징역 또는 금고의 선고를 받은 소년에 대하여는 무기형은 5년, 15년의 유기형에는 3년, 부정기형에는 단기의 1/3이 각각 경과하면 가석방을 허가할 수 있다. 징역 또는 금고의 선고를 받은 소년이 가석방된 후 그 처분이 취소되지 아니하고 가석방 전에 집행을 받은 기간과 동일한 기간을 경과한 때에는 형의 집행을 종료한 것으로 한다.

다만 사형 또는 무기형이 완화된 경우에 15년의 기간이 먼저 경과한 때 또는 부정기형의 선고를 받은 경우에 장기의 기간이 먼저 경과한 때에는 그때에 형의 집행을 종료한 것으로 한다. 소년으로 범한 죄에 의하여 형의 선고를 받은 자가 그 집행을 종료하거나 집행의 면제를 받은 때에는 자격에 관한 법령의 적용에 있어서는 장래에 한하여 형의 선고를 받지 아니한 것으로 본다.

그림 11-9 중범을 저질러 소년교도소에 수감되는 소년들

4. 소년보호사건

1) 소년보호사건과 그 처리절차

소년보호사건은 소년형사사건 이외의 것으로 촉법소년, 우범소년, 범죄소년의 범죄행위가 그 대상이 된다. 촉법소년과 우범소년의 경우는 경찰서장이 검사를 거치지 않고 직접 소년법원에 송치하여야 한다. 소년법원에 송치된 촉법소년과 우범소년에 대하여 소년법원이 조사 또는 심리한 결과 금고 이상의 형에 해당하는 범죄사실이 발견된 경우 그 동기와 죄질이 형사처분의 필요가 있다고 인정한 때에는 검사에게 송치하여 소년형사절차에 따라

처리하게 된다.

범죄소년의 경우는 경찰이 범죄소년을 검거한 때에는 검사에게 송치하여야 한다. 다만 경찰은 소년범죄에 대해서도 필요한 경우 훈방조치를 할 수 있다. 도로교통법이나 경범죄처벌법을 위반한 소년에 대해서는 범칙금을 통고처분하거나 즉결심판청구를 할 수 있다. 검사는 경찰로부터 송치되거나 직접 인지한 소년피의사건을 수사한 결과, 벌금 이하의 형에 해당하는 범죄이거나 보호처분에 해당하는 사유가 있다고 인정한 때에는 소년법원에 송치하여 보호사건으로 처리하고 그렇지 않은 경우에는 형사법원에 기소하여 일반 성인범죄자와 마찬가지로 형사사건으로 처리한다.

형사법원은 검사가 형사사건으로 기소한 소년피고사건을 심리한 결과 벌금 이하의 형에 해당하거나 보호처분에 해당할 사유가 있다고 인정한 때에는 소년법원에 송치하여 보호사건으로 처리하게 할 수 있다. 소년법원은 검사가 보호사건으로 송치한 소년사건을 심리한 결과, 금고 이상의 형사처분을 할 필요가 있다고 인정한 때에는 검사에게 송치하여 처리하도록 할 수 있다.

소년보호사건의 관할은 소년의 행위지, 거주지 또는 현재지로 한다. 그리고 소년보호사건은 가정법원 소년부 또는 지방법원 소년부에 속한다. 소년보호사건의 심리와 처분의 결정은 소년부단독판사가 행한다.

관할이 정해지면, 소년보호사건에 대한 조사와 심리가 이루어진다. 조사는 의학·심리학·교육학·사회학·기타 전문적인 지식을 활용하여 소년과 보호자 또는 참고인의 성행·경력·가정상황·기타 환경 등을 규명하도록 노력하여야 한다. 현재 소년재판부의 명을 받아 소년사건에 필요한 사항을 조사하는 조사관제도가 있으나 잘 운영되지 않고 있다. 주로 분류심사원에서 조사를 위탁하고 있는 실정이다. 2018년 현재 소년분류심사원은 '서울소년분류심사원'이 운영되고 있다. 소년분류심사원이 없는 지역은 소년원에서 업무를 대행하고 있으며, 부산·대구·광주·대전·춘천·제주 등에서 운영되고 있다. 2018년 현재 10개의 소년원 학교가 운영되고 있다. 서울소년원(고봉중·고등학교), 부산소년원(오륜정보산업학교), 대구소년원(읍내정보통신학교), 광주소년원(고룡정보산업학교), 전주소년원(송천정보통신학교), 대덕소년원(대산학교), 청주소년원(미평여자학교), 안양소년원(정심여자정보산업학교), 춘천소년원(신촌정보통신학교), 제주소년원(한길정보통신학교) 등이 있다. 서울·대구·춘천·전주·청주·충주소년원은 교과교육중심 소년원이고, 부산·광주·대전·대덕소년원은 직업훈련중심 소년원이다. 안양·제주소년원은 학과교육과 직업훈련을 병행하고 있다.

분류심사는 면접·심리검사·정신의학적 진단·행동관찰·생활상 및 환경자료의 분석 등의 조사방법에 의해 이루어지고 분류심사결과와 의견을 기재하고 있다. 소년부판사가 이 분류심사결과를 참작함은 물론이다.

소년부판사는 송치서와 조사관의 조사보고에 의하여 사건의 심리를 개시할 수 없거나 개시할 필요가 없다고 인정한 때에는 심리를 개시하지 아니한다는 결정을 하여야 한다(심리불개시결정). 사안이 경미하다는 이유로 심리불개시결정을 할 때에는 소년에 대하여 훈계하거나 보호자에 대하여 소년에 대한 엄격한 관리나 교육을 시키도록 고지할 수 있다. 소년부판사가 심리를 개시할 필요가 있다고 인정한 때에는 심리개시결정을 하여야 한다. 개시결정은 본인과 보호자에게 통지하여야 한다. 조사관·보호자 및 보조인은 심리기일에 출석할 수 있고, 보호사건의 심리는 공개하지 아니한다. 다만 판사가 적당하다고 인정하는 자에게 재석을 허가할 수 있다. 조사관·보호자 및 보조인은 심리에 관하여 의견을 진술할 수 있다.

소년부판사는 심리의 결과, 보호처분을 할 수 없거나 할 필요가 없다고 인정한 때에는 불처분 결정을 하여야 한다. 이 결정은 본인과 보호자에게 통지하여야 한다.

2) 보호처분의 종류와 기간

(1) 보호처분의 종류

소년부판사는 심리의 결과, 보호처분의 필요가 있다고 인정한 때에는 다음의 결정을 한다. ① 보호자 또는 보호자를 대신하여 소년을 보호할 수 있는 자에게 감호 위탁(1호처분), ② 수강명령(2호처분), ③ 사회봉사명령(3호처분), ④ 보호관찰관의 단기 보호관찰(4호처분), ⑤ 보호관찰관의 장기 보호관찰(5호처분), ⑥ 아동복지법에 따른 아동복지시설이나 그 밖의 소년보호시설에 감호 위탁(6호처분), ⑦ 병원, 요양소 또는 보호소년 등의 처우에 관한 법률에 따른 소년의료보호시설에 위탁(7호처분), ⑧ 1개월 이내의 소년원 송치(8호처분), ⑨ 단기 소년원 송치(9호처분), ⑩ 장기 소년원 송치(10호처분) 등이 있다.

다음의 처분 상호간에는 그 전부 또는 일부를 병합할 수 있다. ① 제1호·제2호·제3호·제4호처분, ② 제1호·제2호·제3호·제5호처분, ③ 제4호·제6호처분, ④ 제5호 · 제6호처분, ⑤ 제5호 · 제8호처분 등이다.

제3호처분(사회봉사명령)은 14세 이상의 소년에게만 할 수 있다. 그리고 제2호처분(수강명령) 및 제10호처분(장기 소년원 송치)은 12세 이상의 소년에게만 할 수 있다.

보호관찰처분에 따른 부가처분을 할 수 있도록 하였다. 단기 또는 장기 보호관찰처분을 할 때에 3개월 이내의 기간을 정하여 보호소년 등의 처우에 관한 법률에 따른 대안교육 또는 소년의 상담 · 선도 · 교화와 관련된 단체나 시설에서의 상담 · 교육을 받을 것을 동시에 명할 수 있다. 보호관찰의 또 다른 부가처분으로 1년 이내의 기간을 정하여 야간 등 특정 시간대의 외출을 제한하는 명령을 보호관찰대상자의 준수 사항으로 부과할 수 있다. 또한 소년부 판사는 가정상황 등을 고려하여 필요하다고 판단되면 보호자에게 소년원 · 소년분류심사원 또는 보호관찰소 등에서 실시하는 소년의 보호를 위한 특별교육을 받을 것을 명할 수 있다.

(2) 보호처분의 기간

제1호 · 제6호 · 제7호(각종 감호위탁)의 위탁기간은 6개월로 하되, 소년부 판사는 결정으로써 6개월의 범위에서 한 번에 한하여 그 기간을 연장할 수 있다. 다만, 소년부 판사는 필요한 경우에는 언제든지 결정으로써 그 위탁을 종료시킬 수 있다.

제4호의 단기보호관찰기간은 1년으로 한다. 제5호의 장기보호관찰기간은 2년으로 한다. 다만, 소년부 판사는 보호관찰관의 신청에 따라 결정으로써 1년의 범위에서 한 번에 한하여 그 기간을 연장할 수 있다.

제2호의 수강명령은 100시간을, 제3호의 사회봉사명령은 200시간을 초과할 수 없으며, 보호관찰관이 그 명령을 집행할 때에는 사건 본인의 정상적인 생활을 방해하지 않도록 해야 한다.

제9호의 단기 소년원 송치 소년의 보호기간은 6개월을 초과하지 못하고, 제10호의 장기 소년원 송치 소년의 보호기간은 2년을 초과하지 못한다.

제6호부터 제10호까지의 어느 하나에 해당하는 처분을 받은 소년이 시설 위탁이나 수용 이후 그 시설을 이탈하였을 때에는 위 처분기간은 진행이 정지되고, 재위탁 또는 재수용된 때로부터 다시 진행된다.

보호관찰에 대해 좀 더 자세히 살펴보면, 보호관찰은 보호관찰 등에 관한 법률의 규율을 받는다. 이 법은 죄를 지은 사람으로서 재범 방지를 위하여 보호관찰, 사회봉사, 수강 및 갱생보호 등 체계적인 사회 내 처우가 필요하다고 인정되는 사람을 지도하고 보살피며 도움으로써 건전한 사회 복귀를 촉진하고, 효율적인 범죄예방 활동을 전개함으로써 개인 및 공공의 복지를 증진함과 아울로 사회를 보호함을 목적으로 하고 있다.

보호관찰기관은 보호관찰 심사위원회와 보호관찰소가 있으며, 보호관찰은 보호관찰에 필요한 전문적 지식과 소양을 갖춘 보호관찰관과 이들을 지원하는 민간봉사자인 범죄예방위원이 담당하고 있다. 보호관찰에 회부되는 대상자와 관찰기간은 ① 보호관찰을 조건으로 선고유예를 받은 자는 1년, ② 보호관찰을 조건으로 형의 집행유예를 선고받은 자는 그 유예 기간, ③ 가석방자는 형법 제73조의2(가석방된 자는 보호관찰을 받는다) 또는 소년법 제66조(가석방 기간)에 규정된 기간, ④ 임시퇴원자는 퇴원일로부터 6개월 이상 2년 이하의 범위에서 심사위원회가 정한 기간, ⑤ 소년법 제32조제1항 제4호(단기보호관찰)·제5호(장기보호관찰)의 처분을 받은 자는 그 법률에서 정한 기간, ⑥ 다른 법률에 따라 이 법에서 정한 보호관찰을 받는 자는 그 법률에서 정한 기간 등이다.

보호관찰 대상자는 다음과 같은 준수사항을 지켜야 한다. 여기에는 ① 주거지에 상주하고 생업에 종사할 것, ② 범죄로 이어지기 쉬운 나쁜 습관을 버리고 선행을 하며 범죄를 저지를 염려가 있는 사람들과 교제하거나 어울리지 말 것, ③ 보호관찰관의 지도·감독에 따르고 방문하면 응대할 것, ④ 주거를 이전하거나 1개월 이상 국내외 여행을 할 때에는 미리 보호관찰관에게 신고할 것 등이 포함된다.

법원은 사회봉사를 명할 때에는 200시간, 수강을 명할 때에는 100시간의 범위에서 그 기간을 정하여야 한다.

소년원에 송치된 청소년들은 교육적 기능을 중시하는 소년원의 취지에 비추어 엄격한 규율과 기본적 교육훈련 및 생활지도, 직업훈련을 통하여 성격과 행동을 교정하는 데 중점을 두는 교육을 받는다.

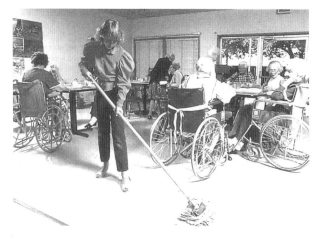

그림 11-10 사회봉사명령을 받은 소녀가 노인장애시설에서 청소를 하고 있는 모습

제3절 ☞ 형벌과 보안처분

1. 사형

1) 사형의 의의

사형은 수형자의 생명을 박탈하는 형벌로서 생명형(生命刑) 또는 극형(極刑)이라 불린다. 사형은 인류역사와 함께 중심적인 형벌 또는 본보기 형벌로서 다양한 방법으로 집행되어 왔다.

임금이나 종묘사직에 대한 능멸, 전쟁에서의 패배나 적국으로의 투항, 인류에 반하는 행동들에 대해 공개적이고 참혹한 방법으로 처형함으로써 많은 사람들이 속시원해 하고 다른 한편으로는 두려움에 떨도록 하는 것이 그 목적이었다.

손도끼를 든 망나니가 춤판을 벌이며 사형수의 혼을 빼놓고 갑자기 목을 쳐죽이는 수부살(手斧殺), 시체를 6토막(양팔, 양다리, 몸통, 머리)내는 육시형(戮屍刑), 펄펄 끓는 가마솥에 처넣어 죽이는 팽형(烹刑), 돌로 쳐죽이는 석살(石殺) 등 이루 말로 표현할 수 없는 참혹한 방법이 많았다.

그 외에도 사람의 팔과 다리에 끈을 매달아 말이나 소가 서로 다른 방향으로 내달아 찢어 죽이기도 하고, 펄펄 끓는 기름을 부어 죽이기도 하며, 쇠꼬챙이를 불에 달구어 죽이는가 하면 사지를 하나하나 절단하여 급기야는 죽음에 이르도록 하기도 하였다.

죽이는 것만으로도 모자라 목을 길거리에 달아(梟首) 놓기도 하고, 범죄자 가족들을 몰살시키기도 하고, 죽은 자의 묘를 파헤쳐 다시 훼손을 가하기도 하였다. 그래도 조금은 사형수의 명예를 생각하는 방법들도 있었다. 비단 끈을 내려 스스로 목을 매게 하거나, 사약을 마시게 하기도 하고, 패전장수들에게는 자진(自盡)의 기회를 주기도 하였다.

그림 11-11 코끼리 발로 사형수의 머리를 밟아 죽이고 있는 사형장면

근대에 이르러 사형의 방법은 총살·참살·주사살·전기살·가스살·독살·교살 등으로 변하였다.

총살은 총으로 사형수의 생명을 박탈하는 방법이다. 사형수의 명예를 존중하는 의미에서 주로 군인들이 그 대상이 되었다. 현재도 대부분의 나라가 군인에 대해서는 총살을 원칙으로 하고 있고 이는 우리나라도 마찬가지이다.

참살(斬殺)은 사형수의 목을 절단하여 생명을 박탈하는 방법이다. 프랑스의 의사 기요탱(Guillotine)이 그 동안 사용되어 오던 단두대를 1791년에 개량하여 만들었는데, 상부의 철(凸)과 하부의 요(凹) 사이에 사형수의 경부를 놓고, 상부의 60kg 정도의 칼이 달린 철을 2m 정도의 높이에서 낙하시킴으로써 참수하는 것이다. 이 형구에 의하여 당시 절대 권력을 자랑하던 루이 16세와 그 왕비가 처형되었다. 기요탱 자신도 단두대의 이슬로 사라진 것은 역사의 아이러니가 아닐 수 없다. 참수의 또 다른 방법은 칼이나 손도끼로 사형집행인(망나니)이 직접 사형수의 목을 치는 것이다.

주사살은 치명적인 약물을 주사로 주입하여 죽이는 방법이다. 가스살 또는 독살은 각각 가스나 독약으로 생명을 박탈하는 방법이다.

전기살은 사형집행용 전기의자에 사형수를 포박한 뒤 머리에 전기모자를 씌우고 다리에서 머리까지 2,000~3,000V의 고압전류를 통하게 하여 집행한다. 고통이 적고 순간적이라 장점도 있지만 사형수의 얼굴이 참혹하게 일그러지고 시체가 검게 변하는 등 참혹성 때문에 최근에는 거의 활용되지 않는다.

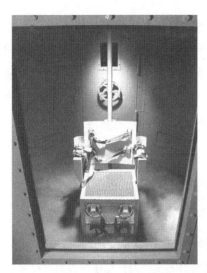
그림 11-12 사형집행용 전기의자

그림 11-13 사형집행용 가스실

사형제도가 인정되고 있는 대부분의 나라는 민간인 범죄자를 대상으로 교
살(絞殺: hanging)을 하고 있다. 교살은 포승으로 사형수의 목을 매달아 질
식시켜 죽이는 방법이다. 사형을 집행하는 교수대는 지상교가식과 지하교가
식이 있으나 우리나라를 비롯한 많은 나라들이 지하교가식으로 집행한다. 지
상교가식은 사형수의 목에 걸린 포승을 위로 잡아 당겨 질식시키거나 사망
하게 하는 방법이고, 지하교가식은 사형수의 발밑이 꺼져(답판이 내려가면)
신체가 지하로 떨어지면서 순간적으로 목이 조여 질식시키거나 사망하게 하
는 방법이다.

우리나라의 사형집행순서를 보자. 법무부장관의 사형집행명령이 있으면 5일
이내에 사형을 집행하여야 한다. 집행에는 검사, 교도소장이나 구치소장 혹
은 그 대리인이 입회한 가운데 사형수를 교수대에 세워 놓고, 사형수의 인적
사항을 인정심문하고 신부나 목사 또는 스님이 성경을 낭독하거나 찬송가를
합창하거나 독경을 한 후 사형수의 유언을 듣는다. 사형수의 마지막 말에는
사형수가 살아온 인생의 총무게가 달려 있을 정도로 비감하다고 한다. 자신
의 장기를 기증하고 죄를 뉘우치면서 죽음을 맞는 자가 많다고 한다. 집행
시에는 교도관 3명이 사형수의 양손을 포박하고 종이나 용수로 얼굴을 가리
며 사형장 교가답판에 앉히고 양발을 맨 다음 포승을 목에 걸어 어느 정도
조른다. 소장의 사형집행선언으로 포인트를 눌러 답판이 하락하면 신체가 공
중에 매달려 목이 조여 질식하거나 사망하게 된다. 5분 정도 지난 후에 의

무관은 절명사실을 확인하고 포승을 푼다. 이후 의무관은 재차 검시하여 사망사실을 다시 확인하고 사망진단서에 사형으로 기재한다. 사형집행에 관여한 사람들은 사형수의 혼이 뒤따른다는 미신 때문에 집행 당일에는 집에 들어가지 않고 외박을 하는 것이 불문율로 되어 있다고 한다. 비록 지은 죄는 밉지만 같은 인간으로서 차마 하지 못할 일을 한 산 자들의 고뇌가 엿보이는 장면이다.

2) 현행법상 사형규정

형법상 사형을 선고할 수 있는 죄는 15개 조항이 있다. 내란죄, 내란목적 살인죄, 외환유치죄, 여적죄(與敵罪), 모병이적죄, 시설제공이적죄, 시설파괴이적죄, 간첩죄, 폭발물사용죄, 현주건조물방화치사죄, 살인·존속살해죄, 강간 등 살인죄, 인질살해죄, 강도살인죄, 해상강도살인·치사·강간죄 등이다. 형법에 있어서 절대적 법정형으로서 사형을 과할 수 있는 죄는 여적죄 뿐이고 그 이외의 경우는 대부분 상대적 법정형으로서 법관의 재량에 의하여 자유형을 선택적으로 과할 것으로 규정되어 있다.

특정범죄 가중 처벌법에는 약취·유인죄의 가중처벌, 도주차량운전자의 가중처벌, 상습 강·절도 등의 가중처벌, 강도상해 등 재범자의 가중처벌, 범죄단체 등의 조직, 보복범죄의 가중처벌, 마약사범의 가중처벌 등 19개 조항이 사형을 과할 수 있게 규정되어 있다.

기타 폭력행위 등 처벌법(1개 조항), 보건범죄단속법(3개 조항), 국가보안법(3개 조항), 군형법(46개 조항) 등 사형이 가능한 죄명은 무려 90가지에 이른다. 군형법을 제외하고라도 사형범죄가 50여 개에 이르는 이유는 국가가 비상시국에 처하거나 중요 특이사건이 일어날 때마다 정적들을 제거하기 위해서였고 들끓는 여론을 무마하거나 정의사회구현을 빌미로 법정형을 상향시켰기 때문이다.

2008년 12월 엠네스티(국제사면위원회)는 우리나라를 '사실상 사형폐지 국가'에 포함시켰다. 이것은 우리나라가 김영삼 정부 시절인 1997년 12월 30일 사형집행을 마지막으로 이후에는 사형집행이 이루어지지 않았다. 10년간 사형집행을 실시하지 않으면 사실상 사형폐지 국가로 인정하는 관례에 따른 것이었다.

3) 사형존폐론

(1) 사형폐지론

유럽·오세아니아·중남미의 대다수 국가들이 사형제도를 폐지하고 있다. 2000년 들어서 러시아가 사실상 사형제도를 폐지함으로써, 2009년 사형을 완전 폐지한 나라는 102개국이고 사실상 사형 폐지국은 31개국, 사형 존치국은 64개국에 달한다. 이와 같이 사형존치국가는 64개국으로 점차 줄어들고 있는데, 존치국가는 미국을 비롯하여 우리나라와 중국 등의 아시아, 아프리카의 대다수, 중동국가들이다. 특히 미국은 죄질이 나쁠 경우 미성년자까지도 사형에 처할 수 있도록 허용하는 몇 안 되는 나라 가운데 하나이다.

사형폐지론은 1977년 12월 국제사면위원회가 사형제도에 반대하는 '스톡홀름 선언'을 내놓은 뒤 주목받기 시작하여 이후 유엔 및 국제인권단체들이 사형폐지운동을 꾸준히 벌이고 있다. 특히 동위원회는 1989년부터 '사형없는 세계를 향하여'라는 구호를 내걸고 사형폐지운동을 이슈화하고 있고, 유엔범죄방지위원회는 지속적인 사형연구로 사형의 효과를 의문시하는 연구를 내놓음으로써 사형폐지가 국제사회의 대세로 자리잡고 있다. 이러한 가운데 우리나라도 국회의원들은 물론이고 민간인권단체와 형사학자들을 중심(사형폐지운동협의회)으로 사형폐지운동을 활발히 전개하고 있는 시점이다.

사형폐지론의 논거는 다음과 같다.

① 사형은 야만적이고 잔혹하므로 인간의 존엄성을 침해한다.

② 국가가 생명을 박탈할 권리를 가지고 있지 않다.

③ 형사정책적 관점에서 사형은 일반예방기능(범죄억제효과)이 없다.

④ 오판에 의한 사형의 집행은 회복할 수 없다.

⑤ 사형은 피해자에 대한 피해회복 내지 구제에 전혀 도움이 안 된다.

⑥ 사형은 형벌의 교육적·개선적 기능을 달성할 수 없다.

⑦ 정치적 또는 여론무마용으로 악용될 소지가 많다.

(2) 사형존치론과 시기상조론

이에 반하여 사형존치론과 시기상조론은 다음과 같은 논거를 들고 있다.

① 사형은 분명히 범죄억제효과가 있다.

② 시민들의 법감정, 특히 피해자나 그 가족들의 법감정에 따라야 한다. 피해자의 원한을 풀어주어야 한다.

③ 극악무도한 인물은 사회를 위해 영구히 제거되어야 한다.

④ 오판은 어느 형벌에서나 있을 수 있고, 적법절차와 감시를 통해 개선이 가능하다.

⑤ 범죄자들과 끊임없이 접촉하고 있는 경찰·검사·교도관 등의 다수가 사형 존치를 희망하고 있다.

⑥ 사형이 종신형보다 오히려 인간적일 수도 있다.

⑦ 사형존폐의 문제는 정치적·사회적·문화적으로 국민 사이에 합의가 있어야 한다.

⑧ 앞으로 사형은 폐지되는 것이 마땅하나 점진적·제한적으로 폐지되어야 한다.

쉼터

지존파(至尊派)와 막가파

19○○년 9월 전남 영광에서 한국사회를 경악시킨 '지존파'가 검거되었다. 자신들이 이 세상에서 가장 귀한 존재라는 의미에서 '지존파'라 이름하였다. 이들은 세상에서 가장 귀한 존재가 되고 싶었다. 그러기 위해서는 돈이 필요했다. 정상적인 방법으로 돈벌이를 시도하기도 하였지만 걸림돌이 너무 많았다. 이들은 생각을 바꿔 돈 많고 외제차 타고 애인을 달고 다니는 중년 아저씨와 아주머니들을 범행대상으로 삼았다. 5차례의 연쇄납치 행각을 벌여 금품을 빼앗고는 모두 살해하여, 자신들의 집 지하 소각로에서 시체를 태워버렸다. 조직이탈의 기미를 보이던 동료조직원(송○○, 23세)까지도 무참히 살해 소각해버렸다.

일당 중 주범인 김○○(지존, 26세)은 재판과정에서 고개를 빳빳이 세운 채 재판관들에게 싸늘한 미소를 보내며, "우리를 단죄하기에 앞서 피끓는 젊은이들이 왜 목숨을 걸고 상상하기도 어려운 이 같은 일을 저질렀는지를 사회지도층 인사들은 깊이 반성해야 합니다" 조직원을 살해한 것은 좀 심하지 않았느냐는 질문에 "개 한 마리 더 잡은 것으로 생각한다"고 극언을 서슴지 않았다. 최후 진술에서 "내 죄가 너무 가벼워 지옥이 있다면 말석에 떨어질까 두렵다"고 했다.

일당 모두 사형수의 몸이 되었다. 이들은 결국 죽음 앞에서 순한 양이 되고, 회개의 나날을 보내다 형장의 이슬이 되었다.

이후에 지존파를 모방한 '막가파(막가는 인생)'가 검거되었다. 이들 역시 지존파처럼 외제차를 타고 다니던 술집 여주인을 납치, 금품을 빼앗고, 경기 화성의 소금창고로 피해자를 끌고가 "살려달라"고 애원하던 여인을 산채로 구덩이에 밀어 넣어 매장해버렸다. 이들 역시 "잘살고 높은 자리에 있는 놈들 모두를 죽이고 싶었다"고 말해 사회에 대한 강한 적개심을 보였다.

2. 자유형

1) 자유형의 의의

자유형이란 수형자의 신체적 자유를 박탈하는 것을 내용으로 하는 형벌로 구금형(拘禁刑)이라고도 한다. 자유형과 교도소 수감은 불가분의 관계를 갖고 있다.

자유형하면 아직도 감옥소를 상기하는 사람들이 많다. 수형자들이 쇠사슬에 묶여 교도관의 엄격한 통제 아래 상상 이상의 노동을 하거나, 빛이 들어오지 않는 음습한 지하감옥에 갇혀 지내는 비참한 모습을 상상하게 한다. 그만큼 수형자의 구금확보가 절대적으로 중시된 시절이 있었다. 아직도 세계 곳곳에는 이런 중구금(重拘禁)교도소들이 있다. 범죄자를 대형시설에 모아 놓고 엄격히 통제하며 이상생활(보안·훈육·질서측면)을 하도록 강요하고 있는 것이다. 과거의 전통적인 교정시설과 다를 바 없는 경우까지도 있다.

1950년대 이후에 교정에 있어서도 많은 변화를 겪게 되는데 그 중에서도 가장 중요한 변화는 교화개선(rehabilitation) 또는 개별처우(individual treatment)사상의 등장이다. 죄수라는 값싼 노동력을 이용하면서 이들에게 근로 의욕을 심어 주고 엄격한 훈육으로 생활을 통제함으로써 범죄자의 악습과 습벽을 교정하여 재사회화하여야 한다는 사상이다. 그러나 실제로는 이 당시에 노동을 시키는 '교화소'가 많았는데 하루일과는 주로 기도와 노동 및 훈련이었다. 교도소가 노동자 합숙소가 되면서 생산증가와 이윤추구의 장이 되고 다양한 범죄자들을 분류하지 않고 수용함으로써 범죄학교와 같이 변질되었다.

19세기에 들어 계몽사상의 영향으로 많은 교도소들은 수형자에게 직업교육과 종교교육을 통해 교화를 시도하였다. 수형성적이 좋은 경우 형기를 단축한다던가, 출소 후 정상적인 사회생활이 가능하도록 기술을 가르쳐 주었다. 독방 수용의 필요성, 수용과밀로 인한 악풍감염과 전염병의 예방을 위한 노력, 종교적 감화를 통한 수형자 개선교육, 비인간적인 수형시설의 개선 등 획기적인 변화를 맞게 되었다.

근자에 이르러 재통합(reintegration)사상이 나오게 되었다. 이 사상은 자유형에 처해진 수형자(재소자 또는 소년원생)가 언젠가는 사회로 되돌아갈 것이라는 사실을 염두에 두고 있다. 따라서 이들이 재범을 저지르지 않고 사회에 적응할 수 있도록 지역사회 및 가족과 유대관계를 계속 유지시키는 것이다. 이 사상은 지역사회교정의 목표와 구조에 연계되어 있음은 물론이다. 이리하여 교정시설의 운영에도 괄목할 만한 변화가 일어나게 되었다. 물론 재소자는 교도소에 수용되어 있지만, 단순히 수용에만 머물지 않고 수용 중에 더 많은 자유가 제공되고 책임감을 느끼도록 보살피며 수용경험이 재통합에 기여하도록 현대사회에서 필요한 고급기술훈련을 실시하는 것이 하나이다. 다른 한편으로는 가석방이나 보호관찰의 확대로 지역사회교정센터(community correctional center)나 중간처우의 집(halfway house) 또는 외부통근(work release) 등을 시킴으로써 출소 후 바로 정상적인 사회생활이 가능하도록 사회적응훈련을 내실화 하는 것이다.

2) 자유형의 종류

(1) 징역

징역은 수형자를 교도소 내에 구치하여 정역(定役 또는 勞役)에 복무하게 하는 형벌이다. 징역에는 유기징역과 무기징역이 있다. 유기징역은 1월 이상 15년 이하의 기간이며, 가중하는 경우에는 최장 25년까지 가능하다. 무기징역은 종신형으로서 10년이 경과하고 행형성적이 우수하면 가석방이 가능하다.

(2) 금고

금고는 수형자를 교도소 내에 구치하되 정역이 과해지지 않는 형벌이다. 징역과 마찬가지로 유기와 무기금고가 있다. 그러나 일을 하지 않는다는 점에서 징역과 구별된다. 수형자의 신청이 있으면 작업을 하도록 할 수 있다. 금고형은 원래 수형자의 자존심을 고려하여 강제노역을 부과하지 않고 있으나 오늘날은 노동에 대한 시각변화로 오히려 노동을 통하여 수형생활을 더욱 효과적으로 극복할 수 있다고 보기 때문에 의미 있는 형벌제도로 보기는 어렵다.

(3) 구류

구류는 1일 이상 30일 미만의 기간 동안 수형자를 교도소 내에 구치하는 자유형이다. 수형자는 정역에 복무하지 않지만 본인의 신청이 있으면 가능하다는 점에서 금고와 동일하다. 구류 역시 형벌이므로 형사소송법상의 강제처분에 해당하는 구금이나 벌금·과료를 납부하지 않을 경우의 환형처분인 노역장유치와는 성격이 다르다.

(4) 노역장 유치

형법은 벌금의 미납 시 1일 이상 3년 이하, 과료의 미납 시 1일 이상 30일 미만의 노역장 유치를 규정하고 있다. 이를 대체자유형(代替自由刑)이라 부른다.

3) 자유형 관련문제

징역에 있어서는 무기자유형의 문제와 단기자유형의 폐해가 주요 개선쟁점으로 지적되고 있다. 무기형의 문제는 무기수가 장기간의 구금생활로 정신적 장애는 물론 사회적응능력을 상실한다는 것이다. 사형보다도 오히려 더 잔인하고 비인도적이라는 비판도 함께 나오고 있다. 따라서 상당기간 동안 수형생활을 하고 재범의 우려가 없다면 가석방을 법적으로 보장해주는 방안을 생각해 볼 필요가 있다. 단기자유형은 현실적으로 집행유예를 선고하기도 어렵고 그렇다고 하여 장기의 유기징역도 부적합한 경우 어쩔 수 없이 이를 선고하는 경우가 많다. 그런데 단기자유형은 범인에게 징벌적 효과는 거둘 수 있으나, 교도소 내에서 다른 많은 범죄자들과 접촉하게 됨으로써 범죄문화에 오염(惡風感染)될 수 있다. 범죄자 스스로 느끼는 좌절감(감옥살이를 했다는 인식, 전과자, 가족관계의 문제, 직업의 상실 등) 등이 폐해로 지적되고 있다. 따라서 6개월 이하는 집행유예의 확대나 벌금형으로 대체하는 것이 요망된다. 부정기형제도도 찬반 양론이 있는 바, 성인범의 경우는 자신들의 노력으로 가석방을 앞당길 수 있으므로 폐지하는 것이 바람직하다고 생각된다. 소년범의 경우는 특별예방(소년범 개인의 장래 재범방지)의 문제가 중요하기에 스스로 노력하여 단기(예, 장기 5년 단기 3년에 처함의 경우 3년)에 마칠 수 있도록 하는 상대적 부정기형제도가 장려될 필요가 있을 것이다.

금고의 경우 노역에의 복무 여부가 범죄자의 재사회화에 도움이 되지 않는다는 지적이 많다. 실제로 금고수형자의 70% 정도가 청원작업에 종사하고 있으므로 양자의 구별은 더 이상 의미가 없는 경우가 많다. 이리하여 독일의 경우는 자유형을 징역과 금고로 구분하지 않고 자유형(징역)만을 인정하는 단일자유형제도를 채택하고 있다. 생각하건대, 우리나라의 경우도 원칙적으로는 징역형만을 인정하고 예외적으로 노동능력이 없는 자, 질병자, 고령자,

사상범 등 작업능력이 없거나 원치 않는 자에게만 금고형을 과하는 것이 타당하다고 본다.

쉼터 　　　　　　　　　　　　　　　사방

　　우리나라 교도소 사방(舍房)은 혼거실의 경우 대략 5~6평쯤 된다. 이 공간에서 15명 또는 그 이상이 함께 생활한다. 최근에 새로 지은 교도소들은 그나마 수용환경이 좀 나은 편이다. 그렇다 하더라도 비좁기는 마찬가지이다(수용과밀). 아침에 기상해서 세수하고 용변보고 작업하러 나간다. 저녁 식사 후에 함께 모여 잠을 잔다. 잠자리가 비좁고 불편해서 똑바로 누워 잠을 자야 한다. 더욱이 이 방안에서도 위계질서가 있어 먼저 들어온 사람이 감방장으로 좀 넓고 편한 자리를 차지한다. 혹시 수형자 중에 전과가 화려하거나 조직폭력 출신이 있다면 그가 대장 노릇을 하며 몇 사람의 몫을 차지하는 경우도 있다. 가뜩이나 좁은 공간인데 상황이 그러하니 나머지 사람들의 공간적 여유는 말할 필요도 없다. 마치 닭장 속의 닭과 같은 신세이다.
　　일부 환경운동가나 동물애호가들이 비좁은 우리 속에서 사육되고 있는 동물들의 고통을 체험하기 위해 직접 우리 속에서 며칠을 보내기도 한다. 그네들의 체험담을 들어보면 너무 공간이 비좁다 보니 아무런 생각도 할 수 없고 오직 하루 빨리 밖으로 나가야 한다는 생각만 하게 된다니 더 이상 무슨 말이 필요하겠는가!

구류 역시 단기자유형의 폐해와 같은 문제들이 발견되므로 구류제도를 폐지하고 벌금형이나 행정벌, 집행유예 또는 선고유예와 같은 다른 대체방법을 강구하는 것이 타당하다고 본다.

3. 재산형

1) 재산형의 의의

　　재산형은 범죄자로부터 재산적 이익을 박탈하는 형벌로서 현행법은 벌금, 과료, 몰수를 규정하고 있다. 벌금이나 과료를 완납할 수 없을 경우에는 노역장에 유치된다. 몰수는 부가형으로서 범죄로 인하여 얻은 재산을 박탈하기 위함이다. 또한 몰수해야 할 물건을 몰수할 수 없을 경우에는 그에 대신하는 금액을 국고에 납입하도록 명하는 추징이 있다.
　　벌금형으로 대표되는 재산형의 역사는 함무라비법전까지 거슬러 올라간다.

고조선의 '8조법금(八條法禁)'에도 "남에게 상해를 입힌 자는 곡물로써 배상한다," "남의 물건을 훔친 자는 노비로 삼는다. 단 자속하고자 하는 자는 50만 전을 내야 한다"라고 규정될 만큼 깊은 역사를 갖고 있다. 벌금형은 국가의 재정수입에도 큰 기여를 하였으므로 중세 유럽의 국가들은 신체형은 가난한 자들에게만 가하고 경제적 능력이 있는 자에 대해서는 벌금형을 부과하였다.

오늘날의 벌금형은 단기자유형의 폐해를 줄이는 수단으로 주장되고 있다. 또 일부 범죄에 대해서는 벌금형이 효과적이고, 교도소의 과밀수용을 방지하며, 범죄자의 재범기회를 차단하면서 정상적인 사회활동의 기회를 부여하고 있다는 점에서 점차 확대 적용되고 있는 추세이다.

미국의 경우에는 형사사법의 운용에 대한 경제적 시각의 접근이 벌금형의 확산에 기여하고 있다. 즉, 수형시설(교도소·구치소·소년원·소년교도소·중간처우의 집 등) 유지에 드는 막대한 예산의 낭비, 과밀수용으로 인한 분류수용의 미철저, 이로 인한 시민의 납세부담 증가 등이 벌금형을 형사제재의 중요 수단으로 인식하게 하였다.

우리나라는 1999년의 경우 제1심 공판사건처리에서 전체 195,585명의 15.6%에 대해 재산형을 선고하였다. 독일이나 미국의 경우는 90%에 육박할 정도로 벌금형의 선고비율이 높아 이로 인한 재정수입이 막대하다고 한다.

2) 재산형의 종류

(1) 벌금

벌금형은 범죄인으로 하여금 일정한 금액을 지불하도록 강제하는 형벌이다. 벌금의 역사는 전술한 바와 같이 유구한 것이지만 근대적인 벌금형은 단기자유형의 폐해를 제거하고 국가수입을 늘리기 위한 방편으로 등장한 것이다. 벌금은 50,000원 이상이며 감경하는 경우에는 50,000원 미만도 가능하다. 벌금의 상한액에는 제한이 없다. 대신 각 구성요건에서 상한액을 규정하고 있다(총액벌금제도: …… 또는 000만 원 이하의 벌금에 처한다). 형벌로서의 법적 성격은 ① 제3자의 대납이 허용되지 않고, ② 국가에 대한 채권과의 상계가 허용되지 않으며, ③ 범인 이외의 자와 공동연대책임이 허용되지 않고, ④ 원칙적으로 벌금의 상속은 인정되지 않는다. 따라서 벌금형은 일정한 금액의 지급의무만을 부담하게 하는 데 그친다. 벌금은 확정판결일로부터 30일 이내에 납입하여야 한다. 벌금을 납입하지 아니한 자는 1일 이상

3년 이하의 기간 동안 노역장에 유치하여 작업에 복무하게 함으로써 벌금의 납입을 대체하게 한다(벌금형의 환형처분).

자본주의사회에서 벌금형은 범죄자에게 경제적 손실을 가져오므로 위하력이 있다. 논자에 따라서는 자유형에 못지 않은 위하적 효과를 가진다는 주장이 있기도 하다. 동시에 벌금형은 사회생활의 중단과 가정의 파탄을 막으며, 시설수용으로 인한 악풍감염의 방지와 형집행 비용의 경제성 등으로 효과적인 제재수단이라는 점이 장점이다. 반면에 범죄자의 행동통제가 불가능하고, 총액벌금제도의 경우 경제적 강자와 약자간의 불공평성 등을 들어 반대하는 견해도 있으나 전자가 우세하다.

(2) 과료

과료는 벌금형과 마찬가지이나 금액의 면에서 차이가 난다. 즉, 2,000원 이상 50,000원 미만이다. 미납에 따른 처분도 차이가 나는데, 1일 이상 30일 미만의 기간 동안 노역장에 유치된다. 노역장유치는 과료선고와 동시에 일정액의 과료액을 1일로 환산한 기간 동안을 노역장에 유치한다고 선고하여야 한다. 과료는 행정벌인 과태료와 구별된다.

(3) 몰수

몰수는 범죄의 반복을 막거나 범죄로부터 얻은 이익을 박탈하는 것을 내용으로 한다. 몰수는 자유형과 벌금형만으로는 달성할 수 없는 형벌의 기능을 보완하는 제도이다. 예를 들면, 공무원의 뇌물범죄나 조직폭력범죄, 마약류범죄 등과 같은 경우 자유형이나 벌금형만으로는 이들 범죄의 재발을 막는데에도 부족한 점이 많다. 그 이유는 이러한 형벌에도 불구하고 범죄로부터의 수익이 크다면 형벌을 감수하고서라도 범죄를 계속하려고 할 것이기 때문이다. 그러므로 이들 범죄로 인한 수익을 박탈하지 않고서는 소기의 목적(범죄의 억제)을 달성할 수 없다.

형법은 몰수를 재산형의 일종으로 규정하고 있으므로 형식상 형벌이라고 볼 수 있으나 실질적으로는 형벌 목적 이외에 다양한 목적을 상정하고 규정된 제도이다. 즉, 행위자나 공범의 소유에 속하는 물건의 몰수는 재산형의 성격을 띤다. 그러나 한편으로는 재범의 위험성을 예방하거나 차단하기 위한 사전적 보안처분의 성격도 아울러 갖고 있다.

몰수의 대상은 ① 범죄행위에 제공하였거나 제공하려고 한 물건, ② 범죄행위로 인하여 생겼거나 이로 인하여 취득한 물건, ③ 앞의 두 경우의 대가로 취득한 물건이다. 몰수를 하기 위해서는 범인(공범 포함)의 소유에 속한 물건이거나 범인의 것으로 간주되는 물건이다.

(4) 추징

추징은 범죄자가 몰수의 대상인 물건(예: 뇌물로 받은 수표나 어음)을 써버렸거나 반환 또는 분실한 경우(사실상 또는 법률상 몰수가 불가능)에 그 가액을 추가로 징수하는 것이다. 몰수의 취지가 범죄에 의한 이득의 박탈을 목적으로 하는 것과 마찬가지로 추징 역시 이러한 몰수의 취지를 관철하기 위한 것이다.

3) 재산형 관련문제

벌금을 범죄자의 재산이나 수입의 과다를 고려하지 않고 부과하는 것은 형평에 어긋난다는 지적이 있다. 즉, 경제적 능력에 맞추어 부과하는 것이 경제적 불평등을 해소하는 방법이라는 것이다. 이러한 관념에 입각하여 고안된 것이 일수벌금제도(日數罰金制度: day-fine system)이다. 우선 범행의 경중에 따라 일수를 정하고, 다음으로 피고인의 수입상황을 고려하여 일수당 정액을 결정한 다음 일수에 일수정액을 곱하여 벌금액을 산정하는 방식이다. 예를 들어, 피고인 A, B의 범죄행위가 각각 50일, 55일 정도 되고, 그들의 일수정액이 각각 70,000원, 50,000원이라고 한다면 A벌금총액은 50×70,000＝350만원이고, B의 벌금총액은 55×50,000＝275만원이 된다. 이 제도는 핀란드·스웨덴·덴마크·독일·오스트리아 등이 도입하여 시행 중에 있다. 미국에서도 몇몇 주에서 일수벌금제도를 도입하고 있다. 벌금의 납부기일 연장과 분할납부의 허용문제가 있다. 30일 이내에 납부하지 않을 경우 바로 강제징수나 노역장유치를 하는 것은 벌금의 납입 자체를 어렵게 하는 것이므로 분납제도를 활용하는 것이 바람직할 것으로 보인다. 현재 벌금의 일부납부는 인정되고 있지만 실무상으로는 사후납부를 담보하기가 곤란하다는 점에서 거의 활용되지 않고 있다.

과료의 경우 50,000원 미만의 금액을 형벌로 부과하는 것은 형벌의 실효성이라는 측면에서 효과를 기대하기 어렵다고 생각한다. 따라서 과료에 처해지는 범죄(경범죄처벌법, 형법상의 공연음란죄, 도박죄·복표취득죄·과실치상죄·점유이탈물횡령죄 등)에 대해서는 비범죄화하거나 범칙금이나 과태료와 같은 행정벌로의 대체가 바람직할 것으로 생각된다.

몰수나 추징은 오늘날 범죄수익의 몰수문제가 중요한 하나의 전략으로 자리잡고 있는 점에 비추어 오히려 적극 활용되어야 할 것이다. 유엔이나 세계 각국은 조직범죄나 마약류범죄에 대해 사람이나 물품보다는 자금을 남김없이 박탈하는 것이 더 효과적이라는 점에 착안하고 있다. 즉, 불법수입을 박탈함으로써 불법행위를 통한 재산의 축적이라는 동기를 약화시키고, 범죄집단의 생명인 자금줄을 차단함으로써 조직 스스로가 와해되도록 하는 것이 더 바람직하다는 것이다.

콜롬비아 최대의 세력을 자랑하며 미국으로 밀반입되는 코카인의 80%를 공급해 오던 칼리카르텔이 미국수사기관의 자금몰수 전략 앞에 여지없이 무너지고 있는 현실은 자금박탈전략의 위력을 단적으로 입증해주는 것이다. 정치인이나 공무원의 부정부패도 마찬가지로 이들이 불법자금을 세탁할 수 없도록 하는 제도적 장치(부패방지법의 제정, 금융비밀의 범위 축소, 금융기관에 대한 규제강화 등)를 마련할 필요가 있고 위장 은닉된 재산을 찾아 남김없이 몰수 또는 추징할 필요가 있다.

4. 자격형

1) 자격형의 의의

자격형은 범죄자의 자격을 박탈 또는 제한하는 형벌이다. 명예형이라고도 부르고 있는데 이는 범죄자의 명예감정을 손상시키거나 명예적으로 누릴 수 있는 권리를 박탈하거나 제한하는 것을 내용으로 하기 때문이다. 자격형에는 자격상실과 자격정지가 있다.

2) 자격형의 종류

(1) 자격상실

자격상실이란 일정한 형의 선고가 있으면 그 형의 효력으로서 당연히 일정한 자격이 상실되는 것으로 현행법상 사형·무기징역·무기금고의 판결을 받은 경우가 이에 해당한다. 상실되는 자격은 공무원이 되는 자격, 공법상의 선거권과 피선거권, 법률로서 정한 공법상의 업무에 관한 자격, 법인의 이사·

제11장 범죄처리절차와 그 내용 419

감사·지배인 기타 업무에 관한 검사역이나 재산관리인이 되는 자격 등으로 명예적인 자격향유의 권리를 영구적으로 박탈하는 것이다. 형법상의 자격상실은 별도의 선고형이 아니라 형벌선고에 따르는 부대적 효력이다.

(2) 자격정지

자격정지는 일정한 기간 동안 일정한 자격의 전부 또는 일부를 정지시키는 것을 말한다. 이에는 당연정지와 선고정지가 있다. 당연정지는 징역 또는 금고의 판결을 받은 자는 그 형의 집행이 종료하거나 면제될 때까지는 공무원이 되는 자격과 법률로 요건을 정한 공법상의 업무에 관한 자격은 당연히 정지되는 것을 말한다. 선고정지는 판결선고에 의하여 일정한 자격의 전부 또는 일부를 정지하는 경우를 말한다. 자격정지의 기간은 1년 이상 15년 이하이다. 그리고 이러한 자격정지의 형을 선고받은 자는 그 기산일로부터 정지기간의 1/2을 경과하고 그 기간 중 피해자의 손해를 보상하고 다시 자격정지 이상의 형을 선고받은 일이 없을 때에는 법원에 대해 자격의 회복을 청구할 수 있다. 자격정지는 대통령의 사면에 의해 바로 회복되는 경우도 있다.

3) 자격형 관련문제

자격상실의 경우 무기징역이나 무기금고를 선고받은 자가 사면이나 가석방이 되더라도 복권이라는 별도의 사면조치가 없는 한 위의 자격을 영구히 상실한다는 점에서 매우 가혹하고 종종 정치적 보복의 수단으로 활용된 적이 있다. 사회복귀가 실질적으로 가능하도록 하기 위해서는 자격상실을 폐지하고 자유형의 집행 중에 있는 자에게 위의 자격이 정지된다고 규정하는 것이 타당하다고 생각된다.

오늘날 자동차관련범죄(음주운전·뺑소니 등)가 많이 일어나고 근절되지 않는다는 측면에서 운전면허의 취소나 정지를 자격형에 흡수하자는 주장도 있으나, 현재의 행정처분에 머물게 하는 것이 시민들의 사회생활에 지장을 덜 초래할 것으로 생각된다.

5. 보안처분

1) 보안처분의 의의의 법적 성격

(1) 보안처분의 의의

보안처분이란 범죄로부터 사회를 방위하고 범죄자를 재사회화하기 위한 방법으로서, 특정범죄자에 대하여 형벌 부과만으로는 형사제재로서의 목적달성이 부적합하거나 법적 관점에서 형벌이 허용되는 않는 경우에 시행하는 처분을 말한다.

보안처분이 지향하는 것은 사회방위와 범죄자의 개선이다. 사회방위를 위해서 흉악범이나 누범자들을 사회로부터 격리시키고, 범죄자의 개선을 위해서 마약중독자나 알코올중독자들을 치료하는 것이다. 보안처분은 자칫 잘못하면 형벌과 같거나 더욱 가혹한 처벌방법이 될 수 있는 점을 고려하여 우리 헌법 제12조 1항은 "누구든지 법률과 적법한 절차에 의하지 아니하고는 처벌·보안처분 또는 강제노역을 당하지 아니한다"고 규정하고 있다.

형벌은 범죄자의 과거 일정시점에서의 범행에 대한 책임을 근거로 처벌하는 것이다. 그리고 범행당시의 책임의 정도를 초과하여 형벌을 부과할 수는 없다. 그런데 현실의 범죄자 중에는 책임능력이 없어서 형사처벌이 불가능하거나, 마약과 같은 약물중독자로서 재범의 위험성이 있는 등 특별히 교화 개선이 필요한 범죄자가 있다. 만일 형벌만 인정한다면 이러한 범죄자를 치료·개선하여 재범을 방지하거나 사회복귀를 가능하게 하기 위한 형사정책적 수단은 한계에 부딪치게 될 것이다.

이처럼 보안처분은 형벌이 아니기 때문에 책임원칙을 근거로 하지는 않는다. 그렇다고 하여도 보안처분은 앞서 설명한 바와 같이 형벌과 같거나 더욱 가혹할 수도 있으므로 개인의 존엄성이 지켜지고 법치국가의 면모 속에서 신중히 집행되어야 할 것이다.

(2) 보안처분의 법적 성격

형벌을 응보로 보는 응보론적 입장에서는 형벌은 과거의 범죄에 대한 비난으로써 위해인 데 비해, 보안처분은 장래의 범죄위험성에 대한 예방조치이기 때문에 양자를 이질적인 별개의 제도로 보는 이원주의가 있다.

반면에, 특별예방 혹은 개선형론적인 입장에서는 보안처분도 역시 사회방위를 목적으로 위험한 사람의 개선을 도모하는 방법이므로 형벌과 공통의 성격을 가지는 것으로 해석하는 일원주의가 있다.

2) 보안처분의 종류

(1) 대인적 보안처분과 대물적 보안처분

대인적 보안처분이란 사람에 대하여 선고되는 보안처분을 말한다. 이것에는 치료감호·보호감호·교정처분·보호관찰·선행보증·주거제한 등이 있다. 대물적 보안처분이란 물건에 대한 보안처분을 말한다. 몰수, 영업장 폐쇄, 법인의 해산명령 등이 그 예이다.

(2) 자유박탈 보안처분과 자유제한 보안처분

자유박탈 보안처분이란 일정한 시설에 격리·수용되는 것을 내용으로 하는 보안처분이다. 보호감호·치료감호 등이 그 예이다. 자유제한 보안처분은 자유박탈이 아닌 자유제한의 정도에 그치는 보안처분이다. 보호관찰·보안관찰 등이 그 예이다.

3) 보안처분 도입·수용 실태

보안처분제도는 우리의 형사정책에 폭넓게 도입·수용되고 있다. 해방 이후 지금까지 우리나라에서 사용된 보안처분에 해당하는 제도로는 ① 소년법상의 보호처분, ② 윤락행위 등 방지법에 따라 윤락녀를 보호지도소에 수용보호, ③ 부랑인수용시설에의 수용처분, ④ 사회안전법상의 보호감호처분, ⑤ 사회보호법상의 보호관찰·보호감호처분, ⑥ 사회보호법상의 치료감호, ⑦ 국토건설단, 삼청교육대, ⑧ 보호관찰법상의 보호관찰, 보안관찰법상의 보안관찰, ⑨ 성폭력범죄의 처벌 및 피해자보호 등에 관한 법률상의 보호관찰·보호감호 및 가정폭력범죄 등의 처벌에 관한 특례법 등이 이를 규정하고 있다.

이 중에서 1961년에 제정된 윤락행위 등 방지법은 2004년에 폐지되고 이를 대체한 성매매특별법이 시행되고 있다. 1975년에 특정 범죄를 다시 저지를 위험을 예방하고, 사회 복귀를 위한 교육 개선이 필요하다고 인정되는 자에 대하여 보안 처분을 함으로써 국가와 사회 안전 유지를 목적으로 제정된 사회안전법은 1989년에 폐지되었다.

또한 1980년 제정된 사회보호법은 2005년에 폐지되었고, 1988년 제정된 보호관찰법은 1995년에 보호관찰법과 갱생보호법 등을 통합하여 보호관찰 등에 관한 법률로 개정하여 시행되고 있다. 국토건설단은 1961년에 설치되어 1962년에 폐지되었으며, 삼청교육대는 1980년에 설치되어 1981년까지 운영되었다.

2) 보안처분의 종류

(1) 보안관찰법상의 보안관찰

보안관찰법은 소위 사상범이라고 부르는 소정의 특정범죄(내란죄, 외환죄, 군형법상의 반란죄, 국가보안법상의 목적수행·자진지원·금품수수·잠입과 탈출·편의제공 등)를 범한 자에 대하여 재범의 위험성을 예방하고 사회복귀를 촉진하기 위하여 보안관찰처분을 할 수 있도록 규정하고 있다. 보안관찰처분은 검사의 청구에 의하여 보안관찰처분심의위원회의 의결을 거쳐 법무부장관이 행하는 행정처분이다.

보안관찰처분대상자는 보안관찰 해당범죄 또는 이와 경합된 범죄로 금고 이상의 형을 선고받고 그 형기 합계가 3년 이상인 자로서 형의 전부 또는 일부의 집행을 받은 사실이 있는 자이다. 그리고 이에 해당하는 자 중 보안관찰 해당범죄를 다시 범할 위험성이 있다고 인정할 만한 충분한 이유가 있어 재범의 방지를 위해 과하는 처분이다.

보안관찰처분기간은 2년이며, 그 기간이 갱신될 수 있어 종신토록 할 수 있는 점은 심각한 인권침해의 소지가 있다.

보안관찰처분은 매 3개월마다 주요활동 사항을 관할 경찰서장에게 신고하여야 하며, 3개월 간의 주요활동사항, 여행에 관한 사항, 통신·회합한 다른 보안관찰처분대상자의 인적 사항과 그 일시·장소 및 내용, 관할경찰서장이 보안관찰과 관련하여 신고하도록 지시한 사항 등을 보고하여야 한다.

(2) 치료감호법상의 치료감호

치료감호는 심신장애 상태, 마약류·알코올이나 그 밖의 약물중독 상태, 정신성적(精神性的) 장애가 있는 상태 등에서 범죄행위를 한 자로서 재범의 위험성이 있고 특수한 교육·개선 및 치료가 필요하다고 인정되는 자에 대하여 적절한 보호와 치료를 함으로써 재범을 방지하고 사회복귀를 촉진하는 것을 목적으로 하는 처분이다.

치료감호대상자는 ① 형법 제10조 제1항(심신상실자)에 따라 벌할 수 없거나 제2항(심신미약자)에 따라 형이 감경되는 심신장애자로서 금고 이상의 형에 해당하는 죄를 지은 자, ② 마약·향정신성의약품·대마, 그 밖에 남용되거나 해독을 끼칠 우려가 있는 물질이나 알코올을 식음·섭취·흡입·흡연 또는 주입받는 습벽이 있거나 그에 중독된 자로서 금고 이상의 형에 해당하는 죄를 지은 자, ③ 소아성기호증, 성적가학증 등 성적 성벽(性癖)이 있는 정신성적 장애자로서 금고 이상의 형에 해당하는 성폭력범죄를 지은 자이다.

치료감호의 선고를 받은 자에 대해서는 치료감호시설에 수용하여 치료를 위한 조치를 한다. 치료감호시설에의 수용은 15년을 초과할 수 없다. 다만, 약물중독자를 수용하는 때에는 2년을 초과할 수 없다. 치료감호의 집행은 검사가 지휘하며, 치료감호와 형이 병과된 경우에는 치료감호를 먼저 집행한다. 이 경우 치료감호의 집행기간은 형기에 산입한다.

치료감호시설의 장은 피치료감호자의 건강한 생활이 보장될 수 있도록 쾌적하고 위생적인 시설을 갖추고 의류, 침구 그 밖에 처우에 필요한 물품을 제공하여야 한다. 피치료감호자에 대한 의료적 처우는 정신병원에 준하여 의사의 조치에 따르도록 한다. 치료감호시설의 장은 수용질서를 유지하거나 치료를 위하여 필요한 경우를 제외하고는 피치료감호자의 접견, 서신의 수신·발신, 전화통화 등을 보장하여야 한다.

피치료감호자의 텔레비전 시청, 라디오 청취, 신문·도서의 열람은 일과시간이나 취침시간 등을 제외하고는 자유롭게 보장된다. 치료감호시설의 장은 피치료감호자가 치료감호시설에서 치료하기 곤란한 질병에 걸린 때에는 외부 의료기관에서 치료를 받게 할 수 있다. 본인이나 보호자 등이 스스로의 부담으로 치료 받기를 원하는 때에는 이를 허가할 수 있다.

(3) 치료감호법상의 보호관찰

보호관찰은 치료위탁된 피치료감호자를 감호시설 외에서 지도·감독하는 것을 내용으로 하는 보안처분이다.

치료감호법상의 보호관찰은 ① 피치료감호자에 대한 치료감호가 가종료되었을 때, ② 피치료감호자가 치료감호시설 외에서의 치료를 위하여 법정대리인 등에게 위탁된 때 개시된다.

보호관찰의 기간은 3년으로 한다. 보호관찰이 개시된 자가 ① 보호관찰기

간이 만료된 때, ② 보호관찰기간 만료 전이라도 치료감호심의위원회의 치료
감호 종료결정이 있는 때, ③ 보호관찰기간 만료 전이라도 피보호관찰자가
다시 치료감호의 집행을 받게 되어 재수용되거나 새로운 범죄로 금고 이상
의 형의 집행을 받게 된 때 보호관찰이 종료된다.

3) 보안처분 관련문제

보안관찰은 전과 있는 중범죄자나 상습범죄자에게 일률적으로 형벌과 같
이 병과 되는 경향이 있다. 재범의 위험성이란 매우 추상적인 것으로써 많은
사람들로부터 이중처벌이라는 비난을 받고 있다. 한 때 피보호감호자의 인
권유린 실상이 보도되어 물의를 일으킨 적이 있다. 재범위험성을 측정할 수
있는 프로그램의 개발이 급선무이고 내용상이나 운용상 탄력적인 구상이 필
요하다. 사회보호법은 재범자의 사회복귀보다는 사회로부터의 격리수용을 통
하여 범죄를 예방하겠다는 초보적 특별예방주의의 한 극단에 지나지 않는다
는 혹평도 있다.

치료감호도 역시 마찬가지이다. 특히 약물중독이나 알코올중독이 심각한
사회문제로 등장하고 있는 시점에서 이들이 죄를 범하였다고 해서 오랫동안
수용하는 것은 징역과 별 차이가 없다. 문제는 어느 정도의 치료시설과 인력
이 얼마만큼의 정성으로 치료에 임하는가에 있다. 치료감호의 목적을 달성하
기 위해서는 시설의 개선과 인력의 확충이 선행되어야 할 것이다.

제4절 비범죄화와 비형벌화

1. 비범죄화

1) 의의와 배경

비범죄화(非犯罪化: decriminalization)란 종래 범죄로 처벌될 수 있는 행
위를 범죄로 처벌하지 않는 것을 말한다. 일각에서는 비범죄화의 개념을 확
대하여 법정책상의 변화로 말미암아 국가형벌권 행사의 범위를 축소시킬 의
도로 일정한 형사제제규정의 폐지 또는 부적용이 일어나거나 형사제재를 보

다 가볍게 하려는 모든 시도를 의미한다고 하여 후술하는 비형벌화 및 전환제도와 엄격히 구별하지 않는 입장도 있다.

이것은 비범죄화, 비형벌화 및 전환제도가 그 개념을 엄격히 구별할 실익이 별로 없고 실제로 그 한계가 모호하여 이론상으로도 적지 않은 혼란을 보이고 있기 때문이다.

그러나 이러한 사상들은 모두 형법의 비대화, 형벌만능주의 및 엄벌주의를 경계하면서 형법의 규모를 축소하고 강도를 낮추기 위하여 부단히 노력한 결과물이다. 그런데도 불구하고 현실은 새로운 형벌법규를 발굴하고 형벌의 강도를 높이는 방향으로 기울어져 왔다. 특히 형법학자들의 구체적 관심은 형법규모를 줄이는 데 있기 보다는 환경범죄, 컴퓨터범죄, 생명공학관련범죄, 경제범죄 등 이른바 신종범죄에 모든 관심이 집중되어 있어서 이에 대처할 형벌규정을 자꾸 늘려가고 있다. 또 형법학자들은 입으로는 형벌의 자제를 외치면서 손으로는 형벌의 확장에 노력하여 형벌만능주의에 빠져 있다. 이에 더해 기존의 형사제재의 강도에 대한 비판과 물의가 일 때마다 처벌 수위를 더욱더 높여 왔다. 수많은 특별법의 양산이 바로 그것이다. 예를 들어, 같은 강간이라 할지라도 형법이 적용되면 3년 이상의 유기징역이지만, 아동·청소년 성보호에 관한 법률이 적용되면 5년 이상의 유기징역이다(물론 피해자가 성인이냐 청소년이냐는 별론으로 함).

위와 같은 추세는 세계적으로 공통된 현상으로서 미국의 경우 1960년대부터 '과잉범죄화'의 위기가 논의되었고, 프랑스의 경우 형벌규정의 수는 경범죄를 포함하여 최근 약 22,000개에 달하여 형법규범의 홍수를 보이고 있다.

사실 이상사회는 법이 없는 사회일지도 모른다. 아득한 먼 옛날에는 아예 법이 없거나 몇 개 조항만으로도 얼마든지 살 수 있었다. 동양의 전통적인 유교사상은 덕치주의(德治主義)를 근간으로 무형지치(無刑之治: 형벌없이 다스림)를 태평사회로 보았다. 이와 같은 역사의 가르침은 오늘날의 형사규범에 대한 재음미를 요청하게 한다.

과도한 범죄화와 형벌권의 행사는 그것 자체가 이미 또 다른 악과 범죄를 의미하므로 변모하는 사회양상과 시대정신을 기본척도로 해서 불필요한 처벌규정을 과감히 제거하는 비범죄화 작업과 새로이 처벌할 필요가 있는 행위를 형법의 목록에 신중히 추가하는 범죄화 작업을 적시에 수행할 필요가 있다.

독일의 경우는 먼저 교통범죄와 성범죄 영역에서 비범죄화가 수행되고, 그후 집회·시위범죄, 마약복용, 임신중절, 경미범죄, 청소년범죄의 일부 영역 등으로 확장되어 이제 비범죄화는 형사정책 내지 형법개정에 있어서 항구적인 과제로 정착되고 있다. 미국의 경우도 동성애, 간통죄, 낙태죄, 변태적 성행위, 도박, 마약사용, 부랑죄 등 이른바 '피해자 없는 범죄'의 비범죄화를 실현하였거나 논의 중에 있다. 오늘날 미국은 급격한 가치관의 변화 속에 범죄는 증가일로에 있으므로 경찰력은 한계에 이르고 교도소는 넘쳐흘러 경미범죄나 피해자 없는 범죄에 대해서는 과감한 비범죄화의 길로 나서는 방도밖에 없다는 지적이 나오고 있는 실정이다. 우리나라도 형사법개정특별심의위원회에서 공연음란죄, 도박죄, 혼인빙자간음죄, 간통죄, 결혼목적 약취·유인죄 등과 경미한 범죄에 대해 비범죄화 작업이 서둘러져야 함을 권고하고 있다.

이와 같은 비범죄화는 형사사법기관의 경제적 운용과 시민들에 대한 무모한 낙인의 문제를 해소할 수 있다.

근래에 들어 범죄가 급증함으로써 형사사건이 폭주하고 있다. 이는 경찰·검찰·법원·교정·보호 등의 형사사법에 직·간접으로 종사하는 기관에 대하여 과중한 업무부담을 주고, 결과적으로 중한 범죄에 집중되어야 할 수사·소추·재판활동에 현저한 장애를 초래한다. 이는 실체법으로서의 형법의 기능이 손상됨을 의미하는 것이다. 다른 한편으로는 절차법상 소송의 지연, 즉 국민의 신속한 재판을 받을 권리에 대한 훼손을 의미하기도 한다. 사건의 심리가 수박 겉핥기나 일사천리로 진행되어 문제가 발생할 소지가 다분하며, 교도소 수형자의 과밀로 행형의 근본이념까지도 공허하게 만들 수 있다.

'전과자 사회'라는 말이 있듯이 매년 많은 시민들이 전과자가 되고 있다. 진실로 중한 범죄를 저질러 전과자가 되는 사람은 그렇게 많지 않은 편이다. 사안이 중하지 않는 범죄나 과실범죄 등으로 뜻하지 않게 전과자가 됨으로써 많은 사람들이 사회생활에서 불이익을 받는다. 전과는 '이중의 처벌(二重의 處罰)'로 다가오는 경우가 많다. 지은 죄에 상응한 형벌을 받는 것으로 끝나지 않고 사회생활을 함에 늘 따라 다니는 낙인이기에 혼인·취업·주거 등에서 많은 피해를 입게 되는 것이다.

2) 비범죄화의 형태

(1) 사실상의 비범죄화

사실상의 비범죄화란 법규는 존재하지만 수사기관이 해당 법규의 구성요건을 충족하는 범죄행위들을 단속하지 않는 것을 말하므로 단속상의 비범죄화라고도 한다.

사실상의 비범죄화 원인으로는 ① 형벌법규와 국민의 법감정이 현저히 괴리되어 있는 경우(예, 낙태), ② 사회변동과 함께 처벌의 필요성이 인정되지 않지만 법률이 폐지되지 않은 경우(예, 안락사), ③ 단속체제가 약화되어 있어서 일부 위반자를 단속하거나 차별적으로 취급하는 경우(예, 매춘)를 들 수 있다.

이런 경우에는 형벌법규가 폐지되어야 완전한 비범죄화가 되는 것이다. 사실상의 비범죄화는 모든 범죄영역에 걸쳐서 가능하지만, 특히 피해자 없는 범죄, 경미한 범죄, 교통범죄 등에서 보다 큰 의미를 지닌다.

또 사실상의 비범죄화는 특정시기 또는 특정지역에 국한해서 행해질 경우도 있고, 일정한 대상자(나이·성별·직업·재산정도 등에 따라)의 행위에 한정해서 일어날 수도 있다.

(2) 재판상의 비범죄화

재판상의 비범죄화란 재판을 통한 비범죄화를 말하는데 사법상의 비범죄화라고도 한다. 이것은 판례를 변경하여 형벌법규의 해석, 적용을 바꾸거나 종래 처벌되었던 행위를 처벌하지 않는 것을 내용으로 한다.

(3) 입법상의 비범죄화

입법상의 비범죄화란 법률의 폐지 또는 변경에 의하여 범죄였던 행위를 범죄로 되지 않게 하는 것을 말한다. 입법상의 비범죄화가 실현되는 동기는 둘로 나눌 수 있다.

첫째는 사회의 범죄관의 변화로 종래 범죄로 생각되던 행위가 사회적으로 용인되어 완전한 합법화를 국가가 선언하는 경우이다. 예를 들어, 동성애라든가 안락사 등이 여기에 해당할 것이다.

둘째는 사회통념에 의하더라도 종래 범죄시되던 행위의 '당벌성(當罰性)'이 여전히 남아 있지만 국가의 역할 내지 형법의 기능에 관한 사상(형벌의 자유화와 인도화, 사회적 유해성의 유무)으로부터 또는 형사사법제도의 효율성이라는 관점으로부터 '필벌성(必罰性)'이 소멸하는 경우이다. 예를 들어, 간통죄 폐지가 이에 해당된다.

2. 비형벌화

1) 의의

비형벌화(非刑罰化: depenalization)란 일정한 형벌체계 내에서 처벌등급의 저하(deescalation)를 의미한다.

2) 비형벌화의 형태

(1) 입법상의 비형벌화

입법단계에서 법정형인 사형을 무기형으로, 자유형을 벌금형으로 바꾼 경우 등이 여기에 해당된다.

범죄를 질서위반으로 바꾸고 형벌에 대신하여 행정벌(예, 과태료, 범칙금)을 과하는 경우에 이것을 어떻게 보느냐가 문제이다. 비범죄화로 보는 입장과 비형벌화로 보는 견해가 있는데, 앞서 논의한 바와 같이 양자의 구별 실익이 별로 없고 엄격한 비형벌화는 형벌체계 내에서 처벌등급을 조금 낮추는 정도를 말하므로 비범죄화로 봄이 타당하다고 생각된다.

형벌에 대신하여 보안처분 내지 보호처분을 법으로 규정하는 경우에 원칙적으로는 비형벌화를 인정해야 하지만 보안처분에 의하여 반드시 비형벌화가 아닌 경우(예, 보호감호)가 발생하는 데 주의를 요한다고 하겠다.

(2) 형사사법상의 비형벌화

형사사법상의 비형벌화란 경찰·검찰·법원·교정·보호 등의 형사사법기관에서 비형벌화하는 것을 말한다. 경찰에서의 훈방, 검찰에서의 기소유예 등 재판 전 단계에서 형사절차에 개입시키지 않는 전환제도도 비형벌화에 속한다.

재판에서의 비형벌화는 집행유예 및 선고유예가 있고 교정단계에서는 보호관찰·사회봉사명령·수강명령제도·전자감시제도 등이 있다.

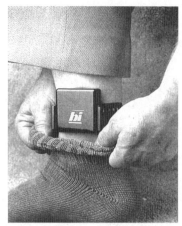

그림 11-14 전자송신기가 피감시자의 발목에 장착되어 있는 모습

쉼터

전자감시제도

오늘날 미국과 캐나다에서 활발하게 시행되고 있는 전자감시제도는 범죄자의 시설수용으로 인한 인적·물적 자원의 낭비를 막고 악풍감염의 폐해를 제거하기 위해 고안된 사회내처우의 일종이다. 가택구금과 같은 개념이며 화상통신을 통한 감시장치 등으로 발전하고 있다.

범죄자에 대한 전자감시가 관심의 대상이 되기 시작한 것은 1983년에 뉴멕시코 알바카키의 J. Ralph판사가 보호관찰 대상자의 발목에 담뱃갑 크기의 전자송신기를 착용하게 하여 감시한 이후이다. 이 시도는 Ralph판사가 마벨코믹스의 잡지 스파이더맨 중에서 악한이 주인공인 스파이더맨을 추적하기 위해 그의 팔에 송신기를 부착시킨 장면에 착안하였다고 한다.

전자감시방법은 감시대상자의 팔·다리·목 또는 허리에 전자송신기를 부착하여 범죄자의 소재를 확인한다. 이를 위해 무선신호를 받을 수 있는 수신기, 범죄자의 목소리를 직접 확인할 수 있는 전화기, 감시대상자의 신호를 감지하는 기지국 등이 필요하다.

형기가 끝나기 전에 송신기를 제거하거나 파손시킨 경우에는 교정시설에 구금하거나 다른 보다 강력한 제재를 가한다. 감시대상자는 가택구금이 원칙이지만, 외출도 일정한 범위 내에서 허용된다. 예를 들어, 직장에 출근한다든지, 학교에 등하교한다든지, 교회에 가는 것 등이 바로 그것이다.

이 제도는 교정의 민간화에 기여한 바가 크며, 교도소 수용인구의 과밀을 막을 수 있고, 보호관찰관의 업무량을 대폭 줄여준다는 점에서 긍정적인 평가를 받고 있다. 그러나 처벌의 실효성 문제, 감시대상자에 대한 프라이버시의 침해 그리고 범죄자를 사회 내에서 활동하게 함으로써 오는 위험성 등 우려의 목소리도 높다.

우리나라는 2008년 9월 특정 성폭력범죄에 대한 위치추적 전자장치 부착에 관한 법률이 시행됨으로써 성범죄자에 대해 전자발찌를 부착하는데 법적 근거를 마련하였으며, 13세 미만 아동상대 성폭력범죄, 성폭력범죄 2회 이상 실형 전과자 등 특정 성폭력범죄자에 대해 검사의 부착명령 청구 및 법원의 판결로 교도소 출소 이후에도 최장 10년 범위 내에서 부착하도록 하고 있다. 2010년에는 전자발찌를 끊고 도주한 사례가 여러 건 발생하였으며 이에 대한 보완책이 대두되고 있다.

3. 전환제도

1) 개념과 목표

전환제도는 범죄자를 공식적인 처리절차로부터 전환하여 형사사법절차에의 개입을 최소화하려는 일련의 제도로 주로 재판 전에 이루어지기 때문에 재판 전 개입제도(pretrial intervention)라 부른다. 전환은 유무죄가 확정되지 않은 상태, 즉 재판을 하지 않고 이루어진다. 그러므로 전환제도의 대상자들은 실질적으로 유죄로 되지 않기 때문에 범죄자가 아닌 범죄혐의자인 것이다.

일반 형사절차에서 전환은 진행단계별로 체포전후전환(경찰), 기소전전환(검찰), 공판절차개시전전환(법원) 등으로 분류될 수 있다. 또한 통상의 형사절차로부터 이탈된 전환 대상자에 대한 처우실시 여부에 따라 단순전환과 개입형전환(범죄자에 대한 교육, 직업알선, 지역사회프로그램의 실시, 의학적 치료, 피해자에 대한 손해배상이나 화해)으로 나눌 수 있다.

이러한 전환제도는 지역사회의 처우·교육·상담 등에 자발적으로 참여하는 조건으로 체포나 기소 혹은 재판을 회피하려는 데 이용되는 제도로 주로 비행소년들이 대상이 된다. 미국의 경우 1960년에 시작되어 1970년대부터 형사사법제도의 일부분이 되면서 성인범죄자에 대해서도 적용하기 시작하였다.

전환제도는 사회통제수단으로서의 형벌이 갖는 기능상의 한계로 인식되는 효율성과 형사처벌로 인한 과잉처벌이나 낙인의 문제에 대한 비판에서 비롯된 것이다. 즉, 범죄인에 대한 형사처벌 및 형집행이 낙인효과를 가져와 오히려 범죄자의 사회복귀를 힘들게 할 뿐만 아니라 범죄자의 자의식을 왜곡시켜 재범으로 나아가게 한다는 사실이 이 제도를 모색하게 한 동기이다. 낙인이론이 주장하는 사회적 낙인이 오히려 일탈행동을 더욱 증가시킬 수 있다는 점에 주목하고 있는 것이다.

따라서 전환제도는 다음과 같은 목표를 갖고 있다.
① 형사사법제도에 융통성을 부여해서 범죄를 효과적으로 처리한다.
② 범죄인에게 형사절차로 인한 낙인을 피하게 한다.
③ 범죄자가 스스로 책임감을 갖고 자신의 생활을 통제하도록 한다.
④ 범죄자의 직업, 가족관계 및 사회관계에 최소한의 영향을 미치게 한다.
⑤ 범죄자가 피해자에게 배상할 수 있는 기회를 준다.

전환제도는 낙인의 방지효과, 범죄자에 대한 관용과 이로 인한 범죄자의 개과천선, 구금으로부터 오는 피해의 예방, 형사사법 비용의 절감, 형사사법제도의 신축성 도모 등과 같은 효과를 갖고 있다. 반면에 재범의 위험성 증대, 범죄원인의 제거와 무관, 형사사법의 불평등 등과 같은 비판에도 직면하고 있다.

2) 유형

(1) 비공식적 전환제도

형사사법기관 중 범죄자가 가장 먼저 접하는 기관은 경찰이다. 경찰은 범죄자를 체포할 수도 있고, 훈방하거나 사회봉사기관에 송치 그리고 다른 조치를 취해서 비공식적으로 범죄를 처리할 수 있다.

이런 경우 우리 나라의 경찰은 범죄자에게 강제할 수 있는 권한이 없기에 (수사종결권 없음) 비공식적인 전환제도를 이용하고 있다. 합의하여 고소를 취하하거나 사건 자체를 없는 것으로 가해자와 피해자가 쌍방 원만히 합의하면 사안에 따라 훈방이나 소년부에 송치하여 소년부의 관용조치를 기대할 수 있다.

미국의 경우는 부랑자나 우범자 또는 단순 마약복용사범이나 알코올중독사범들에 대해 경찰이 보호자의 보장아래 교육시설(수강)이나 치료클리닉에 넘기거나 중독자 치료센터(drug and alcohol detoxication center) 등이 개입하게 하여 지역사회 내에서 치료받는 조건으로 사건을 종결지울 수 있다.

(2) 공식적 전환제도

검찰단계에서 범죄자가 공식적으로 구금된 후에 검사는 기소유예 처분을 할 수 있다. 특히 피해자가 처벌보다는 손해배상을 요구할 때 형량을 감경하는 조건으로 범죄자가 피해자에게 보상하도록 조정할 수 있다. 이것이 대안적 분쟁해결(alternative disputer resolution) 방식으로 각국의 형사사법제도에서 널리 인정되고 있다.

이 방식은 캐나다에서 범죄자-피해자 화해제도로서 채택되고 있는데 형사사법제도를 인도화하기 위하여 피해배상에서부터 단순한 사과에까지 널리 활용되고 있다. 미국의 경우 노사갈등의 조정과 유사한 제도로 범죄자-피해자의 협상제도가 있다. 이것은 제3자의 조정 하에 이루어지고 만족할만한 결과가 나올 때까지 계속된다.

분쟁해결이 형사사법체제 밖에서 조정자에 의하여 진행되는 동안에 사건은 공식적으로 처리된다. 따라서 이런 점에서 조정제도는 공식적 전환제도라고 할 수 있다.

법원단계에서 법관은 많은 재량권을 행사할 수 있다. 예를 들면, 판사는 범죄자를 지역사회의 처우, 교육, 상담프로그램에 전환시키는 조건으로 선고유예를 결정할 수 있고 구금의 대안으로서 집행유예를 선고할 수 있다. 그러나 집행유예는 유죄로 인정되기 때문에 재판 전 조정제도라기보다는 재판 후 조정제도라고 할 수 있다.

CONNECTIONS

1. 소년범죄자들은 범죄행위를 했을 때 처벌보다는 교화개선에 중점을 두고 있다. 이를 이용하는 경우는 없을까?

2. 군형법에서는 총살로 사형을 집행하는데 이는 명예를 존중하는 의미에서 사용된다. 교수형에는 어떤 의미가 있을까?

3. 경제적으로 부유한 사람들에게 재산형은 형벌로서의 효과가 적거나 없는 것은 아닐까? 이들에게 효과적인 형벌은 무엇일까?

범죄사례 화성연쇄살인사건

1. 사건개요

이 사건은 1986년 9월부터 1991년 4월까지 4년 7개월에 걸쳐 13세 소녀에서부터 70대 노파에 이르기까지 연령을 불문하고 성폭행 후 엽기적 살해라는 희대의 연쇄성범죄 살인사건이다. 2003년 동 사건을 영화화한 '살인의 추억'으로 많은 사람들이 다시 기억하게 되었다. 2006년 4월 마지막 사건의 공소시효가 만료됨에 따라 영구미제 사건으로 남게 되었다. 2000년 8월 이후 저질러진 살인사건에 대해서 공소시효가 폐지되었으나 법적 안정성을 위해 이 사건에 대해서 소급적용하지는 않는다. 이 사건은 수사에 동원된 경찰만 연인원 205만 명, 용의자 수가 21,280명, 지문대조 40,116명, 유전자 대조 570명 등으로 단일 사건으로는 건국 이래 최대 사건이었다.

2. 발생원인

이 사건은 미제사건이므로 범인의 범행동기나 범행목적 및 심리상태를 알기는 매우 어렵다. 그러나 이 사건 수사에 임한 경찰관들이나 이를 연구한 학자들에 의하면 연쇄성범죄 살인사건임은 분명하고, 범인은 단독범인 것으로 추정된다. 범인은 지리학적으로 안정된 연쇄살인범이며, 피해자에 대하여 극단적이고 가학적인 방법을 사용했고, 살인을 통하여 성적인 만족을 추구한 자로 보여진다.

3. 사건 내용

가. 시기

1986년 9월 15일부터 1991년 4월 3일

나. 관련인물과 사건전개

1) 관련인물

범인 미상, 피해자 이○○(71) 외 9명

2) 사건 전개

이 사건은 1986년 9월 5일 이○○(71) 할머니가 피살된 것을 시발로 10차에 걸쳐 피해자를 강간하고 살해한 사건이다. 살해방법은 손으로 목을 조르거나(액살), 피해자의 스타킹이나 옷으로 목을 졸라 죽이는(교살) 방법을 사용한 것으로 판명되었다. 범행수법은 대부분 피해자를 피해자의 옷·스타킹·팬티·브래지어 등을 이용하여 양손을 결박하고 입에 재갈을 물리며, 목을 졸라 살해하였다. 대부분의 사건에서 강간한 흔적이 있고, 범행 후반기로 갈수록 피해자의 음부를 훼손하거나 이물질을 삽입하는 음부난행의 경향이 두드러진다. 피해자의 속옷을 이용하여 피해자의 얼굴을 가리고 있는 경우가 많고, 피해자의 양손을 묶는 매듭이 같은 방식으로 되어 있어 동일범에 의한 소행으로 보이는 점들이 많다.

1차 범행은 1986년 9월 15일 06시 20분 경, 태안읍 안녕리 목초지에서 이○○(71)이 피살되었다. 피해자는 수원에서 열무 등을 판 다음 안녕리 딸 집에서 잠을 자고 아침에 귀가 중에 피살되었다.

2차 범행은 1986년 10월 20일 22시 경, 태안읍 진안리 농수로에서 박○○(25)이 피살되었다. 피해자는 결혼관계 상담 차 송산 수양 어머니 집에 갔다가 늦게 귀가하려고 버스를 타러 가다가 강간 및 피살당했다.

3차 범행은 1986년 12월 12일 23시 경, 태안읍 안녕리 축대 위에서 권○○(24)이 피살되었다. 피해자는 19시 50분 경 수원에서 남편과 헤어져 혼자 귀가 중에 피살당했다.

4차 범행은 1986년 12월 14일 23시 경, 정남면 관항리 수로 둑에서 이○○(23)이 피살되었다. 수원에서 선을 보고 22시 경 버스타고 정남에서 하차하여 귀가하던 중 강간 및 피살당했다.

5차 범행은 1987년 1월 10일 20시 50분 경, 태안읍 황계리 논바닥에서 홍○○(18)이 피살되었다. 피해자는 수원에서 친구와 헤어져 22시 35분 경 황계리에서 버스 하차하여 귀가 중 강간 및 피살당했다.

6차 범행은 1987년 5월 2일 23시 경, 태안읍 진안리 야산에서 박○○(30)이 피살되었다. 피해자는 23시 경 남편을 마중 나갔다가 강간 및 피살당했다.

7차 범행은 1988년 9월 7일 21시 30분 경 팔탄면 가재리 농수로에서 안○○(52)이 피살되었다. 피해자는 20시 40분 경 수원에서 분식집 일을 마치고 마을 입구에서 버스에서 하차하여 귀가 중 강간 및 피살당했다.

8차 범행은 1988년 9월 16일 02시 경, 태안읍 진안리 피해자 방에서 박○○(13)이 피살되었다. 피해자는 안방에서 잠을 자다 강간 및 피살당했다. 1989년 7월 범인 윤○○(22)을 검거했으며 모방범죄로 확인되었다.

9차 범행은 1990년 11월 15일 18시 30분 경, 태안읍 병점5리 야산에서 김○○(13)이 살해되었다. 피해자는 17시 경 하교 후 병점 지하도에서 친구 이○○과 헤어져 귀가 중 강간 및 피살당했다.

10차 범행은 1991년 4월 3일 21시 경, 동탄면 반송리 야산에서 권○○(69)이 피살되었다. 피해자는 수원에 있는 딸 집에 갔다가 20시 경 동탄에서 버스 하차 후 귀가 중 강간 및 피살당했다.

다. 의의와 파장

화성연쇄 살인사건은 한국의 범죄사에서 커다란 의미를 지닌다. 수사기록만 캐비닛 5개 분량이며, 여기에 동원된 인적, 물적 자원은 상상을 초월한 것이었다. 검찰과 경찰은 공소시효 만료 1년이 지나면 기록을 폐기하는 다른 사건과 달리 이 기록을 영구 보존키로 했다. 이 사건의 중대성을 웅변하는 조치라 아니할 수 없다.

동 사건이 비록 해결되지 못하고 영구미제 사건으로 남기는 하였으나 이 사건을 계기로 모발중성자 분석법이나 유전자 분석법 등의 과학적인 증거에 기초한 수사기법이 도입되었다.

현대 산업사회의 문제점인 사회적 박탈감과 소외 현상들이 연쇄살인 사건의 원인이 될 수도 있다는 점과 모방범죄로서 영향을 주는 다른 연쇄 살인 사건의 시초로 보기도 한다.

4. 집필자

전대양: 가톨릭관동대학교 경찰행정학과 교수

찾 아 보 기

(국문)

공 / 동 / 집 / 필 / 진 / 약 / 력

▶ **전대양**
- 동국대 경찰행정학과 학사, 석사, 박사
- 한국범죄심리학회 회장, 행정학회 형사사법연구회장
- 강원청 수사이의심의위원, 수사경찰평가위원
- 국가기록원 정책자문위원, 통계청 범죄분류자문위원
- 국방부 대테러위원, 경기일보 오피니언 리더
- 가톨릭관동대 사회과학대학 학장
- 현 가톨릭관동대 경찰행정학과 교수

▶ **박동균**
- 동국대 행정학과 학사, 석사, 박사
- 한국경찰연구학회 회장, 한국치안행정학회 회장, 한국민간경비학회 회장
- (사)국가위기관리학회 회장, (사)대한지방자치학회 회장
- 대통령 소속 지방자치발전위원회(자치경찰 분과) 자문위원
- Florida State University, visiting scholar
- 경찰청 성과평가위원
- 현 대구한의대학교 경찰행정학과 교수

▶ **김종오**
- 동국대 경찰행정학과 학사, 석사, 박사
- 경찰청 과거사진상규명위원회 전문조사관
- 부산광역시 교육청 교권보호위원
- 한국공안행정학회 영남지회장
- 한국범죄심리학회 연구위원장
- 한국행정학회 형사사법연구회장
- 현 동의대 경찰행정학과 교수

5G 시대와 범죄

초판 발행   2018년 9월 15일

지은이   전대양·박동균·김종오
펴낸이   안종만

기획/마케팅   이영조
표지디자인   김연서
제 작   우인도·고철민

펴낸곳   (주) **박영시**
              서울특별시 종로구 새문안로3길 36, 1601
              등록 1959. 3. 11. 제300-1959-1호(倫)
전 화   02)733-6771
f a x   02)736-4818
e-mail   pys@pybook.co.kr
homepage   www.pybook.co.kr
ISBN   979-11-303-0653-7   (93350)

copyright©전대양·박동균·김종오, 2018, Printed in Korea

* 잘못된 책은 바꿔드립니다. 본서의 무단복제행위를 금합니다.
* 저자와 협의하여 인지첩부를 생략합니다.

정 가   29,000원